U0818032

图书代号　SK19N2052

图书在版编目(CIP)数据

古代历史与文化的现代阐释/马瑞映主编. — 西安：陕西师范大学出版总社有限公司，2019.12
ISBN 978 - 7 - 5695 - 0126 - 1

Ⅰ.①古…　Ⅱ.①马…　Ⅲ.①中国历史—古代史—研究 ②文化史—研究—中国—古代　Ⅳ.①K220.7②K220.3

中国版本图书馆 CIP 数据核字(2019)第 275279 号

古代历史与文化的现代阐释

GUDAI LISHI YU WENHUA DE XIANDAI CHANSHI

马瑞映　主编

出 版 人	刘东风
责任编辑	邓　微
责任校对	刘存龙
出版发行	陕西师范大学出版总社 （西安市长安南路 199 号　邮编 710062）
网　　址	http://www.snupg.com
印　　刷	西安市建明工贸有限责任公司
开　　本	680mm × 1000mm　1/16
印　　张	25
插　　页	2
字　　数	332 千
版　　次	2019 年 12 月第 1 版
印　　次	2019 年 12 月第 1 次印刷
书　　号	ISBN 978 - 7 - 5695 - 0126 - 1
定　　价	78.00 元

读者购书、书店添货或发现印刷装订问题，请与本公司营销部联系、调换。
电话：（029）85307864　85303635　传真：（029）85303879

古代历史与文化的现代阐释

马瑞映——主编

陕西师範大學出版总社

前　言

中华优秀传统文化是习近平总书记治国理念的重要来源之一。在主持中共中央政治局第十八次集体学习时，习近平指出，中华优秀传统文化是我们最深厚的文化软实力，也是中国特色社会主义植根的文化沃土。他强调，实现“两个一百年”奋斗目标、实现中华民族伟大复兴的中国梦，需要充分运用中华民族五千多年来积累的伟大智慧。对于如何处理好历史与现实的辩证关系，对待好本国历史和传统文化，他明确指出，对历史文化特别是先人传承下来的道德规范，要坚持古为今用、推陈出新，有鉴别地加以对待，有扬弃地予以继承。2015 年，习近平总书记来陕视察时又专门提出“拥有中华文化自然标识和精神标识”的陕西，要“扎实加强文化建设”的要求。为贯彻落实习总书记这一重要讲话精神，发掘利用陕西历史文化资源，弘扬以爱国主义为核心的民族精神和以改革创新为核心的时代精神，我们尝试着以汉唐盛世、先秦诸子的文献典籍两个支点进行透视，推出《古代历史与文化的现代阐释》一书，希望以小见大，在继承、发扬中实现创新，为中华优秀传统文化根脉的传承与发展尽绵薄之力。

此书是依据陕西省专家学者课堂讲座整理而来，主要以专题的方式来阐释传统文化。全书主要包括上、下两编。

上编集中讨论以“长安文化”为代表的“汉唐盛世”。“秦中自古帝王州”，八百里秦川，是一块神奇美丽的土地，是中华民族灿烂文化的发祥地，是一部丰富的历史典籍，是一份珍贵的历史文化遗存，它展示着周秦汉唐的辉煌，散发着千年古城的意蕴。早在远古的石器时代，就先后有蓝田猿人与半坡人在关陕一带繁衍生息。之后，特别是长安所在的关中盆地，地处要塞，左殽函，右陇蜀，沃野千里，南有巴蜀之饶，北有胡苑之利，阻三面而守，可谓金城千里，天府之国，因而自古以来即成为历代帝王将相英雄豪杰建邦立国设置都城的首选之地。在上编中，田旭东、黄留珠、周天游、周伟洲、杜文玉等先生从专业研究特长出发，在政治、经济、历史、文化等多个方面讨论了秦汉隋唐的光辉历史，并对文物保护等实际问题提出了相关建议，为我们从理论和实践的角度呈现了一个别有气度的汉唐世界。我们跟随他们在户县秦镇的津水河边探寻丰镐遗址，感受周公制礼作乐的古韵；去渭水之畔上林苑阿房宫，领略秦帝国虎视龙卷之威势；到城西北的未央宫遗址，在古丝绸之路的东方起点上，体味西汉都城城市文化的繁荣，去感受北朝时期民族融合、文化碰撞的火花，感受隋唐时期胸怀天下、开放并包的繁盛气象。除此以外，侯甬坚、李令福先生从历史地理学的视角出发，展示了秦汉隋唐文明兴旺发达的地理格局，并对未来中国都城建设提供了建议和思考。周之礼仪、秦之一统、汉唐盛世、万邦朝贺，这里曾经见证了中华民族最为辉煌的时代，而今，西安又一次站在了“一带一路”建设新支点上，将在国家中心城市建设中承担核心角色，作为古都学者，推动“文化先行”，弘扬中华优秀传统文化是我们义不容辞的责任。

下编主要介绍先秦经典文化。“问渠那得清如许，为有源头活水来”，先秦经典文化是中国传统文化的源头活水。而先秦文化的根是以“十三经”为核心的典籍，南朝（梁）文学理论家刘勰在

《文心雕龙·宗经》中注："经也者，恒久之至道，不刊之鸿教也。"经，即永恒的道理，这些经典主导和影响中华文化的发展数千年之久，已经深入社会的各个层面，成为中国传统文化的主体和核心。这些典籍凝聚着先人的独特智慧，《周易》是中国历史上最具影响力的奇书之一，其中深窅蕴藉、典奥绵密的思想吸引了众多有识之士为之孜孜以求，皓首探索；《尚书》是中国历史上最早的一部史书，从中我们可以聆听到来自上古的声音，有系心稼穑、仁政立国的情怀，有敬德保民、安民则惠的思想；《诗经》是中国第一部诗歌总集，其中质朴自然、情真意切、复沓动人的吟唱能使人"修德行善，正直无邪"；《左传》是中国最早的编年体史书，通过波澜壮阔、跌宕生姿的叙事，提出了"社稷无常俸，君臣无常位"的进步历史观；《礼记》是秦汉以前礼仪文化的论著汇编，蕴含了允执厥中、修齐治平的思想，其《中庸》的"至诚之道"则能明心见性，观照天地万物，国家兴亡，个人祸福之机微；《孟子》是以记言为主的语录体散文集，那辩丽雄肆、不可一世的神采，千百年来散发着无穷的魅力，被奉为儒家重要经典；《论语》是孔子思想的集中体现，从其言简意赅、循循善诱的言论中我们可以感受孔子的思想、性格、才能、趣味……除此以外，儒道互补是中国传统文化的一个重要特点，因此书稿没有囿于传统意义上的儒家范畴，遴选了告诫人们要顺道而行、法天效地的《老子》，并结合陕西地方特色，以期体现新时期对优秀传统文化的继承和发展。这些典籍激励了一代又一代国人胸怀天下，黾勉不息！在本书下编，付粉鸽、商国君、周淑萍、刘学智、刘生良、丁为祥、郭迎春、党怀兴、胡安顺等先生结合典籍的背景、内容与影响，向读者介绍了该典籍的价值与特色，追溯文化源头，探寻文化要义，为读者更深一步的研读指明了方向。

吾中华文化，窅深若九渊，敻远如沧溟，可谓洋洋乎大观，猗欤兮盛哉！现我们将其集萃成册，虽难辞管窥蠡测之嫌，然不乏高仰景行之志。维此款诚，以飨读者。

马瑞映

于终南山下陕西师范大学长安校区

目　录

上编　历史

第一讲　夏商周三代文明发展的最高峰——西周　田旭东　/ 002

一、西周王朝的建立和巩固　/ 002

二、早期国家制度的完善　/ 007

三、西周历史文化遗存及其保护利用　/ 010

第二讲　秦制度文化的影响与秦历史遗存的开发　黄留珠　/ 013

一、金戈铁马并天下——秦史概览　/ 013

二、百代皆行秦政事——秦制度文化的深远影响　/ 027

三、古为今用谱新篇——秦历史遗存的开发利用　/ 029

第三讲　汉代的历史与文化　周天游　/ 038

一、两汉帝王世系概况　/ 038

二、汉代在整个中国古代史中的地位与作用　/ 039

三、三大历史与文化问题　/ 040

四、关于文化产业开发的几点建议　/ 047

第四讲　北朝的历史与文化　周伟洲　/ 051

一、北朝史在中国历史上的地位和特点　/ 051

二、北朝的重大政治、军事事件及政治制度、重要政策　/ 056

三、北朝的经济及政策　/ 063

四、北朝的文化及其特征　/ 066

五、西魏、北周的历史遗存　/ 071

第五讲　隋唐时期的历史与文化　杜文玉　/ 076
一、隋唐盛世　/ 076
二、隋唐两朝帝系简况　/ 077
三、隋唐长安城的基本格局　/ 079
四、隋唐时期的重大事件　/ 085
五、隋唐时期的重要制度　/ 089
六、隋唐时期的文化成就及特点　/ 094
七、隋唐时期重要的文化遗址　/ 099
八、关于开发文化旅游的几个问题　/ 101
第六讲　统万城遗址的解读　侯甬坚　/ 106
一、统万城遗址面面观　/ 106
二、统万城遗址的价值　/ 114
三、统万城遗址的展望　/ 127
第七讲　中国古代都城变迁的规律及其启示　李令福　/ 135
一、五大古都、陪都与迁都现象具有现实价值　/ 136
二、五大古都变迁的过程、规律、原因与影响　/ 138
三、陪都与迁都现象　/ 151
四、中国都城变迁的现代启示　/ 153

下编　文化

第八讲　老子及《道德经》导读　付粉鸽　/ 162
一、老子与《道德经》　/ 162
二、道家及其主要观点　/ 163
三、老子的主要思想　/ 168
四、老子及其《道德经》的国内外影响　/ 179

五、结语 / 187

第九讲 《论语》导读 商国君 / 191

一、关于《论语》的若干问题 / 191

二、《论语》思想精要导读 / 200

第十讲 《孟子》导读 周淑萍 / 208

一、《孟子》其书 / 208

二、《孟子》思想要义:内圣外王 / 210

三、《孟子》研究三个里程碑 / 225

第十一讲 《中庸》导读 刘学智 / 227

一、《中庸》的历史地位及其与社会主义核心价值观的关系 / 227

二、"中庸"一词与《中庸》之书 / 230

三、《中庸》的主要思想 / 232

第十二讲 《诗经》导读 刘生良 / 244

一、《诗经》的基本知识简介 / 244

二、《诗经》中的陕西诗歌考略 / 246

三、《诗经》中陕西诗歌代表作品选讲 / 250

第十三讲 《尚书》导读 丁为祥 / 256

一、《尚书》之得名以及其今古文本的形成 / 257

二、《尚书》篇章的类别及其主要篇章简介 / 261

三、《尚书》的政治经验及其教训 / 275

四、《尚书》隽语辑略 / 279

五、研读《尚书》的现实意义及其建议 / 281

第十四讲 《礼记》导读 郭迎春 / 283

一、《礼记》的作者、成书年代及列入经书的时间 / 283

二、《礼记》的篇章结构与分类 / 287

三、《礼记》的主要思想内容　/ 290
四、历代《礼记》研究　/ 309
五、中华传统文化在当代的现实意义　/ 320
第十五讲　《周易》导读　党怀兴　/ 321
一、《周易》的性质　/ 321
二、《周易》的成书和编撰　/ 321
三、《周易》题解与构成　/ 324
四、《周易》的占筮　/ 344
五、《周易》与后世易图　/ 346
六、《周易》哲学与中国文化　/ 355
七、挖掘《周易》的现代价值　/ 361
第十六讲　《春秋左传》导读　胡安顺　/ 365
一、"十三经"的形成过程与《春秋左传》　/ 365
二、《左传》的内容与价值　/ 369
三、《左传》故事选　/ 383
四、对发展陕西文化产业方面的思考　/ 388

上编 历史

第一讲
夏商周三代文明发展的最高峰——西周

田旭东

西周文明是我国古代早期国家夏商周时期文明发展的最高峰。所谓早期国家，是指一个国家从最初的聚落发展到在广大地域建立统一的中央集权专制帝国所经过的中间环节。其间，文明从起源到初步成型的成长过程，也体现了民族的形成过程。而中国的早期国家不仅奠定了中华文明的基础，也孕育和塑造了中国传统文化的基本性格。

从疆域来看，西周王朝通过“封藩建卫”，将其政治势力扩展至各地，形成了东起海滨、西到甘肃、北达辽宁、南至长江以南地区的领土广阔的早期国家；从人口来看，据《帝王世纪》记载，西周初年的人口数量约为一千三百多万。作为政通人和的典范，西周王朝历来备受推崇。孔子曾多次赞颂周朝制度及其创立者文王、武王，特别是赞颂周公。毫不夸张地讲，整个儒家传统是以传承西周时期核心文献为中心的。

一、西周王朝的建立和巩固

（一）周族的兴起和先周历史

周武王建立西周王朝之前的历史，一般被称为“先周”。在先周历史上，最为重要的四位人物是先祖后稷、公刘、古公亶父、文王。

1. 后稷居邰

周族是居于今陕甘黄土高原、渭水流域一带的古老部族，相传因“姬水”而得姓为姬。周的始祖名弃，为有邰氏女姜嫄所生。《诗经·大雅·生民》记述了弃降生的神话传说。姜嫄祈祷求子，因踩了巨大的脚印而怀孕，生下了弃。周族在姜嫄所生活的时期大约还处于母系氏族社会阶段，但至弃所生活的时期时，已过渡到了父系氏族社会阶段，所以说弃是周族的始祖。

由于居住在以农业经济为主的黄土地带，经营农业是周人的传统。《史记·周本纪》记载，弃从小就善于稼穑，培育了稷等农作物。相传他在帝尧时代曾担任农师，主管国家的农业，因业绩卓著，在帝舜时代被封于邰，号为“后稷”。后来，后稷被人们当作农神来祀奉。

位于武功县的郑家坡遗址，就是一处从新石器时期延续至西周时期的遗址，其中先周文化遗存十分丰富，出土和发现了十七座房基、十五个灰坑、三个窑穴、两个陶窑和上百件陶器、石器、骨器、铜器。根据城垣壕沟、地貌特征和出土文物分析，此遗址应为后稷部族封国有邰之城邑，出土文物也佐证了《诗经》《史记》等史料中相关记载的真实性。

2. 公刘迁豳

弃的四世孙公刘，率部族迁居于豳，即今天的旬邑、长武、彬县一带。《诗经·大雅·公刘》描绘了这一历史时期的发展状况。此时，周族的社会、经济有了较快发展，考古工作者在泾水中上游地区也发现了长武碾子坡等比较原始的先周文化遗存。

▸▸ 碾子坡遗址出土陶鬲

3. 太王居岐

公刘之后九世，周族传至古公亶父。为了躲避戎狄族的侵扰，古公亶父率领族人从豳迁居到了岐山脚下的周原。由于这一带土地肥沃、地势平坦，非常适宜于发展农业生产，周人便在这里定居了下来。随着经济的发展，这一时期的社会形态也发生了变化。《史记·周本纪》记载:“古公乃贬戎狄之俗，而营筑城郭室屋而邑别居之，作五官有司。”这说明，周人的国家组织在这一时期已经产生。

古公亶父在周族的发展史上发挥了重要作用，被后世尊为“太王”。在大约一百年的时间里，周族历经三代，迅速崛起。周原遗址的发掘和发现，证实了周原地区是周人的“岐周”所在，是西周王朝的政治中心。周原遗址在1982年被国务院公布为全国重点文物保护单位，1987年建成周原博物馆。由于这里出土了大量精美的青铜器，周原地区还享有“青铜器之乡”的美誉。

作为周族的重要发祥地和周人祭祀天地、祖宗、神祇的圣地，西周王朝曾多次在周原地区举行祭祀活动和重大国事活动，留下了极为丰富的文化遗存。西周王朝灭亡之后，岐邑毁于兵火。经过多年的考古发掘，周原遗址可见有建筑遗址、手工作坊遗址、墓葬、甲骨及青铜器窖藏等，是一处探索和研究西周社会政治、经济、文化的最为重要的遗址。

4. 文王治岐、迁都丰京

古公亶父死后，其子季历即位。这时，周族“臣服于商”，与商王朝的关系也是时好时坏。据《竹书纪年》记载，商朝末年，季历被商王文丁杀死。其子昌继位，是为周文王。根据历史记载，周文王曾被商纣王囚禁羑里，后又被放回。周文王在放归后努力发展周族势力，一方面修治内政，另一方面征服西北方向的游牧部落方国。在周文王的带领下，周人先后灭伐密须、黎、邘、崇等商朝的诸侯国，一系列的军事行动对商王朝大有进逼之势，形成了“三分天下有其二”的局面。文王灭崇后，将国都从岐下迁到了丰，号称“西伯”；并进一步向东发展，积极准备灭商。文王建丰京之年，就是西安地区建城之起始年。至公元前771年周幽王“身死国灭”，西周在丰镐建都历时约为280年。

《国语》记载：“自后稷之始基靖民，十五王而文始平之。”就是说，周族从后稷创业开始至周武王继位以前，先后有后稷、不窋、鞠、公刘、庆节、皇仆、差弗、毁渝、公非、高圉、亚圉、公叔祖类、古公亶父、季历及文王等十五位先祖。《孟子》也说，舜与文王“世之相去千有余岁”。

（二）周朝的建立

1. 武王伐纣

周文王在位五十余年，尚未完成灭商大业便去世了。《清华大学藏战国竹简》（壹）有《保训》一篇，学界认为是传说已久的“文王遗言”。其子发继位，是为周武王。周武王继承周文王的遗志，发展周人势力，将国都迁到沣河东岸，建立镐京。武王九年，周大会诸侯于孟津，以图取商而代之。这时的商朝内政一片混乱，商纣王沉湎于酒色，统治集团内部争吵不休。贵族微子、箕子和王子比干劝谏纣王，纣王不但不听，反而杀掉比干、囚禁箕子，致微子逃亡。周武王看到伐商的时机已经成熟，就联合西方和西南方的庸、蜀、羌、髳、微、卢、彭、濮等与商为敌的部族，在甲子日与商纣王会战于牧野。牧野之战中，商军全无斗志、纷纷倒戈、迅速崩溃，商纣王战败自杀。至此，商朝灭亡，周朝建立。

2. 周公东征

在牧野之战灭纣后，周武王很快返回镐京。由于商朝残余势力在东方仍很强大，武王决定“以殷治殷”，封纣王之子武庚于商都，利用他统治商朝的遗民，并派出自己的三个兄弟管叔鲜、蔡叔度和霍叔处，住在商都附近监视武庚，被称为“三监”。

次年，周武王病死，其子成王继位。因周成王年少，由周武王之弟周公摄政。周公名旦，亦称叔旦，是周文王昌的第四子、周武王发的同母弟。因采邑在周，被称为周公。周公是西周时期的政治家、军事家、思想家、教育家，被尊为“元圣”。

管叔鲜、蔡叔度和霍叔处不满周公摄政，勾结武庚及商朝残余势力发动大规模叛乱。于是，周公率兵东征，经过三年征战平定叛乱，杀掉武庚和管叔鲜，流放蔡叔度等人，又在洛水北岸修建东都洛邑，将这里作为周朝控制东方的政治中心和军事据点，并把残余的商朝贵族迁至洛邑。周公东征后，周王朝才完全控制了黄河流域。经过向四方的不断发展，周朝统治逐渐稳定下来。

《论语》记载：“子曰：甚矣吾衰也！久矣吾不复梦见周公。”周公不仅平定“三监”叛乱，还大行封建、营建东都，并制礼作乐、建立典章制度，在巩固和发展周王朝的统治上起到了关键性作用，对中国历史的发展产生了深远影响。西周王朝由文王奠基、武王定鼎、周公主政，“文武周公”也是孔子最为推崇的人物。周公言论多见于《尚书》诸篇，被尊为儒学奠基人。

周公庙遗址，是一处规模宏大、内涵丰富的先周至西周时期的重要遗址，是目前所知的最高等级的大型西周墓地。考古工作者在此发现了长达 1500 余米的西周城墙、近千座先周和西周时期不同等级的墓葬，特别是发现了 7000 多块卜甲。这些卜甲的刻字内容非常丰富，有人名、地名、方国名、祭祀、战争、占梦、记时、月相等，其中涉及了周公、召公等重要的历史人物。

西周王朝的鼎盛时期是在西周前期，即周武王、周成王、周康王和周昭王时期。从西周中期的周穆王以降，西周王朝“王道衰微”，开始走下坡路。至周厉王时期，西周爆发了“国人暴动”，之后虽有“宣王中兴”，仍未能挽救其走向末路的命运。公元前 771 年，犬戎攻打镐京，

▸▸ *周公庙遗址发掘现场*

周幽王被杀于骊山，周平王被迫“东迁于雒邑”。至此，西周王朝灭亡，东周时期开始。

二、早期国家制度的完善

（一）分封制

分封制是西周王朝统治全国的一种方式，是西周时期重要的政治制度，也是西周历史的显著特点。灭商后，西周王朝进行了大规模的分封诸侯，派遣王室子弟或其他贵族到全国各地，代表周王室统治地方，建立诸侯国以拱卫王室，这就是分封制，也被称为“封藩建卫”或“封建”。

西周分封的诸侯，大致有王室子弟、异姓贵族、古代圣贤或帝王的后代等三类人群。这些诸侯国的关系有亲有疏，地位有高有低，疆域有大有小，军队有多有少，表现了鲜明的等级附属关系。根据历史记载，周王室先后分封了很多诸侯国，其数量在不同的史书中有不同的记载，有的记载为四百，有的记载为八百之多。其中，比较重要的诸侯国有鲁、齐、燕、卫、宋、晋等国。

周天子是“天下共主”、最高统治者，而各级贵族都是周天子的臣子。周王室对诸侯国拥有一定的统治权力，诸侯国对周王室也必须承担一定的义务。正是通过分封制的推行，周王室从政治、经济、军事等各个方面紧紧控制了诸侯国，实现了“溥天之下，莫非王土；率土之滨，莫非王臣”。西周王朝通过“封藩建卫”，将其政治势力扩展至各地，形成了东起海滨、西到甘肃、北达辽宁、南至长江以南地区的中国早期国家，领土广阔，绵延近三百年。

（二）宗法制

宗法制，确立于夏朝，发展于商朝，完备于周朝。中国古代早期国家，是从原始社会发展而来的。在原始社会里，血缘关系是最基本的社会关系。而以父权为主的父系家长制血缘组织，就是宗法制的渊源。这一组织形式在国家形成之后被完整地保留了下来，由此形成了中国早期国家以宗法制为核心的政治制度体系，对此后中国历史上的各个王朝产生了重要影响。宗法制是西周王朝的又一项重要政治制度，并与分封制密切相关。

嫡长子继承制是宗法制的核心。按照西周王朝的宗法制度，宗族分为大宗和小宗。周王自称天子，为天下的大宗。除嫡长子外，周天子的其他儿子被封为诸侯。诸侯对于天子而言是小宗，但在他自己的封国内却是大宗。诸侯的其他儿子又被分封为卿大夫。卿大夫对诸侯而言是小宗，但在他的采邑内却是大宗。从卿大夫到士，亦是如此。所以说，贵族的嫡长子总是不同等级的大宗，享有对宗族成员的统治权和其他政治特权。后来，各个王朝

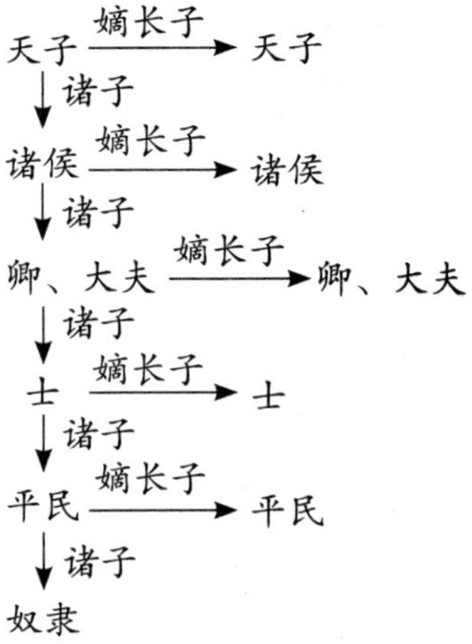

的统治者对宗法制度加以改造，逐步建立了由政权、族权、神权、夫权组成的宗法制度体系。

（三）雍容华贵的礼乐文明

礼乐文明是中国古代文明的重要特征。西周王朝通过制礼作乐，利用礼教与乐教，形成了一套完善的礼乐制度，以维护封建等级秩序。礼乐文明对历代王朝的发展同样产生了重大而深远的影响。

礼，起源于原始社会的祭祀活动。礼制自夏朝建立，经商朝发展，在西周时期得到完善，确立了“亲亲”“尊尊”“长长”的基本秩序，以及“男女有别”“礼不下庶人，刑不上大夫”的基本原则，形成了“为国以礼”的治国理念。这些精神和原则，是西周王朝整个国家政权的基础，各项规章制度均通过礼制得以贯彻。

狭义的礼乐文明，也指“周公之典”。《尚书》曰：“周公摄政，一年救乱，二年克殷，三年践奄，四年建侯卫，五年营成周，六年制礼作乐，七年致政成王。”在总结殷商典章制度的基础上，周公制定了等级严密的礼乐制度，形成了等级社会的伦理规范，以此维护贵族等级秩序，巩固统治阶级内部的团结，从而实现更为有效的封建统治。

周礼的种类繁多，主要有五礼。即吉——祭祀之礼，凶——丧葬灾变之礼，军——与军事征战有密切关系的礼仪，宾——天子与诸侯之间的礼仪，嘉——喜庆欢会活动的礼仪。周礼不仅涉及冠、婚、丧、祭、朝、聘、乡、射及职官制度等方面的诸多礼仪、礼制和礼义，还包括与之配合的各种音乐使用标准。不同身份的人，在不同的场合不仅礼仪有别，所用音乐也有严格的规定。在大型祭祀活动、征战前的誓师活动和凯旋献捷的庆赏活动中，都配有一定的舞乐；在朝聘和宴饮时，也要吟诗颂歌。如在周武王伐纣归来的大型祭祀和献捷仪式上，人们要演奏名为《大武》《万》《崇禹生开》的乐曲。

为了维护和推行礼乐制度，西周王朝还设立了由“大司乐”总管的音乐机构，对年龄在十三岁至二十岁之间的贵族子弟进行系统的音乐教育。在周礼中，礼与乐虽然功能各有不同，但二者相互配合、相辅相成，共同构成了完整有序的社会政治制度。西周王朝之所以延续约 280 年，从一定意义上说，就得益于礼乐制度。

西周王朝的礼乐制度，为秦汉帝国建立大一统的华夏文明奠定了深厚的文化基础。两千多年来，礼乐教化的思想成为儒家思想不断发展的根本支撑，在人们修身治国、构建融洽的社会关系等方面起到了十分重要的作用，形成了中国古代文化的理论基础和价值标准，成为中华文明区别于其他古老文明的重要标志之一。

三、西周历史文化遗存及其保护利用

（一）青铜器的珍贵价值

1. 青铜器铭文与西周史事

利簋，是武王伐纣的见证。这一西周早期的青铜器，于 1976 年在临潼出土。簋腹内底铸有铭文 4 行、32 字，具有非常重要的史料价值。考古专家对利簋出土炭样做了测年，使中国古代史上著名的“武王征商”战役有了一个绝对年代，并结合天文记载等资料，计算出了武王伐纣的时间在公元前 1046 年 1 月 20 日。

何尊是周公营建洛邑的见证。这是西周一位何姓贵族所做的祭器，1963 年在宝鸡市陈仓区贾村镇出土。其内底铸有铭文 12 行、122 字，记述了周成王继承周武王遗志、营建东都之事，具有重要的史料价值。其中，“宅兹中国”为“中国”一词最早的文字记载。

史墙盘和逨盘是西周王朝世系的见证。一直以来，学者对《史记·周本纪》中的周王名称和顺序都有所怀疑。1976 年在扶风出土的史墙盘，以及 2003 年在眉县出土的逨盘，恰恰记载了历代周王的名号。史墙盘，现藏周原博物馆，为周共王时期一位名叫墙的人为纪念其先祖而做，其内底铸有铭文18行、284字。这篇铭文在前半部分颂扬西周文、武、成、康、昭、穆等诸王的重要政绩，后半部分记述墙所属的微氏家族的家史。

逨盘，现藏宝鸡青铜器博物馆。逨盘铭文记述了从西周文王至宣王时代逨这个人各代先祖的历史，历数了单氏家族 8 代人辅佐西周 12 位王的功绩，如同一部西周断代史和家族史，是一篇记载历代周王名号最多的铭文。逨盘铭文印证了《史记·周本纪》的相关记载，与殷墟卜辞印证《殷本纪》的商王世系有着同样重大的学术意义。这两篇铭文均是迄今发现的青铜器长篇铭文之一，它们与文献记载相互印证，成为研究西周历史的重要史料。

此外，西周青铜器铭文还记载了涉及西周各项制度的内容，包括军事制度、册命制度、土地转让制度、司法制度等方面，可做研究的内容极其丰富。

2. 青铜器与礼乐文明

藏礼于器，是中国古代青铜文明的主要特点。中国古代青铜器以礼器和乐器为主。其中，青铜礼器包括鼎、簋、爵、角、觚、觯、斝、尊、壶、卣、方彝、觥、钟、铙、鼓、钲、磬等种类。按照礼制的要求，一些用于祭祀、宴饮和陪葬的青铜器，具有确立主人身份地位、显示尊卑关系、表达虔诚和敬畏、象征使用者权力和地位等作用，有着非常特殊的意义。

以鼎和簋为例，其使用规格为：天子用九鼎、七簋，诸侯用七鼎、五簋，卿大夫用五鼎、三簋，士用三鼎、一簋。鼎和簋的规格不能乱用，不得超越自身的身份地位，否则就是僭越。因此，九鼎一直被视为王权的象征。传说九鼎为夏启所铸。“桀有昏德，鼎迁于商。”商亡之后，鼎迁于周。后人也将建立政权称为“定鼎”，将争夺政权称为“问鼎”。

（二）关于西周大遗址保护和利用的几点思考

1.周原遗址

我们应积极配合专业单位对周原遗址展开聚落结构考古调查。应采用“聚落结构”调查的新方法，判断周原遗址范围内商周时期聚落的性质，厘清聚落之间的相互关系，以建立周原遗址的时空框架，探明周原遗址不同时期的布局特征和周原“聚邑成都”的聚落基本面貌，推动“周原国际考古研究基地”的建设。

2.周公庙遗址

截至目前，周公庙遗址考古发掘工作还在继续，预计还会带给我们更重要的发现和成果。建议加大经费投入，促进科学研究、环境治理等工作，努力实现完整保护和科学展示。建议将周公庙遗址、周原遗址景点与西安市、法门寺等地的交通线路对接，统筹和改善陕西文物景区交通设施和路网结构，开发旅游线路。建议开展“公众考古”等活动，配合有关部门做好遗址保护和利用工作。

3.丰镐遗址

沣西著名的H18发掘，对“夏商周断代工程”武王伐纣年代的推定起到了重要作用，为从考古学上划分商周界限提供了理想的地层依据。夏商周断代工程，以先周文化与西周文化的考古学研究为基础，通过沣西H18的发现与测年等重要工作，为商周分界确定了年代范围，综合金文历日研究和天文推算，选定公元前1046年为武王克商之年，这是商、周时期的关键分界。此外，总面积约为5平方公里的镐京位于沣河东岸，已发现有数百座西周墓葬和车马坑，但其范围和总体布局仍不明晰，有待进一步研究与发现。

第二讲
秦制度文化的影响与秦历史遗存的开发

黄留珠

题目是《秦制度文化的影响与秦历史遗存的开发》，但实际所讲的有“秦史”“秦制”“秦遗存”三个问题。这当中，要讲的第一个问题目的在于交代背景，而后两个问题才是本次讲课的主体内容。

一、金戈铁马并天下——秦史概览

（一）秦早期历史之谜

1. 秦人东来说与西来说

秦人究竟源自何方？学术界有不同的看法，其中以秦人东来说与秦人西来说最为常见。

东来说认为秦人远祖来自东方滨海地区的东夷族。最早提出此说的学者是卫聚贤，其后徐旭生、黄文弼、郭沫若、范文澜、顾颉刚、马非百等亦认同此说。新近，李学勤撰文指出，2008 年 7 月入藏清华大学的战国竹简亦有关于秦人源自东方的记载，或可参考。

认为秦人属于西北甘青地区少数民族西戎一支的学术观点，是谓秦人西来说。王国维、蒙文通、周谷城、俞伟超等学者均力主此说。

有研究者试图把东来说与西来说结合起来，各取所长，提出了秦人“源于东而兴于西”的新说法。此说认为，秦人东来说只看到了秦的“始发之源”，秦人西来说则只看到了秦的“复兴之源”，二者虽然都探索到了真理，但却都有片面性。把东来说与西来说统一起来的秦人二源说，或许更接近于历史的原貌。

2. 对秦早期历史的考古探索

揭示秦早期历史的面貌，考古学的探索是必不可少的重要途径。在一些关键问题上，甚至可以说是唯一的途径。

20 世纪 80 年代中期，考古工作者在甘肃天水地区甘谷县发现了两处秦历史文化遗存。其中董家坪收获较少，而毛家坪遗址提供的材料比较丰富。其所反映的建国前秦文化的发展特点主要有：农业种植在秦人经济生活中占有重要位置；大量融合西戎文化，成为秦文化的构成因素之一；吸收周文化，使秦文化发展到一个较高的层次和阶段。

20 世纪 90 年代初，甘肃礼县大堡子山墓地惨遭盗掘，大量珍贵文物流失海外。1994 年 3—11 月，甘肃省文物考古研究所与礼县博物馆做了抢救性清理发掘，取得了很大收获。考古工作表明，礼县一带正是史籍中所说的西垂地区，是秦最早的都邑所在地；大堡子山即所谓的西山；这里是嬴秦成长、壮大的摇篮。

鉴于礼县地区对研究秦历史文化的重大意义，2004 年春，甘肃、陕西两省文物考古研究所与中国国家博物馆、北京大学、西北大学组成五家联合考古队，在礼县至天水的西汉水流域进行系统的考古调查与发掘。截至 2006 年底，联合考古队的工作已取得重要的阶段性成果。所发现的大型建筑基址、祭坛遗址，以及数量可观的墓葬与随葬品，特别是青铜器，进一步表明这一地区考古工作对于秦历史文化的重大价值。目前，联合考古队的工作仍在继续进行之中。

（二）秦国历史钩沉

1. 襄公始国

公元前 771 年春，周幽王废太子立褒姒子为适，数欺诸侯，招来祸患。西戎一支犬戎与申侯联手伐周，杀幽王于骊山下。而秦襄公将兵救周，战甚力，有功。

周室避犬戎难，东徙雒邑，襄公率兵送周平王。平王封襄公为诸侯，赐之岐以西土地，并毫不掩饰地说："戎无道，侵夺我岐、丰之地，秦能攻逐戎，即有其地。"意谓秦如果能赶走占据岐、丰的戎狄，这地方就赐予你们。"与誓，封爵之"。这尽管是给秦襄公开的一张空头支票，但却意义重大。"襄公于是始国，与诸侯通使聘享之礼。"一般认为，秦正式建国始于此。

秦襄公之子秦文公，在位长达五十年（前765—前716），此间秦国获得长足的进步，为日后秦国的发展奠定了基础。

2. 称霸西戎

在秦国的发展史上，穆公时期（前659—前621）是一个称霸的时代。而帮助穆公成为霸主的一位重要辅臣就是百里奚。还有一个对穆公霸业做出特别贡献的人叫由余。由余亦作繇余。其先祖本晋人，后逃亡入戎，成为戎人。因能言晋语，戎王派他出使秦国。秦穆公以宫室、积聚相夸示，由余观后说："使鬼为之，则劳神矣；使人为之，亦苦民矣。"意谓太过奢侈，如此劳民伤财，国必危。穆公又问以治乱问题，他都回答得头头是道，颇具说服力。

穆公善其言而爱其才，乃离间他与戎王的关系，使人招之至秦，以客礼厚待。由余后为秦谋划伐戎，灭国十二（或说二十），开地千里，穆公遂称霸西戎。

秦穆公在霸业上的成功，使他列位春秋五霸之一。

3. 商鞅变法

自公元前621年秦穆公去世，到公元前384年秦献公即位前，即春秋末至战国初，是秦国新旧制度渐变的一个漫长阶段。此期，秦处在一种被动挨打的局面之下。

秦简公时期（前 414—前 400），秦国社会开始出现了一些明显的变化。

秦献公在位期间（前 384—前 362），顺应时代潮流，进行了一系列重要改革，从而拉开了秦大变革的序幕。

秦孝公是一位极富进取精神的国君，在其父献公改革的基础上，进一步下令求贤，希望得到贤者智能的帮助，彻底甩掉秦国落后的帽子。

有位年轻人应诏西入秦国，他的名字就叫商鞅。商鞅抵秦后，通过宠臣景监求见秦孝公，并最终获得孝公的支持，然后，大刀阔斧地开始变法活动。其相对集中者有两次：

第一次变法开始于孝公三年（前 359），主要内容是：

（1）颁布垦草令。即开垦荒地的命令，旨在发展农业生产。

（2）“令民为什伍”，定“连坐之法”，加强对民众的控制。鼓励告奸，规定“不告奸者腰斩，告奸者与斩敌首同赏，匿奸者与降敌者同罚”。

（3）推行小家庭政策。国家运用经济手段，促使民众分户，建立一夫一妻制的小家庭，规定“民有二男以上不分异者，倍其赋”。

（4）重农抑商。规定：“僇力本业，耕织致粟帛多者复其身；事末利及怠而贫者，举以为收孥。”

（5）奖励军功，严惩私斗。规定：“有军功者，各以率受上爵；为私斗者，各以轻重被刑大小。”另还规定宗室成员如果没有军功，则除去其宗室的属籍。

（6）制定爵制，规定各级爵位占有田宅、臣妾奴婢的数量和衣服的等级。士兵在战争中斩敌首一个，授爵一级，可为五十石之官；斩敌首二个，授爵二级，可为百石之官。“有功者显荣，无功者虽富无所芬华。”

第二次变法始于孝公十二年（前 350），主要内容为：

（1）改革陋习，禁止父子兄弟同室居住。

（2）普遍实行县制。把过去的乡、邑、聚等组织合并为县，每县设县令、县丞负责管理。令为全县最高行政长官，丞为令之佐官。

（3）“为田开阡陌封疆”，即破除土地上原来的疆界封记，重新设置田界。实际上是实行土地私有制，准许土地买卖。

（4）“平斗、桶、权、衡、丈、尺”，即统一度量衡。

（5）“初为赋”。史家杨宽解释为：“这是按户按人征收的军赋，就是云梦出土《秦律》所说的‘户赋’，也称‘口赋’，为汉代‘算赋’的起源。”

（6）迁都咸阳。此处北依高原，南对秦岭，渭水流贯其间，“据天下之上游，制天下之命者也”。

经过变法，秦实现了由落后变强盛的巨大飞跃。一个“移风易俗，民以殷盛，国以富强，百姓乐用”的新秦国屹立在中国西部大地上，并在中国历史上扮演着越来越重要的角色。

孝公后继立的惠文王不失为一位有政治眼光的君主，他虽然杀死了商鞅，却没有出于个人恩怨而废除商鞅所推行的新法。这就使秦继续沿着变法所开辟的道路前进，直至统一天下。

4. 统一六国

经过商鞅变法的秦国，蒸蒸日上，蓬勃发展，至秦王嬴政时期则正式开始了扫灭六国、实现统一的战争。

灭韩。秦首先从六国中最弱小的韩国开刀，于公元前 230 年灭之。

灭赵。公元前 229 年，秦利用赵国发生大地震和大灾荒之机出兵进攻之。次年秦军攻陷赵都邯郸，赵王投降；赵公子嘉逃至代郡，自立为代王，于公元前 222 年被秦消灭。

灭燕。公元前 227 年，燕太子丹派荆轲刺杀秦王未遂后，秦即发兵攻燕。次年，秦军攻陷燕都蓟，燕王喜逃至辽东。公元前 222 年，秦军攻陷辽东，俘燕王喜，燕亡。

灭魏。公元前 225 年，秦出兵攻魏，引黄河、鸿沟水进灌魏都大梁。三月后大梁城破，魏亡。

灭楚。秦灭楚过程比较复杂。公元前 224 年，王翦率 60 万秦军伐楚。他采取坚壁而守、步步为营的战法，力挫楚军锋芒，然后抓住有利战机，一举而破楚军，杀楚将项燕，岁余即虏楚王负刍，平楚地为郡县。其后又乘势南征百越之君，略定南方边地。

灭齐。在“远交近攻”策略指导下，秦对齐一直实施笼络政策。齐王建在位数十年间，也谨慎事秦，不设武备。及五国灭亡后，齐国当政者才着了忙，派兵守卫边界。公元前 221 年，北灭燕、代的秦军乘势南下，很快就攻陷齐都临淄，齐亡。

至此，秦用短短十年多时间，最终完成了统一大业，建立了一个空前的大一统多民族中央集权型的专制主义帝国。

5. 秦崛兴原因试析

关于秦人崛兴的原因，曾有多种论述。不过论者相对认可的原因大体归结在三个方面：一是地理因素，即秦地号称“天府”“陆海”，且“四塞为固”，易守难攻，利于发展。二是秦文化的复合因素，使之善于学习，采取“拿来主义”。三是以开放型的客卿制度，广泛吸纳各国人才。其中第三点，尤为关键。

（三）昙花一现的秦王朝

1. 自称皇帝

秦统一后，嬴政认为“寡人以眇眇之身，兴兵诛暴乱，赖宗庙之灵，六王咸伏其辜，天下大定，今名号不更，无以称成功，传后世”，于是令臣下议帝号。群臣建言：王为“泰皇”，命为“制”，令为“诏”，天子自称曰“朕”。嬴政裁定：“去‘泰’，著‘皇’，采上古‘帝位’号，号曰‘皇帝’。他如议。”这样便有了“皇帝”的称号，产生了皇帝制度。

中国从此跨入帝国时代，直到 1911 年清朝灭亡。

2.“封建”与“郡县”之议

秦统一后，丞相王绾等建议实行封藩建卫的封建制（分封制）。群臣廷议皆以为便，唯廷尉李斯反对，认为郡县制才是“安宁之术”。

始皇肯定了李斯的意见，维持郡县制不变。最初分天下为三十六郡，后来随着边境的开发与郡治的调整，总郡数增多达四十六郡。

3. 五德终始论下的水德制度

五德终始论是战国末出现的一种学说。它认为：人间天子一定要得到五行（德）中的一德，并由上天显示符应；当他的德衰了，有在五行（德）中得到足以胜过前一德的另一德者，就起而代之；如此按照土、木、金、火、水的五行相胜次序运转下去，便形成了历史上的改朝换代。

秦统一后，采纳五德论之说，将其付诸政治生活当中。以此向天下表明，帝国政权的合法性。

按五德推演，周为火德，火后是水，故秦便认定自己是以水德而得天下，并说五百年前秦文公出猎时所获的黑龙（蛇），即水德的符应。依五德说理论，秦制定了一整套的水德制度（具体内容详后）。

今天看来，这样的水德制度很神秘也很奇怪，完全属于一些形式主义的东西。不过在当时人心目中，却是一种神圣的信仰。他们认真贯彻，深信而不疑。

4. 巩固统一的措施

秦统一天下后，为了巩固统一的胜利成果，采取了一系列措施。传统的观点认为秦巩固统一的措施，主要是统一文字、统一货币、统一度量衡，即所谓的三大统一。

著名秦汉史专家陈直认为除了三大统一外，还有郡县统一、律令统一、官制统一，共为六大统一。

今之论者又补充以祭祀制度统一、礼制统一，成为八大统一。另有研究者将“令黔首自实田”、焚书坑儒亦列入，则为十大统一措施。

5. 巡游与封禅

为宣扬皇威，加强对各地的控制，同时也是效仿古帝王巡狩，当然亦含有游乐目的，秦始皇先后五次到全国各地巡游。

第一次，公元前 220 年出发，巡行至陇西北地；第二次，公元前 219 年出发，先至今山东境，后转至今湖南北部；第三次，公元前 218 年出发，巡行至琅琊上党；第四次，公元前 215 年出发，巡行目的地是碣石（今河北乐亭附近）及北方边塞；第五次，公元前 210 年出发，先至今浙江北部，后北上今山东境而返，死于途中。

就在第二次巡游中，始皇登上泰山，举行了封禅——古代一种特殊的天地祭祀礼典。古人心目中，泰山是天下最高的山。帝王到那里举行封禅大典，向上天报告成功，表示受命于天，实为头等大事。文献记载，不少古帝王都曾封禅，但难以据为信史，而秦始皇才是中国历史上第一个把这种礼典付诸实践的皇帝。

6. 不死药与徐福东渡

秦始皇十分怕死，千方百计要寻求长生不老之术和不死药。就在他第二次巡游至东方齐国故地时，齐人徐福（市）等上书，说东海中有蓬莱、方丈、瀛洲三神山，山上有仙人。始皇按其要求，派数千童男、童女随他入海求仙找不死药。不料徐等一去渺无音讯。这就是徐福东渡一事的原生态记录。

西汉时，已经有了徐福在海外“止王不来”的说法；至东汉，则开始把徐“止王”处与日本相联系；大约宋以后，徐东渡日本的传说在中日两国流布开来，日本甚至有关于登陆地在纪伊熊野浦的具体考定，以及所谓徐福墓与徐福祠的发现。近数十年来，江苏、山东等地关于徐福东渡事吵得沸沸扬扬。其开发本地旅游资源的愿望是可以理解的，但所炒作的内容，仅为当地的民间传说，不可视以为信史。

7. 北击匈奴，南开五岭

公元前215年，秦始皇派出求不死药的燕人卢生从海上归来，因奏录图书曰“亡秦者胡也”。始皇乃使将军蒙恬发兵三十万北击胡（匈奴），掠取河南地。此即北击匈奴。

而南开五岭则指秦王朝对岭南越人的战争。其于统一后不久即开始，是场名副其实的持久战，全过程分四个阶段：

（1）始皇派尉屠睢以五军戎五方，做了长达三年的准备，其中包括修建灵渠以解决后勤供应。

（2）秦军进攻越人，获斩杀西瓯首领译吁宋的重大胜利；然而越人利用夜战，大破秦军，杀尉屠睢，反败为胜。

（3）秦被迫“发适戍以备之”，即“使尉佗（即赵佗）将卒以戍越”。

（4）公元前214年，秦以任嚣为主将，以赵佗为副，再次进击越人，战争以秦设置桂林、象、南海三郡的胜利而告结束。

8. 直道与五尺道

二者皆道路名。直道系公元前212年由蒙恬主持修建，自云阳（今陕西淳化西北）至九原（今内蒙古包头西北）。“堑山堙谷千八百里”，是沟通关中平原与河套地区的主要通道，军事意义似更为主要。今遗址犹存。

五尺道为秦统一后用兵西南时，由常頞主持修筑。因地势险恶，路面狭窄，故名“五尺”。汉时因秦旧迹增修，为四川盆地通往云贵高原的主要交通线。

9. 修长城、筑阿房、造陵墓

《史记·蒙恬列传》载，就在蒙恬将三十万众北逐匈奴、收河南后，“筑长城，因地形，用制险塞，起临洮，至辽东，延袤万余里”。这就是著名的秦万里长城。今仍存留有部分遗迹。

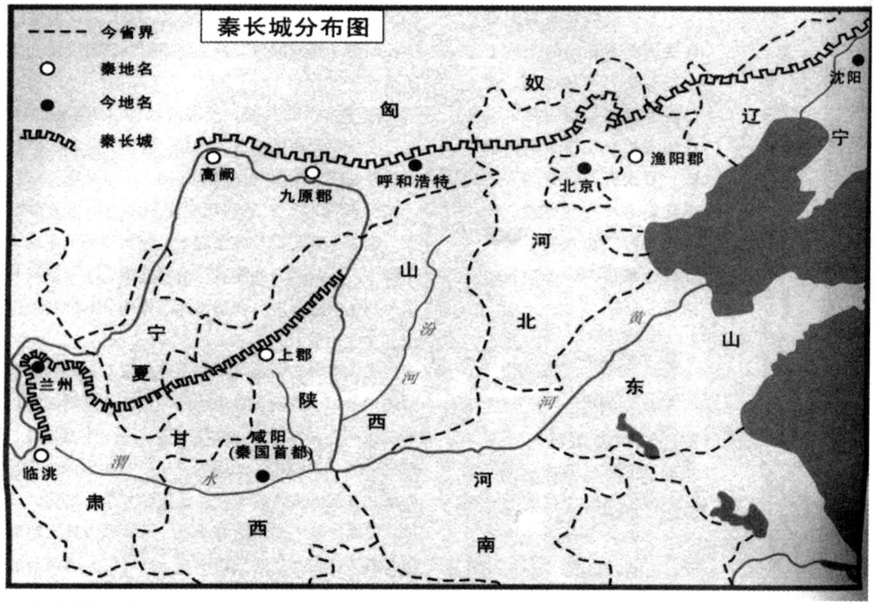

▸▸*秦长城分布图*

造阿房宫，事见《史记·秦始皇本纪》三十五年条："始皇以为咸阳人多，先王之宫廷小"，"乃营作朝宫渭南上林苑中。先作前殿阿房，东西五百步，南北五十丈，上可坐万人，下可以建五丈旗。周驰为阁道，自殿下直抵南山。表南山之巅以为阙。为复道，自阿房渡渭，属之咸阳，以象天极阁道绝汉抵营室也。阿房宫未成；成，欲更择令名名之。作宫阿房，故天下谓之阿房宫"。

造陵墓事亦见《秦始皇本纪》："始皇初即位，穿治骊山，及并天下，天下徒送诣七十余万人，穿三泉，下铜而致椁，宫观百官奇器珍怪徙臧满之。令匠作机弩矢，有所穿近者辄射之。以水银为百川江河大海，机相灌输，上具天文，下具地理。以人鱼膏为烛，度不灭者久之。"

10. 焚书坑儒

始皇三十四年（前213），博士淳于越再次奏请推行分封制，丞相李斯驳其议，提出禁私学与焚书建议，为始皇认可。所焚之书包括各国史记和民间所藏的《诗》、《书》、百家语。秦史记、博士官收藏的图书和民间医、卜、种树之书则不烧。令下三十日不烧者黥为城旦，有敢偶语《诗》《书》者弃市，以古非今者族，吏见知不举者与同罪。

次年又发生坑儒事件。为始皇求仙药的侯生、卢生，以始皇贪于权势，专用刑罚为由，相约逃亡。始皇闻讯下令追究，受到株连的儒士四百多人皆被活埋于咸阳。长子扶苏谏劝，亦被遣至上郡监军。

坑儒还有另一种说法：始皇下令焚书之后，恐天下人不服，遂招诸生七百人拜为郎。他暗地里派人在骊山陵谷温暖处用温泉水浇灌种瓜，待瓜结出后令诸生讨论瓜生长的原因。众人议论纷纷，始皇便令到种瓜现场察看，暗中却伏下了弓箭手。当诸生到达正在争论不休之际，全遭乱箭射杀，并被埋在谷中，此谷相传即临潼温汤西南三里的马谷。

11. 沙丘之谋与秦的灭亡

公元前 210 年，始皇最后一次出游，少子胡亥与丞相李斯、中车府令兼行符玺事赵高随行。返抵沙丘（今河北广宗县西北）时，始皇病危，令赵高作书，命在上郡监军的长子扶苏至咸阳会丧。始皇死后，赵高扣压玺书，嗾使胡亥篡夺帝位。遂胁迫李斯矫始皇遗诏，立胡亥为太子，迫令扶苏自杀。胡亥至咸阳发丧，即位称二世皇帝。是为沙丘之谋。

以上有关秦二世继立的经过是根据《史记》的记载叙述的，北大藏简《赵正书》有不同的记载，说胡亥继立是根据秦始皇的遗令，并非篡位。对此，研究者看法不一，甚至有说这是小说家言。估计《赵正书》所记，当为二世朝廷官方说法。究竟孰为历史真相？还待进一步研究，也许永远是个历史之谜。

二世元年（前 209）七月，戍卒陈胜、吴广揭竿而起反秦，天下响应。后形成以项羽、刘邦为首的两支反秦主力军。项羽在河北巨鹿消灭了秦军主力，刘邦则先入关中接受了秦王子婴的投降。威显一时的秦帝国就这样匆匆退出了历史舞台。

12. 秦帝国疆域及其人口推测

秦帝国最盛时，其疆域“东至海暨朝鲜，西至临洮、羌中，南至北向户，北据河为塞并阴山至辽东”，是当时世界上最大的国家之一。

秦帝国的人口没有记载，估计当在2500万左右。

13. 秦速亡的教训

秦帝国的开创者本欲万世无穷的江山，不想仅仅传至二世、不到十五年时间便完蛋了。如此一个历史玩笑留给我们太多的沉痛教训，令人无限深思。这当中，有三方面的问题似更值得我们注意。

一是面对胜利不可骄傲的问题。秦用了十年多时间，平灭六国、实现统一，无疑是巨大的胜利。在胜利面前，嬴政得意之情溢于言表。请看他议帝号时说话的神气，什么“兴兵诛暴乱”，什么“六王咸伏其辜”，什么“今名号不更，无以称成功，传后世”，等等，完全是居高临下，目空一切。在这种骄横情绪支配下，他行事的随意性空前增加。如此就导致统一后他一系列的瞎折腾，从而给帝国造成不堪设想的严重后果。汉初著名政论家贾谊把秦始皇称为“淫骄之主”，是很准确的。秦政之失，胜利了骄傲是非常重要的一条。尽管“胜不骄”是人人都明白的真理，但真正能做到这一点的却少之又少。古今中外许多伟大人物，差不多都栽在这里，确实值得我们引以为戒鉴。

二是形势变化之后政策也需要应时而变的问题。对此，贾谊有一段极为精彩的论述：“秦离战国而王天下，其道不易，其政不改，是其所以取之守之无异也；孤独而有之，故其亡可立而待。”这就是说，秦统一之后，形势变化了但统治者却“道不易”，“政不改”，“取之守之无异”，完全不懂“攻守之势异”的道理，所以其败亡便是指日可待的了。特别是秦当局以“取”“攻”时期“烧”“杀”的办法处置文化问题的举措——焚书坑儒，应该说是最大的失策。后世诗人留下的“坑灰未冷山东乱，刘项原来不读书”“坑焚若为防遗患，可笑秦王计也疏”“刘项不识字，硕儒徒坑焚”“坑焚渗漏笑强秦，刘氏功凭马上臣”等诗句，既是对此举的嘲讽，也是对它的批判。

三是不可将法治绝对化、极端化的问题。大家知道，自商鞅变法后，秦以法家学说治国，取得了巨大的成功。因此秦推崇法家，推崇法治。统一后，其更是将这种“繁法严刑”发展到绝对化、极端化的程度——“事皆决于法”；“急法，久者不赦”。结果造成“蒙罪者重，刑戮相望于道，而天下苦之”。世上任何事情，都有一个度限，如果过了度，事情必然要向反面转化，本来的好事也会变成坏事。所以单一的法治并不可取，需要与德治相辅相成。这也就是贾生所说的施“仁义”问题。秦纯任法治而“仁义不施”使帝国速亡的沉痛教训，为汉代统治者所汲取，改用“霸王道杂之”的治国之道，显然比秦要聪明多了。

秦国、秦朝国君及在位时间与都城地一览

秦国

襄公	前 777—前 766	
文公	前 765—前 716	前 762 都汧渭之会
静公	不享国	
宪公	前 715—前 704	前 714 都平阳
出公（出子）	前 703—前 698	
武公	前 697—前 678	
德公	前 677—前 676	前 677 都雍
宣公	前 675—前 664	
成公	前 663—前 660	
穆公	前 659—前 621	
康公	前 620—前 609	
共公	前 608—前 604	

桓公	前 603—前 577	
景公	前 576—前 537	
哀公	前 536—前 501	
夷公	不享国	
惠公	前 500—前 491	
悼公	前 490—前 477	
厉共公	前 476—前 443	
躁公	前 442—前 429	
怀公	前 428—前 425	
昭子	不享国	
灵公	前 424—前 415	前 424 都泾阳
简公	前 414—前 400	
惠公	前 399—前 387	
出子	前 386—前 385	
献公	前 384—前 362	前 383 都栎阳
孝公	前 361—前 338	前 350 都咸阳
惠文王	前 337—前 311	
武王	前 310—前 307	
昭王	前 306—前 251	
孝文王	前 250（仅 3 月）	
庄襄王	前 249—前 247	
秦王政	前 246—前 221（统一）	
秦朝		
始皇帝	前 221—前 210	
二世	前 209—前 207	
子婴	前 206（仅 3 月）	

二、百代皆行秦政事——秦制度文化的深远影响

（一）皇帝制度

1.“皇”与“帝”的结合

这个问题，前面已经讲过。“皇帝”实际是嬴政把传说的“三皇”与“五帝”结合而拟定的新称号，表示至高无上之义。

2.“命”为“制”

皇帝制度的内容还包括一些特别的称谓。如本条称皇帝指示“命”为“制”，即其一种。

3.“令”为“诏”

这也是规定的特殊称谓，即将皇帝指示“令”专称为“诏”。“令”更多含有法律方面的意义，古时称作“律令”。

4.自称曰“朕”

“朕”即“我”的意思。古时不论贵贱皆可称“朕”。自帝制开始，规定只有皇帝才能自称朕，其他人皆不得使用。

皇帝制度规定，皇帝拥有至高无上的权力，既是国家的代表，也是国家的化身。嬴政当时还特别规定，皇帝按照世代排列，第一代称始皇帝，后世则以二世、三世计，“传之无穷”。

（二）三公九卿制

1.三公：丞相、太尉、御史大夫

丞相为百官之长，掌丞天子助理万机。太尉是中央主管武事的最高官员。御史大夫掌副丞相，为全国最高监察和执法之长官。

2.九卿：奉常、郎中令、卫尉、太仆、廷尉、典客、宗正、治粟内史、少府

奉常掌宗庙礼仪，凡宗庙祭祀及朝会、丧葬礼仪，充当主祭人皇帝的助手。郎中令掌宫殿掖门户，实为皇帝卫队长。卫尉掌宫门卫屯

兵，守卫宫禁。太仆职掌皇帝专用马车，遇皇帝外出则为之驾车。廷尉主管全国刑狱。典客掌诸归义蛮夷，即职掌少数民族事务。宗正主管宗室名籍。治粟内史掌谷货，负责粮食、财政等工作。少府职掌山泽、陂地、市肆之租税收入，名曰禁钱，供皇帝日常生活和祭祀、赏赐开支，为皇帝私府；兼管皇帝衣食器用、医药娱乐丧葬等事宜。

3. 诸卿：中尉、将作少府、典属国、主爵中尉、内史

中尉，“掌徼循京师”。将作少府，“掌治宫室”。典属国，“掌夷蛮降者”。主爵中尉，“掌列侯”。内史，“掌治京师”。

三公、九卿及诸卿，各有自己的一套机构，处理日常工作。大事总汇于丞相，最后由皇帝裁决。

（三）郡县制

1. 郡：郡守、郡尉、监御史

“郡置守、尉、监”。“守”即郡守，为一郡最高长官。“尉”即郡尉，佐郡守“典武职甲卒”。“监”即监御史，“掌监郡”。

2. 县：县令（长）、县丞、县尉

郡之下有县，皆有丞尉。万户以上县设令，万户以下置长。

3. 乡里

县以下分若干乡，乡以下有若干里。一般认为，里就是村落。《汉书·百官公卿表》称：“乡有三老、有秩、啬夫、游徼。三老掌教化。啬夫职听讼，收赋税。游徼徼循禁盗贼。”里的头人为里正。乡、里官吏虽不由皇帝或官府任命，但却要由地方推择当地富庶人家的适龄人员充当。

（四）水德制度

（1）年始、朝贺	十月朔（以十月为岁首）
（2）衣服旄旌节旗	上黑
（3）数	以六为纪

（4）符、法冠	六寸
（5）舆	六尺
（6）步	六尺
（7）乘	六马
（8）音	上大吕
（9）河（黄河）	更名德水
（10）政术	刚毅戾深，事决于法

（五）百代都行秦政法

这是毛泽东主席的诗句，全面、深刻反映了秦制的深远影响。具体言之，可从两个方面了解：（1）确立了大一统国家形式和观念的基础；（2）奠定了中央集权政治制度的基础。

三、古为今用谱新篇——秦历史遗存的开发利用

（一）石鼓文

1. 石鼓的发现与定性

石鼓共有十个（碣），唐初发现于今陕西凤翔。每鼓上刻一首四言诗。当时曾引起很大的轰动，杜甫、韦应物、韩愈等皆有诗记其事。自宋人郑樵将其定为秦物后，学者多信从之。但到底是秦哪一代的作品，迄今尚无定论。一般认为，应与春秋后期作品近似。

2. 石鼓文的价值

石鼓文为籀书，即大篆。其书法优美，古朴雄浑；横竖行格基本整齐，与金文不同，而结构、布局已接近小篆。石鼓文为历代书法家所钟爱，许多人终生临写，以求出新。另，石鼓的制作，亦含技术智慧，有可称道者。

3. 石鼓文化的开发

由石鼓、石鼓文发展而来的石鼓文化，颇为世人所重。除其书法艺术价值外，对于旅游开发等，亦显现出越来越多的意义。如宝鸡的“石鼓山”，即典型实例。

（二）秦雍城遗址与秦公一号大墓

1. 德公迁都于雍

秦人从西垂故地东进后，于公元前762年定都汧渭之会，于公元前714年迁都平阳。秦德公元年（前677），又将国都从平阳迁至雍——今陕西凤翔。此后近三百年间，这里一直是秦的政治、经济、文化中心。

2. 考古揭示的秦雍城面貌

对雍城遗址的考古发掘表明，该城为约11平方公里的正方形，四周有城墙、护城壕，城内有大型宫殿建筑群、平民居住区及东西向、南北向交错为“井”字形的四条大街，另还发现有凌阴、陵园等遗址。整个城市建筑规模与气魄，比起周天子所居之王城，有过之而无不及。

3. 雍城秦公陵区

陵区位于雍城南郊，占地约36平方公里，东西绵亘15公里有余。已探明49座大墓，其中诸侯王级墓21座。

4. 一号大墓的主人——秦景公

秦公一号大墓位于陕西省凤翔县南指挥村界内。据墓内出土的300号石磬铭文，推断墓主应为秦景公，公元前576—前537年在位。

5. 一号大墓的考古收获

一号大墓经过10年发掘，1986年清理工作全部结束。大墓如同一座嵌入地下的倒金字塔，顶部长59.4米，宽38.8米，底部长40米，宽20米，据地平线24米，东西各有一条墓道与墓室相连，平面呈“中”字形，东西墓道加墓室全长300米，总面积5334平方米，是迄今已发掘的先秦墓葬中最大的一座。该墓使用黄肠题凑，有众多人殉，虽经严重盗掘，仍出土 3500 多件珍贵文物，从一个侧面反映了秦国的社会风貌。

（三）秦直道遗迹

1. 中国最早的“高速公路”

秦直道，这条自云阳至九原的道路，被人们喻为中国最早的“高速公路”。

2. 考古发现的秦直道遗存

秦直道，今仍可见其遗存，如富县张家湾的遗址，便非常典型。直道基本宽度为 30 米，最宽处达 50 米以上。通过考古调查，在子午岭、内蒙古东胜等地均发现秦直道遗存。近年考古工作者在旬邑子午岭发现一面积约 40 亩的大平台，初步判断应为直道上既做防卫又做信息传递的驿站。

（四）秦都咸阳遗址

1. 秦都咸阳的营建

作为中国第一个统一的多民族大帝国的首都咸阳，位于素有“天府”“陆海”美誉的关中地区中部，其范围大致在今咸阳市到西安市之间的渭河区域，这里自秦孝公时即作为秦国的都城。统一后，秦始皇按照“渭水贯都以象天汉，横桥南渡以法牵牛”的天体结构模式扩建与重建帝都。可惜由于王朝的短命，工程未能完成，从而给后人留下了不少关于秦咸阳城的历史谜案。

秦始皇晚年，因嫌咸阳宫狭窄，在上林苑新建阿房宫，第一期工程是修造前殿。二世时曾继续施工。最后虽未完成，但在中国建筑史上实为空前之巨篇。

2. 考古所见秦咸阳城的基本情况

考古工作者在今咸阳东北黄土塬上发现了大区域的秦宫殿建筑遗址，从而向人们展示了秦都咸阳宫殿建筑的风貌。以一号宫殿建筑为例，它建在一座夯土台基上，高约 17 米，共 3 层，为四阿顶的宫观形式。台基顶层中部的两层楼阁是主体宫室，最上层阁楼可向四方远眺。主室四周设卧室、盥洗室及露台、曲阁、榭等，底层绕夯土台基建有 7 间单独宫室，室外出檐造廊绕台基一周。主体宫室皆立都柱（将军柱）。室内隔墙用夹竹抹泥墙，表面粉成红色、白色或彩绘壁画。地面坚硬光滑，呈深红色或青灰色，少数用方砖铺地。室内设取暖炭炉，室内外有竖井式储物窖穴，并有完整的给水、排水系统。宫室的通风、采光、通道设计科学，门窗装饰有青铜铺首，使用铰链、合页等铜构件。整座建筑结构紧凑，设计巧妙，布局合理，错落有致，主次分明，外观雄峻庄严，内部华贵美丽，充分体现了秦代建筑工艺的高超水平和秦建筑文化风格。

除巨大的宫殿区外，考古发现秦都咸阳还有居民区、手工业作坊区、商业区、旅馆区等。其交通四通八达，有研究者估计全城常住人口约在 50 万左右。这里，荟萃六国都城建筑艺术之精华，凝聚天地渭水之神韵，是秦文化集大成的辉煌巨制，是当时世界上最繁盛的都城之一。

（五）秦阿房宫遗址

1.《史记》记载的秦阿房宫

《史记》所载阿房宫事，见《秦始皇本纪》三十五年条。

2. 杜牧笔下的秦阿房宫

大体自汉代开始，阿房宫的规制就有被放大之嫌疑，至唐代杜牧作《阿房宫赋》则达到了极致。一般认为，杜氏所赋是借秦之喻，讽谏当朝帝王，多有想象的地方，并不可视为信史。但如果换个角度来看，杜牧《阿房宫赋》所写“五步一楼，十步一阁”“覆压三百余里，隔离天日”等等，虽多夸张之辞，但却也反映了该宫规模宏大的事实。

3. 考古揭示的秦阿房宫

今在陕西西安三桥以南，东起巨家庄，西至古城村，还保存面积约 60 平方公里的阿房宫遗址。2002 年至 2007 年，考古工作者对该遗址进行了全面的考古勘探和局部试掘，基本搞清了前殿夯土台基的范围，以及殿北部边缘三层台面结构，还在殿南部边缘以南发现了一处较完整的铺瓦遗迹。考古发掘情况表明，正如文献记载的那样，阿房宫没有建成，相传的“项羽火烧阿房宫”当为历史的误传。

（六）秦始皇陵及陵区的考古重大发现

1. 兵马俑

秦始皇陵今仍屹立于西安市临潼区骊山北麓，枕骊山而望渭水。以始皇陵为主体，建有庞大的骊山陵园。陵区考古的重大发现首推秦陵兵马俑。

被誉为“世界第八大奇迹”的秦陵兵马俑，蕴涵着中国古文化特别是秦文化的丰富内容，具有极高的研究价值和观赏价值。已发现的一、二、三号兵马俑坑，成“品”字形分布，西距始皇陵外城垣 1.5 公里，属于大型陪葬俑坑。

一号俑坑规模最为壮观。它东西长 230 米，南北宽 62 米，深 4.5—6.5 米，呈长方形，四面环以边廊，并各有五个斜坡门道。坑内有长 180 米、宽 3.5 米的东西向过洞九条，过洞间隔以夯土墙。边廊内整齐排列着面向外侧直立的步兵俑，过洞内密集分布着战车与步兵相间的纵队。该坑共有陶俑 6000 件。

二号坑位于一号坑东端北侧，南距一号坑仅 20 米。其平面为曲尺形，面积约 6000 平方米。坑内分四个单元：第一单元为立射式、蹲跪式弩兵俑，第二单元全是木质战车，第三单元是车、步、骑三兵种混合军阵，第四单元均为骑兵俑。该坑共有战车 89 乘，驾车陶马 356 匹，陶鞍马 116 匹，武士俑 900 余件。

三号坑位于一号坑西端北侧，南距一号坑 25 米。坑平面呈“凹”字形，面积仅约 520 平方米，形制特殊，结构复杂。其东边有斜坡形门道，进门后正面有间马车房，内有战车 1 乘。两侧有南北向长廊，长廊两边分别连接南厢房和北厢房。长廊及厢房内共站立武士俑 64 件。

另，在一号坑中部北侧发现一个未建成的兵马俑坑。面积约 3600 平方米，编号为四号坑，坑内未发现陶俑、陶马及其他文物遗迹。

对于秦俑坑内涵的认识，研究者见仁见智，看法不一。不过军阵说，目前仍是主流认识。

秦俑在中国古代美术史上是空前绝后的，它证明秦朝在文化领域所取得的辉煌成就。秦在雕塑与彩绘方面划时代的飞跃，已将中国美术推进到发展的第一次高峰。秦俑艺术无可争辩地推翻了中国古代雕塑艺术落后的观点，否定了秦文化落后的偏见。

2. 铜车马

铜车马是继兵马俑之后秦陵考古的又一特大发现，也是迄今已出土的秦文物中最华丽、最珍贵、最有价值的文化瑰宝。

埋藏铜车马的陪葬坑位于秦陵封土西侧 20 米处，平面呈“巾”字状，出土的两乘大型彩绘青铜车马系秦始皇生前乘坐的车驾的真实模拟，分别由数千件零部件组装而成，总重量近 2.5 吨，按排列前后顺序编为一、二号铜车马。

一号铜车马定名为高车，是单辕双轮四马驾车，属于为秦始皇“大驾卤薄”开道、警戒的卫车。其车体较小，舆箱平面为横长方形。车马通长 2.57 米，宽 0.955 米，高 1.68 米，设计极为精巧。舆内右侧站立一双手持辔、头戴鹖冠、后佩长剑、全神贯注的御官俑。车上竖立一把由 22 根青铜伞骨支撑的、伞盖直径 1.22 米的圆盖车伞，并装备有弓弩、箭镞、盾牌等武器。

二号铜车马定名为安车，属于秦始皇“大驾属车八十一乘”中的一种大型安车，即史书上所称的“辒辌车”。亦为单辕双轮四马驾车，通长 3.171 米，高 1.062 米，总重 1241 公斤。舆箱平面略呈“凸”字形，分割为前窄后宽的二室，上有面积达 2.3 平方米的椭圆形篷盖。封闭式后室面积 78 厘米 ×88 厘米，为皇帝乘卧之处，设计舒适而高贵。左右两侧均有随意开合的窗子，后面安装单片门扇。开放式前室面积 35 厘米 ×36 厘米，实际是安车的驾驶室。其以彩绘阑板与后室相隔，板上有一小窗供通话使用。室内跽坐一头顶鹖冠、身着长襦、腰挂短剑、双手平伸揽辔、目视前方、面带柔顺谦恭微笑的御官俑。驾车的四马昂首向前，欲奔且止。马脖子下悬挂着用青铜丝钮结的璎珞“繁缨”。右侧骖马额前饰有古代天子之舆特有的马饰件。特别值得注意的是，铜车马奔驰的方向，与隔冢相望的兵马俑阵的方向恰恰相反。这其中包括了秦人深刻的宗教意识与宗教习惯，表示落叶归根，日落西方，死者灵魂乘华丽之车返回秦人初始勃兴之地，驰归秦嬴列祖列宗神灵居住的西天。

秦陵铜车马的出土，澄清了中国古代车制中许多令后人迷惑不解的难题，秦代马车依然采用商周以来传统的轭靷系驾法，比欧洲古代马车的颈式系驾法更为科学。尤其在生产技术方面，铸造精致、比例准确、工艺复杂、造型逼真、色彩绚美的铜车马，反映了中国古代青铜器制作的高水平，堪为东方文明的骄傲。

3. 石铠甲

始皇陵陪葬的石铠甲坑，位于始皇陵园东侧内外城垣东门间的东司马道南边、始皇陵现封土东南 200 米处。经试掘出土一批石铠甲、石胄以及石马甲等文物。石铠甲大致可分为三类：筒子甲，双肩有披膊之甲（据甲札形制的不同分作Ⅰ、Ⅱ、Ⅲ型），鱼鳞甲。现提取并修复的一顶石胄，由 74 片扁铜丝编缀而成，通高和底部宽约 31.5 厘米，重 3168 克。石马甲由颈甲、当胸、身甲、搭后等部分组成，残长约 1.8 米。这批石质的甲、胄、马甲，虽系陪葬的明器，但却为我们提供了当年秦军在防护装备方面的珍贵资料。另外，之所以使用石甲、石胄一类石制品从葬，似也还隐藏有某种神秘的文化内涵。研究者或认为："始皇陵园出土的石甲，是供始皇贴身的卫队使用的，在幽冥的世间身穿石甲、胄的卫士，可以起到避恶鬼的作用。"此虽为推测，但足可备为一说。

4. 百戏俑

百戏俑坑位于始皇陵封土东南部的内外城垣之间，北距石铠甲坑39米。在试掘方内出土与真人大小相似的百戏俑11件，现修复了6件。这些俑上身及四肢赤裸，下身着短裙，体型和姿态各异。其中扛鼎俑膀宽腰圆，双足一前一后略呈"丁"字形站立，左臂自然下垂手握腰带，右臂上做举物状。都卢寻橦俑体魄健硕，四肢粗壮，立如铁塔，双手紧握腹前系结的前搭（小裙）；左侧臂胁间原抱持一直立的高竿，因俑坑经火焚，竿已不存；竿的顶端还应有一横竿，演员缘竿上下及在横竿上做各种动作。旋盘俑身材修长匀称，一腿后曲，一腿柱立做金鸡独立状，右臂向外曲折上举，食指与拇指上指；食指顶端有一径0.4厘米、深12厘米的直孔，孔内原插有一细长棒状物，左臂下垂；昂首挺胸，目视前方。角抵俑呈大力士典型形象，做立姿，双手置于腹前做用力握物状。百戏在秦时主要是宫廷的娱乐活动，它从一个方面反映了该时代的游艺水平。

5. 铜水禽

铜禽坑位于秦陵东北角约900米处，与始皇陵中心相距1.5公里。坑内出土的20只铜天鹅、20只铜鸿雁、6只铜仙鹤及15件陶俑，有机地组合成象征宫廷禽苑的一组大型群雕。禽坑北部有条长约60米的坑道，其底部有条象征河流的沟槽，槽的底部有淤泥，说明槽内原有水。46只铜禽分布于小河两岸，头向水面，或觅食、嘴里叼着小鱼，或闲步，或卧息，或举颈昂首，或颈微侧转举首张望，神态各异。禽坑南部有条南北向的坑道，两边共有 11 个象征着禽圈的壁龛。那些陶俑是饲禽的仆役，白天把水禽赶到小河放养，夜晚驱禽归舍。如此一批与真禽大小相似的铜禽之发现，填补了秦飞禽造型艺术的空白。从鸟禽雕塑史的角度去看，它开创了独立鸟禽造型的先河，意义很不一般。

6. 秦陵、秦俑的保护利用是世界级水准

（七）秦东陵芷阳 – 韩峪陵区

1. 秦东陵的概念及芷阳 – 韩峪陵区的基本情况

秦东陵的概念有广义、狭义之分。广义的秦东陵，指国都咸阳以东的所有陵区，包括始皇陵在内。狭义的秦东陵仅指芷阳 – 韩峪陵区，这里埋葬有宣太后、悼太子、昭襄王、庄襄王等。

2. 一处待开发的秦文化遗存宝地

数十年来，考古工作者对芷阳 – 韩峪陵区不断进行考古调查，发现多处墓冢遗址和大量的秦文物。对其中某些遗址还做了试掘，收获颇多。当然，这些仅仅是九牛一毛，秦东陵真面目的揭示，还有待我们付出更艰辛的劳动。但可以肯定地说，这里是一处待开发的秦文化遗存宝地，在此可以大有作为。

（八）多种模式开发利用秦历史文化遗产

第一，虔诚崇敬的态度，科学理性的方法，且莫一切向钱看。

第二，开发利用与保护相结合，把保护放在第一位。

第三，群众路线与专家智库相结合，充分发挥各方面的积极性与聪明智慧。

第四，多种模式并举，不仅建功当世，而且考虑到子孙万代。

第三讲
汉代的历史与文化

周天游

一、两汉帝王世系概况

（一）西汉 公元前 206 年—公元 8 年

高祖（刘邦）

惠帝（刘盈）

吕后（吕雉）

文帝（刘恒）

景帝（刘启）

武帝（刘彻）

昭帝（刘弗陵）

宣帝（刘询）

元帝（刘奭）

成帝（刘骜）

哀帝（刘欣）

平帝（刘衎）

（二）新朝 公元 9 年—25 年

王莽——刘玄（23—25）

（三）东汉 公元 25 年—220 年

光武帝（刘秀）

明帝（刘庄）

章帝（刘炟）

和帝（刘肇）

殇帝（刘隆）

安帝（刘祜）

顺帝（刘保）

冲帝（刘炳）

质帝（刘缵）

桓帝（刘志）

灵帝（刘宏）

献帝（刘协）

二、汉代在整个中国古代史中的地位与作用

秦汉时期是中国统一的多民族的中央集权制国家的奠基时期。自魏晋以降，直至鸦片战争前的清朝，历代国家的各项制度基本上以秦汉之制为基准，从某种意义上讲，没有秦汉，就没有中国。

天下皆秦制也。秦是国家意义上的中国的奠基者，也是中央集权体制的创立者。然而短命的秦制只有在汉初经历过重新的尝试与调整改进变化，其基本内涵和主要矛盾迄无实质性的改变，并得以真正稳固下来，影响至今。这就是所谓“中国模式”的源头。

一直以来，我们往往只是强调其专制性，却忽略了秦汉之制中的民主、平等、自由的因素。如果没有这些因素，秦汉怎能成为雄踞东方的世界级大国！

所以，不了解汉代特别是不了解西汉的历史演变、文化特征和民

族特征，也不可能真正了解中国。因此，探究汉代的历史、文化与民族等领域，对其有一个基本的、客观的和科学的认识，是每一个执政者、研究者和全体国民都应该学习的重要内容。

三、三大历史与文化问题

（一）中国集权制政体的调整与稳固

中央集权制的核心是君权。从秦始皇自号“皇帝”开始，全国主要政务由皇帝裁决，中央乃至地方的主要官吏由皇帝任免，全国的军队由皇帝批准调动。而这种至高无上的权力，以世袭的形式逐代传递。当时在中央与地方建立了完备的行政体制，即三公九卿制和郡县制。

中央集权制是为纠正周代分封制和世卿世禄制的弊端而发，力图使春秋战国长期分裂割据的局面不再发生而设计。其最大的功绩是使中国作为一个国家概念得以确立，从此统一成为大势所趋，分裂不得人心，中国的主要疆域得到巩固。

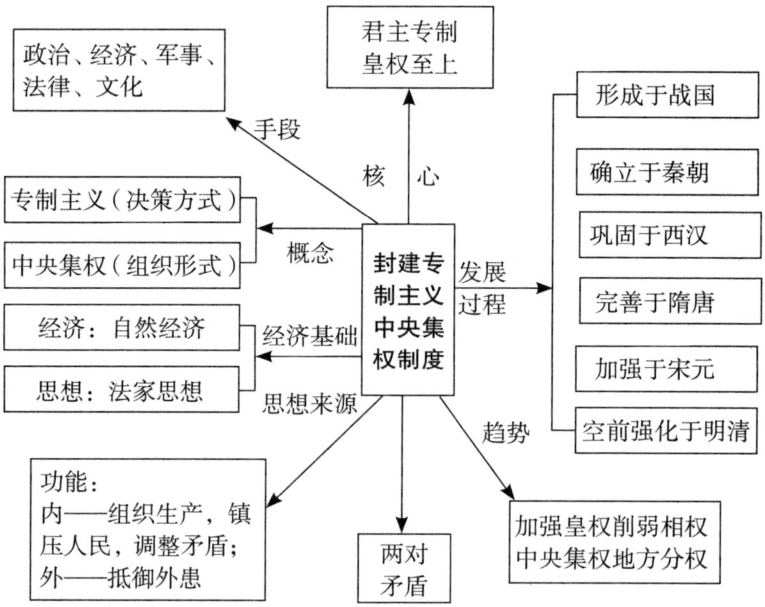

然而秦朝十五年而速亡，引发了汉初政体的改革，分封制卷土重来。刘邦在削除楚汉之争中陆续设立的异姓王之后，分封了一大批同姓王，只求学习西周用同姓辅弼皇室，避免秦始皇没有皇族勤王的悲剧重演。但是，历史开了一个大玩笑，对于汉前期中央政权的主要威胁，却来自同姓诸侯王，景帝时爆发了吴楚七国之乱，几乎动摇了国本。于是到武帝执政时期，不许诸侯王治土、治民，不再允许任命官吏及拥有军权，更不许制币，诸侯王只能衣食租税，郡国并存制中的“国”徒有其名，政体又回到了起点。如果说有什么重要改革的话，那就是“无所不统”的丞相被逐步削权，三公由丞相、太尉、御史大夫向司徒、太尉、司空转变。

（二）主体文化的调整与“三大支柱”的确立

汉文化并非秦文化的照搬。“秦之苛暴，汉之简易，相激相反。”汉初吸取秦亡教训，曾用黄老之学来取代法家的主导地位，是形势使然，必须借此以休养生息，恢复百姓与国家的元气。包括恢复分封，特别是分封同姓王以屏蔽帝室，也是一时之策。然而随着经济的复苏与繁荣，诸侯王的坐大，以及帝王越来越希望有所大作为，黄老之学已明显地无法适应社会发展的需要，汉武帝在董仲舒的建议下，决心“罢黜百家，独尊儒术”。这一变革，使儒学在以后两千余年的历史中，成为中华民族传统文化无可替代的中心。于是有人把儒学与中国传统文化完全画起了等号，仿佛中国的一切，兴也儒学，败也儒学。不过实际上这是对汉代文化的多元统一的误解。它忽略了事物的另一面，即统一条件下文化的多样性。也就是说，儒学是汉文化的重要组成部分，是起主导作用而又影响至深至远的一种文化，但并非唯一。

此前在百家中，儒学从来不是显学，孔子及大部分弟子常惶惶如丧家之犬，只有像荀子那样能吸收其他学说特别是法家学说者，才能顺应历史潮流而有所作为。即便在明命独尊儒术之后，汉武帝看中的无非是“大一统”观念，“皇权神授”，“天人感应”，以及三纲五常和臣民应遵守的长幼尊卑等级秩序与行为规范而已，无非是利用儒家学说更具合理性，更注重平衡关系，更具有诱导力而已。其实汉武帝更认可法治，其在位期间，律令多达 359 章，大辟 409 条，死罪决事比 13472 事，文字至西汉末多达百万余字。法律之烦苛不仅远远超出刘邦的约法三章，也甚于秦律，称之“密如凝脂”，并不为过。正如汉宣帝所言，“汉家自有制度，本以霸王道杂之”，可见“儒表法里”，才是其实质。也就是说，它是借助于儒家的外衣，吸纳其合理的内核，利用法家、阴阳五行等多家学说对其进行改造，以适应封建统治的需要。所以，这时的“儒术”已不完全是当年孔子的儒家学说，而是诸子百家之说在儒学为体之下的成功统一。如果书呆子式的崇儒敬儒，这种儒君与儒臣，往往误国误民。同时我们也必须看到，即使儒学中心地位不可动摇，许多学派仍然存在，拥有各自发展的空间。

此外，东汉初年洛阳白马寺的建立，标志着佛教在中国正式立足。汉魏之际，由《牟子理惑论》首先提出的佛教中国化的主张，得到了响应，于是中国不仅成为佛教的中心，佛学也成为儒学的重要补充。而从各家学说吸收营养，结合古代巫术与阴阳五行学说等形成的道教，于东汉也正式成立。这一土生土长的宗教，也成为儒学的重要补充。儒、道、释三教鼎立，儒生、道士、僧侣各行其道，又相互联络请益，才是汉文化的基本构成，才是中华文化的主流。

需要进一步明确的是，儒、道、释三教鼎立的背后，还有一个十分重要的文化背景。这就是汉代文化不仅是黄土文明的反映，也是草原文明的反映，还是海洋文明的反映。中华传统文化绝非某些学者所说的是封闭保守的城墙文化。

汉代文化是黄土文明的反映，这显而易见，无须置辩。中华民族主要是农业民族，中国是以农立国的国度，重农抑商是治国的根本大策，但并不排斥贸易，而且抑商也是口头上说得多，行动上做得少。

汉代文化也是草原文明的反映。汉代形成以汉民族为主体的多民族统一的国家。中原汉族在与北方游牧民族、西方西域诸国及各民族、南方百越，以及西南诸夷的长期交往与斗争中，逐渐融合。以《风俗通义》所述中国古代乐器而言，笙在汉章帝时得自湖南零陵蛮；马融《笛赋》曰“近代双笛从羌起”；《释名》以为琵琶是胡人“马上所鼓”之乐器；而菰据杜挚《笳赋》可知，是“李伯阳入西戎所造”。尽管上述论断均为一家之言，但中国民乐中许多乐器大多可以从少数民族尤其是游牧民族乐器中探寻其渊源，则是确凿无疑的，而这种吸纳并未影响到大多数少数民族文化的存在与延续。这里需要特别强调的是，中原汉民族与北方草原民族匈奴、鲜卑、乌桓等等的斗争贯穿于两汉始终。无论是人员互动，还是政治、经济、文化和风俗、军事上的互动，都深入社会生活的方方面面，极大地丰富了汉文化。随着时间的推移，北方草原民族入主中原的浪潮愈来愈频繁，愈来愈强劲，以致后来出现辽、金、元、清等重要王朝。不过草原文明为中华传统文化的尊奉与改造，注入不少新鲜因素，绝对不应忽视。它们在不断同化的过程中，也在一点点影响儒教本身。

汉代文化还是海洋文明的反映。中国自古就有漫长的海岸线，有像东冶（福州）、番禺（广州）那样的国际海上贸易大港，也从不缺乏出色的航海家和水手，也时常出现移居海外的壮举。汉代海上丝绸之路的开通，成为中外交流的主要通道之一。且不说秦末徐福带领数千童男童女东渡日本，仅《汉书·艺文志》上所载用于航海的文献就有《海上星占验》《海中五星经杂事》《海中五星顺逆》《海中二十八宿国分》《海中二十八宿臣分》《海中日月慧虹杂占》6 种之多，共 136 卷之巨。而在 20 世纪 80 年代，西汉阳陵陪葬坑中所出土的陶仓中，曾有玉米和花生被发现，可见过去一直以为这两种作物到了明代才从南美洲传入的说法，是多么的不可靠。在汉代甚至更早一些的年代，域外各民族间的交往常常不畏千山万水的阻隔，有的远远超出现代人的想象。中国古代先民的开放程度，值得我们尊敬。

上述事实说明汉代文化表现出了多元性、统一性、包容性、和谐性与创造性，使中华传统文化具有了“博大兼容”的特点。既能坚持本土文化的传统，又能不断吸纳其他民族的优秀文化来丰富自己，为己所用。而这恰恰是中华文明在古埃及文明、古巴比伦文明、古印度文明相继中断或转型之后，仍能延续至今的根本原因。

（三）汉族的形成及其与中华民族的关系和定位

在汉代以前，中国并没有出现一个具有现代科学意义上的民族。然而起码在由旧石器时代向新石器时代的过渡中，黄河中下游地区的一些部族逐渐壮大，一步步掌控了中国社会与历史的发展方向。这些部族涌现出一批批英雄人物，流传下一个个神话传说。如果说盘古只是一个时代的象征而非真实的历史人物的话，如果说伏羲、女娲、神农等所谓“三皇”还具有一定的历史的影子的话，那么炎帝、黄帝以及蚩尤、后羿等，则更具有可信度和影响力。尽管他们均非实指，不过是当时氏族部落首领的世袭称号。但毫无疑义，他们及所代表的部族是汉族形成的源头。两者之间有着直接的血缘承继关系和文化传承的因素。

炎帝部落是以农业为主业的先民，主要活跃于关中、河洛及晋南地区。到了周代，为最终形成“以农立国”的基本国策，并在上述地区诞生“中国”的概念，奠定基础。炎黄时期，他们不断迁徙，寻找理想的栖身之地，划定势力范围，将影响扩大到北狄、南蛮、东夷、西戎地区。最迟到了大禹辅佐虞舜之时，“四夷”的概念已经出现，并在周代得到确认。不过我们需要明白的是“华夷之防”是周文化的组成部分，并在当时得到了实施。但是实际上在此前此后的相当长的过程中，不同部族间的融合始终没有停顿。如炎帝的地位被黄帝取代后，他随即率部南下，与汉江地区的土著相结合，为楚文化的最终形成做出贡献。又如蚩尤作为东夷部落的首领，在涿野之战中被黄帝击败处死后，其部有的归顺黄帝，融入华夏族，有的北上或南下，主要与苗蛮合流。而大禹的子孙有的定居长江下游地区，与百越杂处，为推动吴越文化的发展贡献良多。正是这一过程的不断延续，人种的不断混杂，主体民族走向成熟，至秦代发生了根本性的转折。

黄帝从神话传说中的众多中国祖先中被司马迁选出，列入开篇《五帝本纪》之首。这就意味着，黄帝被确定为国之祖。

中国人是最为注重血缘关系的。中国人对国家概念的理解，与西方有一个很大的不同，即必须加上一个特征，就是必须有祖先，这就是我们常说的祖国。“国之大事，在祀与戎”。祀不仅是祭祀天地，更重要的是祭祀祖先。一个国家没有一个共祖是不可想象的。西方人可以信上帝，穆斯林可以信安拉，中国人则必须拜祖先。这也是一种信仰，一种崇拜，一种标志，一面旗帜。司马迁说，他遍游天下名山大川，所在言黄帝。所以不管还有什么盘古，什么伏羲，什么女娲，什么神农，秦汉就认黄帝。

从此以后，黄帝不仅是汉族人的祖先，也变成了中华民族各民族的共同祖先。无论是汉人主政还是少数民族主政，不管有没有直接血缘关系，都需要承认，认了才是正统，才有政权的合法性。比如《史记·匈奴列传》就说匈奴是“夏后氏之苗裔”，《晋书·慕容廆载记》就讲鲜卑人是“有熊氏之苗裔，世居北夷，邑于紫蒙之野，号曰东胡”，《北史·魏本纪》也说“魏之先出自黄帝轩辕氏”，甚至《辽史·世表》也有契丹人为“轩辕后”的说法。

这是一种历史现象，是中国之所以成为中国的一种血缘印记。

国名	秦	齐	楚	燕	韩、赵、魏
统一前“马”字的不同写法					
统一后秦篆“马”字的写法					

▶▶ *书同文之“马”字变迁表*

秦始皇统一六国后，采取了一系列巩固统一的措施。一方面从制度文化和思想文化出发，实行书同文、车同轨、行同伦，统一货币，统一度量衡；另一方面则在开拓疆土的同时，大修驰道、直道、新道等陆上交通线。再通过鸿沟、邗沟、灵渠等水利设施，沟通黄河、淮河、长江、珠江诸水系，配合陆上交通，完善了水路交通。此外，充分利用辽阔的海域，形成由北至南的海上交通线。于是一个密布全国的水陆交通网，作为国家的命脉，既巩固了国防，促进了经济，加强了交往，更为主体民族的形成，注入了活力，创造了可能。于是秦朝之民，在一个共同的广袤的国土上，有了一个大体相同的信仰，过着大体相同的生活，讲述大体相同的语言，书写统一的文字，一个现代意义上的民族所应具备的条件，大略赅备。以华夏族为主，吸纳东夷、百越、南蛮中的大部，形成一个大民族。可惜由于秦朝的存在过于短暂，我们不被称作秦族。但是汉朝人摘取秦人种下的果实，于是汉字、汉语、汉族应运而生。

从此以后作为主体民族的汉族，从来没有停止过融合的步伐。它所具有的包容性，一方面表现为敞开胸怀，接纳异族的加入，如匈奴、鲜卑、乌桓、羯、氐、奚、同罗等等，或部分融入，或基本融入；另一方面又认可坚持本民族文化的他族继续存在，如东胡人、羌人、西域各族、西南夷诸少数民族等。毋庸讳言，大汉族主义在相当长时间内一直存在，镇压和迫害少数民族的事件也屡有发生。但在历代为了保持国家的稳定，促进各民族的经济、文化交流，同生共荣仍是主流。即使在少数民族主政时期，尊奉中华传统文化，维护不同民族的信仰和习俗，这是国家昌盛的重要前提。

与汉民族的形成过程相呼应，汉文化的形成也具有类似的特征。即汉文化在先秦多元文化基础上统一的前提下，又保持统一条件下的文化多样性。不仅“独尊儒术”，而且吸纳法、道、阴阳五行等各派学说与主张，使本身内涵更为丰富，更能适应新型统治秩序的需要。此外，又形成儒、道、释三足鼎立的局面，还允许祆教（拜火教）等外来信仰与各少数民族信仰与习俗的流传。这一举措反过来又维护并促进了多民族共生的延续。

四、关于文化产业开发的几点建议

（一）建立中国古代墓葬壁画保护中心

陕西古代墓葬壁画资源丰富，仅陕西历史博物馆就藏有唐墓壁画560余幅，达1000多平方米，居全国之冠。此外陕西省考古研究院、咸阳市文物保护中心、昭陵博物馆都有不俗的收藏。又西安文物保护修复中心、陕西师范大学、西北大学等拥有国内一流的壁画保护修复专家及修复队伍，可以从事墓葬壁画抢救工作。2011年以来，陕西历史博物馆的唐墓壁画馆和西安曲江艺术博物馆的中国古代壁画源流展相继对外开放，形成一个完整的陈列系列，与大雁塔核心区交相辉映，已引起国内外业界的高度关注。

2012年国家文物局宋新潮副局长及博物馆与社会文物司司长段勇等一行到西安曲江艺术博物馆，向省、市文物局传达一个意见，即同意曲江艺术博物馆的壁画源流展，按现有框架略加调整，可以长期办下去。同意该馆与陕西省考古研究院结成对子，共建壁画修复室，可以接受兄弟单位的委托，代修壁画，以修带展，巩固现有展览；还可以举办修复人员培训班，以发挥更大的作用。目前正按照这一指示，加紧工作。但是仍需省上给予一定的扶持，争取早日实现。

这项工程完成后，我们有一个口号：想要了解中国古代绘画史，就到陕西西安来，一定会让你满载而归。

（二）关于未央宫遗址公园建设的建议

遗址公园建设的一个要点是，把现存遗址完整地保存下来，使其不受任何干扰。做到这一点，就是成功，就是最大的功绩。无论是西方的罗马古城，还是日本奈良的平城京遗址，无论是埃及卢克索的国王谷、女王谷，还是南美洲玛雅人的城堡，都是如此。保持其自然状态，加以维护，适度绿化，适度复建，供人凭吊缅怀，复读历史。有所复建是必要的，如日本在平城京遗址就认认真真复建了朱雀门和太极殿，磨砺十年，成为文物级的精品。

大明宫遗址公园总体不错，但周边的现代建筑还是对其造成冲击，而其中展览又过于求全，缺乏特色，缺乏吸引力。未央宫遗址公园应予以避免。

未央宫遗址公园应该有博物馆，但不要把西汉历史全都做进去，那样只能是费力不讨好。因为你做得再好，也超不过陕西历史博物馆这个老景点，超不过汉阳陵博物馆。西安博物院免费开放后，客流还是少，就是因为展品类型与陕西历史博物馆重复，难以出彩。

而未央宫遗址中，出土了两大发现：一是秦汉封泥，一是西汉骨签。前者有大量秦汉官制和行政区划的资料；后者则是一千多年前政府的有关农业、手工业的大量档案资料，是现存最古老的中央及地方政府的文书。商周为奴隶制国家，本以为甲骨是奴隶社会专用。而西

▸▸ 秦封泥

▸▸ 汉封泥

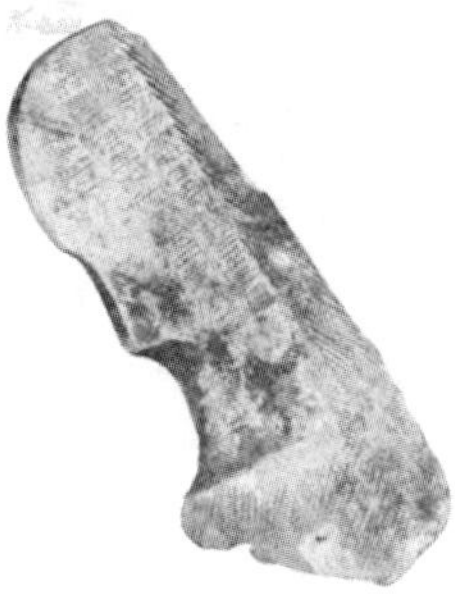
▸▸ 西汉骨签

汉甲骨出土说明甲骨作为档案书写材料，在西汉这个封建帝国一度也被使用。两者均举世无双。把它们突出出来，就是一个特色、一个亮点，就把新博物馆与其他博物馆区别开来，吸引游客。如果实施，把方案策划好是关键，应充分听取专家意见，吸纳有益建议，做好做精。

（三）以关中民俗打造原汁原味的民间节日礼俗风情游景区

关中民俗有丰富的历史积淀，西府尤为突出，亟待开发。不光有凤翔泥塑、木板年画、皮影木偶、刺绣剪纸，以及芯子巡游，还有大量与四时节气相适应的吃食，以及祭天祭地、祭祖祭神的仪式和活动。建议选择一个古镇，进行整体策划，利用现有民居和居民，加以培训，一边工作，一边从事接待，让中外游客自由生活于其中，去体会不同的风俗民情，领略民俗文化的无穷魅力，使民俗游返璞归真，提高档次，引领潮流。

（四）在西港免税区的基础上，创建自由开放的自由贸易区

上海建自贸区已在全国引起连锁反应，北京已计划在歌华集团创建文化免税区的基础上，创办文化自贸区，与上海重点在金融上的做法区别开来。这是一个大趋势，陕西不应当旁观者。

建议西安自贸区以文化为先导，继而以航空航天业、电子科技业为主推动经贸交流，眼光沿丝路向西，加深与上海、北京自贸区的合作，

发挥各自优势，强强联合，力争做西部龙头。将此事与中央决定把北京、上海、西安建成国际化大都市的决策结合起来，形成改革与创新的铁三角。

第四讲
北朝的历史与文化

周伟洲

一、北朝史在中国历史上的地位和特点

（一）北朝诸政权是东北鲜卑族（或鲜卑化汉人——北齐）在中国北方（秦岭、淮河、长江以北）建立的封建王朝

鲜卑族在魏晋南北朝时期是一个十分活跃的民族，不仅是迁入内地人口最多、分布最广的民族，而且也是在十六国及北朝建立政权最多、影响最大的民族之一。鲜卑族与乌桓（又作乌丸）一样，源于“东胡”（在匈奴之东，故曰东胡）。

早在东汉时，由于乌桓的大部分内徙，鲜卑族从其原居住地（今东北西拉木伦河流域）向大漠南北及汉沿边诸郡迁徙。魏晋以后，鲜卑一批又一批地向代北、雍、凉等州迁徙，主要有慕容部、拓跋部、铁弗部、宇文部、段部、乞伏部、秃发部、白部等。

特别是其中的拓跋部从大鲜卑山（今大兴安岭北麓，阿里河嘎仙洞发现北魏太平真君四年太武帝遣官至“旧墟石室”祭祖祝文），经“九难八阻”南迁至匈奴故地（漠南阴山）后，日益壮大。十六国时曾建“代国”，后为前秦苻坚所灭。

十六国后期，拓跋部鲜卑首领拓跋珪（道武帝）于386年淝水之战、前秦衰落后，重建代国，入主中原，后改国号为魏，史称北魏或后魏、

拓跋魏。虽然中国史学家一般以公元 439 年北魏灭掉十六国时最后所存的北凉政权，统一了整个北方为“北朝”的开始，但讲“北朝史”，我们仍然以 386 年北魏建立作为讲述北朝史的开端。北魏开国之主拓跋珪是一位雄才大略的帝王，由盛乐（今内蒙古和林格尔）迁都平城（今山西大同），后南下中原，灭后燕国（都中山，今河北定县），后又灭北燕、北凉等政权，统一了整个北方。

北魏帝王世系如下：

道武帝拓跋珪（386—409 年在位，庙号太祖，谥号道武），在位 24 年。

明元帝拓跋嗣（409—423 年在位，庙号太宗），在位 15 年。

太武帝拓跋焘（423—452 年在位，庙号世祖），在位 30 年。

文成帝拓跋濬（452—465 年在位，庙号高宗），在位 14 年。

献文帝拓跋弘（466—471 年在位，庙号显祖），在位 6 年。

孝文帝拓跋宏（471—499 年在位，庙号高祖），在位 29 年。五岁即位，由祖母冯太后执政，490 年始亲政。

宣武帝元恪（499—515 年在位，庙号世宗），在位 17 年。

孝明帝元诩（516—528 年在位，庙号肃宗），在位 13 年。

孝庄帝元子攸（528—530 年位，庙号敬宗），在位 3 年。

节闵帝元恭（前废帝，531—532 年在位），在位 1 年余被废。

孝武帝元修（532—534 年在位，庙号出帝），在位 2 年，从洛阳逃至长安，被杀。

北魏末年，因国内阶级矛盾和民族矛盾的激化，北边六镇起义，在 534 年分裂东魏、西魏两个政权。

东魏是由六镇鲜卑化的汉族军官高欢拥立魏孝静帝于534年建立。

东魏孝静帝元善见（534—550 年在位），534 年为权臣高欢拥为帝，由洛阳迁都至邺城（今河北磁县南邺城遗址）。547 年高欢卒，其密谋杀高欢子，被幽禁，后被毒死。在位 17 年。550 年高洋建北齐，帝王世系如下：

北齐文宣帝高洋（550—559 年在位，庙号威宗），在位 10 年。

北齐废帝高殷（560 年）即位一年被废杀，年 17。

北齐孝昭帝高演（560—561 年在位，庙号肃宗），在位仅 1 年余，崩。

北齐武成帝高湛（561—565 年在位，庙号世祖），在位 5 年。

北齐后主高纬（565—577 年位），在位 13 年。577 年禅于太子（幼主），后被北周所俘，卒于长安。

北齐幼主高恒（577 年在位），同年北周灭北齐。

西魏也是原六镇军将宇文泰（宇文氏原为匈奴，后融入鲜卑）拥立逃至长安的文帝所建立，都长安。557 年宇文觉夺政权，建北周。581 年北周政权为权臣杨坚所夺取，杨坚建立隋朝，北朝历史结束。西魏、北周帝王世系如下：

西魏文帝元宝炬（535—551 年在位），在位 17 年，都长安，由权臣宇文泰拥立。

西魏废帝元钦（552—554 年在位），在位 3 年。

西魏恭帝元廓（554—556 年在位），在位 3 年。

北周孝闵帝宇文觉（557 年在位），在位 1 年。

北周明帝宇文毓（557—559 年在位），在位 2 年。

北周武帝宇文邕（561—565 年在位），在位 5 年。

北周宣帝宇文赟（578—579 年在位），在位 2 年。

北周静帝宇文阐（579—581 年在位），在位 2 年。杨坚夺政权，建隋朝。

总之，北朝时所建的北魏、东魏、西魏、北齐、北周五个封建王朝，可以说基本是由原北方（东北）游牧民族鲜卑族建立的。在中国历史上，北朝是先于辽、金、元、清各王朝首先在北方（中原）建立长时期的封建王朝，对后世中国历史影响甚巨，值得重视。

（二）北朝是继中国魏晋十六国分裂割据之后，与南朝（宋、齐、梁、陈）对峙，相对统一、时间较长（近二百年）的封建王朝

如前所述，北朝，特别是北魏政权结束了自三国至五胡十六国北方分裂割据的局面，完成了秦岭、淮河以北的相对统一，与南朝诸政权对峙，为隋唐的大一统奠定了基础。同时，北朝还是北方（东北）游牧民族鲜卑族首先在北方（中原）建立长时期的封建王朝，对后世中国历史影响甚巨。

（三）北朝时是继东汉末年，经三国两晋十六国内迁的大量北方、西北各少数民族相互融合，接近民族大融合基本完成的时期

自东汉末到魏晋时期，东北、北方、西北的少数民族因内地封建割据、战争不断及内地统治者为增加兵员和劳动力等诸多原因，大量、不断地向内地迁徙，以致黄河中下游，包括中原地区少数民族人口猛增。如西晋初年的关中，百余万口，“戎狄居半”（江统《徙戎论》）。内迁各族与原汉族杂居错处，在阶级斗争与生产实践中，相互接近；加之各封建王朝均采取了民族同化的政策，经过二百多年，到北朝后期，北方各民族的融合基本上完成。其中有内迁南匈奴及其属部与鲜卑、汉族的融合，有鲜卑族的汉化，有内徙氐、羌的进一步汉化，有内迁北方游牧民族高车（敕勒）、柔然、吐谷浑等族的融合，等等。下面列举与北朝史相关的鲜卑族汉化为例：

如前述，鲜卑族在魏晋南北朝时期是一个十分活跃的民族，不仅是迁入内地的人口最多、分布最广的民族，而且也是在十六国及北朝建立政权最多、影响最大的民族之一。正因为如此，鲜卑族的汉化也最为彻底。到隋唐时，鲜卑作为一个民族已不复存在，绝大多数均融合到汉族之中。

早在东汉时，由于乌桓的大部分内徙，鲜卑族从其居住地向漠北及汉沿边诸郡迁徙。在这一过程中，鲜卑族与匈奴、丁零、乌桓等北方诸族发生融合，形成不同名称的各种鲜卑。魏晋以后，鲜卑一批又一批地向代北、雍、凉等州迁徙，特别是其中的拓跋部迁入漠南后，兼并、融合的氏族、部落更多，民族成分更为复杂。西晋末年，内地发生“八王之乱”，鲜卑族南下内徙的步伐加速，与汉族的关系更为密切。公元4世纪末，原居辽东的慕容部鲜卑乘内地后赵衰微之机，入主中原，先后建立了前燕、后燕、西燕、南燕等政权。诸燕政权虽然最终瓦解，但大批以慕容部为主的鲜卑人也进一步汉化。其次，内徙于西北地区的乞伏、秃发等部鲜卑，先后建立西秦和南凉两个政权，随着他们所建政权的瓦解，其民族共同体也随即瓦解。这可以说是鲜卑族汉化的第一个高潮。

十六国后，拓跋部鲜卑入主中原，建立北魏政权，并逐渐统一了整个北方。这一过程既是拓跋鲜卑封建化的过程，也是其逐渐汉化的过程。北魏政权继承了汉魏以来内地汉族政权的政治、经济和文化制度，又杂有鲜卑旧俗。到北魏太和十九年（495），孝文帝由平城迁都洛阳，并实行了一系列汉化改革措施。这一改革是与当时的历史发展趋势相一致的，大大促进了已经逐渐汉化的鲜卑与汉族的融合，影响及于整个北方。这可以说是鲜卑汉化的第二个高潮。

北魏时期为防止漠北柔然汗国的侵扰所设的北边六镇（沃野、怀朔、武川、抚冥、柔玄、怀荒），集中了以鲜卑为主的各族人民，这里不仅没有受到内地汉化浪潮的冲击，保存了鲜卑的旧习，而且此地的汉、高车等族甚至有鲜卑化的倾向。如原为六镇队主的高欢，原系渤海汉族，因“累世北边，故习其俗，遂同鲜卑”（《北齐书》卷一《神武帝纪上》）。北魏末年六镇起义后，北边的鲜卑等族、由六镇出身的鲜卑贵族或鲜卑化的各族首领率领，转战内地，最终摧毁了北魏的统治，分别建立了东魏、西魏及以后的北齐、北周政权。这一历史过程，使北边的鲜卑也逐渐汉化。此乃鲜卑汉化的第三个高潮。

经过三次汉化高潮之后，到北齐、北周时，鲜卑族与汉族之间的差别已逐渐消失。内徙的鲜卑与汉族有共同的居住地区，使用共同的汉语文，而且相互通婚，双方有着共同的经济生活和共同文化上的心理认同，基本上融为一体了。

（四）北朝时胡（北方少数民族的泛称）、汉民族的融合过程中，政治、经济、文化相互冲突、碰撞，进而相互吸收，相互交融，奠定了隋唐盛世的基础

关于这一特征，下面将从北朝的政治、经济和文化等方面进行阐述，故不赘述。

二、北朝的重大政治、军事事件及政治制度、重要政策

关于北朝时期的重大政治事件、军事战争及重要历史人物，在上述北朝历代王朝的更迭和下面所讲的北朝政治军事制度、经济政策及文化中均有涉及，故不专门论述。下面着重介绍北朝时的政治制度（以官制为主）和政策的变革。

（一）北朝的官制及其变化

1. 由“胡汉杂糅”到沿袭汉魏的北朝官制

北魏建立初，也逐渐用汉臣，以改其原带有游牧部落特点的官制。初，国内仍置南、北部大人，对治两部；又置都统长、幢将及外朝大人官。道武帝天兴元年（398），命汉臣吏部尚书邓渊典官制，定爵品，依汉魏晋以来官制，但仍杂旧制，且内外官屡有减置。直到魏孝文帝太和中（477—499），才召群臣议定百官，著于令。太和二十三年（499）孝文帝崩前复次职令，变动不大，世宗即立，遂为永制。此官制大致沿自魏晋，中央置三师（太师、太傅、太保）、太尉、司徒、司空及王、大司马等一品高官。又置丞相（百官之首，总一切政务），俱为宰相，

门下官多以侍中辅政，亦宰相也。中央官署有：

尚书省，统掌全国政务，下属机构及官吏有吏部、殿中、祠部、五兵、都官、度支尚书，分掌诸事。

门下省，掌皇帝起居、诤谏、收纳奏章等。官员为侍中、给事黄门郎等。

中书省，掌草拟诏令，兼侍从及进奉伎乐，官员为中书监、中书令、中书侍郎等。此外，还置有散骑常侍、通直散骑常侍和中侍中、中常侍、中给事中等，掌侍从、诤谏、负责皇帝起居、饮食。

御史台，掌管监察百官及地方行政，设御史中丞等官吏。

中央还沿魏晋旧制设诸卿，分管各事，如都水使者（管水利、交通等事）、谒者仆射（掌朝会、吉凶、司仪等事）、太常寺（太常卿，掌宗庙陵寝、祭祀、天文等事）、光禄寺（光禄卿，掌宫廷禁卫、百官朝会等事）、卫尉卿（掌京师、皇宫守护、管武库等事）、宗正卿（掌宗室属籍）、太仆寺（太仆卿，掌御用车马及畜牧等事）、大理寺（大理卿，掌重大案件的审判）、鸿胪寺（鸿胪卿，掌接待蕃国宾客及宗教事务）、司农卿（掌农业生产、交易、贮藏等事）、太府寺（太府卿，掌库藏、冶铸、织染、器物制作等事）、国子寺（国子祭酒，掌训教勋臣子弟及国子学等事）、长秋卿（掌后宫宫闱事）、将作大匠（掌营造、施工建筑事）、昭玄寺（昭玄大统、昭玄统、都维那，掌全国佛教事务）等。

此外，中央还设置魏晋以来的加官、勋官等制，如开府、开府仪同三司、柱国、上柱国，以及王、公、侯、伯、子、男等爵位。又设大司马、大将军及各种名号的将军、杂号将军及魏晋以来的“持节都督”的制度。此制始于曹魏，至西晋更为完善，有都督诸军为上，监诸军次之，督诸军为下。使持节为上，持节次之，假节为下。持节都督或一州或数州，为管辖该地区之军政大事之官员。北朝诸政权均实行此制。

北朝地方行政制度基本上沿袭魏晋以来的州郡县制，有变革和特点。

以上官制，自北魏太和改制后成定制，东魏、北齐因之。这一封建的官僚体制基本沿袭汉魏晋的体制，是鲜卑族所建北朝诸政权封建化和汉化进程的集中体现，对后世隋唐的官僚体制也有重大影响。（以上北魏、北齐官制见《魏书》卷一一三《百官志》、唐杜佑《通典》卷一九《职官》等。）

2. 北周依周礼的改制

西魏初立关中，依北魏官制。及平江陵后（555），改魏官制，别立宪章，酌周礼，建“六官”之职：

天官府，内设大冢宰卿（相当于宰相，后也设左、右宰相），掌宫廷供奉、侍御、警卫、赋税收入、百官俸给等，下有司会中大夫等大小职官。

地官府，设大司徒卿，掌民户、土地、仓廪、教育、关市等事务，下有民部中大夫、师氏中大夫等大小属官。

春官府，设大宗伯卿，掌礼仪、祭祀、陵墓、撰诏书、修史、礼乐、宗教等，下有司宗中大夫、守庙中大夫等大小属官。

夏官府，设大司马卿，掌全国军务、征伐、治兵练兵，官员升迁、迁转等，下有军司马中大夫、职方中大夫等大小属官。

秋官府，设大司寇卿，掌刑律、礼仪及接待四方宾客等，下有司寇中大夫、刑部中大夫等大小属官。

冬官府，设大司空卿，掌工匠、造作、金属开采冶炼、舟船运输等，下有工部中大夫、匠师中大夫等大小属官。

“六官”制至隋建立即废。其他职官亦多兼用秦汉制，如将军、都督、刺史、太守之类。唯独官员品级由最高“九命”（原汉魏一品）至“一命”（九品），与汉魏异。

（以上见王仲荦《北周六典》，中华书局2007年版）

（二）沿袭魏晋“九品中正制”的选官制度及太和“定族姓”

九品中正制，又称九品官人法，是一种选官制度，始于曹魏时。内容是在州、郡中挑选贤能识鉴、有声望者为“大中正”“中正”，察访当地士人，按其功德才行，分别定为“九等”（上上、上中至下中、下下等九个品级），以备朝廷择优任用。被考察者可随时升或降品。这是两晋南北朝选官的基本方式，演变为世族门阀制。到西魏、北周时此制衰落，隋唐一度实行，后废除。此制在北朝虽然对汉族士族大开了入仕的途径，但是有利于鲜卑统治者拉拢汉族士族参与政权管理，巩固其对汉人众多的整个北方的统治。

然而，鲜卑统治者在入主中原、灭后燕等政权时，就十分重视从汉族降臣中招纳人才，加以重用和大量赏赐。如太武帝拓跋焘拔用范阳卢玄、博陵崔绰、赵郡李灵、渤海高允、广平游雅、太原张伟等三十五人为谋臣。汉族士人在早期北魏政权建设中起到重大作用，如邓渊定官制，董谧制礼仪，王德修律令，晁崇校天象，张衮、崔玄伯则“对总机要，草创制度”。玄伯子崔浩，官至司徒，决策军国大事，更是炙手可热。但是，鲜卑统治者对他们并不放心，在430年以崔浩修国史“暴扬国恶”为借口，将其族诛。其姻亲范阳卢氏、太原郭氏、河东柳氏等名门士族亦被尽夷其族。

但是，自魏晋以来，高门士族、门阀在社会上已根深蒂固，从漠北来的鲜卑贵族自知地位低下，除竭力攀附通婚高门士族外，到孝文帝太和十九年（495），在改鲜卑及北方少数民族复姓为单一汉姓的同时，又在全国重定族姓，以南朝士族门阀制为模式，制定标准：汉族士人通称郡姓，依祖先官位高低分四等级，又定统治者元氏（拓跋氏）为最高门望，穆、贺、刘、楼、于、嵇、尉八姓鲜卑为次高等级，地位与汉族最高的崔、卢、李、郑四个高门相当。其余按祖先官爵高低定级。这样，鲜卑与汉族大姓、高门消除了隔阂。排除在姓族外的鲜卑百姓，与汉族百姓平等，均为国家之编户。这一措施大大有利于鲜卑的汉化，促进了民族融合。

（三）从“宗主督护制”到“三长制”的社会基层组织变革

北魏建立初，仍然保持初期部落宗法制的社会组织，所谓“宗主督护制”，即“以八国姓族难分，故立大师、小师，令辩其宗党，品举人才。自八国以外，郡自立是，职分如八国，比今之中正也。宗室立宗师，亦如州郡八国之仪”（《魏书》卷一一三《官氏志》）。也就是说，在京畿、州郡县及宗室内部按宗族组成设立大师、小师进行管理，品举人才，督察课赋。这是以宗法关系代替魏晋内地以地域关系为准的基层行政组织的倒退政策，然而在当时却起了一定作用。可是，在宗主督护之下，各宗族首领及军政上的宗族贵族不断扩大自己荫附的营户、杂户。而“荫附者皆无官役，豪强征敛，倍于公赋”（《魏书》卷一一〇《食货志》），加深了阶级矛盾。宗主督护制成为社会发展的桎梏。

在这种形势下，太和十年（486）掌政的冯太后听从陇西尚书李冲的建议，废宗主督护制，而立“三长制”，内容是“宜准古，五家立一邻长，五邻立一里长，五里立一党长，长取乡人强谨者”（《魏书》卷一一〇《食货志》）。如此，则减少了荫附之户，使课有常准，平均负担。初行，“百姓咸以为不若循常，豪富并兼者尤弗愿也。事施行后，计省昔十有余倍。于是海内安之”（《魏书》卷一一〇《食货志》）。

冯太后（442—490），又称“文明太后”，为北魏文成帝皇后，她定策诛权臣乙浑，废献文帝，而以五岁孙孝文帝即位，执政二十年，善用人才，对社会旧制多有改革，使北魏政治、经济有所发展，是中国历史上的著名人物。

此后“三长制”一直沿袭下来，到北齐、北周时又稍有变动。北齐时，

“令人居十家为邻比，五十家为闾，百家为族党……至于城邑，一坊侨归，或有千户以上，唯有里正二人、里吏二人，里吏不常置，隅老四人”（《通典》卷三《食货三》）。西魏于恭帝二年（555）宰相宇文泰“初行周礼，建六官”，按周制，在郊野“五家为邻，五邻为里，四里为酂，五酂为鄙，五鄙为县，五县为遂，皆在地域，沟树之，使各掌其政令、刑禁……”西魏、北周改制后，其社会组织基本按周礼设置。然而，从出土碑志及文献记载分析，又非生搬硬套周礼，而仍然是沿袭汉魏以来的社会基层组织：城郊外置乡、党、里、村制；城邑置坊、里等。而隋唐时的社会基层组织基本沿袭北周、北齐之制。

（四）北魏孝文帝时的汉化改革以及西魏、北周的“赐姓”

北魏前期的残暴统治，使国内社会矛盾和民族矛盾尖锐，各族人民起义此起彼伏。因此，到孝文帝即位的太和年间，实行了一系列的改革，太和十四年（490）以前，由于孝文帝年幼，由冯太后掌政。

其间，冯太后首先整顿吏治，于太和八年（484）正式颁布俸禄制，规定受禄之后官吏贪赃绢一匹者处死，并派使者巡行天下，检查地方官吏不法行为，处死贪官四十余人。其结果抑制了官吏的贪残之风，吏治明显好转，为以后的改革提供了有利的条件。

其次，太和十年，冯太后秉政的北魏朝廷颁布实行了“均田制”（下面论述）和“三长制”（见前述）。

再次，太和十年，改革租调制（后述）。

太和十四年，冯太后薨，孝文帝亲政后，就开始了大刀阔斧以汉化为主旨的改革：

第一，由平城（今山西大同）迁都洛阳。为了摆脱原都城平城鲜卑贵族旧势力的干扰和利用统治整个北方，太和十七年（493）孝文帝以伐南齐为借口，移都洛阳，次年正式以洛阳为都。

第二，改复姓，定族姓，鼓励与汉族士族通婚。太和十九年下令将北方民族复姓改为单音汉姓。《魏书》卷一一〇《官氏志》记载了一百多复姓（胡姓）改为汉姓的情况，如统治者鲜卑拓跋氏改姓元氏、丘穆陵氏改穆氏、贺赖氏改贺氏、独孤氏改刘氏、贺楼氏改楼氏、勿忸于氏改于氏等。关于定族姓前已述及，不赘述。

第三，改革鲜卑族旧俗。其中包括：1. 禁鲜卑语。太和十九年孝文帝下诏："断诸北语（鲜卑语），一从正音（汉语）"。三十岁以上可不猝革，三十以下在朝之人不准旧音，故意犯者降黜。2. 禁胡服。原鲜卑人是索发左衽，利游牧骑射，太和十八年诏令：禁胡服。3. 鲜卑人籍贯改为洛阳，死葬不能归代北，而葬洛阳。从 20 世纪以来，在洛阳北邙山等地出土大批北魏鲜卑贵族墓志。上均写其籍贯为河南洛阳人可证。

第四，改定官制，修改律法。如前述，太和年间两次参照汉制，改定官制，成为永制。在律法方面。孝文帝三次修改律法，清除了极其野蛮残酷的法律条文。

太和时期北魏的一系列改革意义重大，不仅促进当时社会的发展、阶级矛盾和民族矛盾相对缓和、经济恢复和发展、文化繁荣，而且加速了以汉族为主体的民族大融合的进程，对后世中国历史产生了深远的影响。日本《异民族统治中国史》所说，汉化是北魏灭亡的主要原因，是违背历史真实的。

东魏、西魏、北齐、北周时，基本上承继北魏改革后的各项制度，但也有一些复辟鲜卑化的倾向。如西魏恭帝元年（554）有"赐姓（赐胡姓）"之政策，即"魏氏之初，统国三十六，大姓九十九，后多绝灭。至是，以诸将功高者为三十六国后，次为功者为九十九姓后，所统军人，亦改从其姓"（《周书》卷二《文帝纪下》）。也就是说，原已改为单字汉姓的胡、汉贵族，又赐姓改回原复姓胡姓。如汉族贵族杨氏（隋杨坚一族），赐姓普六茹氏，汉族贵族李氏（唐李渊一族）赐姓大野氏等。

这是对孝文帝迁洛后胡姓改汉姓措施的反动，是为了笼络关陇汉族贵族的措施，但仍然阻挡不住民族融合汉化的主流，在北周为杨坚禅位前夕（580），杨坚又颁“诸改姓者，悉宜复旧”的诏书。

（五）西魏北周的“府兵制”

西魏文帝大统二年（536）初，东魏丞相高欢乘西魏在关中立脚未稳，率大军攻克西魏潼关，宇文泰率十二将军与之战，最后收复潼关。大统三年（537）十月，高欢又率十万大军从蒲阪渡过黄河，逼华州，遂与宇文泰军大战于沙苑（今陕西大荔沙苑），结果高欢大败。这就是历史上著名的“沙苑之战”。

到西魏文帝大统十六年（550）宇文泰改革兵制，创“府兵制”。北魏初，军事上，实行部落兵制，军人多为鲜卑兵，后也招募地方汉族农户为兵，但缺少训练，战斗力不强。府兵制规定：共建二十四军，每军设一军府，由八柱国（实际上仅六柱国分领，六柱国中有唐高祖李渊祖父李虎及战功赫赫的著名将领李弼、独孤信、赵贵、于谨、侯莫陈崇），下设十二大将军（各统二军，其中有隋文帝杨坚父杨忠），二十四开府，四十八仪同，共约四万八千名府兵。八柱国是仿鲜卑“八部”而来，因此，府兵制是鲜卑部落兵制与汉魏以来征兵制相结合的产物。府兵由中等民户选取，免付租调，农隙操练，兵仗、衣驮等六户供备，后府兵变为以汉人为主。北周武帝时，又加改革，实现了“兵农合一”“寓兵于农，以农养兵”与“均田制”结合的目的，使北周军事力量大增，为灭北齐、隋统一打下基础。府兵制为隋、唐王朝所继承，到唐天宝年间方才废止，而代之以募兵制。

三、北朝的经济及政策

（一）“离散部落”“计口授田”到“均田制”

北魏建立初，鲜卑各部仍然是从大漠南北带来的游牧经济，到代北农耕地区以后，必然发生变化。道武帝即位后，注意农业生产，下令“息众课”。登国五年（390），拓跋珪令东平公元仪“屯田于河北，自五原（今内蒙古包头西）至棝杨塞外（包头东），分农稼，大得人心”（《魏书》卷一五《昭成子孙·卫王仪传》）。天兴元年（398）灭后燕后，“徙山东六州民吏及徒河（东部鲜卑）高丽杂夷三十六万、百工伎巧十万余口，以充京师（平城）”，“诏给内徙新民耕牛，计口授田”（《魏书》卷二《太祖纪》）。这是一种屯田性质的农垦。同时，拓跋珪还实行“散诸部落，始同编民”的措施，瓦解原有的部落组织。通过“离散部落”和“计口授田”等措施，使北魏拓跋鲜卑很快地由游牧转向农耕化、由部落向封建化转型，奠定统一北方的经济基础。

但是，由于经济改革不彻底，鲜卑贵族、世家豪门兼并土地，荫占农户，社会矛盾加剧，各地各族人民反抗斗争不断，如太武帝太平真君六年（445）关陇等地以卢水胡盖领导的大起义等。到北魏冯太后执政时，于太和十年推行“三长制”的同时，还从李冲建议，颁布了“均田令”，即“均田制”。

均田制的主要内容有：不分胡汉，十五岁以上男子受露田四十亩，妇女二十亩；奴婢与平民一样受露田。露田不准买卖，死后交还政府。此外，男子受桑田二十亩为世业，桑田课种规定数量的桑树、枣树、榆树。桑田可以买卖。土地不足的狭乡，可向空荒的宽乡迁徙。若户仅有老少而无人授田者，准十一岁孩及患疾者授半夫田。各级官吏在辖区给予不同数量的“公田”，罢迁后交继任者，不得买卖等。

均田制的实施，肯定了农民对土地的占有，并分配有一定土地，使其成为自耕农民，扩大了政府的收入，发展农业生产。均田制一直执行到东魏、西魏、北齐、北周，隋和唐前期，历朝虽有变动，但精神未变，最后至唐建中元年（780）方弛废。

（二）改革租调制

北魏前期，租调以户为单位征收，户分贫富为三等九品，规定每户帛二匹，絮二斤，丝一斤，粟二十石，加调外费帛一匹二丈（平均数）。农户缴纳数量多寡不定，交送地点远近不问，随意性大，负担较重。太和十年，颁发新的租调制，规定“其民调，一夫一妇帛一匹，粟二石。民年十五以上未娶者，四人出一夫一妇之调。奴任耕、婢任绩者，八口当未娶者四。耕牛二十头当奴婢八。其麻布之乡，一夫一妇布一匹，下至牛以此为降”（《魏书》卷一一〇《食货志》）。此制以一夫一妇为征收单位，奴婢、牛也收租调，改变了过去宗主包荫户口，将租调转嫁于一般民户的弊病，实际增加了政府的收入。正因为均田制实施及租调制的改革，使北魏主要的经济农业得到一定的发展。北魏时贾思勰著的《齐民要术》一书，总结了自汉代以来北方人民农业生产的经验。书中记述北魏时农业技术较汉代大为进步，如作物轮栽、选种及贮藏等。在牧业上，牲畜的选种、改良品种、各种兽药方等均有记述。这一切均反映出北朝时，北方农牧业发展的水平。

（三）西魏宇文泰的“六条诏书”及重颁“均田制”

西魏初建关中，力量较弱，宇文泰则首先采用原六镇武川军事贵族（贺拔氏、长孙氏、宇文氏、独孤氏等）与关陇汉族士家（如杨氏、苏氏、李氏等）联合的政策，重用关陇士家大族，形成了所谓的“关陇集团”（陈寅恪语）。他重用汉族武功人苏绰，首先整顿吏治，制定计账、户籍制，又于大统七年（541）颁布了著名的“六条诏书”，即“先治心、敦教化、尽地利、擢贤良、恤狱讼、均赋役”。内尽地利、均赋役为经济改革措施，实施中体现在广置屯田、兴修水利，劝课农桑、夹道植树，开通旧路、招阻流民，设置铁冶、营造军器等，使西魏、北周有了强盛的经济基础。与此同时，宇文泰又重新颁布均田制，规定已婚男子受田一百四十亩，未婚丁男一百亩，外有宅地，无桑麻田。

有室者每年交绢一匹、绵八两、粟五斛，未娶妻者半之。非蚕桑地区，有室者纳布一匹，麻十斤，丁者又半之。另又规定按岁收的丰歉，酌量减免。力役负担，丰年三十天，中年二十天，下年十天。总的说来，田租比北魏时稍重而力役稍轻，实行也较为彻底，大大促进了关中农业的发展。

四、北朝的文化及其特征

北朝时期，由于大漠南北、东北、西北的游牧民族大量内徙，使北方草原文化与内地原有汉族的农业文化发生了碰撞，其意义极为深远。北方草原的南匈奴、鲜卑及各种胡人，以其原有的军事氏族部落制度，粗犷的民风，豪迈的歌舞，冲击着内地汉族传统文化，经过冲突、分解和融合的过程，形成有别于任何历史时期的北朝文化特色。

（一）政治制度、典章文物

北方草原文化中的一些制度、典章，随着内徙的诸胡而传入了内地，特别是北朝时期，因内徙鲜卑政权的建立，而得以发扬，并与原汉族制度、典章相结合，产生出一些崭新的典章制度。如前述的北魏的官制、礼制、三长制、均田制、府兵制等，影响到隋唐时期。隋唐政治制度主要渊源于北朝，而北朝的政治制度中融有北方草原民族原有的制度，这是毫无疑义的。

其次，内徙鲜卑族在这一时期处于统治民族的地位，他们的上层贵族成为统治阶级的主要组成部分，掌握着国家权力。这对汉魏以来内地形成的汉族士族门阀制度予以有力的冲击，使之日趋衰弱，并使得大批出身胡族的贵族或寒门庶族登上了历史舞台。这样，自汉魏以来汉族崇尚文教，鄙弃武事，浮华清谈，不谙事务等积习，为胡族质朴粗犷、尚武精励、平练政事的精神所冲击，形成了区别于南朝汉族士大夫的新的、北朝的精神面貌和性格。犹如在逐渐濒于腐朽、垂死的人身上，注入了新鲜的血液。

（二）文学艺术

内徙鲜卑族之民歌、乐舞对内地影响也极为深远。如著名的北朝民歌《敕勒歌》，原为内迁入漠南的高车族民歌，为敕勒语，后译为“齐言”（即北齐汉语）。这首优美、粗犷、豪迈的民歌，真可谓千古绝唱，其长短句的句式及韵律，影响了以后隋唐的诗、词。北魏末年，权臣尔朱荣每于西林园与魏帝宴饮，“及酒酣耳热，必自匡坐唱虏歌，为树梨普梨之曲。见临淮王彧从容娴雅，爱尚风素，因令为敕勒舞”（《北史》卷四八《尔朱荣传》）。可见北族的歌舞已深入北魏统治阶级内部，影响极广。另有北朝民歌《木兰辞》，木兰代父从军，至今仍然是中外文学艺术的题材。

北朝著名的文学家有原为南朝后入西魏、北周的文学家庾信（其代表作有《哀江南赋》《咏怀》等）、王褒、颜之推（著《颜氏家训》）等人。西魏、北周长安本地的文学家有苏绰、苏亮、卢柔、唐瑾、元伟、李昶等人。

艺术方面，首推北朝时所建的石窟艺术，中国三大石窟群均与北朝关系密切。大同云冈石窟建于北魏兴安二年（453），最初建昙曜五窟佛像具有早期犍陀罗风格。洛阳龙门石窟建于北魏太和十九年，内北魏时的古阳洞和宾阳洞佛教造像塑，与希腊、罗马雕塑相近。敦煌莫高窟北朝时洞窟甚多，内泥塑佛像、壁画极为精美。书法中的“魏碑体”是汉晋隶书的变体，系北朝碑刻、摩崖、造像记、墓志等石刻文字的统称，因著名的郑文公碑、张猛龙碑等刻于北魏，而常以“魏碑”名之。字体气魄雄厚，结构谨严，至今为习书法者所重视。

音乐舞蹈方面，北朝时北方游牧民族、中亚诸国乐舞大量传入中国内地，影响至为深远。这一时期，由于周边各族大量内徙，整个北方处于分裂割据，传统汉族的礼崩乐坏，甚至连官方太常的雅乐亦并用胡声。北周武帝娶突厥可汗女阿史那公主，立为皇后。阿史那皇后随行的龟兹音乐家苏祇婆，将天竺七调传入中国内地。而胡乐胡声又主要是由西域传入的，如魏周之际号为“国伎”的西凉乐，乃是“起苻氏之末，吕光、沮渠蒙逊等，据有凉州，变龟兹声为之，号为秦汉伎”；大盛于北朝、隋唐时的龟兹乐，是吕光灭龟兹后，“因得其声”；北齐时，“……西域丑胡、龟兹杂伎，封王者接武，开府或比肩”（《北齐书》卷五〇《恩倖传序》）。此时盛行之乐舞，如“康国乐”“龟兹乐”“西凉乐”等皆为胡乐，一直影响到隋唐时期的“九部乐”“十部乐”。

（三）史学、地理学及科学技术

北朝时有传之后世之经典的著作。史学有北魏时崔鸿的《十六国春秋》、列入正史的北齐魏收所撰《魏书》，地理学有北魏郦道元的《水经注》、杨衒之的《洛阳伽蓝记》，农学有北魏贾思勰的《齐民要术》等。

（四）风俗习惯

北方游牧民族风习也传入内地。《旧唐书》卷四五《舆服志》说：“宴服，盖古之亵服也，今亦谓之常服。江南则以巾褐裙襦，北朝则杂以戎夷之制。爰至北齐，有长帽短靴，合袴袄子，朱紫玄黄，各任所好。”可见北朝时的服饰，是“杂以戎夷之制”的。

内徙诸胡还将他们的饮食、食法、居住的习俗传入内地，成为汉族食物、居住习俗中的一个组成部分。北魏著名的农学家贾思勰撰《齐民要术》一书中，记录的诸胡食物、食法就有：胡饼、胡椒酒（荜拨酒）、胡炮、胡饭、胡麻羹、胡羹等。如其“作胡羹法：用羊肋六斤，又肉四斤；水四升，煮。出肋，切之。葱头一斤，胡荽一两，安石榴汁数合。口调其味”（卷七六《羹腥法》）。《北堂书钞》卷一四五还说：“胡饭兼御，贵戚竟之。”胡床，是一种高足座椅，传自内徙诸胡，晋泰始之后，流行于内地，逐渐改变了汉族原席地而坐之风，影响可谓大矣。《齐民要术》卷七六记载了“羌煮”之法，貊炙，即将全羊等炙之，

▸▸ 僧贤等合诸邑义一百人造像：北周保定二年(562)，高48厘米，宽27厘米。背屏式造像。原出处不详，现藏西安碑林博物馆

▸▸ 正光三年（522）王氏百三十人造像碑：通高201厘米，宽63.5厘米，厚53.5厘米。四面体柱状造像碑，属佛教性质。出土地不详，2003年从原莲湖小学移回，现藏富平县文庙博物馆

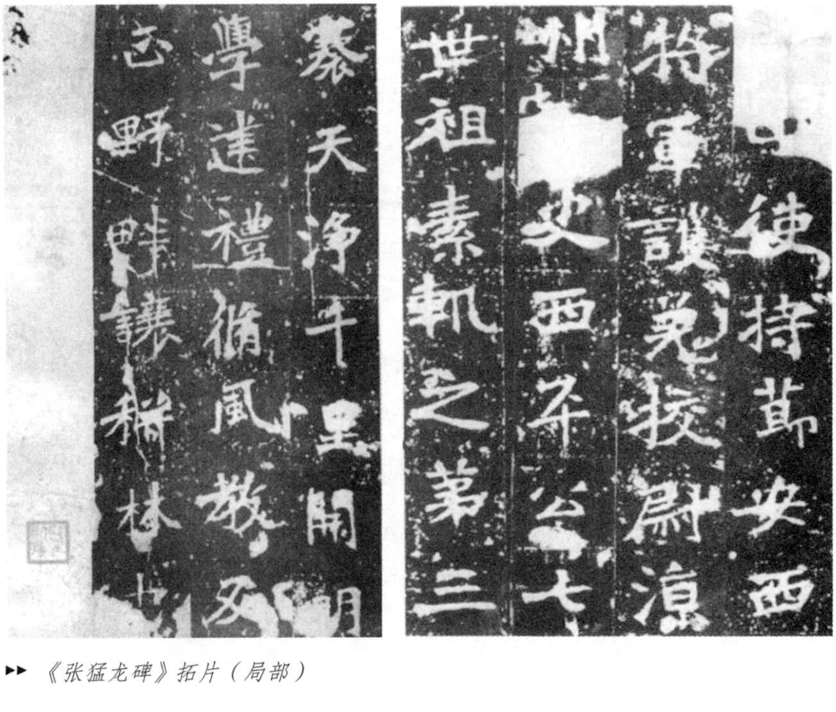

▸▸ 《张猛龙碑》拓片（局部）

各以刀割以食。由上可见，当时胡人的食物、食法之流行。

最后，还必须提及的是内徙诸胡语言对内地汉语文的影响。有许多诸胡的词语、民歌等译成汉语文，流行于当世，极大地丰富和充实了汉语文。如前述的敕勒民歌《敕勒歌》，北方草原政权的官号、胡人姓氏，如可汗、可敦、莫何、俟利发、俟斤等。至于北魏孝文帝时，改代北复姓为汉姓，到北周时，又改用复姓，甚至赐汉族为复姓。这些现象均可视为内徙诸族对内地汉语文的影响。

（五）佛教、道教的流行及影响

佛教自东汉末传入中国内地，经魏晋十六国，至南北朝时，更为兴盛，分南统、北统两支。北统（北朝）佛教重实践，摒空谈，重视禅观，下启隋唐之宗派；南统（南朝）则重尚玄谈义理，上承魏晋以来之系统。但无论南统、北统，在译经、传法、讲论、求法、建寺塔、开石窟、造像等方面，均不遗余力。在这一时期，译经传法之天竺、西域、凉州的僧人，经西北赴内地者，仍然占绝大多数。北魏时西土译经者有凉州昙曜、西域吉迦夜，迁洛阳后，有昙摩流支、菩提流支、勒那摩提、佛陀扇多等。时南朝建寺塔、佛画较盛，而北魏造寺、建窟、造像成风。北魏末京师洛阳有寺一千三百六十七所，有僧尼二百万众。现存北方的云冈、龙门、敦煌、麦积山、响堂山等著名石窟，无一不是北魏创建或达到兴盛。至于各地发现或出土之北朝造像碑石更是不计其数。仅西北关中地区，现存造像碑石不下数十方，且造像者大多为氐、羌诸族。

正因为北朝佛教大盛，寺院僧尼众多，影响国家经济、收入。因此，北朝有两次武帝（武宗）的“灭佛运动”：一是北魏太武帝拓跋焘时，一是北周武帝宇文邕时，但其卒后，佛教又兴盛起来。

北朝时，道教也很流行。北魏太武帝灭佛时，又重用著名道士寇谦之，其自称“天师”，授太武帝为“北方太平真君”，故太武帝改年号为“太平真君”（440—451）。北朝道教重炼丹、符箓、养生之道，对医学及火药的发明有一定的推动作用。

虽然佛、道教流行，但北朝时儒家思想仍占重要地位。西魏、北周时是尊儒为主的儒、佛、道三者兼容，依周礼复古改制即是明证。儒学与佛教、道教在北朝时不断发生斗争、碰撞，有儒、佛关于“华夷之辩”的争议，但三者仍有相互影响、相互吸收的过程，一直延续至隋唐。

（六）中外文化交流与丝绸之路

北朝时，北魏都平城时，与西方的交通，主要是从平城经黄河河套（今鄂尔多斯），到居延（今内蒙古额济纳旗），西经马鬃山，至今哈密、吐鲁番，再由传统的西域三道至中亚、印度和欧洲。学者称此道为“鄂尔多斯沙漠南沿路”或“居延路”。北魏迁都洛阳后，中西交通即沿传统的丝绸之路，洛阳成为各国商人荟萃之地：“自葱岭（今帕米尔）以西，至于大秦（东罗马帝国），百国千城，莫不欣附。胡商贩客，日奔塞下”；“天下难得之货，咸悉再焉”（《洛阳伽蓝记》卷三）。南北朝正史中，关于中亚、西亚等国使臣朝贡的记载，也远比汉代多。可见，这一时期国内虽处于分裂割据，然而，丝绸之路上的中西贸易及文化交流仍不断发展。北朝时，佛像的兴盛，石窟的开凿，胡乐的东渐，朝贡贸易、丝绸贸易的发展等，均与北朝时丝绸之路的畅通有关。

五、西魏、北周的历史遗存

有关北朝的历史遗存甚多，下面只介绍建都长安的西魏、北周的历史遗存。关于西魏、北周的历史遗存在 20 世纪 50 年代以前发现的不多，只是在 20 世纪 90 年代后，陆续增多。

（一）都城长安及行宫

汉代长安作为都城壮丽繁华，规模宏大。但自东汉末年以来，汉长安城几经战火洗劫，已残破不堪。西魏建都于汉长安城，有所维新和增修，新修有清晖室、凭云观、乾安殿等，北周时更新建乾安殿、延寿殿、正武殿、太武殿等诸多建筑，有小城、子城和皇城的设置，但实际上就是汉代的未央宫，即今西安未央宫乡为中心。正因为如此，故杨坚在夺政权后两年（582）即在汉长安城东龙首山南麓建新都，名大兴城。此即隋唐时代的都城。

至于史书记载的西魏、北周帝王经常临幸的行宫，如云阳宫、醴泉宫、长春宫、同州宫等，早已片瓦不留，只能指其大致方位而已。

（二）帝陵

宇文泰成陵。西魏丞相、后追赠太祖的宇文泰成陵，在今富平县西北 15 里，位于富平县宫里乡宫里小学院内，现有圆丘形冢，上种柏树等，残高 12 米，周长 142.8 米。冢前有北宋开宝六年（973）《大宋新修后周太祖文皇帝庙碑》和清乾隆年间陕西巡抚毕沅书“北周文帝成陵碑”。墓前石狮现藏西安碑林博物馆。成陵，1992 年公布为第三批省级重点文物保护单位。

西魏文帝元宝炬的永陵。在富平县留古乡何家村北，冢高 13 米，周长 230 米，仅存石兽一对。另有陪葬冢一座。1996 年国务院公布为全国第四批重点文物保护单位。

北周武帝宇文邕与阿史那皇后合葬的孝陵。北周四位皇帝因循周礼，薄葬，且无封无树，即葬地无任何标志，故不知在何处。周武帝孝陵是 1982 年盗墓者无意中发现的，地在今咸阳市底张镇陈马村东南一千米处。后经陕西省考古所及咸阳考古所联合发掘，出土及收缴的文物有《武帝孝陵志》（上篆书“大周高祖武皇帝孝陵”）、《武德皇后志》（上篆书“周武德皇后志铭”）。另有十分珍贵的天元皇太后金玺等。玺与钮分模合铸，榫卯镶嵌而成。玺为麟钮，正方形玺面，边长 4.45 厘米、宽 4.55 厘米、合钮通高 4.7 厘米。玺面篆书阳刻“天元皇太（原为‘大’，通‘太’）后玺”六字。总重 802.56 克。据《周书》卷七《宣帝纪》：周武帝宇文邕卒后，其子宇文赟继位，是为宣帝，“尊皇后为皇太后”，其中也包括武帝皇后突厥人阿史那氏（《周书》卷九《皇后·阿史那氏传》）。至大象元年（579）二月，宣帝“自称天元皇帝，所居称天台”“尊皇太后为天元皇太后”（《周书》卷九《皇后·阿史那氏传》）。《周书》卷九《皇后·阿史那氏传》记：到大象二年（580）二月，又尊天元皇太后阿史那氏为“天元上皇太后”。宣帝卒，静帝又尊其为“太皇太后”。由此可知，孝陵出土之“天元皇太后玺”，当为北周大象元年二月宣帝颁给其父武帝皇后阿史那氏之金玺，也就是说，此玺为阿史那氏皇后生前所用之玺，属北朝玺印，而非阿史那氏卒时（隋开皇二年）所铸之玺。

▸▸ 天无皇太后玺

（三）贵族、王族墓葬区

西安咸阳国际机场墓葬区。1984 年至 1990 年考古工作者配合修建西安咸阳国际机场，先后发掘了十二座北周显贵、王族墓葬：谯王宇文俭、骠骑大将军叱罗协、若干云、仪同大将军王德衡父子、上柱国独孤藏等九命（一品官员），均有墓志出土，对于研究北周历史，包括政治、经济、文化、民族、艺术等方面均有重大价值。出土的随葬品丰富精美。有负安志编著《北周珍贵文物——北周墓葬发掘报告》（1992 年陕西人民美术出版社出版）及一批相关论著出版。

长安县（今西安市长安区）北朝韦氏家族墓葬区。长安韦氏家族是魏晋至隋唐关中大姓，时谚有云：“城南韦、杜，去天尺五。”在今长安区韦曲、杜曲，先后发掘了北朝韦氏家族的墓葬，如北周柱国大将军韦孝宽墓、抚军将军韦彧父子墓、骠骑大将军韦彪夫妇墓等。在长安区韦曲一带还发掘有一批西魏、北周显贵墓等。

西安北郊粟特胡人墓葬区。西魏、北周时，丝绸之路大开，中西文化交流频繁，许多中亚河中地区的经商民族粟特人（昭武九姓）入居中国内地，带来了中亚祆教等文化习俗。祆教，又名拜火教、火教、火祆教等，系波斯人琐罗亚斯德所创，故又名琐罗亚斯德教，流行于广大的中亚地区。此教教义宣扬善恶二元论，认为火、光明、清洁代表善，黑暗、恶浊、不净代表恶，善恶对立的本源一直在斗争，最终善战胜恶。其宗教仪式是“拜火”，故又称拜火教。南北朝时，通过丝路（西域）传入内地，称“胡天”或“天神”。而北魏，北齐、北周时，统治者也有信奉胡天者。至隋末唐初，此教遂名为祆教，由于西域、波斯人大量来内地，因而祆教也开始在内地流行。唐京师长安、洛阳及碛西诸州皆有祆教寺院，北朝、唐朝置官典守，而禁民祈祭。到唐武宗毁佛后，祆教亦遭禁绝，然后又在西域兴起。元以后遂少有，仅在元戏曲中有所反映。

▸▸ *史君墓石椁门图像摹本*

西魏、北周京师长安形成了粟特胡人埋葬区。2000 年以来，在西安大明宫遗址北，相继发掘了三座粟特人墓葬，即 2000 年发掘的安伽墓、2003 年发掘的史君墓和 2004 年发掘的康业墓。出土了墓志，有珍贵粟特文、汉文的石堂文和大批珍贵文物，引起中外学者的关注，已发表了一批相关论著。安迦墓出土的金碧辉煌的石榻，史君墓出土仿汉式建筑的石棺，均有反映入华粟特人的宗教及生活图像，弥足珍贵。

陕西关中及西安市，虽然是西魏、北周建都之地，但为时仅 47 年，没有留下像平城（大同）、洛阳、邺城及山东青州（出土一批珍贵的北齐佛造像）那样著名的石窟及佛寺、城市遗址，与旅游等文化产业的开发无缘。与陕西周、秦、汉、唐的历史遗迹相比，在文化产业开发上更无法比拟。但仍然有三点建议：

（1）西安地区近几十年发掘西魏、北周贵族墓葬甚多，出土大批新的墓志和文物。特别是这批墓志，对于研究北朝历史和文化有特殊的意义。因此，建议在古籍整理方面，组织专家编撰《西魏、北周墓志汇编》，原件拓印，精美装帧，出版发行。另组织专家撰写有关论著，将西魏、北周历史研究向前推一步，为传统文化的传播做出贡献。

（2） 关中地区出土和保存了大量北朝时期的佛、道教造像及与此相关的碑刻，对于研究北朝时期的基层社会组织、宗教信仰、民族关系以及佛、道教艺术等均有不可估量的价值与意义。建议建造专门的博物馆进行保存和展览，并组织专家通过拍照、拓印等方式出版，以供推广普及和学术研究之用。

（3）集中西安北周三座粟特人墓葬出土文物，除编辑图录及研究论著外，可集中办展览，在全国各地及国外展出，必将引起关注和轰动。此为文化产业之一部分。

第五讲 隋唐时期的历史与文化

杜文玉

一、隋唐盛世

隋朝 581 年建立，618 年灭亡，历时 37 年。唐朝 618 年建立，907 年灭亡，历时 289 年。

隋唐时期尤其是唐朝是我国历史上最为强盛的一个王朝，这不仅表现在军事方面，其经济实力与文化繁荣程度也都超过了当时世界上的任何一个国家。以人口为例，隋朝统一全国后，至隋炀帝大业五年（609），全国有 890 万户、4600 多万口；唐天宝十四载（755），全国有 891 万户、5291 余万口。这是指政府掌握的人口数，“簿籍不挂”的也不少，有学者估计唐朝的实有人口大约在 7000 万到 8000 万口之间。我国古代都是以农业立国，人口多则劳动力多，而劳动力的多少直接决定着农业的发展与否。

隋炀帝大业三年（607），全国有郡 190 个、县 1255 个；唐朝在天宝初年，全国有州府 328 个、县 1573 个，羁縻府州 800 余个。隋朝在大业五年，疆域东西宽 9300 里，南北长 14815 里；唐朝在贞观十四年（640），疆域东西宽 9510 里，南北 16918 里。在高宗到玄宗时期，唐朝在西域不断地开拓疆土，其在西北的疆域范围包括今新疆和北到巴尔喀什湖，西至楚河流域以及帕米尔广大地区。唐朝疆域最大时曾越过帕米尔高原，达到其以西地区，大体包括咸海以东，伊塞克湖（热海）以西，巴尔喀什湖以南以西的广大中亚地区。因此唐朝疆域要比隋朝大得多。

隋朝的经济数据文献缺载，唐朝的情况是：岁入粮食 2506 万石、茶税 80 万贯、丝织品 740 万匹、银 1.2 万两、铜 26.6 万斤、铁 207 万斤、锡 5 万斤、盐 285 万石、酒利 156 万贯、铸钱 32.7 万贯等。这些数据并非实际产量，仅为政府的赋税收入。每年财政收入的钱与各种实物折合起来，共计 3411 万贯，人均占有粮食 700 斤。这种经济实力在当时的世界上没有任何一个国家可以相比，整个亚洲其他所有国家的经济总量加起来也超不过唐朝。

二、隋唐两朝帝系简况

（一）隋朝帝系情况

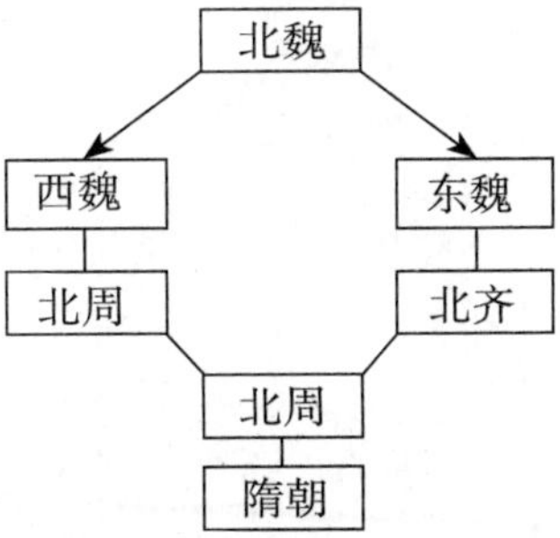

隋文帝杨坚自称是东汉杨震的十四世孙，北魏时期杨震的九世孙杨元寿任武川镇（今内蒙古武川县）司马，于是其家便迁到了神武树（今山西寿阳县北），所以这个家族是从武川镇发迹的。北魏后期爆发了六镇起义，起义失败后这支部队被尔朱荣收编。北魏末年关陇各族人民爆发起义，北魏调动大军入关镇压，其中就包括这支部队，这是杨家进入关中的根本原因。关陇起义被镇压后，这支部队就在关中驻扎下来。北魏分裂为东、西魏后，杨忠在西魏任大将，封随国公，其妻吕氏，生杨坚。

北周取代西魏，杨坚承袭了随国公的爵位，其妻独孤氏，为鲜卑大贵族。周宣帝立杨坚的女儿为皇后，所以他又是皇亲。宣帝死时，其子周恭帝即位，年仅数岁，杨坚遂以外戚的身份入宫辅政，利用这个机会，拉帮结派，篡夺了帝位，于581年建立了隋朝。

隋朝共历两帝，即文帝杨坚（在位24年），炀帝杨广（在位14年）。隋末，在洛阳有越王杨侗称帝，长安有代王杨侑称帝，宇文化及又立了秦王杨浩为帝，这些都是傀儡，而且时间短暂，故忽略不计。

（二）唐朝帝系情况

李唐皇室也出身于武川镇，李渊的四世祖李熙曾在这里任职。李唐皇室自称陇西李氏，学术界皆认为不可靠，目前对这个问题还存在争议。这个家族与杨氏家族都是在北魏末年进入关中的，李熙的孙子李虎辅佐宇文泰建立北周，功劳颇大，被封为唐国公。李虎死后其子李昞承袭了爵位，李昞死后，其子李渊遂继承了唐国公。

李氏家族与杨氏家族均属于所谓关陇士族，李昞娶妻独孤氏，与杨坚妻同为姐妹，而其另一姐妹为北周明帝的皇后。也就是说，李昞与周明帝、隋文帝都是连襟关系，李渊与隋炀帝为表兄弟关系，所以李氏家族在北周和隋朝都是皇亲国戚的身份，地位很高。

▸▸ *唐高祖像*

李渊在隋末任太原留守，隋末群雄并起，天下大乱，李渊在太原起兵，很快攻占长安，于618年建立了唐朝。其帝系情况是：

高祖李渊（9年）——太宗李世民（23年）——高宗李治（34年）——武则天（21年）——中宗李显（5年）——殇帝李重茂（不到1年）——睿宗李旦（3年）——玄宗李隆基（43年）——肃宗李亨（5年）——代宗李豫（16年）——德宗李适（25年）——顺宗李诵（1年）——宪宗李纯（15年）——穆宗李恒（4年）——敬宗李湛（2年）——文

宗李昂（14 年）——武宗李炎（6 年）——宣宗李忱（14 年）——懿宗李漼（15 年）——僖宗李儇（14 年）——昭宗李晔（16 年）——哀帝李柷（3 年）。包括武则天，共历 22 帝。

三、隋唐长安城的基本格局

（一）总述

隋朝建立之时，都城在原汉长安城，由于汉长安城紧靠渭水，无法发展，加上地下水受到污染，水质咸卤，不再适合继续做都城。于是隋文帝杨坚决定另建都城。具体负责此项工程的是太子左庶子宇文恺，他利用龙首原和其南面六条高阜的自然特点，进行了精心的设计。这六条高阜是龙首原之南的六条冈阜，当时称之为“六坡”，呈东西横亘状。宇文恺用《易经》中的八卦理论对这种自然条件进行了解释，将它们视为乾之六爻，具体安排了各种建筑物的位置，据《唐会要·玄都观》条记载：“故于九二置宫阙，以当帝王之居；九三立百司，以应君子之数；九五位贵，不欲常人居之，故置玄都观、兴善寺以镇之。”这样的安排实际上是为了掌握全城的制高点，使宫室、百司廨署占据了高地。经过宇文恺这样的设计后，长安城高坡上的建筑物更加突出，增加了长安城建设中的立体效果。

隋唐长安城从隋文帝开皇二年（582）动工兴建，至唐高宗永徽五年（654）筑完外郭城，前后历时 72 年，可见工程量之浩大。此城初建时，叫大兴城，唐朝建立后，改名长安城。

隋唐长安城的基本布局分为三大区域，即宫城、皇城和外郭城。外郭城的数据，考古实测东西长 9721 米，南北长 8651 米，周长 35560 米，全城面积为 84.1 平方公里，是现在西安城面积的 9.7 倍，汉长安城的 2.4 倍，明清北京城的 1.4 倍，是当时世界上最大的都市。

（二）宫城

宫城是皇宫所在地，是皇帝和嫔妃居住和生活的地方，在唐朝前期包括太极宫、掖庭宫和东宫，后来又新建了大明宫。太极宫位于长安城北部最中央，考古实测东西 2820.3 米，南北 1492.1 米，周长 8600 米，面积 4.2 平方公里。太极宫的正南面共有三个门，正中是承天门，北面有两个门，中偏西为玄武门，历史上有名的玄武门之变就发生在这里。太极宫在隋朝叫大兴宫，太极宫的东边是东宫，是皇太子居住的宫殿，西边是掖庭宫，是嫔妃们居住的地方，均有大门相通。

太极宫是隋朝及唐朝前期的政治中心，隋文帝、唐高祖、唐太宗及唐高宗前期都在这里居住。

大明宫是唐太宗贞观八年（634）在龙首原上为其父李渊修建的养老避暑的宫殿，没有建成李渊就去世了。唐高宗李治在龙朔二年（662）进行了扩建，建成后就移居到此，从此大明宫便成为唐朝历代皇帝的居住之处，成为当时的政治中心。大明宫呈不规则的长方形，考古实测西墙长 2256 米，北墙长 1135 米，南墙长 1674 米，东墙东北角向南 1260 米，转折向正东 304 米，又折向正南 1050 米，周长 7628 米，面积 3.3 平方公里，约相当于北京明清故宫 0.7 平方公里的 4.7 倍。大明宫的南面有五个宫门，正中的叫丹凤门，进了此门便是主殿含元殿，其遗址至今犹存，气势宏伟。含元殿后面依次是宣政殿、紫宸殿、蓬莱殿、含凉殿，其后有一个人工湖，叫太液池。这是大明宫的中轴线，在其两侧还有许多建筑。

唐朝在长安的皇宫除了太极宫与大明宫外，唐玄宗统治时期又增加了兴庆宫，并且称太极宫为西内、大明宫为东内、兴庆宫为南内。兴庆宫是开元二年（714）开始兴建的，经过数次扩建，占地约一坊半，今天西安的兴庆宫公园只是其中的一小部分。兴庆宫东西 1080 米，南北 1250 米，周长 4660 米，面积 1.35 平方公里，在三个宫殿区中面积最小，但仍将近是北京明清故宫的 2 倍。兴庆宫的主要建筑有兴庆殿、交泰殿、勤政务本楼、花萼相辉楼、沉香亭等。兴庆宫的面积较小，

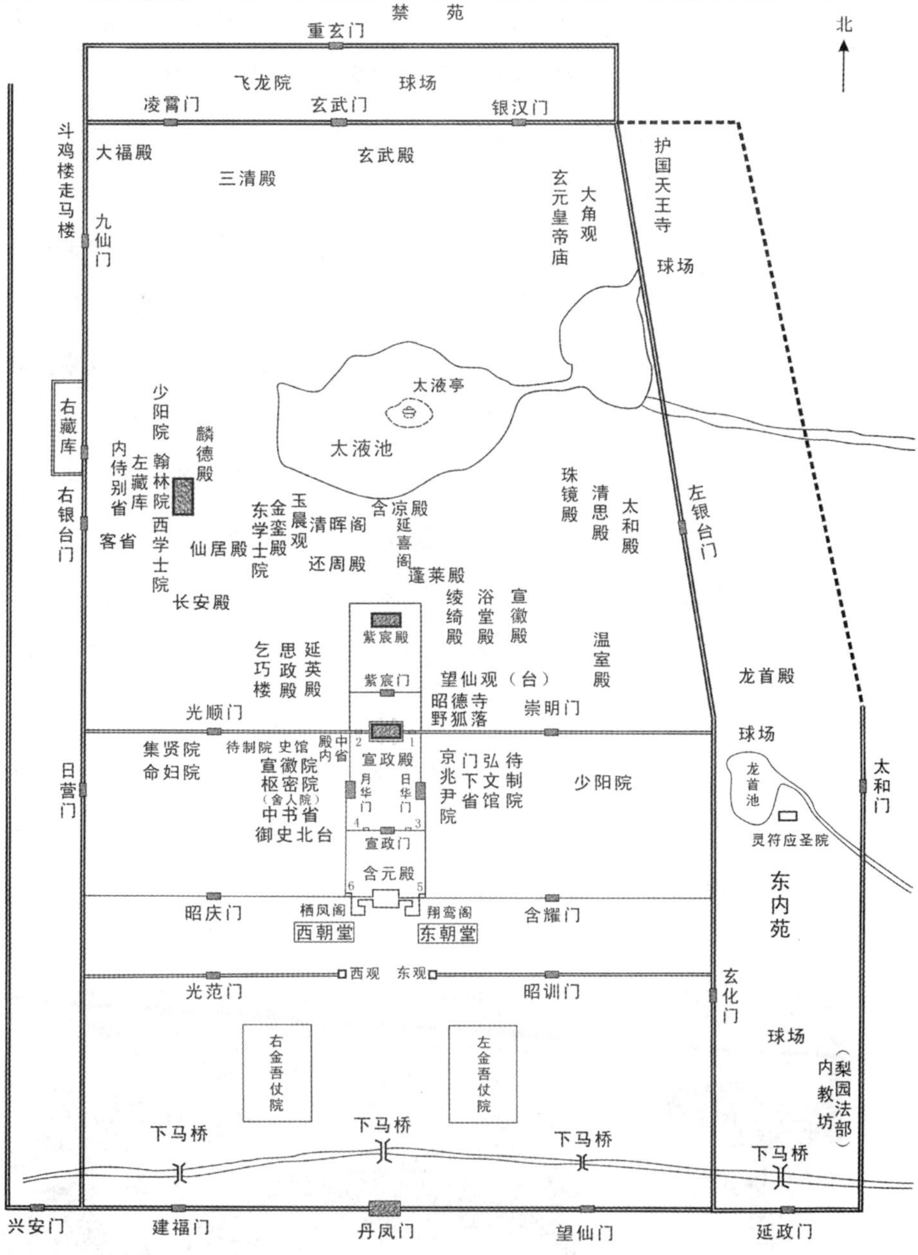

唐大明宫平面示意图

1 东上阁门
2 西上阁门
3 宣政东门
4 宣政西门
5 通乾门
6 观象门

但建筑高大、豪华，气势非凡，这是唐朝鼎盛时期社会经济高度繁荣的表现。兴庆宫自建成之后，便成为唐玄宗一朝的政治中心，直到安史之乱爆发后，才结束了其政治中枢的地位。

（三）皇城

皇城又叫子城，是隋唐两朝中央政府机关所在地，位置在太极宫之南，中间仅隔了一条横街。考古实测东西 2820.2 米，南北 1843.6 米，周长 9200 米，面积 5.2 平方公里。皇城东、西、南三面有城墙，北面无墙。其南面共开三门，中为朱雀门，东为安上门，西为含光门；东西两面各开二门。皇城的所有大门均与城内大街相通，其中朱雀门与宫城的承天门和外郭城的明德门处在南北的中轴线上，将承天门大街和朱雀大街连通，使长安城分为东西两部分。皇城内部南北有七条街道，东西有五条街道，唐政府的各种机构就分布在这些街道分格成的空间内，成为唐王朝的行政中心。

皇城与宫城之间的横街，文献记载有 300 步宽，约合今 441 米，考古实测仅得其残存的 220 米，是长安城中最宽的一条街道。这条街道之所以修建得如此宽阔，主要是出于对宫城安全的考虑。皇城北面

▸▸ *大明宫含元殿复原图*

没有城墙，站在宫城城墙上，俯视皇城，一切皆在其视线之内，而中间相隔的这条街道又有 441 米之宽，超过了一箭之遥（60 米），这样的设计对宫城的安全来说自然是十分有利的。

（四）外郭城

考古证实长安城墙是板筑夯土墙，城基厚度一般在 9 米至 12 米左右，与城门相接的一段，厚度往往达到 20 米左右。全城共有纵横的南北大街 11 条，东西大街 14 条，将居住区分为 110 个坊。

外郭城南面有三门，中为明德门，东为启夏门，西为安化门；东面有三门，中为春明门，北为通化门，南为延兴门；西面有三门，中为金光门，北为开远门，南为延平门。除了明德门为一门五洞外，其余城门均为三洞。明德门的遗址就在今西安市杨家村。

外郭城以朱雀大街为分界线，将全城分为东西两部分，街东归万年县管辖，街西归长安县管辖，两县各领 55 坊。由于城的东南角作直角形曲折，实际上只有 109 个坊。每个坊的四周都有高大的坊墙，墙上四面各开一门。坊内均有东西、南北十字街，四面皆开有坊门。坊的布局严整，管理严密，坊门定时启闭，每夜街鼓鸣后，坊门关闭，大街马上变得空荡荡的，所谓“六街鼓绝尘埃息”，就是指这种情况。长安城中的民宅、官府、寺庙、道观等，全都修建在坊内，商业交易则在两市进行，街道两边是不允许开设店铺的。

长安城中有东市与西市，各占两坊之地，每市各有东西南北四条大街，正好将全市分割成“井”字形，形成了九个方形区域，每个方形区域的四面都临街道，商业店铺便开设在每个方形区域的四周。两市各有 220 个行业，是长安城中的商业中心。唐武宗会昌三年（843）六月二十七日夜，东市发生火灾，烧毁了曹门以西 12 行共计 4000 余家店铺，可见其店铺分布之稠密。由于丝绸之路的畅通，西来的胡商

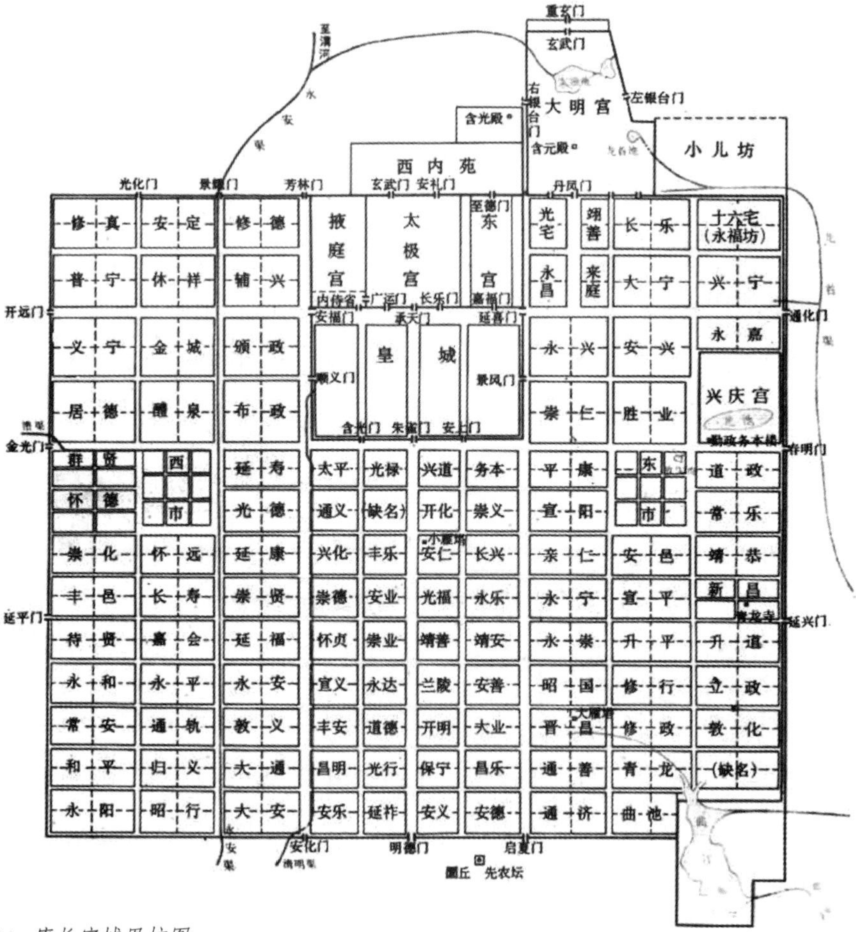

▸▸ *唐长安城里坊图*

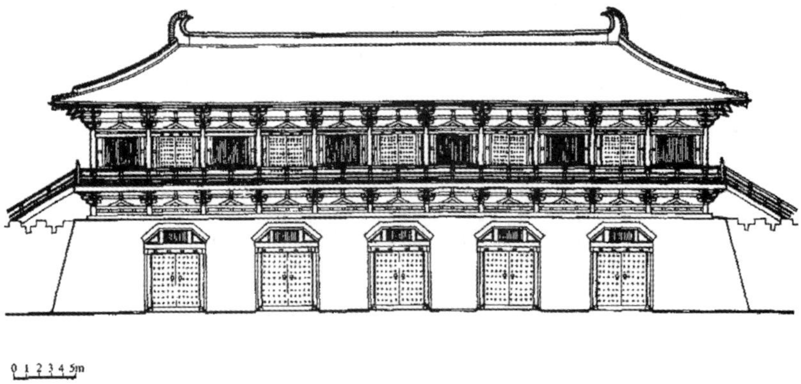

▸▸ *西安唐长安明德门立面复原图*

人数众多，故西市的繁荣程度较东市高一些。

长安城中还有大量的外国人及少数民族居住，据《唐六典》记载，当时来长安与唐通使的国家、地区多达 300 个，西域各国“入居长安者近万家”，不少外国人还供职于唐王朝。再加上城中居住的百姓、官员、军队、宫廷人员等，全城人口至少应在百万以上。仅在高宗李治显庆三年（658），长安就出现了 100 多万人观看玄奘法师迎接慈恩寺碑的盛况。唐代科技文化、政治制度、饮食风尚等也从长安传播至世界各地，如日本京都城仿长安城格局，平安京建筑仿含元殿式样，奈良王朝仿唐宫廷制度。此外，西方文化经过唐朝消化再创造后又辗转传至周边的日本、朝鲜、缅甸等国家。因此，唐长安城已成为西方与东方商业、文化交流的汇集地，是当时世界上最大的国际大都会。

四、隋唐时期的重大事件

（一）隋朝统一全国的原因

隋朝建立时，全国还有两个割据政权，一个是割据江陵的后梁，另一个是割据建康的陈朝。后梁由于实力较弱，长期依附于北朝。开皇七年（587），隋文帝利用后梁皇帝前来朝贡的机会，宣布废黜其帝位，将后梁皇帝留在了大兴城。

开皇八年（588）十月，文帝命晋王杨广为统帅，率大军 51 万，分八路进攻陈朝。次年正月，隋军攻入建康，俘陈后主，陈朝灭亡。江南其他地区也先后平定，从而结束了长达三百年的分裂割据局面。

隋朝能够迅速完全统一全国，是因为早在隋朝建立之前，北朝就已经基本具备了统一全国的条件，主要表现在经济、政治、军事等三个方面，北朝均远胜于南方的陈朝。隋朝建立后，又采取了许多措施，如减轻百姓赋税，统一货币、度量衡，兴修水利，大索貌阅。在政治上废除九品中正制、辟署制，实行科举制，简化地方机构，打击豪强士族等。这些措施都极大地增强了隋朝政治与经济实力。至于军事上，北朝历来都比南朝强，只要经济与政治的条件许可，军事指挥得当，就能够扫除割据，统一全国。

（二）杨广弑父与三征高丽

隋文帝与独孤皇后共生了五子，即杨勇、杨广、杨俊、杨秀、杨谅，隋朝建立后，文帝立长子杨勇为太子。但是次子晋王杨广野心很大，早就存有夺嫡之心。他利用文帝与独孤氏生活节俭的特点，伪装自己，骗取父母的好感，而杨勇却生活奢侈，广纳妓妾，为其父母所不满。杨广还拉拢了一批朝臣为自己当太子四处活动。此外，杨广还有灭亡陈朝、统一全国的大功。在这种情况下，杨勇的太子地位终于被废，杨广如愿当上了太子。

仁寿四年（604），文帝赴仁寿宫避暑及养病，太子也到仁寿宫侍疾。他见文帝病重，便写信问大臣杨素如何办，杨素的回信被误送到了文帝手中，引起了不满。接着文帝的宠妃宣华夫人陈氏白天更衣时，被杨广无理纠缠。文帝大怒，命人召见长子杨勇，同时命人起草废黜杨广的诏敕。这时仁寿宫内外已为太子的亲信所控制，于是杨广抓捕了起草诏敕的柳述、元岩，封锁了宫室，命右庶子张衡入寝殿，摈退皇帝左右，不一会儿就传出了文帝驾崩的消息。关于文帝的死，有两种说法，一种说被毒药杀害，一种说被拉杀，“血溅屏风”，时在这年七月十三日（公历 8 月 13 日）。

隋炀帝于大业八年（612）、九年、十年连续三次对高丽发动了战争，由于伤亡过多，耗费了巨额资财，百姓无力负担，引起了农民起义，终于导致了隋朝统治的垮台。关于隋朝征伐高丽失败的原因，并不是高丽军事力量强大，主要原因是：一是自然环境恶劣，每年九月以后天寒地冻，交通断绝，粮运不继，因而军队死伤惨重。二是炀帝在军事上实行遥控政策，前线将帅缺乏临机应变的权力。三是隋朝内部不稳，第二次出兵，正在战争顺利进行之时，由于杨玄感之变，炀帝只好仓皇撤兵，兵力和物资损失很大。

关于这一战争的性质，不能视为侵略战争，因为战争主要在原中国的领土上进行，隋炀帝发动战争的目的：一是收复北朝时的失地，二是为了维护东亚的国际秩序和册封体系。

（三）关于玄武门之变

▸▸ 唐太宗像

唐高祖李渊有很多儿子，但是嫡子只有长子李建成、次子李世民、三子李玄霸、四子李元吉。其中李玄霸早亡，唐朝建立后还活着的只剩下三人，分别封为太子、秦王、齐王。在扫平国内割据势力的战争中，次子秦王李世民功劳最大，并且逐渐形成了很大的政治势力。在这种情况下，李世民便产生了夺取太子地位的想法，使太子李建成感到极大的威胁，为了对抗李世民，他便与李元吉联合起来。在这场斗争中，李渊倾向于李建成一派，使李世民和平地夺取太子地位的想法无法实现，采取武装形式便成为唯一的选择。武德九年（626）六月，李世民在长安太极宫玄武门埋伏了军队，一举杀死了李建成和李元吉，迫使高祖立自己为太子。两个月后，李世民取代高祖，当上了皇帝，改元贞观，史称唐太宗。这一事件的性质是宫廷政变，政变的目的是推翻唐高祖的统治，并非史书上所说的仅仅是为了对付建成与元吉。

（四）如何评价武周代唐

唐太宗死后，其子李治即位，史称唐高宗。高宗在当太子时，就与太宗的才人武媚娘关系密切，太宗死后，武才人到感业寺当了尼姑。

高宗遂将她接回宫中，封为昭仪，后来又废去皇后王氏，册立武昭仪为皇后。高宗死后，武后先后废黜自己的两个儿子，自己当了皇帝，由于其称则天大圣皇帝，故名武则天，其实她给自己取了一个名字，叫武曌。

▸▸ *武则天像*

武则天是文水人，其父武士彟本为木材商人，参与过太原起兵，也算是元从功臣。武则天与唐高宗生了四个儿子，即李弘、李贤、李显、李旦。李弘生前当过太子，因病而亡；李贤当太子不久，即被武则天所废，后又被逼死；高宗死后，李显继位，是为唐中宗，被其母所废，贬为庐陵王，于房州安置；于是又立李旦为皇帝，李旦实际上只是个傀儡，武则天临朝称制。

在武则天创建武周政权的过程中，引起了一些人的反对，如徐敬业扬州起兵，越王李贞等的起兵，都被镇压下去了。为了打击政敌，她实行了酷吏政策，鼓励告密，致使一大批宗室、公主、朝臣被杀。然后她又从佛经《大云经》中找到女性当皇帝的依据，自称弥勒化身，为女人当皇帝制造舆论。她还制造祥瑞，组织了臣民请愿活动，要求改朝换代。天授元年（690），武则天终于登上了皇帝宝座，改国号为周，将李旦降为皇嗣。

在武则天当上皇帝，统治稳固后，酷吏政治便逐渐结束了。由于她是个女皇帝，有一个选谁为继承人的问题。于是又发生了争夺皇帝继承人的斗争，最后在狄仁杰等一批朝臣的支持下，最终确定李显为太子，武则天之侄武承嗣失败，忧郁而死。

神龙元年（705）正月，以宰相张柬之为首的一批人联合李显、李旦、太平公主等李氏宗族，发动政变，推翻了武则天的统治，扶持李显重新即位。

如何评价武则天的统治呢？应该看到在其统治时期，社会生产保持了继续发展的趋势，人口达到了615万户，比高宗永徽三年（652）的380万户，增加了235万户；社会秩序基本稳定，唐朝的疆土有所扩大，中外经济文化交流持续发展；在政治上，她选拔了一批杰出的人才，为开元之治奠定了人才基础。但是在处理突厥和契丹问题上，她应对乏策，造成了比较严重的后果。此外，她还崇信佛教、大兴土木，浪费了大量的资财，也是她的不足之处。

五、隋唐时期的重要制度

（一）均田制度

这一制度始于北魏，为历代所沿袭，不过具体规定却各有不同。唐制：丁男（20—60岁）及中男（18岁以上）每人各授永业田20亩，口分田80亩；老男、残疾、寡妇等各授田40亩；永业田可以继承，口分田在人死后要交还政府。官员按照品级高低也授不等的土地。由于各地人口与土地并不均衡，所以并不能保证每个人都能足额得到土地。由于唐朝允许土地买卖，故土地兼并难以避免，所以最终导致均田制的崩溃。

（二）租庸调与两税法

租庸调制建立在均田制基础之上，是隋朝及唐朝前期执行的一种赋税制度。所谓租，每丁每年交纳粟2石；调，每年交纳绢2丈及绵3两，或者交布2丈5尺及麻3斤；庸，指佣金，唐朝规定每丁每年服劳役20天，如果不愿服役，每日需交绢3尺，或者布3尺7寸5分，政府再拿这些去雇别人服役。这20天是正役，20天之外加役，加15天免调，加30天租调全免，并且规定正役连同加役总计不能超过50天。这样就可以保证农民的基本生产时间，从而有利于社会经济的恢复和发展。

两税法是在均田制崩溃后，租庸调制无法维持的情况下而实施的一种赋税制度。两税法正式实行于唐德宗建中元年（780）。具体规定是：①以大历十四年（779）全国的土地总数为准，钱帛收入则以大历中最高一年为准，将其分摊到全国各州县去。②两税分为地税和户税，地税交粮，户税交钱。③征收的时间是：夏税不超过当年六月，秋税不超过十一月。夏税以征钱为主，秋税以征粮为主，故有夏钱秋粮之说。④人无丁中，户无土客，以现居为准，皆要承担赋税。商人则以其营业额的多少按比例征收。⑤其他税收包括杂税，一切皆并入两税之中，不再另外征收。

租庸调制与两税法的征税原则有很大的不同：前者是以丁中为征税对象，所以历代对人口的控制很严；后者则是以资产即土地为征税对象，所以在其实施以来的历朝历代都把丈量和追查隐瞒土地作为保证税收的主要手段。

（三）中央职官制度

1.政务系统

以三省六部制为基本框架，三省指：中书省、门下省、尚书省。其职能可以简要地概括为：中书省负责起草皇帝的诏敕，门下省负审议诏敕，尚书省负责执行。六部是尚书省下辖的六个政务部门。六部各辖四个司，总称为六部二十四司，具体职能是：

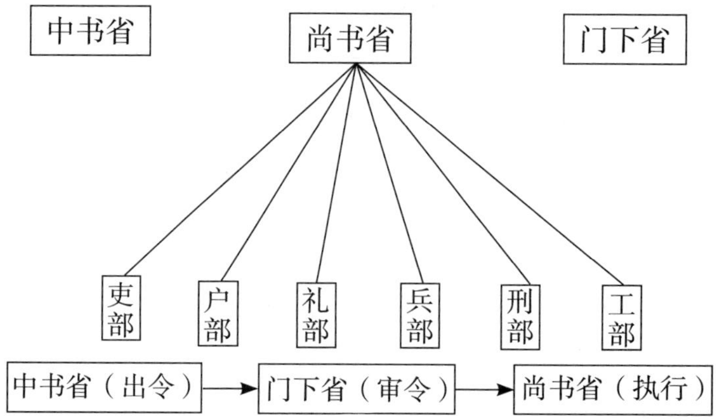

吏部：掌文官的铨选、勋爵的授予和考课之政令。

户部：户部掌天下民政、财政、户口、钱谷之政令，在六部中事务最为繁杂。

礼部：掌礼仪、祭祀、贡举之政令。

兵部：掌武官铨选及地图、车马、兵械之政令，不直接统兵。

刑部：掌律令、司法之政令及审计。

工部：掌山泽、屯田、土木工程之政令。

2. 事务系统

（1）九寺。

太常寺：掌邦国之礼乐、郊庙、医药、卜筮之事。

光禄寺：掌酒醴膳羞之事，主要供郊社、祭祀、大朝会及廊下食之用。

卫尉寺：掌仪仗、兵器及帐幕供设之事，主要为宫廷宿卫、祭祀、朝会仪仗之用，不领兵。

宗正寺：掌天子宗族及外戚之事。凡皇族谱牒、皇亲五等以内之事皆掌之。

太仆寺：掌厩牧、车马、辇舆等事。

大理寺：掌京师百官及京师徒刑以上案件的审理，对刑部转来的地方死刑案件也由其复审。

鸿胪寺：掌接待来唐朝的外国及各族首领、使者和官员贵族的凶丧之仪。

司农寺：掌仓储及园苑管理，在诸寺中事务最为繁杂。

太府寺：掌财货帑藏之事。

（2）五监。

国子监：下辖有国子学、太学、四门馆、律学、书学、算学。

少府监：掌百工技巧之事，相当于国家的手工业管理机关。

将作监：负责土木工程方面的机关。

军器监：负责军器及军事装备的制造事务。

都水监：掌管两京地区的水利。地方水利则归地方政府管。

（3）秘书、殿中、内侍三省。

秘书省：掌经籍图书之事，领著作局、太史局。

殿中省：掌天子乘舆、服御、医药、饮食等事，为皇帝与宫廷服务。

内侍省：宦官管理机构，下辖六个局，官吏皆由宦官充任，分管宫中事务。

3. 监察机构

御史台正副长官是御史大夫、御史中丞，下辖三院御史。

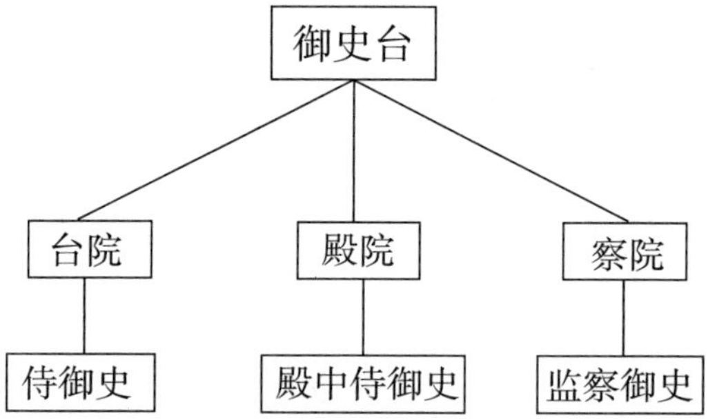

台院：置侍御史 6 人，负责监察朝廷百官并兼管御史台日常事务。

殿院：置殿中侍御史 9 人，主要职责是负责殿廷供奉之仪式的监察。

察院：置监察御史 15 人，负责巡察州县和监察六部。

4. 决策机制

唐朝前期以三省长官为宰相，组成一个工作班子，在政事堂开会讨论决策。唐后期三省长官退出宰相行列，以其他官员加同中书门下三品或同中书门下平章事衔而成为宰相。唐代宗时，中书令、侍中升为正二品，于是同中书门下三品便退出了宰相名号，此后的宰相均称同中书门下平章事，简称同平章事。即使到这一时期，宰相也不是一个人，仍然是由数人组成。政事堂讨论决策的军国大事，还要经过皇帝的同意，然后由中书省起草诏敕，再经过门下省审议盖印，最后交尚书省执行。但是尚书省如有不同意见，可以打回重新商议。

（四）地方机构

唐前期实行州县两级制，州的长官称刺史，县的长官称县令。唐玄宗统治时，在京都所在地置府，如长安京兆府、洛阳河南府、太原太原府，府的实际长官叫尹，副职叫少尹。唐后期出现了道一级行政区划，其长官称观察使，兼管军队的长官叫节度使，道之下辖有州县。

与此同时，在地方上还置有都督府，长官就叫都督，主要设在军事要地，除了管军队，还兼管境内的民政、财政、司法等。都护府，长官叫都护，主要设置在少数民族聚居的地区，管理归附唐朝的少数民族事务和镇守边疆。

（五）科举制度

科举制度创立于隋朝，但发展时期却在唐朝。分为常举、制举两种，前者每年举行一次，后者是皇帝临时下诏举行的考试，没有固定的时间。唐代的常举科目很多，大体有秀才、明经、进士、明法、明字、明算、开元礼、道举、童子、明经、史科等。制举指天子下诏特意设置的选拔某种人才的科举考试，科目十分繁多，具体数量已经不可全考，多达数百种，如贤良方正、直言极谏，博通坟典、达于教化，军谋宏远、堪任将率，详明政术、可以理人，下笔成章等。

（六）律令格式

唐朝的法典体系实际上是由律、令、格、式等四部分构成的，基本情况如下。

律，“律以正刑定罪”，因此居于各种法律文书之首。保留到现在有关唐代的律，主要是指《唐律疏义》。在我国历代法典中，以唐律最为全面，量刑最轻，故受到了以后各朝的重视，并且影响到日本、朝鲜等国，被称为东方中华法系的代表。

令，“令以设范立制”，也就是说它是大唐帝国制度的总汇，包括官制、礼制、田制、学制、选举制、兵制、赋役制等相关规定。

格，“格以禁违正邪”，共分 24 篇，编录当时的制敕，作为各曹司的法则，是尚书省各部门职掌的详细规定。我国还有一些学者认为格是国家的行政法规，是规定国家各级行政机构职能的行政法典。

式，“式以轨物程事”，共分 32 篇，是对各官府行政事务的具体规定，最主要的内容则是围绕律令的执行所规定的细则以及百官诸司的办事章程。还有人认为式是国家机关的公文程式和行政活动的细则。

六、隋唐时期的文化成就及特点

（一）文化成就

1. 光辉灿烂的文学成就

唐代文学最突出的成就表现在诗歌方面，其主要成就如下：一是诗歌格律的完善与成熟，这主要因为音韵学的发展为唐代诗歌繁荣奠定了基础。二是各种诗体都得到了充分的发展，如七律、五律、七绝、五绝、古体长诗、乐府诗等，无不如此。三是各种风格的诗歌都涌现了，而且各有其代表人物，如浪漫主义风格的有李白，现实主义风格的有杜甫，田园诗派的有王维，边塞诗派的有高适、王昌龄、岑参等，豪放主义的有杜牧、柳宗元等。四是在唐代全社会从上到下都形成了崇尚诗歌创作的普遍风气。

唐代诗歌对后世及周边各国的影响是十分深远的。比如在日本、新罗都非常推崇汉诗，而且也学作汉诗，李白、白居易在这些国家的影响很大。

除了诗歌以外，传奇小说、变文、俗讲、词等方面的成就也很突出。

2. 突出的史学成就

我国有修史的好传统，早在商周时期官府就设有专门的史官，这一点是世界上任何一个国家或民族都不能相比的。唐朝在史学方面的贡献，表现在两个方面：一是建立了史馆制度，并且以宰相监修国史，从此以后历代都沿袭了这一制度，并形成了后一个时代为前一时代修史的传统。二是修史成就十分突出，二十四史中有 8 部修成于唐代，这就是《晋书》《梁书》《陈书》《北齐书》《周书》《隋书》《南史》和《北史》。

3. 统一经学的利与弊

所谓经学就是指儒学，唐代在这方面的成就就是统一了经学。自从汉武帝独尊儒术以来，经学发展很快，各种学派、各种学说纷纷涌现，于是对同一部经书，甚至同一句话的解释都产生了较大的歧义，这种状况显然不能适应新兴的科举制度的需要。此外，唐以前的书都是手抄本，在长期的传抄过程中，容易产生许多错误，不利于学生学习和考试。于是唐太宗下令改变这种状况，组织了一批学者重新校定、注释经书，最后形成了两套书，即《五经定本》与《五经正义》。五经指《易》《诗》《书》《春秋》《礼记》。这两套书对促进学校教育和促进科举制度发挥了积极作用，但是却也产生了一些弊端，最主要的是限制和影响了经学的发展。当然，唐太宗这么做主要还是为了适应大一统的政治局面，需要统一思想，学术为政治服务。

4. 科技水平的不断提高

隋唐科技的主要成就有：一是发明了火药。二是发明了雕版印刷术。三是在世界上首次实测了子午线（即经线，指连接南北两极的线，用于指示南北方向），这是僧一行在开元十二年（724）组织实施的一次大规模的天文大地测量。英国著名学者李约瑟说，这是“科学史上划时代的创举”。他还测过 150 颗恒星和二十八宿，纠正了前人数据的错误，促进了我国天文观测学的发展。四是编撰并颁布了我国第一部国家药典——《新修本草》（20卷，苏敬、李勣编）。

5. 丰富多彩的乐舞文化

唐朝的乐舞分为两大类：一为雅乐，用于朝会和祭祀场合；一为燕乐，属于娱乐性质，凡宴会、节日和其他场合均表演之。隋炀帝时确定了清商、西凉、龟兹、天竺、康国、疏勒、安国、高丽与礼毕等为九部乐。唐太宗时去礼毕，增燕乐；平定高昌后，又在贞观十六年（642）增加了高昌乐，形成了唐朝的十部乐。

唐玄宗时期，又分为立部伎与坐部伎。在堂下站立表演，谓之立部伎；在堂上坐奏，谓之坐部伎。这些都是对宫廷而言的，对于民间来说，区分就没有这么严格了。唐朝的著名乐舞主要有《秦王破阵乐》《功成庆善乐》《霓裳羽衣曲》《景云河清歌》《鸟歌万岁乐》等，这些都是大曲。外来的乐舞影响最大的是胡旋舞、胡腾舞等。

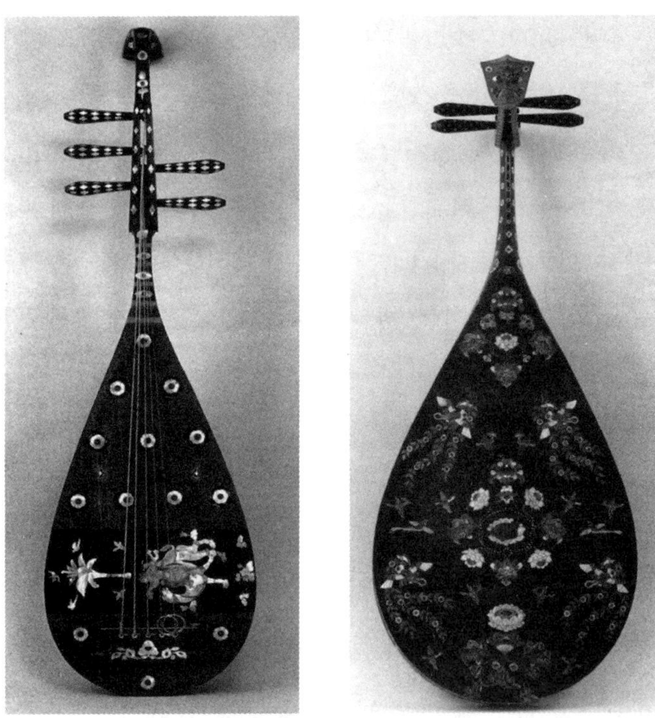

▸▸ 日本正仓院收藏的唐代紫檀琵琶

唐代乐舞不仅对后世影响很大，对周边各国如日本、高丽、新罗、印度和西域各国也都有很大的影响，至今日本正仓院还收藏了一套唐代的乐器。

6. 书法、绘画与雕塑成就

唐代书法的成就很大，主要表现在如下方面：一是各种书体日益成熟，尤其是楷书的定型。二是各种书体都涌现了一大批名家，如楷书代表是唐初四杰（欧阳、褚、虞、薛）和颜真卿、柳公权，草书代表张旭、怀素，篆书代表李阳冰，行书和飞白的代表唐太宗、武则天等。三是书法理论比较成熟。四是创办了书学，以培养书法人才，从而促进了学书风气的盛行。

绘画方面成就也很突出，一是在释道人物画、仕女画、山水画、花鸟画、动物画等方面，都取得了很大的成就；二是涌现了一大批著名的画家，如阎立本、吴道子、李思训、王维、韩干、韩滉、张萱等。但是在唐代最兴盛的还是释道人物画，到了五代时期山水画和花鸟画才真正发展起来了。

唐代雕塑水平很高，作品存留至今的，主要集中在敦煌和龙门石窟。以敦煌为例，唐以前的作品比较古朴，受印度犍陀罗艺术影响较大，而唐代的作品则摆脱了这些影响，人物形象生动，表情丰富，充满生活的气息，宽衣博带，显然是受了中国传统绘画的影响，艺术水平最高。

此外，唐朝在饮食文化、服饰文化、游艺文化以及风俗等方面，也都取得了很大的成就，显得丰富多彩。

（二）基本特点

1. 长期分裂再统一后的特点

我国自从东汉末年以来，分裂长达 300 多年，直到隋朝灭陈，中国才又一次实现了统一。由于隋朝统治时间极为短暂，所以这种分裂后再统一的文化特点，在唐文化中反映得最为明显。摈弃了南北方相互歧视的思想，坚持国家统一的立场，强调地无南北均为统一国家的思想观念。在学术上也是如此，统一南北学风，在学校教育，经学研究方面，均要以统一的观念去阐发经书要旨。

2. 反映了各民族文化融合的特点

我国自西晋末年以来，少数民族大量迁入中原地区，经过长期的民族融合以后，中原地区的文化已不再是单纯的汉族文化，而是增加了许多少数民族文化的内涵。在隋唐时期这种文化交流仍在继续，大量的唐代科学技术、生产工具、服饰礼仪、音乐舞蹈、文化典籍传入了周边少数民族地区，同样少数民族的文化因素也不断地传入内地，如胡乐、胡服、发式、胡食、生产或生活用具等，都大量地输入中原地区。各民族的文化经过融合后，从而形成了一种新的中华文化。

3. 带有浓厚的佛教文化的特点

隋唐是佛教在中国的一个大发展时期，并且与中国文化相互影响，使佛教走上了中国化的道路，同时也使中国文化带有佛教的色彩。许多佛教宗派都是在这一时期形成的。另外，在唐代还有大量的高僧西出取经，带回了大量的佛教经典，因而又促进了翻译事业的发展。佛教对中国文化的影响是多方面的，对文学（诗歌、散文、俗讲、变文）、音乐、绘画、建筑、雕刻等艺术都有很大的影响。

4. 体现了社会开放的兼容性特点

唐代文化已不是单纯的华夏传统文化，而是在原有的文化基础上，融合了许多民族和外国文化的新型文化。这种新型文化是由来自四面八方的各种文化因素逐步汇集而成的，它与唐代开放的社会风气密切相关。唐朝统治者既善于吸收外来文化，也注意弘扬传统文化，从而促成了唐代文化的繁荣和丰富多彩，这是唐代社会开放风气的两种表现。唐代社会风气开放的结果，就是导致了中外文化交流的繁荣，对世界文化的发展来说，也具有非常重要的历史意义。

七、隋唐时期重要的文化遗址

（一）建筑遗址类

主要有唐城墙遗址、大明宫遗址、曲江遗址、唐圜丘遗址、翠微宫遗址、唐华清池遗址、兴庆宫遗址、大唐西市遗址、麟游九成宫遗址等。这些遗址有的已经加以保护，而且保护得很好，如大明宫、华清池、九成宫、唐圜丘等；有的虽有保护，但却不甚理想，如兴庆宫、曲江等，主要是由于在没有调查清楚这些遗址的全部情况下，匆忙进行开发，所以对原遗址造成了一定的破坏；还有一种情况就是根本没有加以保护或考察，如翠微宫遗址就是如此，如果再不加以重视，将会造成较大的破坏。

（二）陵墓类

主要有隋文帝泰陵（扶风）、唐十八陵［献陵（高）、昭陵（太）、乾陵（高与武）、定陵（中）、桥陵（睿）、泰陵（玄）、建陵（肃）、元陵（代）、崇陵（德）、丰陵（顺）、景陵（宪）、光陵（穆）、庄陵（敬）、章陵（文）、端陵（武）、贞陵（宣）、简陵（懿）、靖陵（僖）等］、顺陵、柳公权墓（耀州区）、杨贵妃墓、上官婉儿墓等（献、庄、端、靖四陵为封土葬）。此外，武功县上营乡有隋炀帝墓。虽然扬州的隋炀帝墓已经国家文物局确认为真墓，但对武功县的这座墓仍要加以保护，如果能搞清到底是什么墓则更好。

其实在关中的唐墓还有很多，如唐高祖献陵、唐太宗昭陵、乾陵以及其他一些唐代皇帝陵区都有大量的陪葬墓，其中以昭陵最多，这些墓葬也应在保护的范围之内。古代帝王陵前往往都有大量的石雕与石刻，有的非常珍贵，可谓是国之重宝，如昭陵的六骏、十四君王像（已遭破坏）、乾陵的六十一藩王像等。在陵前的石人、石马、石兽中，也有不少艺术珍品，有的还是中外文化交流的见证，如乾陵的鸵鸟浮雕、献陵石犀牛等。对这些陵前石雕要妥善加以保护，目前任其风吹雨淋，恐怕不妥。此外，还要防止人为破坏，或者盗窃。

（三）宗教类

隋唐时期的宗教建筑非常之多，其中唐代长安城内的佛教寺院91所（僧寺64、尼寺27），加上城外尤其是终南山的佛寺，长安城内外的佛寺不下200所。这些寺院大部分已不复存在了，流传至今的主要有慈恩寺、荐福寺、香积寺、兴教寺、大兴善寺、青龙寺、华严寺、净业寺、卧龙寺等。关中地区有名的寺院有仙游寺、彬县大佛寺、黄陵千佛寺、陇县石宫寺等。这些寺院绝大部分都得到了保护，少数寺院已残破不堪，如长安华严寺仅存两座塔，虽然有人进行了恢复性修复，但其规模仍然显得与其在佛教中的地位不甚相称。华严寺是佛教华严宗的祖庭，是唐代樊川八大寺之一。

中国佛教宗派的祖庭中，多数都在长安，除了上面所说的华严宗祖庭华严寺外，还有慈恩寺（法相宗）、香积寺（净土宗）、青龙寺（密宗）、净业寺（律宗）。除此之外，大兴善寺、兴教寺、卧龙寺等都十分重要，要妥加保护。

隋唐时期的长安也是其他宗教的中心，据《长安志》记载，有道观10、女观6，波斯寺2、胡祆寺4。在长安城中的这些道观今天均已不存在，在关中地区保留至今的最有名的道教场所就是楼观台。上述的波斯寺，就是景教教堂，也叫大秦寺，长安城中今已不存，关中地区保留至今的唯一的大秦寺遗址，就是周至的大秦寺。这座寺院现今为佛寺，仅保留下来了一座塔。祆寺现已不存在，但是近年来在西安附近的考古发掘中，却出土了不少与祆教有关的文物，从而证明了长安的祆教中心地位。摩尼教的遗迹在今天的西安已找不到，只能寄希望于考古发现了，但在沿海地区却可以找到不少遗迹。

伊斯兰教也在唐代传入中国，由于史料缺乏，具体情况不大明确。

在西安保留了两座伊斯兰教寺院，这就是化觉巷清真寺和大学习巷清真寺。前者相传建于唐天宝元年（742），是陕西省最大的伊斯兰教寺院。后者始建于唐神龙元年（705），规模比前者小一些。

（四）人文类

西安及关中地区的隋唐时期的人文类遗存不算很多，目前所知的主要有：碑林藏石、药王山石刻、李光弼碑（富平）、李晟碑、蒲县南塔、合阳千佛洞（唐雕像 864 个）、扶风杨珣碑（唐玄宗书）、华县李元琮碑、铜川唐永淳碑、长武昭仁寺碑、蓝田大和尚碑、姜嫄公刘庙碑、麟游慈善寺石窟等。

这些人文遗迹虽然分布广泛，但比较分散，不宜集中保护，因此需要各级政府多做工作。这些隋唐遗物大都具有较高的文物价值和艺术价值，碑林保存的碑石可以说是中国书法之渊薮。再如李晟碑，保存在高陵文化馆，由裴度撰文，柳公权书丹，可以说是文化珍品。位于扶风县法门镇的杨珣碑，立于天宝十二载（753），由唐玄宗御书，太子李亨书写碑额，通高 6.67 米，十分高大，却没有碑亭保护，应该引起重视。

八、关于开发文化旅游的几个问题

（一）保护古墓葬

1. 防盗

目前盗掘古墓的行为非常猖獗，致使大量的古墓遭到破坏，大量文物流失，应该到了制止这种行为的时候了。

2. 对已发掘古墓的保护

由于目前经济建设发展很快，对已掘的古代墓葬如非十分重要的，可以采用回填的办法加以保护，甚至允许在原址上进行兴建。但对于重要人物或影响很大的人物墓葬，则不能这样简单处理。比如上官婉儿墓，自发掘以来，在全国引起了轰动，各种媒体纷纷报道，全国的上官氏后人也纷纷要求加以保护，所以要慎重处理。

3. 加强对已有的未发掘古墓的保护

这方面的工作虽然已取得了很大的进步，但仍然有很大的改进空间。如以唐十八陵的保护为例，近二三十年来，由于经济的发展，市场对建筑材料的需求急剧增长，石料、水泥的价格不断攀升，唐十八陵所在各县无一例外发展采石业。从机械化大规模开采到私人爆破、人工背运石头——人们对唐十八陵进行疯狂的掠夺。“因山为陵”的14座唐帝王陵多未幸免，定陵、昭陵、章陵、元陵最为严重。另外4座“堆土成陵”的唐陵虽然没有采石的威胁，但却深受文物偷盗和陵区农作物种植的破坏，以及烧石灰和庄稼地的侵蚀，也严重威胁到陵墓的安全。现在虽然已禁止了炸山取石，但已被破坏得满目疮痍的诸唐陵，环境如何恢复却无人过问，这一点应该引起重视。

对于陕西境内的其他古墓的保护也应该引起重视，靠文物部门一家不行，关键是引起当地政府重视，各部门相互配合，拨足经费，进行全方位的保护。

（二）保护古遗址

对于隋唐时期的古遗址的保护还不如古墓葬，因为古墓葬目标比较明确，而遗址的价值主要在研究方面，观赏价值不是很高，再加上与经济建设的矛盾，所以保护起来难度更大。比如隋唐长安城遗址问题，由于西安市就建在其原址之上，致使大量的遗址已经破坏。因此，建议有关部门尤其是规划部门，对隋唐长安城的基本情况要有一个详细的了解，最好搞一份平面图，标明隋唐长安城的各种建筑和其他遗址，如坊、街、庙、宅、市、湖、沟等，以及其详尽的范围信息，可以采取今古对照的方式绘制成图。以后再进行新的规划和建设时，先搞清是建在原长安城的什么地方，请考古部门派人进行挖掘，以弄清这些古代建筑遗址的基本情况，然后再视情况，或者加以保护，或者进行建设。

在三大内中，以大明宫花的力气最大，兴庆宫次之。对太极宫的遗址详细情况没有进行过认真的勘查，以至于许多具体问题搞不清楚，比如殿阁、池陂、廊台、诸宫门的布局等。比如，长安城的东边有夹墙，从大明宫直通兴庆宫、曲江池，但是对夹墙在外郭城外还是城内，还有争议，都说不清楚。

此外，汉长安城遗址现在还没有进行大规模的开发，本应利用这个时机进行大规模的勘查，但是做得还很不够，不是技术与人力不够，而是经费问题。这件事应该提上议事日程了，因为早勘查，早规划，可以早获得经济效益，或者开发旅游，或者进行经济建设。还有对建在汉长安城外的建章宫遗址，虽有一定的勘查，但详情远没有弄清楚，此外如何保护也是一个问题。

（三）不造假文物景点

之所以提出这样的建议，理由是陕西境内的文物在全国名列前茅，可资利用的资源很多，只要做好规划，加以开发，就是很好的旅游资源，没有必要撇开这些另造假文物景点。有人可能会拿出沿海城市的例子，其实两者的情况完全不同，有的城市是文化与历史资源太少而不得已才这么做。但是可以借助于这些资源搞一些适当的开发，如法门寺模式。再举另外一种类型的例子，四川的剑门关举世闻名，可是关城早已倒塌了，于是他们在原址新建了一座关楼，效果就很好。

（四）普查全省文物

陕西文物资源虽然十分丰富，但是对文物的普查资料，还只是限于以往普查的情况，对这些年出现的新情况并不了解，有必要再搞一次普查。这么做的目的有三：一是了解已知文物的现状和保护情况，哪些方面还需要进一步加强，以便更好地制定保护措施。二是通过更详细、更彻底的调查，以发现新的文物，即以前还没有发现的文物和文化遗址。因为现在有了更加先进的技术手段，如果经费更加充足的话，相信会取得良好的效果。三是在摸清家底的情况下，以便更好地制定保护规划和发展利用规划。

（五）开发利用的几点建议

第一，一定要在保护的基础上加以开发利用，也就是说保护是第一位的，开发是第二位的，这个关系切勿颠倒。

第二，重视文物景点的旅游配套设施的完善。主要指交通条件、食宿条件、卫生条件（厕所和环境）、旅游商品的开发、停车场、加油站等。比如昭陵就不如乾陵旅游搞得好，原因很多，如开发晚，宣传不够，位置稍偏，还有一点就是交通条件不好，尤其是上山的道路更差。此外，景点的配套也不够，只有一个博物馆和山上新造的太宗雕像等，其实昭陵在唐代帝陵中陪葬墓最多，达 190 多个，其中不乏著名的历史人物，如果把这些都串起来进行开发，相信对游客的吸引力将会大大增加。当然旅游开发的经费是一个大问题，除了政府筹集外，还可以利用社会资金。除了商业性投资外，还有一种资金可资利用，就是利用这些历史人物的后裔，如今各种姓氏宗亲会很多，可以加以利用，当然要在统一规划的前提下去做。

第三，重视对旅游环境的整治。这包括两个方面的问题：一是指周边环境的绿化和卫生的问题。现在有的景点是摊贩乱摆点，马匹乱拉粪，厕所臭难闻，这种情况必须改变；另一方面是指软环境，除了景点工作人员要提高为游客的服务意识外，在景区经营的其他人员也要提高自身的素质，比如摊贩漫天要价，甚至贩卖假冒伪劣商品，败坏了陕西的旅游信誉。

第四，加强宣传与健全法律，要具有酒好也怕巷子深的意识。这种宣传不是一时的行为，而要利用一切机会和手段长期宣传。此外，要把宣传与环境整治结合起来，陕西是文物大省，但是列入世界文化遗产名录的却只有秦始皇陵与兵马俑，另有“丝绸之路：天山廊道路网”包括的几处遗址，低于北京、四川、山西等省市。据说碑林曾经申报过一次，联合国专家考察后因为周边环境太差而未能成功。

第五，几点具体建议。其一，建议把唐十八陵的开发与保护通盘考虑，正好这些陵墓都分布在渭北，有连成一条线的客观条件。首先要把每座陵的自然环境与周边环境整治好，其次要修一条能把它们串起来的公路。沿终南山环山路的修通，对这一带的旅游带动很大，可见道路在发展旅游中的重要作用。将来搞得好，还可以再申请世界遗产。其二，要发展佛教旅游文化，把关中的著名寺院，尤其是各佛教宗派的祖庭宣传好，利用长安曾是中国佛教中心的地位，吸引更多的游客。其三，利用学术界对隋唐长安城的研究成果，有计划地恢复一些文化景点。这方面外地有不少成功的例子，如扬州瘦西湖恢复重建了唐代二十四桥和熙春台，丰富了瘦西湖的景点。如著名的武汉黄鹤楼、南昌的滕王阁等，无一不是新建的，就发挥了很好的旅游效益。西安可以恢复唐代的“玄武门”“凌烟阁”等。其四，开发历史文化商品，如法门寺的金银茶具、酒具，陕西历史博物馆收藏的唐代金银器、玛瑙器等造型优美的古代器物都可以复制，这些复制品可以作为旅游商品。此外，唐代的饮食、服饰、化妆、节庆和游艺活动等，都可以开发利用，从而丰富陕西旅游文化的内容。

第六讲
统万城遗址的解读

侯甬坚

陕西省全国重点文物保护单位——统万城遗址，建于公元413年，至2013年恰好是1600周年。为了更多地了解古代欧亚大陆上游牧民族与农耕民族间的这座沙漠都城，了解中国古都建造史上的这一伟大奇迹，特整理有关材料形成本报告，提供给各位阅读参考，一块进行思考。

一、统万城遗址面面观

位于陕西省和内蒙古自治区交界处的统万城遗址，坐落在无定河上游——红柳河北岸，它寄身于毛乌素沙地南缘，默然无声，揭示其历史之后，会使人感受到历史风云之翻卷，有时比大海的巨浪更加汹涌澎湃，难以遏制。

（一）创建人及其民族和时代

统万城的创建人是十六国时期（304—439）的大夏国君赫连勃勃（381—425）。407年（时为东晋义熙三年），铁弗匈奴首领赫连勃勃自称天王、大单于，建元龙升，置百官，国号“大夏”。413年，赫连勃勃开始营建新的都城，《晋书·赫连勃勃载记》记载，“勃勃自言：‘朕方统一天下，君临万邦，可以统万为名’”，都城故名统万城。司马光《资治通鉴》卷一一六将这一史实记录在当年三月（时当公历的 4 月 17 日至 5 月 15 日）。从此时起，至 419 年宫殿建成止，统万城全部建成。

草原英雄赫连勃勃的传奇故事有许多，作家高建群以赫连勃勃和鸠摩罗什（344—413）为“大恶”和“大善”的化身，写出了长篇小说《统万城》，这是一次很有些飘逸超脱风格的文学描写。过去史书上对赫连勃勃的评价是“为政残暴嗜杀，狂妄自慢”，而台湾学者陈识仁先生的论文《历史书写下的赫连勃勃与统万城》，为重新撰写这名草原英雄提供了颇具启发性的史学视角。作为匈奴铁弗部的一名首领，在十六国纷乱的时期里，赫连勃勃智勇双全，叱咤风云，驱使骑兵，席卷河套，建立大夏国。出于防御北魏、保卫自身的需要，他率领夷夏民众十万人，在毛乌素沙地南缘采取独特的方式修建了著名国都统万城，这座都城至今还保存有十分难得的高大角楼、城墙和马面。他虽然只有 45 岁的人生，其故事却很离奇，极富传奇色彩。

专栏介绍 1：赫连勃勃所建夏国基本国情

部属：南匈奴屠各种铁弗部族。

疆域：赫连勃勃在夺取长安之后，夏国疆土南界秦岭，东戍蒲津，西收秦陇，北薄于河，国势达到全盛。

政区：曾有过幽州、雍州、并州、朔州、秦州、凉州、北秦州、豫州、荆州等名号，但却是旋设旋失，境内并没有构成一个稳定的政区体系。

经济基础：其主要经济支柱为掠夺，以各种理由对四邻发动战争，以掠夺人口、地盘和财物，政权基础极不稳定。

政权存在时间：407 年赫连勃勃称天王大单于起，到 431 年北魏（拓跋鲜卑）的属国吐谷浑俘虏夏主赫连定止，仅存在了 25 年。

灭亡原因：几次败仗引起国力下降，内部发生哄乱杀戮，东部世仇北魏国势强大，成为其强劲对手。

表 1　十六国简表

朝代名	起讫年	创建者	国都	灭于何朝何国
汉、前赵	304—329	刘渊，刘曜	左国城（山西离石北），长安（西安）	后赵
成汉	306—347	李雄	成都	东晋
前凉	317—376	张轨，张寔	姑臧（甘肃武威）	前秦
后赵	319—351	石勒	襄国（河北邢台）；邺（河南安阳北）	冉魏
前燕	337—370	慕容皝	邺（河南安阳北）	前秦
前秦	351—394	符健	长安（西安）	后秦
后燕	384—409	慕容垂	中山（河北定州）	北燕
后秦	384—417	姚苌	长安（西安）	东晋
西秦	385—431	乞伏国仁	苑川（甘肃榆中东北）	夏
后凉	386—403	吕光	姑臧（甘肃武威）	后秦
南凉	397—414	秃发乌孤	乐都（属青海）	西秦
南燕	398—410	慕容德	广固（山东益都）	东晋
西凉	400—421	李暠	酒泉（属甘肃）	北凉
北凉	401—439	沮渠蒙逊	张掖（属甘肃）	北魏
夏	407—431	赫连勃勃	统万城（陕西靖边北）	吐谷浑
北燕	409—436	冯跋	龙城（辽宁朝阳）	北魏
代	338—376	拓跋什翼犍	盛乐（内蒙古和林格尔）	前秦
冉魏	350—352	冉闵	邺（河南安阳北）	前燕
西燕	384—394	慕容泓	长子（山西长治）	后燕

据查，“铁弗匈奴”一词首先出现于《魏书》，“铁弗”乃胡语，为“胡父鲜卑母”混血种之意。按照司马迁《史记·匈奴列传》中的记述，早先的匈奴“逐水草迁徙，毋城郭常处田耕之业”。时至东汉以后，人们不禁要问，难道这个民族一直就没有过城市建筑吗？是否有可能在与具有先进文明的汉人的交往中学会了筑城技术呢？由于历代史家多侧重汉匈和战的研究而鲜有对匈奴社会习俗的探讨，因而相关的记载多只是一鳞半爪。

由于有北魏崔鸿所撰《十六国春秋》、唐朝房玄龄等撰《晋书·赫连勃勃载记》等文献的记载及其佐证，赫连勃勃异军突起，征调岭北地区夷、夏十万人筑都城于朔方水（今无定河）北、黑水（今纳林河）之南兴建都城的历史，的确是清楚无误。尽管此城兴建于五胡十六国那样动荡不宁、群雄逐鹿的时代，却因为兴建政权和民族（大夏国铁弗匈奴部）、地点（毛乌素沙地南缘）、方式（强制性大规模修建）、应用材料和技术诸方面的特殊性，反而给后世留下了一座沙地生土建筑的丰碑！

（二）古城位置及其周边环境

古城具体位置在靖边县红墩界镇白城则村北面的高地之上，去过的人们都知道，白城则村的聚落和土地分布在无定河（红柳河）河道两边。若离开古城顺着草地向北面扇形走去，三面都是内蒙古自治区鄂尔多斯市乌审旗的土地，也可以说，统万城下不远就是陕西省与内蒙古自治区的交界线。

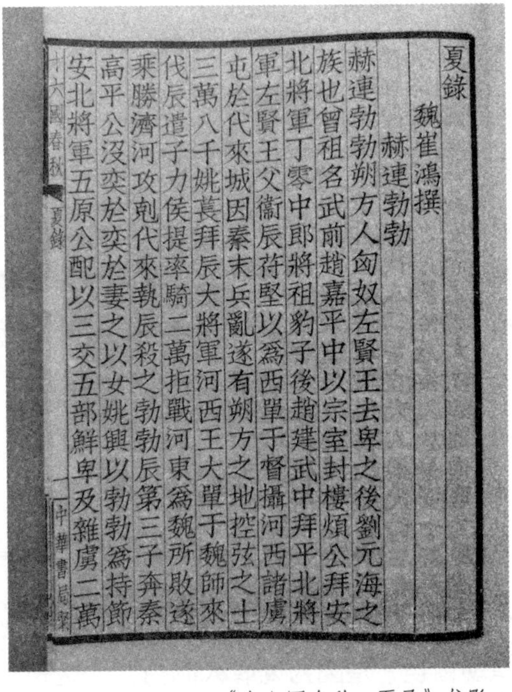
夏錄
魏崔鴻撰
赫連勃勃
赫連勃勃朔方人匈奴左賢王去卑之後劉元海之
族也曾祖名武前趙嘉平中以宗室封樓煩公拜安
北將軍丁零中郎將祖豹子後趙建武中拜平北將
軍左賢王父衛辰苻堅以爲西單于督攝河西諸虜
屯於代來城因秦末兵亂遂有朔方之地控弦之士
三萬八千姚萇拜辰大將軍河西王大單于魏師來
伐辰遣子力俟提率騎二萬拒戰河東爲魏所敗遂
乘勝濟河攻剋代來執辰殺之勃勃辰第三子奔秦
高平公沒奕於奕於妻之以女姚興以勃勃爲持節
安北將軍五原公配以三交五部鮮卑及雜虜二萬
十六國春秋 夏錄
中華書局聚

《十六国春秋·夏录》书影

统万城被选建在红柳河之北岸，似乎再一次证明了城池的修建与天然河流之间的某种密切关系。深陷、宽阔的红柳河床，对于统万城的作用和意义已经有所揭示，但还有很大的空间。正是由于这是从草原进入黄土地带的一条道路，也是从草原进入东方社会的一条捷径，匈奴及其后裔、突厥、党项、蒙古等大小民族纷纷进出于此，或安营扎寨，相依为命，或一朝迁移，生死离散，在这里上演了一出出土地和人民之间似曾相识的剧目。不是到了非常特别的时候、到了这条道路出现改道的情形，这样的演出便不会停止和中断。于是可知，统万城的历史不仅是对红柳河故事的重建基础，甚至也是与统万城血脉相连、声名相关的那些人物和器物重新从历史中站立起来的重要依托。

赫连勃勃所选的都址处在奢延水和黑水之间。奢延水就是今天无定河上游的红柳河，黑水则是无定河北岸的支流纳林河。这个地方的环境得到了赫连勃勃的高度赞扬，他这么描述："美哉斯阜，临广泽而带清流。吾行地多矣，自马岭以北、大河以南，未有若斯之壮丽矣。"已有的研究把这样的赞美，解释为这是一片水草丰美、景物怡人的地方。《统万城铭》记述，这里"背名山而面洪流，左河津而右重塞"，居高临下，地势险要，易守难攻，周围又有广阔的牧场，是扼守边地的重要位置。

统万城建城时的自然环境是什么景象？不少人认为，古代城池（尤其是都城）不可能在沙地上建立，统万城遗址上的覆沙是隋唐时期才有的。可是，根据该地区所处地理位置，及第四纪以来所遭受西北方向风沙侵袭的证据资料，在对城墙根之下做的考古发掘，发现底下为原生细沙沙层，地面则为季节性景象，夏秋时节为草场所在，冬春时节则是风沙推进。而铁弗部既然从战略和地形上选择了这里，就会采用建筑材料做成宽墙、厚基来克服沙地上的不足。于是，人们称道统万城为"沙漠古都"或"大漠古城"，都有其依据。

（三）建筑方式、材料与古城形状、功能

统万城修建所使用的建筑材料，主要是天然白土。关于这一点，匈牙利布达佩斯的考文纽斯大学的安德拉斯博士认为，统万城之所以呈现白色，是因为匈奴人尚白，"这一点在中国和匈牙利两国都能得

到明证”。其实，反过来说尚白特征的形成与匈奴族生存的环境有关，会更有道理。我们在调查中形成的看法是：这种原生白土，只能是就地取材，取自自然地层中，白色是它的天然颜色，有的地方称其为高岭土。采用白土修建的城池，越干越硬越结实，在阳光的照耀下，白土分外白皙，长久以来，当地民众习惯性地称为“白城子”。红柳河边最近的村庄受此影响，亦名为白城则村（陕北方言称“子”为“则”）。

白土这种生土材料的使用，在一定程度上决定了修建城池的方式。赫连勃勃修筑新都时，任命最信任的手下、对他有救命之恩的叱干阿利为将作大匠，全权负责筑城事宜。将作大匠一职相当于今日的皇家总工程师，叱干阿利聪明工巧，精通建筑技术，对工程质量要求极为严格，但他对筑城的劳工却也十分苛酷残暴。《晋书·赫连勃勃载记》记载：“阿利性巧而残忍，蒸土筑城，锥入一寸，即杀作者而并筑之。”意思是说，叱干阿利在筑城时，曾把不合要求的工匠杀死，并将其尸骨与白土一起填入城墙内部。可是，至少到目前为止，连同考古工作在内，尚未在统万城墙土内发现人骨，有可能表明《晋书》的记载未必如实。

赫连勃勃对叱干阿利监造的都城非常满意。至此，北方重镇统万城彻底竣工，赫连勃勃命令汉族大臣胡义周专门撰写了一篇《统万城铭》，垂数千言，辞藻华美，将统万城的壮丽辉煌展露无遗，所谓“崇台霄峙，秀阙云亭，千榭连隅，万阁接屏……温室嵯峨，层城参差，楹凋雕兽，节镂龙螭。莹以宝璞，饰以珍奇……”透过《统万城铭》层层描述的文字，我们仿佛仍然可以看到大夏的开国之君赫连勃勃站在城头向远处眺望，与手下众多的谋臣武将共同策划宏图大业的情景。统万城的东南西北四个城门，赫连勃勃按照夏国四邻的相对位置，分别命名为“招魏门”“服凉门”“平朔门”和“朝宋门”，清楚地表明敌对方向在东、在西、在北，而友善的方向在南。

▸▸ 游客喜欢在统万城高大的马面旁留影

叱干阿利负责建造的这座夏国都城，城墙极为高大坚固。据考古工作者的测量，其城基最厚处达 25 米，墙体高处达 20 多米。坚硬的墙体上还密布几十个向外突出的高台，也就是史书中记载的“马面”。这些马面的主要作用，就是在守城时形成密集的交叉火力，能够有效地杀伤攻城的敌人。清理马面的结果表明，有的马面内部还建设有大型仓库，可以用来储存粮食和守城器具。在四个城角，都建有高低不等的角楼，守军可以居高临下，迎战攀登云梯攻击城墙的敌人。

统万城遗址的布局是分为外郭城、东城、西城三个部分，西城和东城是重心所在，外郭城墙则向西北方向拉长，在外观上出现的是一个极不规则的刀具形状。东城和西城本身略呈长方形，中间以城墙分隔。东城周长 2566 米，西城周长 2470 米，墙体残高 2—10 米，墙基宽 10—16 米。城的四角均筑有方形墩台，现最高处达 31.6 米。西城的四面均辟有城门，西门瓮城尚存。城址内发现有夯筑台基等遗迹，出土有汉代至宋代的铜印、铜佛像、铜镜、钱币、石碑、瓷器、陶器等遗物。

▸▸ *从西北方向拍摄的统万城遗址和红柳河谷图片*

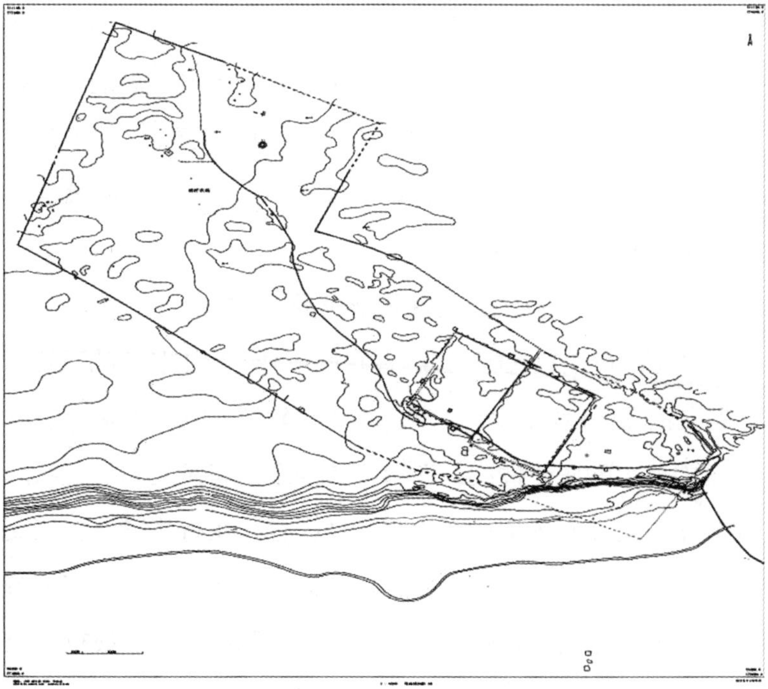

▸▸ *统万城遗址平面图（陕西省考古研究院统万城考古队提供）*

按照《陕西省省级以上重点文物保护单位保护范围》（1992 年）中的规定，统万城遗址（古遗址编号第 100 号）的保护范围为：A. 城墙以及城内遗址，龙墩；B.A 区外延 50 米内；C.B 区外延 200 米内。统万城周边面积可按研究工作需要划定，2002 年 5—8 月《统万城遗址地形测量技术报告书》的实测范围为 9.3 平方千米，所绘地形起伏，呈北高南低、西高东低特点。统万城这一研究对象十分具体，按照研究惯例，越具体的研究对象，越是需要提高研究精度，做出结果，这样才能为一般性研究提供典型例证。

二、统万城遗址的价值

统万城之名来自十六国时期的铁弗匈奴部，使用于 413—427 年，但研究者的眼光从未仅仅停留在赫连夏上。北魏时期称其为统万镇，以后则多以夏州城为名，包括 881 年党项首领拓跋思恭据守夏州，到 1227 年蒙古族军队灭夏，废弃该城址为止，统万城前后使用和延续的时间达 800 余年。正因为该城池延续的时间长，经历过的王朝和地方政权多，居住和经过此城的民族和人数亦多，故而积累和蕴含了极其丰富的历史价值。

（一）历史学：行政建置和民族文化交流

一个城市的行政建置起止，往往是衡量城市历史长短的重要标准。行政建置包括政区设置时间、位置、沿革、辖境、户口数量（各种构成）及本政区内居民的居住情况，还有同其他政区居民之间的关系。人类的居住分作不同民族的生活、生产两种内容，在有些场合它们又是不可分开的。统万城遗址之所在，历史上或有行政建置的时期（赫连夏至北宋），或无任何行政建置的时期（明清以来），却都有一定数量的人口存在，均在这里从事着特定条件下的生产活动，留下了种种遗迹，为揭示这一地区的历史过程提供了条件。

十六国北朝时期，统万城处在一个纵横交错的交通要道上，无论是南来北往，还是西去东徙，都应该是必经之路。由于两汉魏晋以来中原政府的民族政策，陆续有其他地区许多民族主动或被动地迁入此地，因此在十六国北朝时期统万城一直是一个多民族聚居的地区。南下的主要有匈奴及与匈奴有关的各种杂胡、丁零（敕勒、高车）、柔然，西南来的有氐、羌民族，来自东北的民族有鲜卑与乌桓，还有来自西域及中亚地区的胡人。

在最新的研究中，华中师范大学张全明教授提出，《四库全书》中共有 79 种史籍涉及统万城或其城邑沿革与地名变化等历史地理问题的记录，其分布的卷次总数与所载总量更是分别达到了 259 卷与 464 次。他判断说："细读有关统万城的诸多史料，可谓在'真实'与'创新'等方面都具有与众不同的价值，表现出了其鲜明而突出的时代性、地域性与民族性特点。"

在2013年6月召开的"统万城建城一千六百年国际学术研讨会"上，诸多学者指出，统万城不仅是多民族文化积淀的历史文化名城，还是朔方地区重要的政治、军事重镇，无论是在唐中叶以前的赫连夏、北魏、西魏、北周、隋时期，还是唐中叶以后及五代、宋、辽、金、夏时期，统万城都是我国北方游牧民族与中原农业民族交往、互渗、融合的重要桥梁。

至于统万城城址最终在蒙元军队攻灭西夏夏州城后遭到废弃，过去解释其致毁因素时曾有过四点考虑，即人为毁城因素、地震因素、风沙气候因素、关中—河套地区之间交通格局的变化，时至今日笔者仍然倾向于最后一点所能包含的说服力。因为专门就交通因素来集中探讨统万城及其后续历史，对鄂尔多斯高原上交通格局的依赖程度，意即统万城城址的确定及最终废弃，与这一区域的交通格局关系甚巨，而交通格局本身的变化又取决于一个新的时代的背景条件。

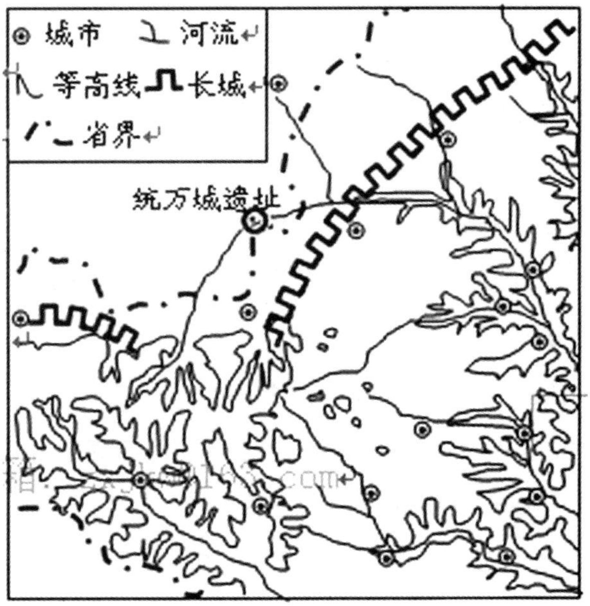

▸▸ 明代修筑边墙，统万城遗址被隔在了边墙之外

（二）考古学：考古勘察、发掘和发现

早在1956年9月，陕北文物调查征集组（俞少逸执笔）就发表《统万城遗址调查》一文，文末曾呼吁：“我们深深感到统万城遗址在中国民族史以及建筑和考古等方面，都是值得加以深入调查研究的。希望这一篇简略的报道，能够引起有关方面的重视。”

此后，统万城遗址就成为我国北方文物考古、历史文化、地质地理研究领域中一个很有意义的内容。尤其是遗址位于陕西、内蒙古交界线陕西一侧，陕西省考古部门给予了越来越多的关注和投入，自2002年以来的发掘计划不断付诸实施，并及时发表发掘报告，使学术界和社会公众对于统万城的了解越来越多，同时也产生了更多的兴趣和连带问题。

表 2 统万城及其遗址相关史事长编

公元纪年	历史纪年	史 实	备 注
413	夏国凤翔元年	匈奴族赫连勃勃征发 10 万人，“蒸土而建”统万城，419 年 11 月建成	《晋书》卷 130《赫连勃勃载记》
417	夏国凤翔五年	赫连勃勃击败东晋军队，攻入长安，置“南台”，以统万城为北京	《晋书》卷 130《赫连勃勃载记》
427	北魏太武帝始光四年	6 月，北魏大破赫连昌部，攻陷统万城，在此置统万镇	《魏书》卷 4 上《太武帝纪》
487	北魏孝文帝太和十一年	北魏改统万镇为夏州	《魏书》卷 106 下《地形志》
605	隋炀帝大业初年	隋朝改夏州为朔方郡，领三县，治绿岩县城	《隋书》卷 9《地理上》
627	唐太宗贞观元年	豪强梁师都割据夏州称帝，建梁国	《旧唐书》卷 56《梁师都传》
628	唐太宗贞观二年	唐朝派兵讨平梁师都，置夏州都督府，领夏、绥、银三州，夏州治所为统万城	《旧唐书》卷 38《地理一》
787	唐德宗贞元三年	唐朝置夏州节度观察处置押蕃落使，后领有夏、绥、银、宥四州	《新唐书》卷 64《方镇一》；《元和郡县志》卷 4《关内道》
881	唐僖宗中和元年	党项首领拓跋思恭占据统万城	杜建录：《西夏时期的统万城》，见《统万城遗址综合研究》，三秦出版社，2004 年，第 159—163 页
994	宋太宗淳化五年四月	北宋为防止党项人“据城自雄”，下诏废毁夏州城，移民于银、绥二州间	《宋大诏令集》卷 159《废夏州旧城诏》
997	宋太宗至道三年十二月	北宋授党项拓跋族李继迁夏州刺史	《宋史》卷 485《夏国上》
1003	宋真宗咸平六年正月	李继迁正式建都西平府，并强迁去银、夏州民	《续资治通鉴长编》卷 54—55

续表

公元纪年	历史纪年	史　　实	备　注
1227	宋理宗宝庆三年	蒙古灭西夏	《宋史》卷486《夏国下》
1841	清道光二十一年	陕西怀远知县何丙勋按榆林知府李熙龄指示，前往县内白城子调查，报告中判断白城子即夏州城故址	侯甬坚：《道光年间夏州城故址（统万城）的调查事由》，载《陕西师范大学学报》2003年第4期
1914.1	中华民国三年一月	怀远县改名横山县	内政部编：《中华民国行政区划简表》（第11版），商务印书馆，1947年
1975—		陕西文管会前后三次考察统万城遗址，进行了测绘和试掘	《考古》1981年第3期
1982.10		靖边县统万城文物管理所成立	靖政发［1982］063号
1983.9		统万城遗址公布为靖边县第一批文物保护单位	靖政发［1983］046号
1989		行政上为靖边县红墩涧乡（当铺坬子）白城子自然村	靖边县地方志编纂委员会编：《靖边县志》，陕西人民出版社，1993年
1992.3		行政上为靖边县红墩界乡（当铺坬）白城则自然村	陕西省民政厅编：《陕西省行政区划简册（1992）》，西安地图出版社，1992年
1992.4		统万城遗址公布为陕西省第三批重点文物保护单位	陕政发［1992］034号
1996.11.20		统万城遗址公布为全国第四批重点文物保护单位	陕西省古建设计研究所：《统万城遗址保护规划大纲》，2003年6月

续表

公元纪年	历史纪年	史　　实	备　　注
2002.6		陕西省考古研究所对统万城西南隅台和永安台的发掘	侯甬坚、李令福编：《走向世界的沙漠古都——统万城》，载《中国历史地理论丛》2003 年增刊
2000.4		中日合作“统万城绿色都市恢复基地”建立	侯甬坚、李令福编：《走向世界的沙漠古都——统万城》，载《中国历史地理论丛》2003 年增刊
2003.9		“沙漠古都统万城学术研讨会”在靖边县召开	陕西师范大学西北环发中心编：《统万城遗址综合研究》，三秦出版社，2004 年
2012.11.17		国家文物局正式公布更新后的《中国世界文化遗产预备名单》（不同类型文化遗产共 45 项），统万城（陕西省靖边县）列在第 42 项	《中国世界文化遗产预备名单》（国家文物局，2013 年）
2013.6.13—16		统万城建城一千六百年国际学术研讨会在靖边县召开	《统万城建城一千六百年国际学术研讨会文集》，陕西师范大学出版总社，2015 年
2017.11.16		统万城遗址博物馆及附属设施建设项目合龙仪式在靖边县建筑工地举行，待开馆后，将成为统万城国家遗址公园的公众展示设施	

表 3 陕西、内蒙古考古单位对统万城遗址及其周边的发掘清理状况

年代	负责人	工作内容	资料出处
1975—1977	戴应新	对遗址进行多次调查，有重点的进行部分钻探和试掘工作。文物断限上提出“上至汉晋，下迄唐宋”的总体看法	《统万城城址勘测记》，载《考古》1981 年第 3 期
1991.9	李少兵	在乌审旗纳林河乡郭梁村清理田煛墓（大夏二年）等 5 座墓葬，1 号墓出土的刻有 53 个隶书文字的墓志铭（墓主田煛），首次发现的有大夏国纪年的碑铭文字	《内蒙古乌审旗郭家梁大夏国田煛墓》，载《文物》2011 年第 3 期
2002.9—11	邢福来	清理西城西南隅台及永安台基址，发现护城壕	《统万城遗址考古发掘的新收获》，见《走向世界的沙漠古都——统万城》，第 89—94 页
2006.9—11	邢福来	采用全站仪结合 GPS 全球定位系统，对外郭城、西城、东城及周围部分地区地形地貌、遗迹加以测绘	据陕西省考古研究院隋唐考古研究部邢福来面告
2008.6—11	邢福来	调查确认外郭城城垣，发掘西门外瓮城，钻探外郭城内 2 处及红柳河南岸 3 处夯土遗迹	据陕西省考古研究院隋唐考古研究部邢福来面告
2011.9—10	邢福来	清理靖边县白城则村五队（西梁组）八大梁墓地 M1-3，席季滩村刘梁组 M1-2，发现 5 座墓葬中北魏—西魏时期的壁画	《陕西靖边县统万城周边北朝仿木结构壁画墓发掘简报》，载《考古与文物》2013 年第 3 期

1991 年 9 月下旬，内蒙古自治区文物考古研究所等单位在乌审旗纳林河乡郭梁村清理大夏国时期的田煛等墓葬，发现上下叠放的墓志 1 合（M1B9），放置在上面的刻有墓志，其铭文为：

唯大夏二年岁庚申正月丙戌朔廿八日癸丑，故建威将军、散骑侍郎、凉州都督护、光烈将军、北地尹、将作大匠、凉州刺史武威田煛之铭。

这一段铭文 53 字，字体兼有隶书、楷书风格，记述了墓主人田煛将军的卒年及历任官职。所谓大夏二年，即公元 420 年，这属于首次发现的刻有大夏国纪年的碑铭文字，填补了有关十六国时期大夏国考古资料的空白，年代学和职官志上的意义非常明显。

近十多年来，陕西省考古研究院统万城考古队（队长邢福来研究员）一直工作在遗址基地上，除了调查清楚外郭城的走向和形状，探明西城西瓮城、南瓮城、北瓮城等处遗址外，前后所做的发掘工作有西城西南隅台、永安台、护城壕、西城西门外瓮城、城外墓葬等。特别是在 2013 年发表的《陕西靖边县统万城周边北朝仿木结构壁画墓发掘简报》《关于统万城周边墓葬的几个问题》等论文，及靖边县八大梁墓地壁画（图版组），有助于人们了解统万城周边地区北朝墓葬的葬俗、统万城居民的构成（包含粟特人）

▸▸ 建威将军田煛的墓志

▶▶ 统万城周边北朝墓葬出土的壁画

及宗教信仰，业已引起各方专家学者的重视和兴趣。考古队坚持认为，作为游牧民族匈奴族后裔，虽然某些方面经过汉民族文化的熏陶，但赫连勃勃应该有根深蒂固的游牧民族观念，牧场、战马、牛羊是其固国的根本。

（三）建筑学：生土建筑的风格

2002 年，西安建筑科技大学建筑工程材料测试中心接受陕西省文保中心的委托，对统万城城垣遗址夯土样品做了实验室条件下的测试工作，取得若干结果，使人们得以了解统万城遗址夯土的物理性质及其特点。

总的说来，建筑学领域对于古代生土性质的城墙本体实验性研究是远远不够的，即便是出自建筑学角度、对应人文社会科学常规研究所关心的论题也是成果甚少，或者说类似西安、北京等著名古都的研究产生过诸多成果，但对边远地区古代城址的研究则没有力量给予实质性的投入。1993 年，刘大可编著的《中国古建筑瓦石营法》获得学术界的好评，连续再印，而对古代生土建筑则需要有人专门从事研究。

▸▸ *统万城西城西南角楼及城墙遗址现状*

大夏之主赫连勃勃与东面北魏皇室拓跋氏为世仇，世祖太武帝拓跋焘深知统万城之坚固，曾对左右说过：“蕞尔小国而用民如此，欲不亡，得乎！”其臣下多称赞“统万城坚，非朝夕可拔”“统万坚峻，未易攻拔”，攻打统万城，军马必须带上攻城器械不可。赫连勃勃所筑统万城，史书记载“高十仞，基厚三十步，上广十步，宫墙高五仞，其坚可以厉刀斧”，一直到五代时期还有人称说“夏州城壁素坚”，以至于出现挖掘地道，结果还是出现“至城下坚如铁石，凿不能入”的情况。对于这样一座独具特色的古代城池，的确值得从建筑学角度给予关注和投入。

在陕北，白土很有来历，甚至曾经用作县名。在《汉书·地理志》中，记上郡有 13 辖县，依顺序第 7 县为“白土县”。今人根据圜水（今陕北之秃尾河）发源的线索，将“白土县”定位在秃尾河东岸，判断白土县故城当在今神木县瑶镇乡境内。白土首先是作为自然界里的一种土壤资源而存在的，白土的其他用途，在民间社会又被称为“观音土”，是一种灾年为饥民所食用的土质。2010 年 3 月 29 日上午，

▸▸ 红柳河上游巴图湾天然白土的取土地点（作者拍摄）

我们在红柳河上游巴图湾附近的八一牧场，找到了这种天然土壤资源——白土层，从地面到地下约 1.1 米都是白土，这是一个很大的坑状地形，有人已经从这里取走了许多白土。十六国时期采用这种白土修建统万城，用量极大，夯打为主，甚至是直接平铺，一层压一层，直至形成高大的楼台，本身稳定而坚固，体现了生土建筑的最大特色。

（四）环境科学：风沙地貌的演变

沙漠－黄土边界带处于湿润区向干旱区的过渡地带，每年夏季风锋面波动所及，便会带来明显的降水，由于季风的进退变化，边界带的年降雨量在 200—400 毫米之间滑动，所以被视为对季风变化易于敏感的地区。

在古季风理论指导下，边界带概念的内涵得到不断扩充和丰富，或谓过渡带，或谓敏感带，或谓生态交错带，强调不同时间尺度环境演变同季风气候的联系性。我国沙漠分区中的东部沙区，受到东亚夏季风显著影响，成片分布的风成沙质沉积区又称季风区沙漠沙地，简称“季风型沙漠”或“季风沙漠”。

根据有关资料证据，我们推测大夏国兴建统万城时，其周边环境已经受到风沙侵袭，这主要是以气候为主导因素的自然背景在制约着毛乌素沙地的演化。统万城周围，在河湖水盛，秋高马肥的季节，对于见惯漠北沙漠荒滩的游牧人来说，自然可以发出赞美之词。就其环境质量来说，当时属于沙质草原，呈现沙草并存的半干旱荒漠草原景观。

▸▸ *城墙遗址外的风沙地貌*

以统万城遗址作为一个环境变迁实例的意义在于，以后的人类活动起因、过程、强度不一，但都是在沙地条件下展开的。1437 年（明正统二年）的榆林城同样修建在边界带上的沙碛之地，这种选择和建城行为并非说明当地无沙，而是基于军事需要和防御上的完善考虑。

由于历史文献记载的特殊性，在具体研究中，自觉或不自觉地容易受到记录者记录、认识水平的影响，研究中需要纠正看轻自然过程作用和力量的习惯。对于具体问题，必须查询当地的历史资料，细心分辨，切忌用大道理来解释很具体的问题。

最近 20 多年来，学术界就统万城的建城环境及其兴衰所反映的环境问题，在前人工作基础上取得了新的研究进展。提高历史文献分辨率的途径之一，仍在于解析文献记录的时代刻度和文字内涵，并同自然地理原理分析结合起来。

（五）统万城遗址历史价值归纳

1996年，陕西省靖边县北面的统万城遗址，由国务院批准公布为国家级重点文物保护单位，取名根据在于其为十六国时期建立大夏国的匈奴族后裔赫连勃勃所修建和命名。尽管该遗址包含的有行政建置的时间要延续多个朝代，称作夏州的时间更长（北魏至西夏），目前仍采用统万城名称来命名遗址。也就是说，遗址命名一般只有一个，而遗址所在的古代城池历史上却有多个名字，无论采用哪一个名字，都有其局限性。因此，需要将所采用的遗址名称看作一个通称，明了其历史含义是很丰富的，代表的是历史上曾经经历过的所有时代。

以统万城之名来命名遗址，其取舍之义，一是看重建城之初作为大夏国都的一段历史；二是看重北魏灭亡赫连夏后置统万镇的60年，统万城之名不废的事实；三是取历史上知名度最高的统万城之名，有利于国内外了解和传播，这些都是显而易见的。

关于统万城遗址在历史文化和对外宣传上的定位问题，有人说统万城“是至今保存基本完好、唯一的早期北方少数民族王国都城遗址”，也有人说它是“世界上唯一遗存的千年匈奴都城”，诸如此类，说法多样。我们认为统万城遗址的定位主要是在“匈奴古都”和“沙漠古都”上，其突出价值和综合影响可以归纳为如下四条：

（1）自公元413年起，大夏国统万城的修建，已有1600年的历史；其西城西南角楼遗迹的外观，具有罕见的真实性和强烈的震撼力，表达了人类在沙漠地带求取生存和竭力发展的愿望，它所包含的历史苍凉感特色和美学特征，现已成为统万城遗址的象征。

（2）统万城遗址内容与现存历史文献记录的吻合和对照研究，所揭示出的行政建置及各个居住民族的大致历史，其防御功能明显，商业活动延续，构成欧亚大陆古代农业、牧业民族交往历史的一个组成部分。

（3）面积近 2 平方公里的城址保存较好，建筑材料取之当地，具有鲜明的地方文化和少数民族文化色彩；作为沙漠－黄土自然过渡地带上的古代城址，记录了该地区历史环境发生变化的完整过程，专家普遍认为这里是中国北方环境变化研究的一处重要地点。

（4）无论是对中华民族建筑史，还是民族大融合，以及我国优秀民族创造的多元文化精神与物质形象的生存实体研究方面，人们在统万城都能发掘出巨大的历史信息。

简言之，统万城遗址是中华民族发展史上重要而珍贵的文化遗产，也是欧亚大陆各民族融合发展的历史见证，具有十分重要的文化价值和科研价值，是珍贵的传统文化教育资源和旅游观光资源。统万城遗址的科学保护与合理开发，对于提升本地文化品位，走上能源产业与文化产业并举的可持续发展道路，具有重要战略意义。这正是数十年来社会各方持续研究和关注统万城历史之意义所在。

三、统万城遗址的展望

对于一个人而言，历史或迟或早会映入他的眼帘，进驻他的思想之中；对于一个民族或地区来说，历史从来就没有离开过他们的身体和大地，除了历史遗迹在大地上的遗留所起到的呼唤和启迪作用外，更重要的是熟知和了解这些历史内容的人群，通过书本和口耳相传，又在一代代后人那里不断地传递。已经挺立 1600 年了，统万城早已显得非常苍老了！在欧亚草原民族连动的十六国时期，多个民族共同修建的统万城，至今还是引发了许多古人后裔的思念，专家学者的探寻，以及以游客身份出现的诸多外来人群的好奇心。为此，与统万城遗址有关的人士，还需要做不少的工作。

（一）匈奴后裔的故乡

人们普遍认为草原游牧民族的流动性，决定了他们不可能也无必要建设永久坚固的要塞，匈牙利考文纽斯大学安德拉斯博士对此提出了质疑。通过大量史料证明，他认为草原游牧民族完全有能力建设坚固的要塞，然而游牧民族要塞的功能，无论是从环境、经济还是生活方式上都完全不同于定居人群的建筑。同时，绝大部分游牧民族的要塞都建筑在游牧民族和定居人群的交界处，因此其建筑风格兼具两种文化。

20 世纪 20—60 年代之间，在蒙古国和苏联境内发现了 10 多处匈奴人的城市，其中 5 处（苏联 1 处、蒙古国 4 处）已进行了初步的发掘，它们分别是：苏联布利亚特自治加盟共和国首府乌兰乌德西南约 16 公里的伊沃勒加城镇；蒙古国中央省尼拉嘎苏木克鲁伦河右岸的高瓦—道布城址；克鲁伦河口的特列勒金·多尔布勒金城址；布尔黑河畔的布尔黑·多尔布勒金城址；乌兰巴托—乔巴山之间的巴隆多尔奥城址。在贝加尔湖区卡拉斯诺雅尔斯克省阿巴干城附近发现过中国式宫殿遗址。这些遗址面积不大，城墙不明显，是否为都城性质不清楚，在历史文献上的记载亦缥缈难求。

除了统万城曾是匈奴族唯一的都城话题之外，还有匈奴族文化是可以认真加以发掘和探讨的。众所周知，历史发展到秦汉时期，北方草原上的匈奴民族也成长起来了。在风俗、语言、血缘关系、牧业生产诸方面，已经有了相当多的经验和积累。他们的衣食住行，极富草原特色，娓娓道来，不啻一道道鲜美的风味餐饮。他们有自己独特的物产，却又不失时机地同周边民族相交流，以补充自己的需求或不足，尤其是与南面的华夏民族有更多的政治、经济、文化诸方面的来往，善于学习的结果，促使两方面彼此不相分离。围绕着匈奴族衣食住行生活的展开，竟然有那么多有趣的故事和传说，有的传说来自匈奴的先祖英勇和智慧的事迹，有的故事则发生于最日常的游牧生活之中，而匈奴人对草原畜群马、羊、骆驼生长及其乳制品的熟悉程度，很多都超过了我们的想象。可以认为，匈奴族的文化实际上是包含了北方草原许多民族千百年来的生活积累，所以才会那样的成熟和丰富。

还有匈奴族西迁的故事仍然在吸引着许多匈牙利等东欧人士的注意力。由于周边部族的压力，以及草原上难以抵御的自然灾害，勇敢的北匈奴族人决定离开自己的家园，在大家尊敬的首领带动下，一起走向了遥远的西方。这遥远的西方，究竟是一个令人生畏的去处，还是可以重新展开生活的新的开发地，一切只有依靠自己亲身去闯荡和认知。其实，欧亚大陆上的丝路本身乃是东西方文化得以展开实际交流的一条轴线，关山悬远却不乏人生的希望。北匈奴族人的这一路西行，走进了亚洲中部、西部和欧洲东部诸多民族中间，走出了新路，也走出了新生，获得了大量不同地区的地理知识和生活经验，同时也带动了诸多民族之间的交流，在欧亚大陆历史上留下了极为璀璨的一页——这就是北匈奴族人的西迁岁月。

新中国成立以来的统万城研究，吸引了许多国外学者的关注，尤其是在 2013 年 6 月召开的“统万城建城一千六百年国际学术研讨会”上，匈牙利国家电视台、布达佩斯考文纽斯大学、中央人民广播电台等机构中 8 位匈牙利籍人士参加研讨会的热情，及其在东方寻找其祖先活动印记的工作，都给与会人员留下了深刻的印象。有志于此的靖边县地方政府工作人员和部分与会学者，发出了期待匈牙利等东欧国家民众前来统万城展开“国际寻根热”的活动。

（二）申报世界文化遗产之路

世界遗产是指被联合国教科文组织和世界遗产委员会确认的人类罕见的、目前无法替代的财富，是全人类公认的具有突出意义和普遍价值的文物古迹及自然景观。

我国首批《中国世界遗产预备名单》于1996年向联合国教科文组织递交。第二批《中国世界文化遗产预备名单》由国家文物局于2006年12月15日公布并报送联合国教科文组织世界遗产中心，其中包括文化遗产35项。我国各地45项不同类型文化遗产，被国家文物局列入更新的《中国世界文化遗产预备名单》，于2012年11月17日正式对外公布。

专栏介绍2：2012年《中国世界文化遗产预备名单》中与陕西有关系的部分

6. 山陕古民居：丁村古建筑群（山西省襄汾县）、党家村古建筑群（陕西省韩城市）

10. 中国明清城墙：兴城城墙（辽宁省兴城市）、南京城墙（江苏省南京市）、临海台州府城墙（浙江省临海市）、寿县城墙（安徽省寿县）、凤阳明中都皇城城墙（安徽省凤阳县）、荆州城墙（湖北省荆州市）、襄阳城墙（湖北省襄阳市）、西安城墙（陕西省西安市）

16. 丝绸之路（河南省、陕西省、甘肃省、青海省、宁夏回族自治区、新疆维吾尔自治区）；海上丝绸之路（江苏省南京市、扬州市，浙江省宁波市，福建省泉州市、福州市、漳州市，山东省蓬莱市，广东省广州市，广西壮族自治区北海市）

42. 统万城（陕西省靖边县）

在专栏介绍2中，与陕西有关系的内容，只有“统万城（陕西省靖边县）”是被独立列出的，虽然在这份名单中排在第42位，但这并不是一种分量的排列，而是一份多因素并存的排列名单。2013年夏季，排在第39位的云南哈尼梯田，以“红河哈尼水稻梯田处于云南南部，在过去的1300年中，哈尼族人已经形成了一种将水从森林覆盖的山顶运送到梯田的复杂通道系统”的评价获得极大的认可，成为我国第45处世界文化遗产，其内容和过程颇有启发性。这其中最大的启发就是：单个申报最有特色，只要自身建设保护得当，不受其他地方的影响，容易获得成功!

笔者仿照上面的做法，试写一下对统万城遗址的评价意见:

公元 413—419 年，铁弗匈奴部族采用白色生土材料建筑的国都统万城，具有独特的建筑方式和形制，在沙地草原和黄土交界地带上延续使用了 800 多年，其遗址显露着罕见的真实性和强烈的震撼力。

（三）如何保持这座古城的原貌

今人对古代历史文化遗存的追念和热爱，更多的是建立在一个个哪怕是残缺不全的建筑实体之上的。每一处遗迹，每一个古代建筑实体，在长久保存问题上，又都有其自身特点和弱点，所以，针对这种情况而加以妥善的保护，就成为文物保护工作中的一项最基本、最紧迫的任务。我国著名的大遗址保护地点——统万城大遗址现场的主体保护工作，在目前的既有条件和高水准要求下，最富有挑战性。可以这样说，这是一项关系到我国文物保护声誉的攻坚战。同时，也是文保工作者实际演练和增长经验的重要场所。统万城遗址所包含的覆沙堆积厚、面积大、城址历史关系复杂、建筑材料特殊、建筑形制独特等特点和实际困难，需要深入认识，包括对现存文献记录文字的充分占有和详细解读，尤其是一系列考古发现工作的认识推进，皆有助于文物保护工作者做出应有的成绩。

▸▸ *遗址本体表达了人类在沙漠地带求取生存和竭力发展的愿望*

▸▸ *近距离观看遗址本体上的风蚀痕迹*

文化遗址的保护尤其是修复问题历来有争论，社会公众和学术界都很关注。在统万城遗址上，最先进行建筑遗址外观保护的是永安台（龙墩）。2012—2013 年间，陕西省文保部门对统万城最重要同时也日渐残破的西南角楼遗址展开了加固维修工程，带来遗址外观的部分改变，从而引起部分学者的强烈关注和讨论。

我们对此的看法是，当地常年的风蚀、雨蚀现象以及人为破坏，已经影响到遗址本体的稳定性和展示效果，文物保护部门对此采取抢救性保护措施，的确很有必要。相对于遗址本体的毁灭性塌陷，不能完全保证遗址原貌的保护措施也很有必要。基于对人类历史文化遗产的充分尊重和永久性保存的出发点，我们支持文物保护部门实施不断改善的、接近历史原貌的保护性措施。文物保护领域专家还认为，土遗址的保护是一个世界性难题，现有做法是以不改变遗址原状为基本原则，即不改变遗址的原状及其文明实质，同时必须强调“最小干预”原则，有的专家对此直接诠释为只保护、不扰动的原则。但是，据此原则实施工程之后的效果，还是会有不同的评价意见。

如今学者们的普遍共识是，在当前经济建设迅速推进、文化发展走向繁荣的背景下，要更好地保护文化遗址，必须走出学科分野，在经济利益和历史意识之间求取最大公约数，为子孙后代尽可能留下更多的传世遗存。

（四）统万城旅游方式探讨

无论你是什么心情，在走向统万城遗址的时候，都只应该是步行，最多是骑马代步，由远及近地逐渐靠近统万城。所有的旅游设施，不论有多么重要的理由、多大的道理，记住：都不要靠统万城遗址太近！最好是站在一个地形的凹陷处或稍远的地方，当走上了沙梁，你才渐渐瞄见了统万城。

由于统万城遗址的旅游事项尚未开展起来，针对遗址设计的活动项目虽然充满新意，但实际效果如何，设计者对此必须有充足的心理准备。寻常的划船游水、跑马休闲，虽然不是全不用考虑，但绝对不是引人入胜的奇招和具有长久吸引力的游览事项。简言之，越是包含历史苍凉感的沙漠遗址，越是能够吸引那些怀有别样见识的中外旅游人群，对于他们的欣赏口味来说，毫无疑问的是倾向于尽可能地保持历史原貌，以便他们自己可以从中解读。

与统万城遗址具有较大可比性的是内蒙古额济纳旗的黑城遗址。黑城遗址位于内蒙古额济纳达来呼布镇东南 25 公里处，据称是古丝绸之路上现存最完整、规模最宏大的一座古城遗址。 该城建于 9 世纪的西夏政权时期，至 1372 年明朝大将冯胜攻破黑城后遭废弃，这里曾有不少珍贵的黑城文书流失国外，在城内还可能有西夏和元代等朝代文书被埋藏。长久以来周边地区沙化严重，流沙从东、西、北三面卷入黑城之中，城内自然是荒凉不已，文物保护工作者呼吁有关部门尽快行动起来，对黑城遗址进行抢救性保护。此处游人的参观是按照绕城参观路线进行，距城墙二三十步之外，边走边对古城进行观望。只有颇有兴趣的游人，可以离开参观路线，步入城上和城内，对遗址进行拍照或摄像。

在“统万城建城一千六百年国际学术研讨会”上，来自台湾的胡志佳女士、吴升元先生从区域旅游规划的视角，为大家提供了一个统万城文化旅游开发的思路。她首先提出问题：统万城遗址目前正站在一个转折点上，是冻结式的保存遗址，禁止开发，让其倾塌？还是规划开放观光，而不免受到人为的破坏？她认为，遗址与相关文物的保存，是统万城发展旅游的最后条件，而持续地考古发掘、历史研究与文学创作丰富了统万城的生命，加上各级人民政府的努力推动，都使得统万城逐渐具备了发展文化旅游的条件。因为依靠文化资产创造商机，就不能只靠古迹点单打独斗，要有整体视野，将相关产业视为一个整体的大市场，考虑彼此的供需，结合美食、旅游、饭店业者等资源，在相互作用下共享利益，才能有美好愿景，共生共荣。

第七讲 中国古代都城变迁的规律及其启示

李令福

作为一个王朝或国家的都城一般都是其统治范围的政治中心和文化中心，有时候可以与其经济中心和军事中心分离开来，但一定是其经济管理中心和军事指挥中心。都城集政治统治、文化礼仪、经济管理、军事指挥于一体，决定着一个国家的兴衰成败，地位极其重要。

中国历史悠久，上下五千年；华夏版图辽阔，纵横上万里。从古至今各王朝或政权都城的选址变迁复杂而又频繁。据史念海先生研究："就广义的古都来说，自三代以下，我国共有古都 217 处，涉及的王朝或政权 277 个。这里面包括建立在内地的古都 164 处，建立在周边各地的古都 53 处。如果就狭义的古都而言，本文初步提出 65 处。这是重点研究的古都。"[①] 深入研究中国古代都城变迁的历史过程，分析其原因与影响，总结基本规律，对我国现代的首都建设以及开发利用陕西省古都文化资源还是颇有启示的。

① 史念海：《中国古都和文化》，中华书局，1998 年，第 178 页。所谓广义的古都："作为一个独立的王朝或政权，不受外来的控制，其都城已成为政治中心，就皆应视为古都。"狭义的古都："古都不仅是独立王朝或政权的都城，抑且还应该具有较为长久的而不是过分短暂的年代，其遗址的现在地理位置应是确切的而不是推论的臆定，还应是距现在有关的城市较近，而不是相离很远的废墟。"

一、五大古都、陪都与迁都现象具有现实价值

（一）“中国八大古都”的学术认定

在中国的217座都城里，根据建都时间长短及其在全国的影响力，20世纪初有学者提出了“五大古都”的概念，就是西安、北京、洛阳、南京和开封。传统的“五大古都”流传较广，学术影响也大。后来有学者把杭州加上，就有了“六大古都”之说。① 到了80年代，又加上安阳，成为“中国七大古都”。2004年，河南郑州以商代早期之亳都及先秦时的古都群等的学术认定也成为中国的大古都。这就是现在古都学界流行的“中国八大古都”之说②。

有资格成为中国大古都的城市必须是我国历史上正统或主流王朝、政权的都城，而且建都时间不能太短，即在一段时间内做过全中国的政治与文化中心，在中国的历史上起过很特殊的作用。同时，失去都城地位后仍作为区域中心城市持续发展，至今还保有较大规模的都城遗址或者标志性文化遗产。

（二）“五大古都”最具全国政治中心的意义

“中国八大古都”在中国都城历史上的地位也是有层次的。杭州是五代时吴越国和南宋王朝两代的首都，但南宋偏居江南，只能算半个中国的都城，只是因为其都城的繁华不亚于甚至超过五大古都，而且至今也还是著名大城市，才被学者们认定为大古都。安阳是商代后期的都城以及三国时魏与北朝的邺都所在，郑州主要是夏商时代的王都以及先秦时的古都群，在中国历史早期的都城地位特别重要。

相对而言，西安、北京、洛阳、南京和开封这“五大古都”的选

---

① 毛曦：《中国究竟有几大古都：民国以来中国大古都不断认定的来龙去脉》，载《学术月刊》2011年第7期。

② 李令福：《郑州列入“中国八大古都”的原因、过程及启示》，见中国古都学会编：《中国古都研究》（总第二十六辑），三秦出版社，2013年。

址与建设更具有现代意义，它们是中国多民族统一王朝——秦、汉、隋、唐、宋、元、明、清以至民国、中华人民共和国的首都。

“中国八大古都”在中国历史上的作用虽有一定的差异，但我认为还是可以成立的。杭州在内的“六大古都”几乎与“五大古都”之说同时提出来，历时已久，似乎成了大多数学者认可的观点。而安阳与郑州作为大古都首先得力于它们分别是商代前后期都城这个历史事实。因其历史久远而文献记载未能明确其重要地位，但是通过现代考古发掘，安阳殷墟与郑州商城遗址重现天日，昭示出中国历史的源远流长。除了考古发掘成果向前延长中国历史以外，还有两位大学问家的研究也是安阳与郑州大古都地位能够得到公认的原因。众所周知，前者是指历史地理学大家、复旦大学教授谭其骧，后者是被誉为商周考古第一人的北京大学教授邹衡。延长中国古都历史、考古重新发现成果而又被学术大师充分肯定，安阳与郑州成为大家较为认同的中国大古都自然天成。[①]

（三）陪都制

陪都指一个国家或政权在首都之外另外设立的都城，一般不设中央政府机构，不是全国的政治中心，多是经济或者军事中心。陪都制度只存在于以古代中国为中心的东亚文化圈各国，它始于中国西周时期镐京与洛邑的“两京制度”，是中国古代政治制度史上的创举。

（四）迁都现象

相对于王朝建立初期的定都，王朝或者政权中期为了一定政治目的或者军事行为而迁移自己首都的行为。

诸侯之都、割据之都、行都或霸都等或者仅具区域意义，或者是特殊行为，颇具学术研究价值，但是今天的现实借鉴意义不大。

---

①李令福：《郑州列入“中国八大古都”的原因、过程及启示》，见中国古都学会编：《中国古都研究》（总第二十六辑），三秦出版社，2013。

二、五大古都变迁的过程、规律、原因与影响

（一）五大古都的变迁过程、城市规模与建都时间

1. 中国历代王朝的都城变迁

首都的建立肇始于国家政权的诞生。就中国来说，文献记载有三皇五帝之都，但尚无考古资料来证实。夏商两代的都城稳定性差，直到盘庚时期定都于安阳才比较稳定。王国维总结，“有商一代都城迁移频繁：前八而后五，至盘庚已经十三次”。《古本竹书纪年》记载：“自盘庚徙殷，至纣王之灭，二百七十三年更不徙都。”目前学术界基本认定属于夏代晚期的都城遗址是洛阳的偃师二里头，商代都城遗址是商代早期的郑州商城与偃师商城，商代晚期的安阳殷墟。

《史记·货殖列传》记载周人迁都的历史：“公刘适邠，大王、王季在岐，文王作丰，武王治镐。”公元前 11 世纪，周文王作丰邑，后来周武王又定都镐京，至公元前 770 年周平王东迁洛邑，近 300 年间，丰、镐二京一直是西周王朝政治、经济、文化的中心。西周丰镐是西安作为中国首都城市的开始，在中国古代都城发展史上占有重要的地位。

西周末年，周幽王无道，招致西夷犬戎的入侵，丰镐被攻陷。平王东迁西周时期的陪都洛邑（洛阳），建立了东周。

秦都咸阳自秦孝公迁都至秦朝亡，为秦都凡历 9 君 145 年。这期间，咸阳发生过许多惊心动魄的重大事件，尤其是秦始皇以咸阳为指挥中心，扫灭六国，统一天下，使之成为我国第一个大一统帝国秦王朝的都城，并在这里制定了一整套完备的中央集权制度，影响深远。

据司马迁《史记》记载，西汉初年娄敬说刘邦定都关中时说：“陛下入关而都之（关中），山东虽乱，秦之故地可全而有也。夫与人斗，不搤其亢，拊其背，未能全其胜也。今陛下入关而都，案秦之故地，

此亦搤天下之亢而拊其背也”。张良也认为，“关中左崤函，右陇蜀，沃野千里，南有巴蜀之饶，北有胡苑之利，阻三面而守，独以一面东制诸侯。诸侯安定，河渭漕挽天下，西给京师；诸侯有变，顺流而下，足以委输”。关中居天下之上游，从山水地理形势来讲，为黄河中游、渭河中下游，中国地形第二阶梯的中段，其对关东诸侯用兵，正如田肯对汉高祖所说，犹如高屋建瓴，势若破竹。

西汉灭亡后，刘秀重建帝国，定都洛阳，史称东汉。《后汉纪校注·后汉光武皇帝纪》：“其后世祖都洛阳，除秽布新之象。”魏晋与北朝政权多以长安、洛阳、邺都为首都，南朝多以建康（南京）为都。

隋文帝于开皇二年（582）正式颁诏，创建大兴城。《两京新记》曰：“隋文帝开皇二年夏，自故都移今所，……左仆射高颎总领其事，太子左庶子宇文恺创制规模，谓之大兴城。”隋末李渊在太原起兵，首先直取都城大兴，定都于此，并更名为长安城。现在一般统称为隋唐长安城。

五代时期，除后唐外，后梁、后晋、后汉、后周先后定都于开封。960 年，后周殿前都点检赵匡胤在开封城北 40 里的陈桥驿发动“陈桥兵变”，建立宋朝，仍定都开封。北宋历经 9 帝 168 年，在开封建都史上最为灿烂辉煌。

辽于会同元年（938）起在北京地区建立了陪都，号南京幽都府。金贞元元年（1153），金朝皇帝海陵王完颜亮正式建都于北京，称为中都。元世祖至正四年（1344）忽必烈决定迁都于中都（今北京），并开始营建新都城，“至元四年，始迁中都之东北置今城而迁都焉”[①]，在今北京定都，名为元大都。

明太祖洪武元年（1368）称帝，诏以金陵为南京；洪武十一年（1378）定为京师。明成祖永乐元年（1403），把北平作为北京。永乐十九年

① 《元史》卷五十八《地理志》。

（1421）新都告成，正式迁都北京：“（永乐）十九年正月，改北京为京师。”① 迁都后实行两京制，南京为留都，仍为两京之一。清代以北京为首都。

2. 中国大古都城市都城规模的发展规律

为客观反映上述都城的基本规模，利用考古勘探和研究成果，将某些尚未考古勘探的都城根据文献资料进行换算，可以获得如下都城或者遗址的规模数据：

属于古都洛阳者：（1）偃师二里头（夏代晚期都城），5—6 平方公里；（2）偃师商城（商代早期都），2 平方公里；（3）洛阳西周成周城遗址，10 平方公里；（4）洛阳东周王城遗址，10 平方公里；（5）洛阳东汉、曹魏、西晋雒阳城，10 平方公里；（6）洛阳北魏洛阳城遗址，58 平方公里；（7）洛阳隋、唐东都城遗址，50 平方公里以上。

属于古都郑州者：郑州商城（商代早期都城），25 平方公里。

属于古都安阳者：安阳殷墟（商代晚期都城），30 平方公里。

属于古都西安者：（1）西安西周丰京与镐京（西周都城），25 平方公里；（2）咸阳秦都（秦都城），28 平方公里；（3）西安西汉长安城（西汉都城），34 平方公里；（4）西安隋大兴城（隋都城），80 平方公里；（5）西安唐长安城（唐都城），83 平方公里。

属于古都开封：北宋汴梁城，50 平方公里。

属于古都杭州：南宋临安城，50 平方公里。

属于古都北京：（1）元大都遗址，50 平方公里；（2）北京明、清北京城，62 平方公里。

属于古都南京：南京明京城，55 平方公里（还有一些城郊不好计算）。

② 《明史》卷四十《地理志》。

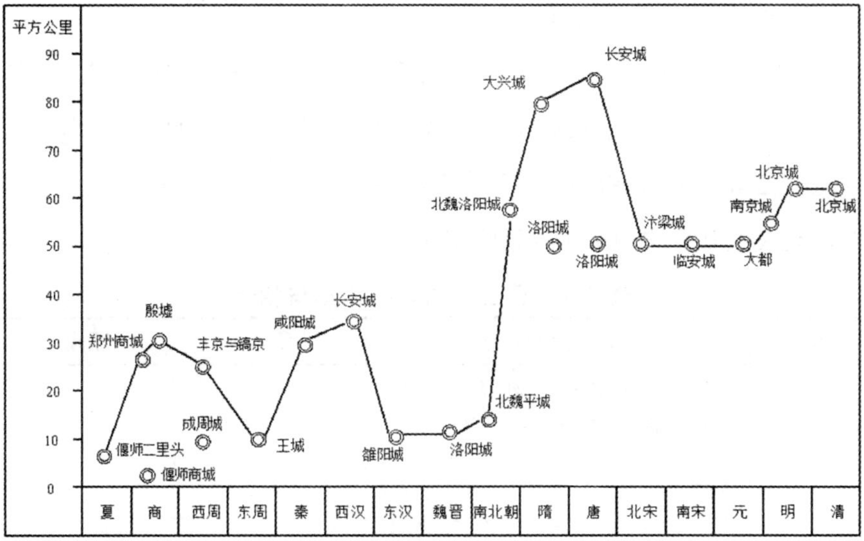

▸▸ *图 1　中国大古都城址面积演变示意图*

根据上列数据绘制“中国大古都城址面积演变示意图”。由图可知：①我国古代大古都城市（城池）规模的扩大，从夏代晚期的不足 10 平方公里，逐渐扩大至东汉、曹魏、西晋的 10 平方公里，再扩大至隋、唐、宋、元、明、清的 50 平方公里以上。②在都城城市（城池）规模的扩大过程中，出现了三个高峰期：一是商代和西周时期，城池面积扩张至 25—30 平方公里；二是秦、西汉时期，城池面积扩张至 28—34 平方公里；三是隋、唐时期，首都大兴、长安城城池面积达到 79.9—83.1 平方公里。③隋唐长安城规模最大，超过了 80 平方公里，是第一等级；北魏洛阳、北宋开封、南宋杭州、元明清的北京与南京城市规模都达到了 50 平方公里，为第二等级；属于古都郑州的商城遗址、属于古都安阳的殷墟遗址与属于古都西安的西周丰镐二京遗址、秦都咸阳遗址、西汉长安城遗址规模都达到或超过了 25 平方公里。[①] 这些正好都属于中国八大古都的范围，其中前两个等级属于中国六大古都。

① 叶万松等：《试论中国大古都城市的构成要件与生成环境：纪念中国古都学会成立 30 周年》，见中国古都学会 2013 年开封年会论文集。

3. 中国五大古都的建都积年

据中国古都学会创始人、历史地理学家史念海先生的研究成果[①]制作成下表（表 1），以反映文献记载的中国五大古都的朝代与积年。表中先列各都城的现在所属城市，接着举出都城本来的名称和建立都城王朝或政权以及作为都城的具体年代，以资相互比较。

表 1　中国五大古都的积年与朝代

古都	具体朝代与年份	积年	朝代
西安	（1）镐：西周都，268 年；（2）咸阳：秦都，145 年[②]；（3）长安：西汉都，208 年；（4）长安：新莽都，15 年；（5）长安：汉（刘玄）更始都，3 年；（6）长安：赤眉都，2 年；（7）长安：东汉献帝都，6 年；（8）长安：晋惠帝愍帝都，7 年；（9）长安，前赵都，10 年；（10）长安：前秦都，35 年；（11）常安：后秦都，32 年；（12）长安：西魏都，23 年；（13）长安：北周都，25 年；（14）大兴：隋都，26 年；（15）长安：唐都，266 年；（16）长安：齐（黄巢）都，4 年；（17）长安：大顺（李自成）都，2 年	1077 年（去掉四个农民起义政权的时间 11 年，共 1066 年）	17 朝（一般认为，去掉四个农民起义政权，共 13 朝古都）
北京	（1）蓟：战国时燕都，178 年；（2）蓟：燕（韩广）都，3 年；（3）蓟：燕（臧荼）都，5 年；（4）蓟：燕（彭宠）都，4 年；（5）蓟：前燕都，8 年；（6）蓟：燕（五代时刘仁恭）都，7 年；（7）中都：金都，62 年；（8）大都：元都，109 年；（9）北京：明都，242 年；（10）京师：清都，268 年；（11）北京：民国，17 年	903 年	11 朝

①史念海：《中国古都和文化》，中华书局，1998 年，第 136—139 页。

②镐与咸阳皆距长安甚近，实互为表里，建都时期虽前后不同，实应视为一体，故并列于此。

续表

古都	具体朝代与年份	积年	朝代
洛阳	（1）雒邑：东周都，515年；（2）雒邑：河南王（秦末申阳）都，1年；（3）雒阳：东汉都，167年；（4）洛阳：曹魏都，46年：（5）洛阳：西晋都，47年；（6）洛阳：北魏都，42年;（7）洛阳:隋都，15年;（8）洛口：魏（李密）都，1年;（9）金墉城：魏（李密）都，1年;（10）洛阳：郑（王世充）都，2年；（11）洛阳：唐都，26年；（12）洛阳：后梁都，5年；（13）洛阳：后唐都，14年；（14）洛阳：后晋都，3年	885年（去掉四个农民起义政权时间5年，共880年）	14朝（一般认为，去掉四个农民起义政权，共10朝古都）
南京	（1）秣陵（建业）：吴都，61年；（2）建康：东晋都，104年：（3）建康：南朝宋都，60年；（4）建康：南朝齐都，24年；（5）建康：南朝梁都，56年;（6）建康：南朝陈都，33年:（7）丹阳：吴王杜伏威都，3年；（8）丹阳：宋帝辅公祏都，3年；（9）金陵：南唐都，39年；（10）南京：明都，38年:（11）天京：太平天国都，13年；（12）南京：民国都，15年	449年	12朝
开封	（1）大梁：战国时魏都，141年；（2）开封：后梁都，14年；（3）开封：后晋都，9年;（4）开封：后汉都，4年:（5）开封：后周都，9年;（6）开封：宋都，168年；（7）开封：金都，21年	366年	7朝

应该说明的是，表 1 为历史文献所记载的建都时间，其中洛阳，经现在考古发现基本被学界认为的夏代晚期都城二里头遗址，百余年。则古都洛阳历时也可能超过了 1000 年，只是其作为象征意义的东周王朝都城的时间较长，地位下降不少。同时，史先生把农民起义政权建都时间计算在内，因为时间都较短，基本不影响积年的结果。

表 1 数据固然能说明各个古都城市深厚的文化积淀，但必须指出的是，为这些城市奠定中国大古都地位的是它们都曾经作为中国历史上主干（主体、主流）王期的都城为中国历史做出过特殊贡献。比如西安为西周、秦、西汉、隋、唐的都城，北京为辽、金、元、明、清、民国的都城，洛阳为夏、东周、东汉、魏、晋、隋、唐等的都城，南京为东晋南朝以及明代、民国的都城，开封为北宋的都城。

古都北京、西安是多个统一的主干王朝的都城，是我国古代重要的政治、文化中心，也是享誉世界的国际大都会。从某种意义上讲，北京、西安在中国大古都的地位，是其他大古都城市无法比肩的，可列为中国大古都第一级别。现代有谚语说，“三千年历史看西安，五百年历史看北京”，是也。

（二）五大古都变迁的规律

周秦汉隋唐时代，以洛阳与长安的东西二京制为主，沿黄渭河的东西向线为中华政治主轴，长安为都时代国家相对更加强盛。

长安是中国历史前半期最繁荣昌盛王朝西周、秦、西汉与隋唐的都城，对中国历史影响巨大。

周文化是王国文化的代表，促成了华夏民族的形成，而且周礼的制定为中华文化奠定了礼乐文化的性格；西周的分封制与宗法制紧密结合，达到了王国时代统治管理的最高水平；周公作礼，大化天下，为儒家思想的源头。

秦是中国多民族中央集权帝国时代的开创者，贡献有制度文明的创新；商鞅变法，秦始皇统一天下，推行皇帝制与郡县制，“百代皆行秦制度”。

西汉是汉民族的形成期，北逐匈奴与东北置郡，统一西南与设置西域都护，基本奠定了帝国的传统疆域；实现了文景之治，达到了汉武盛世，物质与精神文明得以空前发展；张骞“凿空”开辟了丝绸之路，加速了东西方文化交流。

表 2　中国历代都城变迁的时空统计

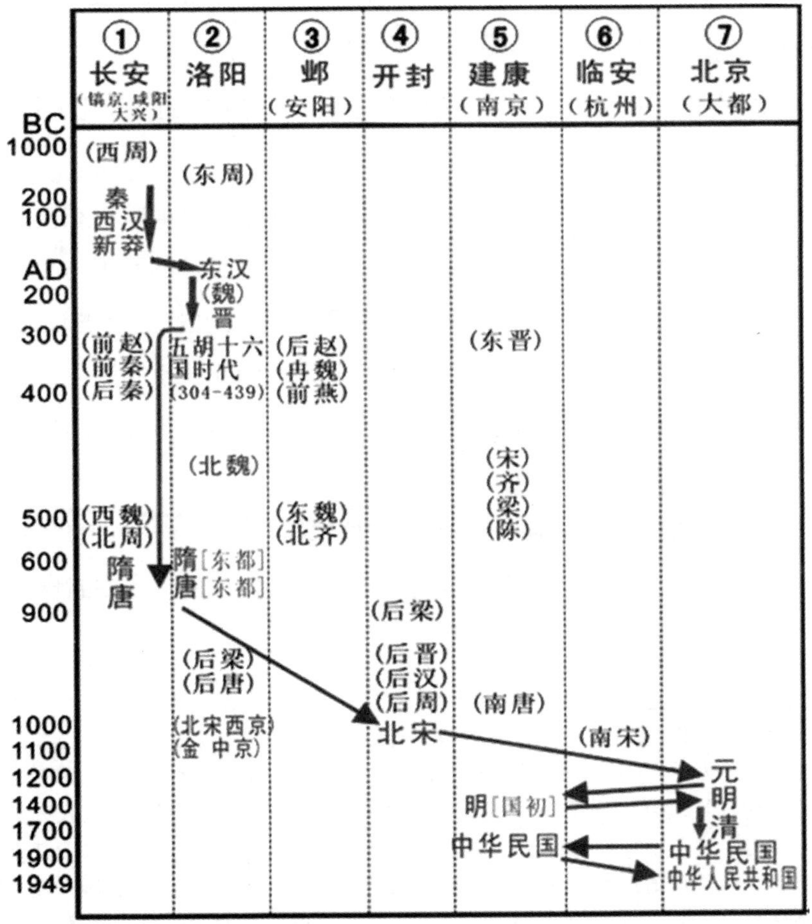

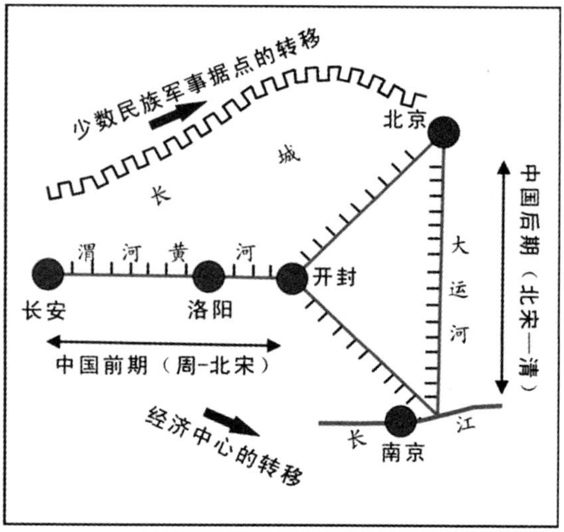

▸▸ 图 2　中国五大古都变迁的空间模式

隋唐时代实现了中华民族的形成，从“开皇盛世”经“贞观之治”达到“开元盛世”，中华政治经济文化达到鼎盛时期，并通过繁忙的丝绸之路影响全世界；长安成为“天可汗之都”， 东亚文化圈的中心，万国来朝，边疆少数民族及外国使节、留学生、商人汇聚长安，使隋唐长安成为当时无与伦比的国际化大都市，占据着七至九世纪世界文明的制高点。

相对而言，洛阳的古都地位在华夏文明形成的早期较为重要，后来东周与东汉皆为首都，但其繁盛却无法分别与其前的西周与西汉相比；隋唐时代洛阳为东都，与长安号称东西二京，但主次之分浅而易见。

元、明、清、民国时期，以南京与北京的南北二京制为主，沿大运河的南北向轴线为中华政治的主轴，北京为都时代不仅时间相对较长，而且国家相对更加强盛。

整体而言，中国传统时代都城的最佳选择有两个，前半期是长安，后半期为北京。这一趋势也被认为是中国古都发展的“西安时代到北平（北京）时代”①。

---

① 沙学浚《西安时代与北平时代》对此的总结：“用建都地点来划分中国历史，约可分为两期： 前期为周（西）、秦、汉、隋、唐，特重汉隋唐，称为‘西安建都时代’，简称‘西安时代’；后期指辽、金、元、清四代，与明代分别论列，称为‘北平建都（或称南侵据点）时代’ ，简称‘北平时代’。洛阳建都虽有八百六十二年的历史，多数为西安建都或开封建都有了困难，不得不东迁或西迁之结果。”见《地理学论文集》，台湾商务印书馆，1994 年，第 115 页。

宋代开封为都是东西两京时代向南北两京时代的转折期，有学者认为："北宋的开封时代，可视为西安时代到北平时代间的过渡时代"[①]。

以上是中国五大都城变迁规律的具体分析。（参考表2与图2）

（三）五大古都变迁的原因

主要是中国特殊地理环境决定下的地缘政治，包括民族布局、经济形态、军事对立，以及经济与军事中心的转移。

中国地处亚洲大陆的东端，东边是浩瀚的太平洋，西端是辽阔的亚洲大陆。两条由帕米尔高原分别向东南和东北延伸的巨大山系，构成了封闭中国的骨架，造成古代中国与外部世界交流的困难。中国地域自成一个地理单元，其与外界的交通，陆路通道主要有绿洲与草原二条，可以通向印度、中亚、中近东和欧洲。海路通道，经南海到南洋群岛、印度、阿拉伯、非洲和欧洲。后来成为绿洲、草原与海上"丝绸之路"。

中国早期文明从黄河流域率先发达起来，形成了以函谷关为界的关东与关西的区域差异，"关东出相，关西出将"；唐宋时代，中国的经济中心逐渐向东南转移。（参见图2）这是决定中国政治轴线由东西变为南北的经济基础。

中国大陆内部形成三大自然地理类型区：东部季风气候区，西北内陆干旱区与青藏高寒区。农业、牧业、狩猎等都能因地制宜地得到发展，纷然并存，竞相争胜，给我国各族人民祖先的经济发展与交流带来了有利的条件，也带来了各地区各民族经济生活与社会发展的差异性与不平衡性。

① 沙学浚：《西安时代与北平时代》，见《地理学论文集》，台湾商务印书馆股份有限公司，1972年，第115页。

中国内地是农本主义，南稻北麦，为农耕文化特征，基本是定居与素食民族；中国西北边疆地区为草原绿洲植被，发展起来了游牧经济，人们逐水草而居，形成以肉食为主的骑马民族。

内地汉族农耕文化与西北边疆骑马民族游牧文化的差异构成了中华内部并立互补的主旋律，而其统一与对立的焦点地区在历史上也有变化，早期秦汉隋唐时代的主角主要是匈奴与突厥，交流的主要区域在西北；宋元明清变成了蒙古、契丹与女真，交流的主要地区在北方与白山黑水的东北，向东方有一定的转移。中国传统时代的游牧文化生生不息，还不断向内地进入，成为中华文化常新的外部推动力。这是决定中国政治轴线由东西变为南北的军事原因。

从“内制外拓”两方面来看，长安与北京因为面对着中国历史前半期与后半期军事斗争的焦点与重点区域，又便于控制中原，从而成为各自时期首都的相对优势选择。中国古代都城史有学者称为长安时代与北京时代，道理就在于此。沙学浚《建都论战之批判》认为，国都为一国盛衰安危所系，大抵由北治南者强，由南治北者弱，而国亡随之。

在中国地图上，一看长安（西安）的位置特征，便会发觉它不是中国内地的中心，而是偏于西北部，位于内地和西北边疆交界的地域。这一点，和北京基本一致。在中国漫长的历史中，西安和北京，是地位最重要、历史最长的国都，其能持续下去的根本理由，就是因为这两个都城均位于中国内地和边疆的交界地域。（参见图 3）

作为国都的机能，维护国内统治和通融对外关系是必须同时具有不可欠缺的两个条件。由于来自西北边疆的压力，作为边疆和内地结合部的都城，中国历史前半期西安是最合适的，后半期北京则是最合适的。直面西北风的刺激，可以使头脑时刻保持清醒，因而皇帝守边是进取的表现，“直把杭州作汴州”则被看成退却的行为，因为其很

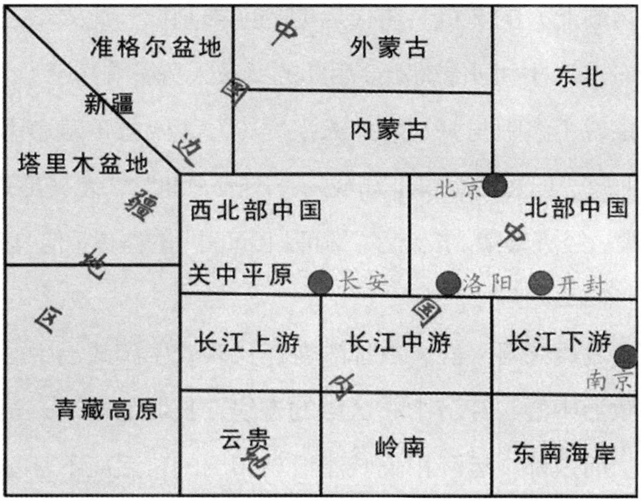

▸▸ *图3 中国的空间构成与长安、北京*

难在对外交流中获得主动权。在中国的蒙古和东北地区强有力的游牧、狩猎民族的出现，同时长江下游流域成为主要经济区，作为其时首都的北京登场以前，西安长时期是中国最重要的政治中心。

中国历史后半期建都北京有三大好处：第一，其面朝中原，有大运河直通经济中心，便于控制与利用内地。第二，向北直通东北与蒙古高原，少数民族入主中原建立的元蒙与满清政权定都北京，直接其发祥地，具有心理优势；汉族政权明朝北修长城，右控辽东，左制蒙元，进退有据。第三，北京靠近渤海，还有控制海疆之便，天津最初就是北京的出海口岸，从其名字就可以看出来。其前两点与古都西安特别相近，而在海洋文明影响越来越大的情况下，第三点就成为自己独特的优势。海洋文明在中国的传统时代也有所发展，尤其是宋元时代，海上丝绸之路得到较快的发展，但没有成为影响中国文化性格的重要因素。现在的中华文明是海洋文化的天下，游牧文化基本退出历史的舞台。

唐代中期的安史之乱不仅是中国历史由盛转衰的节点，而且还是中国地缘转向北方的契机。唐代后期的藩镇割据到北宋幽云十六州的不能军事统一，对中国传统社会后期的军政大势影响深远。

相对来说，洛阳与开封为“天下之中”，四方贡赋道里均，在经济上得天独厚。但是在军事上却成为“四战之地”，尤其是开封，有4条运河汇聚，经济繁荣，成就了“清明上河图”的盛景，但其无险可守，需要80万禁军守卫京师。

从历史发展来看，五大古都的变迁代表着中国政治中心的转移，运河则是政治中心与经济中心区域的连线，长城的布设无疑具有重大军事意义。而古都、运河和长城建设与布局的背后离不开基础的地理因素。（参考图2与图3）

（四）五大古都变迁的影响

以中原地区衡量，长安偏西，故现在叫西安；北京偏北，顾名思义。因为位置关系，它们都远离当时的经济中心。但是通过修建通向经济繁华区的运河，达到政治中心与经济中心的紧密连接，实现了中国内地的统一与繁荣。（参考图2）

长安时代西安西北内陆发展，开辟了陆上丝绸之路；北京为都的元明清时代，海上丝绸之路取得较大发展，实现了中华文明的外向扩展，提升了影响力。（参见图4）当然，中国传统时代是以农业为主的大陆文明，相对缺乏海洋文化的外向发展，这种不足直到21世纪初期才有所改善。

中国五大古都的变迁形势一直影响到现在，比如高铁建设，最早建成的3条分别是武（武汉）广（广州）线、郑（郑州）西（西安）线、京（北京）沪（上海）线。可能设计与建设者没有考虑古代文化与经济轴线的影响力，但我们对照着图2仔细分析就可知道：武广线是中国近现代的政治经济轴线；郑西线可以看作中国古代历史前半期东西向的古都轴线，由西安经过洛阳到达郑州（开封距郑州很近，现在有郑汴一体化的建设；再说，郑州也是八大古都之一）；京沪线可以看作中国古代历史后半期南北向的古都轴线，只是南部端点由南京向南延伸到了现代的经济中心都市上海，说明了南京的地位被上海所取代，但这个政治经济轴线还持续存在。

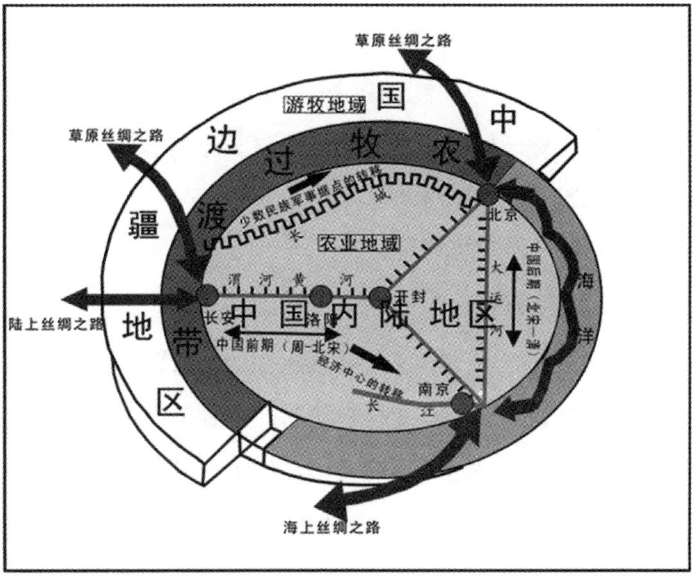

▸▸ *图 4　中国古都变迁对丝绸之路的影响*

三、陪都与迁都现象

（一）基本成功的陪都制与多都制

西周时以洛邑为陪都，开创了陪都制度。首都不在全国的地理中心而偏于边地，不利于统治者管辖全境，故有必要在位置适中的地方设置陪都，加强对全国的控制。西周初年营建洛邑，不仅有经济上的原因，乃其位居“天下之中，四方入贡道里均”[①]，而且便于控制东方各诸侯，所以驻扎有“成周八师”。明朝初年设置北京开封府与此类似。

① 《史记》卷四《周本纪》。

君主的兴起之地（或出生地、祖籍），常被称为“龙兴之地”，为了突出其地位以显示与其他地区不同，有时候也设置为陪都。如武周的北都并州、明朝的中都凤阳府。边地的少数民族入主中原，为了便于控制汉族农耕地区而迁都内地，同时将原来的首都改为陪都，是为“根据地原则”。

多都制度中，除首都外均有陪都性质，曹魏始建五都就很典型。据《水经·浊漳水注》：“魏因汉祚，复都洛阳，以谯为先人本国，许昌为汉之所居，长安为西京之遗迹，邺为王业之本基，故号五都也。”其中有以前朝的都城为陪都者。唐朝两次实行过五都制度，辽金两国也建置五京。①

（二）主动迁都需谨慎，特殊者达到了目的

迁都成功者基本上都是有特殊性的。比如北魏孝文帝迁都洛阳，主要是为了实行其汉化改革，但是后来的六镇之乱却基本毁掉了北魏的统治基础。武则天在洛阳建神都，基本成功。明成祖迁都北京是迁到自己的王都，而且符合上述分析的历史大趋势，同时又建立了南北二京制。

1149 年，海陵王完颜亮杀死了金熙宗，成为金国第四位皇帝。其后决定把金国的都城从上京会宁府（现在的黑龙江省哈尔滨市阿城区南部）迁到燕京（现在的北京市）。完颜亮迁都有一定意义，但其后来兴兵伐宋，却被叛军杀死。

隋炀帝兴师动众营建东都，虽然符合经济中心的东移趋势，但是结果不好，被认为是其客死他乡并导致隋朝灭亡的原因之一。李渊从太原起兵，占领了长安，并以长安为基地统一了天下。

迁都的好处是，远离原有政治中心，重新开辟新天地。但上述成功者多是边疆政权向内地的迁都，或者符合首都建设大趋势的迁都。

② 史念海：《中国古都和文化》，中华书局，1998 年，第 130—132 页。

（三）被迫迁都

统治者因躲避战乱临时迁移自己的都城，南迁能够恢复失地还都者还没有，比如东晋、南宋、南明；而西迁者多能够恢复失地，比如抗日战争时期中华民国迁都重庆等。[①]

四、中国都城变迁的现代启示

（一）对首都北京建设的启示

1. 北京仍是现代中国相对最优的都城选址

信息化时代对都城的选址要求并不苛刻，科技手段可弥补空间距离的不足。世界全球化进程加快的今天，中华民族开始走向全面复兴的时代，海洋意识要求强烈，但没有改变中国的基本历史地理大势，内陆地缘没有大的变化，经过历史选择且证明很成功的北京优势未失。上面已经论述过，北京不仅可以兼顾中原、蒙古与东北，而且还是可以照顾海洋的，这是其不可替代的原因。

2. 北京的“首堵”等问题是现代城市建设问题，可以逐步解决

“首堵”等现代北京的城市病不是都城选址造成的，是现代城市规划与建设中出现的问题，可以在调研与科学论证的基础上逐步消化与解决。可改变北京城市多功能的性质，比如工业外迁等，雄安新区的建设，成为北京非首都功能的建置区，被认为是千年大计。

3. 借鉴古代运河与丝绸之路的经验，建立对内联系经济中心、对外海陆扩展的轴线

高铁的建设，在西北内陆的发展方向承接中国历史文化的根脉；海洋意识与实力，外向发展拓展中华文明的广度。

---

① 沙学浚：《南渡时代与西迁时代》，见《地理学论文集》，台湾商务印书馆，1994 年。

4. 现实的中国不可迁都，最多选择文化之都或立法之都的多都制

一是北京水资源困乏的问题，中国自古没有因资源而迁都的事例，因为都城是地缘政治与军事的选择。唐朝初期就食洛阳，但绝不迁都。

二是“天子守边”的忧虑没有必要。首先，现代战争无前后方，这是一方面；其次，古代长安时代与北京时代的经验就是定都于军事的最前沿，有利于清醒进取。相反，“直把杭州作汴州”的退避，“四战之地”的近距离防守等并不理想。

三是迁都虽有一定好处，但中国历史上却缺乏全局性迁都的成功经验。

四是最多考虑借鉴古代陪都制度和现代国际上的经验，在首都北京之外选址建立文化之都或者立法之都。

（二）对陕西省文化建设的启示

1. 陕西省是古都文化资源特别丰厚的地区

从古都学角度来看，陕西省的文化资源得天独厚。首先，西安是中国第一等大古都，为华夏文明之根。西安是十三朝古都，建都时间超过了千年。西安的建都史不仅朝代多时代长，而且是中国传统时代最繁荣昌盛王朝周秦汉唐的首都，国内外影响力无与伦比。唐长安城之国际化大都市地位在中国历史上独一无二，甚至可以说到今天仍然没有城市可以达到其当年的水准。

长安文化影响力的圈层效应：一是中华汉族文化圈的西部地方；二是大中国的区域中心，即农业文化与游牧文化的交界地带；三是东亚文化圈的政治影响力；四是印度、中亚、西亚（波斯、大食）的直接交往；五是与欧洲及非洲的间接交流。东西方交流的路线，一是陆上丝绸之路，二是海上丝绸之路。长安主要是西北陆上的绿洲与草原丝路。

我个人给西安的定位是：西周秦汉之长安，华夏文明形成与发展

的原点；隋唐长安，中华文明辉煌与东亚文化圈的制高点；汉唐长安，东西方文明的交汇点；古都西安，现代中华文明复兴的文化起点。

其次，位于陕北沙漠之中的匈奴古都统万城具有世界文化遗产的潜质，其价值有四。一是统万城为1600年前匈奴族大夏政权建立的首都，这在世界上具有唯一性；二是其遗址保存状况良好，建筑形制独特，

表3 陕西古代都城分布及时间

行政区	都城称谓	定位与著名人物事件	时间	具体地点与现存状况
西安市（咸阳市）	丰、镐、咸阳、长安	见文中	1077年	西安市、咸阳市
靖边	统万城	沙漠古都、匈奴族之都	十六国时代夏都，413—427年，共15年	靖边县白城子
略阳	武兴	氐王杨文弘之都	十六国时代，477—506年，30年；533—551年，19年。共49年	略阳县
凤翔	秦雍都、前秦雍都，五代时岐都（唐代陪都）	秦穆公霸西戎	春秋战国秦国都，自前677—前383年，建都达294年，历19位国君。十六国时代前秦（苻登）都，9年（386—394）。五代时李茂贞岐都，17年。共320年	凤翔县南
临潼	栎阳	战国秦国都，商鞅第一次变法处，移木赏金	秦献公二年（前383）—秦孝公元年（前350），共34年	临潼区栎阳镇东25华里武屯镇
岐山	西周岐周	西周圣都（青铜器之乡），凤鸣岐山	由先周到西周灭亡	岐山县境

具有视觉震撼力；三是统万城现在处于沙漠之中，而初建时这里却是“水草丰美”，因而具有环境变迁研究的指示意义；四是从统万城的地位来看，榆林市是陕蒙晋宁甘五省区交界区域中心城市的最佳选择。

陕西省古都分布广泛，遍及关中、陕北与陕南。上举关中的古都西安与陕北的统万城以外，关中西府还有西周圣都岐周与秦都雍城，关中中部有古都栎阳，均为国家重要的大遗址。陕南的略阳也有十六国时代的氐王杨文弘之都，值得我们去开展深入的研究。（参见表3）

2. 对陕西省古都文化建设的具体建议

陕西省是古都文化资源丰厚的地区，在古都文化保护与开发方面也做出了不少成绩。以古都西安周边为例，周秦汉唐四大遗址得到了基本保护，其中的唐大明宫与汉长安城均已建成了国家级考古遗址公园；世界文化遗产秦始皇陵及兵马俑、汉阳陵与秦咸阳城也已建成或将要建成国家级考古遗址公园；陕西历史博物馆的建设；西安城墙经过保护与修复，被打造成“墙、林、路、河、巷”五位一体的“环城文化公园”，实现了梁陈方案；曲江旅游度假区文化产业的开发，在全国走出了独特的道路；张锦秋大师对西安古城风貌的新唐风打造，使古都西安城市建设基本保持了统一。

但也应该看到，与陕西古都的崇高地位相比，与其他省市某些先进的理念与做法相比，我们省古都文化的科学研究与现代开发还有不少可以提升的空间。同是第一等大古都，北京有世界文化遗产6处，陕西省仅有1处。河南省的不少文化建设对我们也有借鉴意义，比如洛阳龙门石窟、安阳殷墟与郑州嵩山古建筑群等世界文化遗产都是近几年申报成功的，说明了他们在这方面的不懈努力；2009年，根据河南省委书记徐光春演讲编辑而成的一本叫得特别响的书——《一部河南史半部中国史》，来推广介绍河南历史文化；新郑黄帝故里三月三拜祖的迎头赶上（他们提出“黄帝生在新郑，葬在黄陵”，避免了冲突；

请中央电视台设计仪式并全程转播）；河南省姓氏寻根文化的全面开花，开封清明上河园的建设，焦作市云台山的开发与列入预备申遗名单等，都颇有文化创新价值，值得我们好好研究与学习。

陕西省要把古都文化资源优势转化为产品优势还有很多工作要做。这不仅是一项文化事业，需要政府大力投入资金与人才，而且还是一项文化产业，要创造条件科学开发，打造精品，创新名牌，实现建设陕西文化大省以至文化强省的目标，为中华传统文化传承与创新，实现中华文明全面复兴多做贡献。

（1）把陕西省会西安市建设成中国的文化中心都市，建立中国古都博物馆。

现代城市以文化论输赢，“城市即文化”是现代学者的新理念。文化才是城市的灵魂，突出西安文化上的优势，才能树立西安的崭新形象。

新世纪初期的西安人提出了“中国西安，西部最佳”的口号。2002—2003 年，我在帮助曲江文化建设时指出：这只是从经济上着眼，在西部称王，实际上还可以突出自己的特点，才能再上一个档次。现在北京、上海分别成为中国的政治中心都市与经济中心都市，在开发西部，实现中华文明伟大复兴的中国梦的新世纪，西安完全可以把自己定位在中国的文化中心都市这个位置上。这样，中国版图上三足鼎立的北京、上海、西安三大城市则分别肩负起中国政治、经济、文化中心都市的功能，将奠定中华文明全面复兴的大格局。思想上的开放能够融汇古今中外优秀文化传统，创新的西安才能重振汉唐雄风。国际上也有这方面成功的先例，比如在日本，首都东京是全国的政治、经济中心，而古城京都却建成为全国的文化中心，独占半壁河山。①

①参见李令福、李元、耿占军主编：《曲江文史宝典》，陕西人民美术出版社，2004 年。

现在西安市继北京、上海以后成为国务院批准的第三个规划建设国际化大都市的城市，而且我们的建设规划定位在具有历史文化特色的国际化大都市。这就要求我们加强历史文化研究与开发，积极完成丝路申遗工作，做好大遗址保护工程，推进西安文化的大发展与大繁荣。

（2）发挥城墙标志城区的功能，把古城区打造成西安未来的文化核心区。

20 世纪初开始，随着战争技术的进步，古老的城墙逐渐丧失其防御功能，并阻碍了城市的交通，于是各地纷纷拆墙筑路，而西安的城墙却在武伯纶、习仲勋等专家、领导的坚持下幸免于难。1961 年西安城墙入选国务院正式批准的第一批全国重点文物保护单位，是其中唯一的古城墙建筑。城墙性质的这一转变不仅为其得到完整的保护找到了法律依据，而且为其后来文化功能的转变奠定了基础。1983 年西安市成立环城公园建设委员会，对西安城墙进行以建设环城公园为中心的全面综合治理。经过几代人的不懈努力，现在的西安城墙不仅得到了完整的保护与修复，而且被打造成“墙、林、路、河、巷”五位结合立体式的“环城文化公园”，实现了梁思成为保护北京城墙而设计的由“军事防御”功能向“文化公园” 的转型。

城墙在西安城市现代化未来的作用巨大。《说文》云：“城，以盛民也。”城墙不仅是一个军事防御的环线，而且还是城市区域的标志物。因此，我认为西安城墙还有一个巨大的功能等待着去开发，我们不能仅仅把城墙建成西安的金腰带或者珍珠项链，还要把城墙围成的古城区——隋唐时代的皇城与部分宫城作为一个整体来建设，规划建成古城西安的文化核心区，为建设西安以历史文化为特色的国际化大都市，为中华文明的复兴多做贡献。

（3）借鉴秦汉历史经验，加强首都圈的卫星城建设。

西汉长安城是以陵邑为卫星城形成关中为三辅的首都圈（参见图

5）。以都城为核心的城市群布局，在秦汉时期就已经出现，可以称之为“古代的首都圈”。西汉时期7座正式的陵邑中高祖长陵、惠帝安陵、景帝阳陵、武帝茂陵、昭帝平陵都坐落在渭河北岸的咸阳塬上，史称“五陵”。作为京畿特别行政区，陵邑对于京师长安大都市功能的实现多有裨益，被认为是都城长安的“卫星城”。班固《西都赋》云：“若乃观其四郊，浮游近县，则南望杜、霸，北眺五陵，名都对郭，邑居相承，英俊之域，黻冕所兴，冠盖如云，七相五公。与乎州郡之豪杰，五都之货殖，三选七迁，充奉陵邑。盖以强干弱枝，隆上都而观万国也。”

《汉书·地理志》载，长安“户八万八百，口二十四万六千二百”。陵邑人口与其相当，甚至茂陵与杜陵还超过了都城长安。《汉书·地理志》载，茂陵邑“户六万一千八十七，口二十七万七千二百七十七”，长陵邑“户五万五十七，口十七万九千四百六十九”。据王云渠先生估算，杜陵更在二陵之上，当为30万左右。渭北五陵卫星城功能的发挥很大程度上得益于沟通渭河两岸的交通网络，尤其是复道、阁道、甬道

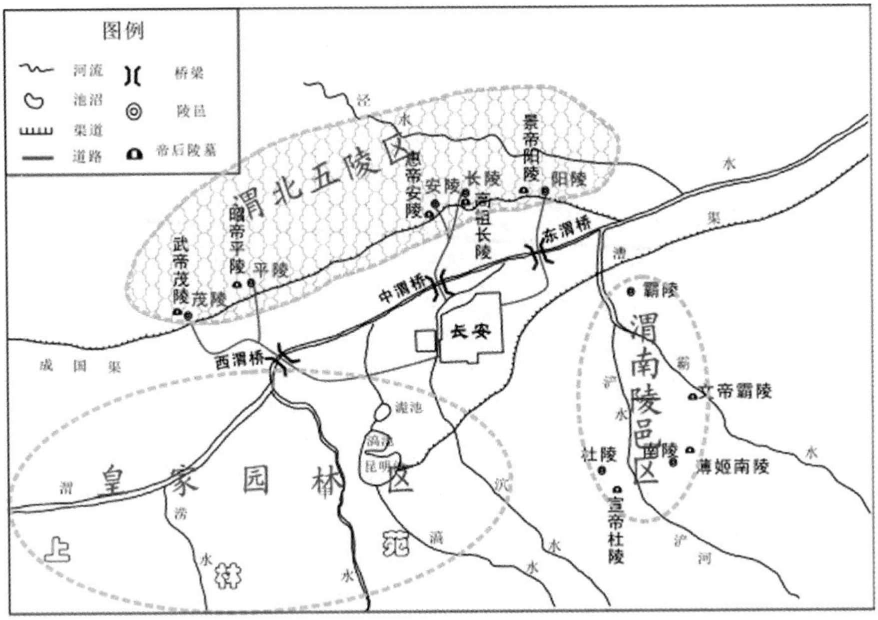

▶▶ *图5　西汉长安城的首都圈*

等特殊的立体道路形式与西渭桥、中渭桥和东渭桥渭河三桥。

这一文化现象可以用来为实现西安－咸阳一体化建设做出文化创新的概念设计。也可以为首都北京来做设计：可规划建设以北京为中心的“首都圈”卫星城，京津冀一体化，形成大北京的京畿区；再加强环渤海经济圈的建设，把渤海设计成中国的“地中海”，成为首都的前庭与腹地。

下编　文化

第八讲
老子及《道德经》导读

付粉鸽

一、老子与《道德经》

（一）老子其人

▸▸ 老子像

老子是中国最伟大的哲学家和思想家之一，被道教尊为教祖，世界文化名人。关于老子其人历来颇具争议，按司马迁《史记·老庄申韩列传》记载：老子者，楚苦县厉乡曲仁里人也（今河南鹿邑），姓李氏，名耳，字聃，周守藏室之史也。孔子对老子的评价："鸟，吾知其能飞；鱼，吾知其能游；兽，吾知其能走。走者可以为罔，游者可以为纶，飞者可以为矰。至于龙，吾不能知其乘风云而上天。吾今日见老子，其犹龙邪！"

（二）《道德经》其书

《道德经》，又称《道德真经》《老子》《五千言》《老子五千文》等，据说是春秋时期的老子（即李耳）所作，是道家思想的主要来源，被奉为道教最高经典。通行本的《道德经》分为八十一章，上篇《道经》从第一章到第三十七章，下篇《德经》从第三十八章至第八十一章，约五千字。据联合国教科文组织统计，《道德经》是除了《圣经》以外被译成外国文字最多的著作。

《道德经》是中国古代重要的哲学著作之一。其文字简约而意蕴丰富，涵盖哲学、伦理学、政治学、军事学、管理学、生命科学等诸多学科，其内容博大精深，其思想深邃幽玄，被后人尊奉为治国、修身、养生的宝典。《道德经》对中国古代的哲学、科学、政治、宗教等产生了深远的影响，体现了古代中国人独特的世界观和人生观，无论是对中华民族性格的铸成，还是对国家政权的运作及治理理念的选择，都起了不可估量的作用。

现今《道德经》的较早版本是 1993 年湖北荆门郭店楚墓中出土的战国竹简本，其次是 1973 年长沙马王堆汉墓出土的西汉帛书本。历史上流传最广的版本则是汉代河上公注本和曹魏王弼注本（王弼注本一般称为通过行本）。其他重要的版本还有西汉严遵注本、唐代傅奕的校古本、唐代所刻《道德经》石幢等。

二、道家及其主要观点

（一）庄子其人其书

1. 庄子其人

《史记·老庄申韩列传》载：“庄子者，蒙人也，名周。周尝为蒙漆园吏，与梁惠王、齐宣王同时。其学无所不窥，然其要本归于老子之言。故其著书十余万言，大抵率寓言也。……其言洸洋自恣以适己，故自王公大人不能器之。”

楚威王闻庄周贤，使使厚币迎之，许以为相。庄周笑谓楚使者曰：“千金，重利；卿相，尊位也。子独不见郊祭之牺牛乎？养食之数岁，衣以文绣，以入大庙。当是之时，虽欲为孤豚，岂可得乎？子亟去，无污我。我宁游戏污渎之中自快，无为有国者所羁，终身不仕，以快吾志焉。”由此大致推定庄子的生卒年为公元前360年至前286年，其学术视野开阔，超然于世俗的名利，以快意自由为人生追求。

2.《庄子》其书

现存《庄子》共三十三篇，分成内、外、杂篇，其中内篇七，外篇十五，杂篇十一。《庄子》思想宏富，涉及哲学、文学、宗教等，对后世产生了巨大影响，为文人士子所推崇。

（1）思想史视野中的《庄子》。

晋郭象《庄子序》云：“……通天地之统，序万物之性，达死生之变，而明内圣外王之道，上知造物无物，下知有物之自造也。其言宏绰，其旨玄妙。至至之道，融微旨雅，泰然遣放，放而不敖。故曰：不知义之所适，倡狂妄行而蹈其大方；含哺而熙乎澹泊，鼓腹而游乎混茫。至仁极乎无亲，孝慈终于兼忘，礼乐复乎已能，忠信发乎天光。用其光则其朴自成，是以神器独化于玄冥之境而源深流长也。”这是玄学家眼中的《庄子》。

唐成玄英《庄子序》云：“其人……师长桑公子，受号南华仙人。当战国之初，降衰周之末，叹苍生之业薄，伤道德之陵夷，乃慷慨发愤，爰著斯论。其言大而博，其旨深而远，非下士之所闻，岂浅识之能究！”认为其“所以申道德之深根，述重玄之妙旨，畅无为之恬淡，明独化之窅冥，钳揵九流，括囊百氏，谅区中之至教，实象外之微言者也”。这是道教学者眼中的《庄子》。

（2）文学史视野中的《庄子》。

《庄子·天下》载：“以谬悠之说，荒唐之言，无端崖之辞，时恣纵而不傥，不以觭见之也。以天下为沈浊，不可与庄语。以卮言为曼衍，以重言为真，以寓言为广。独与天地精神往来，而不敖倪于万物，不谴是非，以与世俗处。其书虽环玮，而连犿无伤也。其辞虽参差，而諔诡可观。彼其充实不可以已。上与造物者游，而下与外死生、无终始者为友。其于本也，弘大而辟，深闳而肆；其于宗也，可谓调适而上遂矣。虽然，其应于化而解于物也，其理不竭，其来不蜕，芒乎昧乎，未之尽者。”

清刘熙载《艺概·文概》：“寓真于诞，寓实于玄。”

鲁迅《汉文学史纲要·老庄》说：“其文汪洋辟阖，仪态万方，晚周诸子之作，莫能先也。”

（二）史学视域下的道家及其主要观点

道家是先秦时期的一个思想派别，以老子、庄子为主要代表。道家的思想崇尚自然，效法大道，有丰富的辩证法思想和无神论倾向，同时主张清静无为。

“道家”这一叫法始于汉代。司马谈《史记·太史公自序》中记载：“道家使人精神专一，动合无形，赡足万物。其为术也，因阴阳之大顺，采儒墨之善，撮名法之要，与时迁移，应物变化，立俗施事，无所不宜，指约而易操，事少而功多。”司马谈将先秦思想流派划分为阴阳、儒、墨、名、法、道六家，其所说的“道家”，“因阴阳之大顺，采儒墨之善”，应为黄老道家。在先秦典籍中尚未见“道家”这一称号。但虽无称号，却有一定的逻辑传统和思想传承，即无其名却有其实。

道家思想其实很早已出现。春秋末期，老子站在历史的高度对现实社会进行反思，写成了《道德经》一书，标志着道家学派的诞生。而他的思想传人，有的继承了他批判和超越的精神，形成了老庄学派；有的继承了他贵生重生的思想，形成了杨朱学派；有的继承了他经世致用的理念，形成了黄老学派。其中黄老学派契合了治国安邦的时代潮流，受到了汉初统治者的青睐，逐渐成为当时道家思想的主流。

战国时道家学派众多，庄子学派是战国时期道家的主流派，此外，还有杨朱学派，宋銒、尹文学派，彭蒙、田骈、慎到学派和黄老学派，他们都与老子思想有着渊源关系，但又表现出不同的思想倾向。

杨朱派以杨朱为代表。杨朱的思想散见于诸子的作品中，比如《庄子》《吕氏春秋》《列子》。孟子曾对其有评价，“拔一毛利天下而不为”（“杨子取为我，拔一毛而利天下，不为也。墨子兼爱，摩顶放踵利天下，为之”，见《孟子·尽心上》）。杨朱的学说，在战国时盛行一时。《孟子·滕文公下》云：“杨朱、墨翟之言盈天下，天下之言不归于杨，则归墨。”杨朱派主张全生避害、为我贵己、重视个人生命的保存，反对他人对自己的侵夺，也反对自己对他人的侵夺，以个体独立于世，以自我判定行为，力求活出自我，活好自我，“全性保真”（《淮南子·氾论训》），不以物累形，不以人累我，不以义累生。春秋战国后，因不容于世，后湮灭不存。但其全生保性的思想被道教所继承。

黄老道家因推崇黄帝和老子而得名，主张虚无为本、因循为用、采百家之长以经世致用、治国安邦；因俗简礼，与时迁变，休养生息，成了历次大乱后政府的治世急救包。代表人物为文子、田骈、慎到等，代表作为《鹖冠子》《管子》等。古代常称之为黄老术，今天学术界常称之为道法家。另外，人们常说的杂家和秦汉新道家，在很大程度上也是黄老道家的代名词。而在西方，黄老道家常被称为“目的性的道家”（purposive Taoism）或“工具性的道家”（instrumental Taoism）。

道家的发展自老子始，有战国时期杨朱派、庄子派、黄老派等，且黄老道家在西汉初成为治国策略，盛极一时。但汉武帝掌权后，“独尊儒术”，黄老道家淡出政治视野。两汉时道教的出现，使道家以新的宗教的面貌出现。道教尊老子为元始天尊、太上老君，尊庄子为南华真人。魏晋时期，玄学流行，士人们尊《老子》《庄子》《周易》为“三玄”，以谈玄为重，道家发展至新的阶段。这一阶段的主要代表是王弼、郭象、竹林七贤（嵇康的《与山巨源绝交书》《声无哀乐论》等）、陶渊明等。道家的独立形态在此达到了高潮，成为士人的精神寄托和学术志业。此后，道家是以道教为依托而在历史上流衍传播。唐代时，道教被奉为国教，形成了与儒教、佛教三足鼎立的局面。此时的代表作品有成玄英的“重玄学”、司马承祯的《坐忘论》、谭峭的《化书》等。同时，对佛教和儒学都产生了深刻的影响。佛教与道家思想的融合，形成了中国化的佛教——禅宗。儒学在佛学与道家的影响下，形成了宋代的理学思想。

明清以后,道教式微,社会地位和影响逐渐下降。在这期间,除了《菜根谭》、傅山的思想、陈撄宁的仙道学说外，道教教义并无大的发展，道教中有创见性思想的人士很少出现，但道教思想却进一步通俗化，流传于广大社会普通人群之中，成为民间信仰，对老百姓的日用常行产生巨大影响。

1991年，董光璧提出“新道家”概念。而后，被陈鼓应、杨汝舟等学者所发扬，其中陈鼓应的道家主干说影响很大。道家又一次焕发出新的生机。

（三）以道家论中西文化之区别

1. 悟性的文化与知性的文化

中国传统儒道两家皆强调直觉的重要性。特别是道家，老子有“涤除玄鉴”，庄子讲心斋、坐忘；老庄都主张以道“观”天下，推崇直觉的切身体验的方法。

西方文化是一种知性文化，讲究的是理性的逻辑推导和知识论的演绎。自德尔菲神庙的“认识你自己”开始已露端倪。

2. 成人之学与知识累积

中华文化追求成己成人，重视德性修养，以内圣外王为主旨。儒家以道德修养为务，孔子讲成“君子”，孟子讲人皆有四心。道家重视自然德性的流淌，老子讲“居善地，心善渊，与善仁，言善信，正善治，事善能，动善时。夫唯不争，故无尤”（《道德经》第8章）。庄子更是以“天地与我并生，而万物与我为一”（《庄子·齐物论》）的逍遥之境为理想追求境界。

西方文化基于对人的本质的理智化理解，以求知且求理性发展作为人的本质，苏格拉底说“自知自己无知”，法国哲学家笛卡尔说“愈学习，愈发现自己的无知”。在求知的热情带动下，西方的自然科学得以长足发展。

3. 乐感的美学体验与罪感的悲剧意识

中华文化是一种乐感文化，儒家有孔颜乐处，道家的庄子讲“至乐”。不管是贫穷还是富庶，中国人一直都很快乐，他们快乐地对待生死，快乐地对待失意和惆怅。西方文化源于深重的悲剧意识，原罪说让西方人有着沉重的赎罪意识。古希腊的诗歌带有极强的悲剧情怀，尼采的《悲剧的诞生》更是将这种悲剧上升为一种哲学情调。

4. 写意（对语言的超越）与符号化存在

中华文化具有极强的意象性，从我们的文字到抽象的思想皆有此种特点。道家讲究“得意忘言”，主张超越语言，认为语言有时会“言不尽意”，苍白而无力。这种语言观对中国的书法、绘画产生了深刻影响。

西方哲学是一种意识和观念的哲学，重在对概念和范畴的依凭。古希腊伟大的哲学家柏拉图指出，理念是最真实的，将天文学视为数学，只要研究数字和符号即可，他说：“天文学和几何学一样，可以靠提出问题和解决问题来研究，而不去管天上的星界。”

三、老子的主要思想

（一）“道”

“道”是诸子百家的共有范畴，是中国哲学和中华传统文化的核心概念，与西方的“逻各斯”等同。但诸子百家思想不同，因此，“道”

在各家含义殊异。儒家之“道”重在阐发其伦理道德之义，墨家之“道”重在阐发其功利实用之义。

老子“道”的意义：无神论意义；哲学意义；从宇宙论高度审视存在。

有物混成，先天地生。寂兮寥兮，独立而不改，周行而不殆，可以为天地母。吾不知其名，字之曰道，强为之名曰大。（《道德经》第二十五章）

道生之，德畜之，物形之，势成之。是以万物莫不尊道而贵德。道之尊，德之贵，夫莫之命而常自然。故道生之，德畜之，长之、育之、亭之、毒之、养之、覆之。生而不有，为而不恃，长而不宰，是谓玄德。（《道德经》第五十一章）

老子认为，“道”是天地万物的根源，道生成万物，德养育万物。故万物莫不尊崇道而珍贵德。道之所以被尊崇，德之所以被珍贵，就是由于道生长万物而不加以干涉，德畜养万物而不加以主宰，顺其自然。因而，道生长万物，德养育万物，使万物生长发展，成熟结果，使其受到抚养、保护。生长万物而不据为己有，抚育万物而不自恃有功，导引万物而不主宰，这就是奥妙玄远的道、宽广博大的德。

道可道，非常道；名可名，非常名。（《道德经》第一章）

人法地，地法天，天法道，道法自然。（《道德经》第二十五章）

“道”是万物产生的根据，是一个哲学层面的本体范畴。

“道”是万物活动的法则，万物虽然各具其性，各有其法，但最根本的运行法则是“法自然”。

“道”是生命追求的理想境界。“昔之得一者，天得一以清，地得一以宁，神得一以灵，谷得一以盈，万物得一以生，侯王得一以为天下贞”。（《道德经》第三十九章）

（二）有无之间的辩证智慧

中国传统的思维方式是明天道以知人事。辩证法是认识世界的根本方法，也是中国人认识自身、为人处事的基本方法。

中国古代的辩证法思想极其丰富，《周易》《论语》《道德经》皆讲辩证方法。

《周易》讲“一阴一阳之谓道”“否极泰来”“刚柔相济”“一阳来复”“藏往知来”“消息盈虚”等，皆讲对立双方相互依存、又相互转化。

《论语》讲“过犹不及”“知其两端用其中”“温而厉，威而不猛，恭而安”等，主张从两点分析问题，不过度不欠缺，以中道行事待人。

老子认为，变化是世界的本质。自然、人事皆处在变化之中，“万物皆流，无物永驻”，与古希腊人有相同的观点。“故飘风不终朝，骤雨不终日。孰为此者？天地。天地尚不能久，而况于人乎？”（《道德经》第二十三章）所以，老子讲“惟变是常”。

任何一种存在都是矛盾的统一体，矛盾双方相互依存，矛盾双方相互转化。

合抱之木，生于毫末；九层之台，起于垒土；千里之行，始于足下。因此，做事需要一步步踏实去做，大事由细微处成就。

故老子主张以反为用，柔弱胜刚强。

> 反者道之动，弱者道之用。（《道德经》第四十章）

意思是说，道的运动特点是不断向相反的方向转化，而柔弱则是“道”的作用。因此，“道”是正言若反，以柔弱为存在样态。

> 天下皆知美之为美，斯恶已；皆知善之为善，斯不善已。故有无相生，难易相成，长短相形，高下相倾，音声相和，前后相随。是以圣人处无为之事，行不言之教。万物作焉而不辞，生而不有，为而不恃，功成而不居。夫唯弗居，是以不去。（《道

德经》第二章）

天下人知道美之所以为美，也就知道什么是丑了；知道善之所以为善，就知道什么是不善了。所以，有和无相互依存而产生，难和易相互依靠而形成，长和短相互比较，高和下相互包容，音和声相互应和，前和后相互跟随。因此，圣人以无为的原则处理世事，用不言的态度进行教化。圣人辅助万物生长而不据为己有，对万物有所施为而不自恃有恩，事情成功而不自居有功。正由于圣人这样不居功骄傲，所以他的功绩永远不会失去。

> 天下莫柔弱于水，而攻坚强者莫之能胜，其无以易之。弱之胜强，柔之胜刚，天下莫不知，莫能行。是以圣人云："受国之垢，是谓社稷主；受国不祥，是为天下王。"正言若反。（《道德经》第七十八章）

强是一种实力，弱也是一种智慧；刚是一种态度，柔也是一种技巧。刚柔相济才是生活法则。

（三）自然而通达的生命智慧

中国传统哲学是安身立命的生命学说。儒家和道家作为中国传统哲学的主流，更是以如何实现生命的安顿为理论和实践之旨归。

当代新儒家牟宗三先生在讲到中西文化差异时曾明确指出，中国文化之开端，哲学观念之呈现，着眼点在生命，故中国文化关心的是生命，而西方文化的重点，其所关心的是自然或外在的对象。

同为安身立命的学说，儒道两家之区别在于儒家要将身安于社会，在道德人格中立命。而道家则安身于自然宇宙，将个体生命融于宇宙的大生命中，追求人与自然、生命与大道的合一。道家以"道"为视角，致力于生命问题的探讨和解决，围绕生命问题展开哲学的形而上学思考，建构起一种独特的生命哲学理论。

在这里主要从重生、养生、达生三方面对老子的生命哲学做以介绍。

1. 生命是自然宇宙造化的产物

《周易》："天地有好生之德""生生之谓大德"。

老子："道生一，一生二，二生三，三生万物。万物负阴而抱阳，冲气以为和。"（《道德经》第四十二章）

老子："名与身孰亲？身与货孰多？得与亡孰病？是故甚爱必大费，多藏必厚亡。故知足不辱，知止不殆，可以长久。"（《道德经》第四十四章）

生命是宇宙大化的产物，是天地和合的杰作，由阴阳之气和合而生。整全的生命是形神的统一，因此，重视和关爱生命，反对残生伤性是生存的基本要义。而尊重生命不是将生命凌驾于一切之上的唯生命是从，而是随顺本性的自然流淌，即"人法地，地法天，天法道，道法自然"。

2. 对人的尊重和生命的礼赞

包括人在内的万物皆是宇宙间阴阳二气相互作用和合之结果。庄子则更明确地指出："人之生，气之聚也，聚则为生，散则为死。"（《庄子·知北游》）人的生死都是气的不同变化，生是气的凝聚，死则是气的消散。作为气的产物，生命不是鬼神、上帝的有意创造，而是自然变化的结果。由此，道家给予生命产生问题以自然的无神论解说。既然生命是宇宙自然化生的产物，那么，任何生命的存在都有其内在的价值和意义，人的生命更是如此。由此，道家尊重和关爱生命的主张跃然纸上。

> 道大，天大，地大，王亦大。域中有四大，而王居其一焉。（《道德经》第二十五章）

> 夫佳兵者，不祥之器，物或恶之，故有道者不处。君子居则贵左，用兵则贵右。兵者不祥之器，非君子之器，不得已而用之，恬淡为上。胜而不美，而美之者，是乐杀人。夫乐杀人者，则不可以得志于天下矣。吉事尚左，凶事尚右；偏将军居左，上

将军居右。言以丧礼处之。杀人之众，以悲哀泣之；战胜，以丧礼处之。（《道德经》第三十一章）

尖兵利器，是不祥和的东西，人们通常都嫌弃它，所以，有道的人不靠向它。君子居处以左边为贵，用兵打仗以右边为贵——它们背道而驰。尖兵利器这些不祥和的东西，不是君子所常使用的东西。万不得已而使用它，以恬淡为最佳。即使因此而取胜，也不要自鸣得意。因此而自鸣得意的人是以杀人为乐的人。以杀人为乐的人是不可以得志于天下的。吉庆之事以左边为上，凶丧之事以右边为上；偏将军居于左边，上将军居于右边——这说明军列的秩序仪轨等同于凶丧之事的行事仪轨。所以，准备征战杀人的人，要怀着哀痛的心情参加；即使战胜了，也要按照凶丧的礼仪来处理。

出生入死。生之徒，十有三；死之徒，十有三；人之生，动之死地，亦十有三。夫何故？以其生生之厚。（《道德经》第五十章）

人之生也柔弱，其死也坚强。万物草木之生也柔弱，其死也枯槁。故坚强者死之徒，柔弱者生之徒。是以兵强则不胜，木强则折。故强大处下，柔弱处上。（《道德经》第七十六章）

人活着的时候，身体是柔软的，死了以后就变得僵硬了；万物草木活着的时候总是柔脆的，死了以后就变得干枯了。这说明坚硬的东西属于死亡一类，柔弱的东西属于生机一类。所以用兵逞强就会遭到灭亡，树木强壮就会遭受砍伐。因此，人生存的法则应以谦谨柔弱为上。

3. 形神兼养与以德养形

载营魄抱一，能无离乎？专气致柔，能婴儿乎？（《道德经》第十章）

盖闻善摄生者，陆行不遇兕虎，入军不被甲兵。兕无所投其角，虎无所措其爪，兵无所容其刃。夫何故？以其无死地。（《道

德经》第五十章）

知人者智，自知者明。胜人者有力，自胜者强。知足者富，强行者有志。不失其所者久，死而不亡者寿。（《道德经》第三十三章）

上德不德，是以有德；下德不失德，是以无德。（《道德经》第三十八章）

生命是形体与精神的统一体，形体是其载体和物质基础，而精神是生命的内在灵魂。没有形体，生命将无所依托；没有了精神，生命将是尸位。因此，对生命的保养包含着两个方面：养形和养神。老庄在形神兼养的基础上，主张以养神为重。

4. 达生

对于逆境与困境，乐观对待，万事随顺；对于生死之变，随顺自然，“安时而处顺”。

老子：“天地尚不能久，而况于人乎。”（《道德经》第二十三章）

庄子：“臭腐复化为神奇，神奇复化为臭腐。”（《庄子·知北游》）

5. 知足而止，虚而待物的生存智慧

（1）知足常足。

五色令人目盲；五音令人耳聋；五味令人口爽；驰骋畋猎，令人心发狂；难得之货，令人行妨。是以圣人为腹不为目，故去彼取此。（《道德经》第十二章）

（2）以“无”求全。

宠辱若惊，贵大患若身。何谓宠辱若惊？宠为下，得之若惊，失之若惊，是谓宠辱若惊。何谓贵大患若身？吾所以有大患者，为吾有身，及吾无身，吾有何患。故贵以身为天下，若可寄天下。爱以身为天下，若可托天下。（《道德经》第十三章）

天长地久。天地所以能长且久者，以其不自生，故能长生。

是以圣人后其身而身先，外其身而身存。非以其无私邪？故能成其私。（《道德经》第七章）

无为而无不为，无用乃大用。

老子认为“道”是“有”与“无”的统一，“无名天地之始，有名万物之母”（《道德经》第一章），“天下万物生于有，有生于无”（《道德经》第四十章）。且“无”是“道”的本质特征。老子的“无”有两重意义：一是指空无之空间；二是哲学意义上的抽象化的“无”。

“道”在空间形式上是“无”，指“道”体是“虚”而不是实。老子观察到，在现实的经验世界中，往往是空而不实的东西却具有无限涵容能力和巨大的开放精神，而那些内部密密实实、没有空隙的存在反而是缺乏包容、封闭凝固的。“道”作为生命的源泉，老子认为其体是虚而不盈、空而不实。为描述“道”体的此种特点，中空的车子、房子都成为老子描述“道”的喻体。“三十辐共一毂，当其无，有车之用。埏埴以为器，当其无，有器之用。凿户牖以为室，当其无，有室之用”（《道德经》第十一章）。车和房子所以对人们有用，因为它们是“无”，正是“无”，使车成为车，房子成为房子。“道”就像车和房子一样也是中空的，老子称其为“虚”或“冲”，“道冲而用之或不盈，渊兮似万物之宗”（《道德经》第四章）。“道冲”即是“道”的存在是“虚”“空”，而不是“实”。“天地之间，其犹橐籥乎？虚而不屈”（《道德经》第五章），“道”在天地之间就像一个大风箱一样，随着不断鼓劲，力量永不枯竭。“冲”“虚”的特性使“道”具有了无限的创生能力。所以，老子以“玄牝”来比喻“道”之“冲”“虚”，认为形体虚空的“道”的变化是永不停息的，这就像微妙的母性，生养作用连绵不绝，无穷无尽，生命力无限。

现代西方哲学家海德格尔与老子有着相近的思想。他曾在名为《物》的一篇文章中，对“壶”进行专门的分析。他指出，壶之所以为壶的原因在于“壶”所容纳的“空”。这种“空”是“壶的虚空”，“壶的虚空，壶的这种无，乃是壶作为容纳的器皿之所是”。那“构成壶并使壶得以站立的壁和底，并不是真正起容纳作用的东西”，真正起容纳作用的是“虚空”，因此，陶匠所真正制造的是虚空。“壶之虚空决定着任何置造动作。器皿的物性因素绝不在于它由以构成的材料，而在于有容纳作用的虚空”。海氏的物之“中空”与老子的“道”之“无”可谓是异曲同工。

黑格尔在《哲学史讲演录》中对老子“道”之“无”的特征的揭示可谓一语中的，他指出，“这种‘无’并不是人们通常所说的无或无物，而乃是被认作远离一切观念、一切对象，——也就是单纯的、自身同一的、无规定的、抽象的统一。因此，这‘无’同时也是肯定的；这就是我们所叫作的本质。如果我们停留在否定的规定里，这‘无’亦有某些意义。那起源的东西事实上是‘无’。但‘无’如果不扬弃一切规定，它就没有意义”。

老子的“无”是经验性的“空”，也是超验性的不确定，是“极高明而道中庸”的。作为老子思想的继承者，庄子将“无”进行了发展。

> 匠石之齐，至于曲辕，见栎社树。其大蔽数千牛，絜之百围，其高临山十仞而后有枝，其可以为舟者旁十数。观者如市，匠伯不顾，遂行不辍。弟子厌观之，走及匠石，曰：“自吾执斧斤以随夫子，未尝见材如此其美也。先生不肯视，行不辍，何邪？”曰：“已矣，勿言之矣！散木也。以为舟则沉，以为棺椁则速腐，以为器则速毁，以为门户则液樠，以为柱则蠹，是不材之木也。”（《庄子·人间世》）

> 支离疏者，颐隐于脐，肩高于顶，会撮指天，五管在上，两髀为胁。挫针治繲，足以糊口；鼓筴播精，足以食十人。上征武士，则支离攘臂而游于其间；上有大役，则支离以有常疾

不受功；上与病者粟，则受三锺与十束薪。夫支离其形者，犹足以养其身，终其天年，又况支离其德者乎！（《庄子·人间世》）

山木自寇也，膏火自煎也。桂可食，故伐之；漆可用，故割之。人皆知有用之用，而莫知无用之用也。（《庄子·人间世》）

（3）以“反”为用。

老子：“反者道之动；弱者道之用。”（《道德经》第四十章）

天下之至柔，驰骋天下之至坚。无有入无间，吾是以知无为之有益。不言之教，无为之益，天下希及之。（《道德经》第四十三章）

（4）以容为径。

人生需要包容。包容不是退步或怯懦，反而是一种境界和大气象。

上善若水。水善利万物而不争，处众人之所恶，故几于道。居善地，心善渊，与善仁，言善信，正善治，事善能，动善时。夫唯不争，故无尤。（《道德经》第八章）

江海所以能为百谷王者，以其善下之，故能为百谷王。是以欲上民，必以言下之；欲先民，必以身后之。是以圣人处上而民不重，处前而民不害。是以天下乐推而不厌，以其不争，故天下莫能与之争。（《道德经》第六十六章）

老子提出了知足常足、以无求全和以反为用的一些生存技巧和生命智慧，以乐观而审美的包容态度建构起超越的人生意境。

6. 无为而治的政治智慧

老子的政治智慧主要有：身体力行、以人为本、去除私欲、三宝。

圣人处无为之事，行不言之教。（《道德经》第二章）

治大国，若烹小鲜。（《道德经》第六十章）

关于“治大国，若烹小鲜”的解释不一。说法一：治理大国就好像烹调小鱼，油盐酱醋各味调料要恰到好处，不能过头，也不能缺失。

说法二：“小鲜”是小鱼，或一小块肉之类的。意为治理大国要像煮小鱼一样。煮小鱼，不能多加搅动，多搅则易烂，比喻治大国应当无为。

说法三：治理大国像烧菜一样难，应该像烧菜一样精心，两者都要掌握火候，都要注意佐料。

在中华文化传统中，管理向来是作为一种智慧，而非一门知识被谈及的。它的最高目标不是科学化，而是艺术化。治大国如烹小鲜，象征的就是一种高超的治国艺术。烹煮一条小鱼，只需油盐酱醋恰到好处，但不能随便翻搅它，否则它就烂了。同样，治理一个国家，也不能过多地、随意地人为干预，而是要有所为，有所不为，让国家机器在既定的规则下自发地良性运转。只有如此，才能达到“一国之政犹一身之治”的至高境界。

管理者若是追求个人私欲，法令滋彰，政令频出，就会导致社会的无序和民生多艰。

民之饥，以其上食税之多，是以饥。民之难治，以其上之有为，是以难治。民之轻死，以其上求生之厚，是以轻死。夫唯无以生为者，是贤于贵生。（《道德经》第七十五章）

大道甚夷，而人好径。朝甚除，田甚芜，仓甚虚，服文采，带利剑，厌饮食，财货有余，是谓盗竽。非道也哉！（《道德经》第五十三章）

上位者的多欲、妄为造成民众的困顿和社会的混乱，处上位者应节制私欲，知足知止，因顺自然。

我有三宝，持而保之：一曰慈，二曰俭，三曰不敢为天下先。慈，故能勇；俭，故能广；不敢为天下先，故能成器长。今舍慈且勇，舍俭且广，舍后且先，死矣！夫慈，以战则胜，以守则固。天将救之，以慈卫之。（《道德经》第六十七章）

“慈”，即爱心与同情感；“俭”，即含藏培蓄，不奢侈，不肆为；“不敢为天下先”，是“谦让”“不争”的思想。有“道”的人运用这三条原则，能获得非常好的效果，否则，便会自取灭亡。

故理想的政治状态应是怀慈守俭，谦下虚静，从而实现自然无为、谐和并生。

太上，不知有之；其次，亲而誉之；其次，畏之；其次，侮之。信不足焉，有不信焉。悠兮其贵言。功成事遂，百姓皆谓我自然。（《道德经》第十七章）

小国寡民。使有什伯之器而不用；使民重死而不远徙；虽有舟舆，无所乘之；虽有甲兵，无所陈之。使人复结绳而用之。甘美食，美其服，安其居，乐其俗，邻国相望，鸡犬之声相闻，民至老死不相往来。（《道德经》第八十章）

四、老子及其《道德经》的国内外影响

（一）老子及《道德经》的国际影响

1.哲学史上的影响

李约瑟在《中国的科学与文明》中指出：中国人的特性中，很多最吸引人的地方，都来自道家的传统。中国文化就像一棵参天大树，而这棵参天大树根源于道家。中国如果没有道家，就像大树没有根一样。

尼采曾说：老子《道德经》像一个永不枯竭的井泉，满载宝藏，放下汲桶，唾手可得。

2. 文化史上的评价

荷兰籍教授施舟人肯定道学“对西方文化来说，是一个不可多得的，能使西方文化得以更新的动力和活力的源泉”。

德国人尤利斯·噶尔指出：“老子，他是推动未来的能动力量，他比任何现代的都更加具有现代意义，他比任何生命都更具有生命的活力。”

德国哲学家海德格尔将老子的“孰能浊以静之徐清，孰能安以动之徐生”的句子挂于家中。

俄国大文豪托尔斯泰认为，西方人应按照老子的“上善若水”理念塑造现代人的理想人格，并学会以“方圆之道”（即辩证的方法）处世待人。

3. 政治上的影响

德国前总理施罗德呼吁：每个德国家庭买一本中国的《道德经》，以帮助解决人们思想上的困惑。

俄罗斯的梅德韦杰夫建议全世界“遵循中国古代伟大哲学家和思想家老子的教诲，来应对世界金融危机”。

联合国前秘书长潘基文推崇老子的《道德经》，援引老子的“天之道，利而不害；圣人之道，为而不争”的名言，努力将这种不朽的哲学智慧应用到联合国工作中。

4. 科技界的影响

美国学者卡普拉在其《物理学之道》中说，中国的哲学思想，提供了能够适应现代物理学新理论的一个哲学框架，中国哲学思想的“道”暗示着“场”的概念，“气”的概念与量子“场”的概念也有惊人的类似。

美籍华人李政道发现量子力学中的“测不准原理”与老子所说的“道可道，非常道”的思想，颇有吻合之处。

日本农学家福冈正信提出“自然农法”，并称自己“就是在老子‘道法自然’这一伟大命题的启发下提出来的”。

（二）道家对中华传统文化的影响

道家是道教的思想资源，而道教是中国土生土长的宗教，对中国人的日常生活产生了重要而深刻的影响。

鲁迅：不读《道德经》一书，就不知中国文化，不知人生真谛。

林语堂：道教是中国人民的游戏姿态，而孔教为工作姿态。

胡适：老子是中国哲学的鼻祖，是中国哲学史上第一位真正的哲学家。

1. 对中国哲学的影响

道家思想对中国传统哲学产生了深刻而巨大的影响，与儒家一起孕育了中国古代知识分子外儒内道的人格形态。

以儒家为代表的士人知识分子，他们为了实现自己的政治抱负，不断投身现实以执仁行义。在他们心目中，君子必须为道义而生存，即使牺牲生命也不放弃道义，“朝闻道，夕死可矣”（《论语》）。因此，他们并不担心贫穷，“君子固穷”，“富贵于我如浮云”（《论语》），而是忧心道义不能够遍行天下。他们身上凝聚了强烈的出仕行道精神。然而他们又把政治理想能否实现寄托在君王身上，如果君王无意于他们的政治方案，他们就只好从积极入世走向遁世隐居。孔子就说过，不能够怀道事君，宁可出世隐居，“道不行，乘桴浮于海”（《论语》）。不过，即便如此，他依然是肯定这个世俗社会的，只是用隐世来坚守自我理想，维护人格的尊严，从不放弃可能实现的政治理想。

孔子及儒家带给人的是“天行健，君子以自强不息”（《周易》）的抗争和积极进取精神。而庄子及道家告诉人们，有时退一步，可以海阔天空。这便是“地势坤，君子以厚德载物”的包容和谦让精神。

道家由对政治的无奈转向寻求自然的田园山水，由否定世俗社会转而寻求精神的无限自由。这样他们就能够从充满矛盾的现实中抽身退出，体认和把握自然之道。在自然山水之中安放自我、实现自我。所以，很多仕途蹉跎的知识分子都不期然而然地接受了道家的这种玄思情趣，把政治生活的挫折转化为心理上对自然境界的向往，从而有效地化解了那种置身于现实冲突的紧张心理，从追求优游自适的精神自由中寻找一片心境安宁的天空。

正是道家这种回归自然、寻求内心宁静和恬淡的精神，才弥补了儒家以外在事功论成败的外在执着。所以，儒道互补不仅从理论上更在实践中为中国古代知识分子提供了安身立命的生活方式，也进一步形成了他们所独具的外儒内道的人格形态。

在中国文化史上，这种外儒内道的人格形态构成了士阶层普遍的精神结构。他们入仕为官则遵循君臣大礼，讲究孝悌尊卑，着重于现实的一面；不仕和潦倒则游心于天地宇宙之中，追求精神的无限自由。处于顺境，儒家意识占着上风；处于逆境，则道家意识上升，道家的返璞归真、追求精神自由的思想会成为他们反抗现实、蔑视权贵的思想武器和精神支柱。明末思想家王夫之在解释外儒内道这一特殊的精神结构时说：“得志于时而谋天下，则好孔孟；失志于时而谋其身，则好老庄。”

如魏晋时期的“竹林七贤”都以善好老庄而著称，他们在司马氏集团高压统治的背景下，提出“越名教而任自然”，以道家的自然思想反抗庸俗的社会礼法，存志于山林之中，歌弦自娱，从儒家的功利思想中摆脱出来，追求自我的精神境界。东晋诗人陶渊明也是基于对当时昏暗的世道和蝇营狗苟的官场生活不满和厌憎，从崇尚儒家转向仰慕道家的。在仕与隐之间徘徊，最后毅然摈弃了富贵荣华的仕途生涯，归隐田园，做了吟诗弄菊的山水诗人。

因此，道家教会了士人知识分子过一种洒脱而放达的生活。正像苏轼《定风波》所写的：

莫听穿林打叶声，何妨吟啸且徐行。竹杖芒鞋轻胜马，谁怕？一蓑烟雨任平生。料峭春风吹酒醒，微冷，山头斜照却相迎。回首向来萧瑟处，归去，也无风雨也无晴。

2. 对中国化的佛教——禅宗的深刻影响

禅宗是中国化的佛教，它既带有原始印度佛教的精神，更融入了中华传统文化的基因。在外来佛教的中国化、本土化过程中，中华传统文化特别是道家文化对其产生了深刻的影响，从而孕育和形成了一种有别于印度佛教的禅宗。

禅宗强调一切修行不能脱离现世。“佛法在世间，不离世间觉。离世觅菩提，恰如求兔角”（《坛经》），因此，众生身上都有佛性，而且众生都可成佛，不必外求。真正的大解脱，就是对“本心”产生真正的认识。禅宗认为，佛不是明镜台，也不是菩提树。若佛成了明镜台和菩提树，那就是一种外在的客体对象，佛即在每个人心中，在每个人的日用常行中。因此求佛不应向外寻，只需“明心见性，直指人心”即可。

佛无所不在，正像老子说的“道”无所不在一样。老子认为道是万物的本根，每一种存在都是秉道而来，道性为每一物性所有，这便是道无所不在，事事物物皆有道。庄子作为老子思想的继承和发挥者，也主张道是万物之所由。

禅宗是禅、教合一，它强调正确地看待人生，主张“看得破”“放得下”，融经义于日常的生活之中。禅宗认为，佛性并不是脱离日常生活世界的遥不可及的彼岸世界，而是寓于生活的日常所为。“青青翠竹，尽是真如。郁郁黄花，无非般若。” 为回归当下生活世界，禅宗大师们常常用“棒喝”“非经毁教”“逢佛骂祖”等类机锋的手法使人在生活中“顿悟”。同时，禅宗大师们又善借“平常心是道”的理念引导世人，指出一切日常生活中的点点滴滴皆可参出深邃的禅意，“春有百花秋有月，夏有凉风冬有雪。若无闲事挂心头，便是人间好时节。”

禅宗认为，佛性和佛法无处不在，物物皆有佛性。而庄子讲物物皆有“道”，道无所不在。这种思想在东郭子问道的故事中得以充分体现。东郭子问于庄子曰：“所谓道，恶乎在？”庄子曰：“无所不在。”东郭子曰：“期而后可。”庄子曰：“在蝼蚁。”曰：“何其下邪？”曰：“在稊稗。”曰：“何其愈下邪？”曰：“在瓦甓。”曰：“何其愈甚邪？”曰：“在屎溺。”东郭子不应。庄子曰：“夫子之问也，固不及质。正获之问于监市履狶也，每下愈况。汝唯莫必，无乎逃物。至道若是，大言亦然。周遍咸三者，异名同实，其指一也。”（《庄子·知北游》）当东郭子向庄子问道在哪，庄子的回答令其感到吃惊，原因在于“夫子之问也，固不及质”。东郭子的问题本身就成问题，在庄子看来，“道”就是宇宙万物，就在宇宙万物中，无处不在。管理市场的官员从经纪人那里知道，用踩踏猪的办法来判断猪的肥瘦，越近猪的脚胫越能显出它是否真肥。越是向下踩踏，就越能正确判定。以此比喻越是从低微的事物上推求，越能看清“道”的真实情况。越向下、越深入推求，就越能了解到真实情况。

3. 对中国文学的影响

老子和庄子不仅是哲学家，也是文学家，他们开创了中国文学的自然主义风气，深深地影响了中国古典文学的发展方向。

早在西汉时期，文学家贾谊就深受庄子浪漫主义风格的影响。他的《鹏鸟赋》以流转铿锵的辞赋语言，发挥了道家的人生哲学，用一种特殊的形式来排解哀怨、不平和愤懑，对庄子《逍遥游》的风格和思想旨趣进行承袭和发挥。又如东汉学者张衡所著的《思玄赋》和《归田赋》，都深深地烙上了庄子文学风格的印记。在他的赋中，山林生活的幽趣，归隐田园、自娱自适的情调无不令人快意和向往。

到了魏晋玄学之际，由于《庄子》与《老子》《周易》被奉为“三玄”，庄子的思想旨趣和艺术风格也渗透到了魏晋文学之中。魏晋的玄言诗、山水田园诗等无不受到老庄思想和文风的影响，并开始向着抒情咏怀的“缘情”方向发展。魏晋文学理论备受庄子思维方式的影响，老庄的有无相生的哲学及其言不尽意、得意忘言的主张，随着玄学的深化，同魏晋时代的艺术理论发生了密切的联系。

东晋诗人陶渊明的“采菊东篱下，悠然见南山。山气日夕佳，飞鸟相与还。此中有真意，欲辨已忘言”，将写景与写意交融，重在写意，表现出他要透过田园景物寻觅另一更高的精神境界，其思想无不受庄子超越精神的影响。

唐代诗人王维其田园山水诗在透显佛教机锋的同时，表达着一种道家的洒脱和静谧，“人闲桂花落，夜静春山空。月出惊山鸟，时鸣春涧中”，人、桂花、山、月、鸟构成了一幅自然的画卷。唐代“诗仙”李白也极富于庄子浪漫狂放的文学风格，他诗中的“人生在世不称意，明朝散发弄扁舟”那种放旷之情，表现出其不附庸世俗、追求精神自由的信念。他的“逍遥人外，蝉蜕尘埃”的诗歌，无论是精神形态还是风格手法都是对庄子浪漫主义艺术风格的继承和发展。

宋代豪放派诗人苏轼，少年便十分喜好老庄，他诗词中的“且将新火试新茶，诗酒趁年华”“寄蜉蝣于天地，渺沧海之一粟。哀吾生之须臾，羡长江之无穷”“小舟从此逝，江海寄余生”之类的句子，都源于庄子旷放任性的精神品格。他在《送文与可出守陵州》中写道：

“清诗健笔何足数，逍遥齐物追庄周。”反映了追慕庄子逍遥游世的人生理想。

4. 对中国绘画的影响

老庄道家对语言的超越性态度体现了中华文化的意向性特点，讲究写意和留白，庄子的“心斋”“坐忘”及由此而臻于大道、达于化境的思想，对中国山水画的发展产生了深远的影响。

南朝的宗炳将庄子的思想融会于其画论中。他在《画山水序》开篇写道：“圣人含道暎物，贤者澄怀味象。至于山水，质有而趣灵。”宗炳提出的“澄怀味象”的美学命题深受庄子“心斋”的影响，“澄怀”指虚静空明的心境，“味象”即“体道”“观道”。以虚静空明的心境去观物（山水花草），能与所观之物、所味之象的内在意蕴相融通。在观山观水中感悟大道，放松精神，愉悦心志，达致精神的安适和洒脱。与宗炳同时代的王微，也提出了画山水要画山水之神。他在《叙画》中指出：人之所以爱好山水风月并形之于画，乃是因为在山水风月中可以得到“神飞扬”“思浩荡”的精神愉悦，“望秋云，神飞扬；临春风，思浩荡。虽有金石之乐，珪璋之琛，岂能仿佛之哉！披图按牒，效异山海。绿林扬风，白水激涧。呜呼！岂独运诸指掌，亦以明神降之。此画之情也。”画之情在其神，其神正是庄子所说的道：

> 真者，精诚之至也。不精不诚，不能动人。故强哭者虽悲不哀，强怒者虽严不威，强亲者虽笑不和。真悲无声而哀，真怒未发而威，真亲未笑而和。真在内者，神动于外，是所以贵真也。……真者，所以受于天也，自然不可易也。故圣人法天贵真，不拘于俗。（《庄子·渔父》）

5. 对中国书法的影响

书法理论和书法实践，深受“自然”影响，都以“自然”为尚，艺术贵于自然，自然即真。因此“自然”成了中国书法的传统审美理想。

道家崇尚“静”“慈”“柔”“虚”“无为”等，表现在书法美学中，就是倾向于通过书法艺术表现线条的阴柔之美。

后汉蔡邕的“书法九势”：“夫书肇于自然，自然既立，阴阳生焉；阴阳既生，形势出矣。藏头护尾，力在字中，下笔用力，肌肤之丽。故曰：势来不可止，势去不可遏，惟笔软则奇怪生焉。”

五、结语

老子是世界文化名人、中国历史上伟大的哲学家，关于其人的生卒故里众说纷纭，其书也有不同的版本，随着考古新资料的问世，《老子》（或《道德经》）的版本有竹简本、帛书本、王弼本等，我们一般将王弼本称作通行本。

庄子是老子思想的继承者，也是道家另一位代表人物。庄子其人其事可从《史记·老庄申韩列传》中找寻。司马迁称“其学无所不窥”，表明庄子思想的宏富和开阔，故其影响很大，在思想史、宗教史、文学史、艺术史等各方面对后世产生了巨大影响。“然其要本归于老子之言”，说明庄子与老子思想的一致性和继承性。当然，进入庄子、老子的思想世界，我们会发现两者的不同，比如老子重视“道”的普遍性、客观性，注重“道”对现实政治、社会的价值；而庄子重视“道”的精神性、超越性，注重“道”对个体内心的指导等。司马迁以故事的形式指出庄子的人生追求不在名利尊位，而在无所羁绊的快意逍遥。

老子和庄子被视为道家的双峰，“道家”作为中国思想史上重要的学术流派，这一叫法始于汉代，但其思想很早已出现。老子作为道家学派的开创者，其思想为后世弟子所继承和发展，形成了不同的道家派别。庄子继承了老子的批判和超越精神，形成了老庄学派；杨朱继承了老子的贵生重生思想，形成了杨朱学派（关于杨朱与老子的先后关系学界也有不同看法）；还有继承发挥老子的经世致用主张，吸收阴阳刑名思想，形成的黄老学派。老子开创的道家思想随着历史的发展变迁历经兴衰起伏，自道教出现后，老子被尊奉为教主，其思想在道教的传播中得以绵延不绝，对民间信仰和普罗大众的日用常行产生极大影响。同时，在魏晋时期，因玄学家的推崇，成为当时士人的精神寄托，且对传统中国文人士子的精神世界产生巨大影响。

道家对传统文化的赓续绵延、传统文化的品性特质等影响很大，与儒家思想一起构成了中华传统文化的两大主流。从道家思想入手，我们可以品味中华传统文化的精神，也可以领会中西文化的差异。比如，中华传统文化是悟性的文化，与西方的智性取向不同。老子认为认识世界需要“涤除玄鉴”庄子主张要“澡雪精神”“心斋”，就是指要对内在的本心进行除尘，去除过多的欲望贪念，守住自然本心，使心灵澄澈清明，进而和于自然大道。故直觉型的“观”被道家乃至中华传统文化所推崇。而西方自古希腊始即注重以逻辑方式进行知识论的建构，从早期的自然哲学到苏格拉底的“自知自己无知”、亚里士多德的演绎逻辑论证等，都可以看到西方文化的知识论取向。故知识（包括关于自我的知识、自然的知识等）的建构和积累为西方所重，而内省反躬、修养德性，成己成人，为中华传统文化所重。同时，道家以反为用，在否定和超越中，看到语言的局限和不足，主张得意忘言，对意的肯定和重视，使中华传统的文学、艺术（包括绘画、诗词、书法等）具有极强的写意取向，这与西方符号化的知识取向判然有别。

进入老子的思想世界，我们会发现虽然《道德经》只有短短五千字，但其包罗万象、文约义丰。“道”作为其核心范畴，意蕴丰富。“道”是诸子百家共有的概念，出现得很早。但老子将其创造性地发展为一个哲学范畴，使其具有了形而上的意义。老子认为“道生一，一生二，二生三，三生万物”，“道”是万物产生的根据。同时，道生万物但从不宰制万物，生而不有、为而不恃，万物依照本性而发展，但又时时不离于“道”，以“道”为活动法则，以“道”为价值旨归，体尽大道、和于大道成为包括人在内的万物追求的目标。其次，作为周守藏室之史官，老子阅尽兴衰沉浮，对“变”体会得尤为深刻，天地尚不能长久，何况人事？一切都处在瞬息万变之中，从飘风骤雨到世事生死皆在变化之中。“惟变是常”才是世界的法则。在变的背后，弱、反为老子所重，世人常重强、重正。老子却讲“反者道之动，弱者道之用”，从这个原则出发，老子从辩证的角度认识世界，主张“有无相生，难易相成，长短相形，高下相盈，音声相和，前后相随”，世界万物人间世事皆是矛盾的统一体，正反兼有，世人往往只看到正而推崇强、喜好刚，殊不知反、弱、柔更有弹性，更有生命力。

从自然万象进入人生世事，老子以辩证智慧直面人生问题，从而形成独特的生命哲学。首先，从生命的来源而言，包括人在内的万物皆由“道”而生，故人应该尊道而贵德。道生具体的落实体现在气，老子讲“万物负阴而抱阳，冲气以为和”，庄子说“人之生，气之聚也，聚则为生，散则为死”，阴阳之气和合凝聚而有了人，人作为万类之一类，挺立于宇宙中。对人，我们应尊重和礼赞之，而不应鄙薄之轻贱之，“域中有四大”，人居其一，因此，老子反对战争，反对杀戮。其次，如何长养生命即“养生”为老子及其道家所重。“摄生”的基本原则在老子看来，是自然随顺。老子反对人为的益生，反对对自然法则的违逆，他说“出生入死。生之徒，十有三；死之徒，十有三；人之生，动之死地，亦十有三。夫何故？以其生生之厚”，过多欲望对生命的保养是个巨大的威胁，故老子主张对欲望进行节制，对五色、五味、五音等进行调节，如果能够知足、知止，那么，便可以知足常足、知止不殆，生命自然可以保全。在保养肉体生命的同时，老子更注重内在精神生命的维护，他说“死而不亡者寿”，即以德立命，此德并非一般的小德，老子更追求上德、大德、至德，故“上善若水，水善利万物而不争”。

在上善上德中获得生命的长存和超越。

老子不仅用“道”来指导生命的保养问题，而且“道”也是治世的根本法则。“道”无为而自然，故明王圣贤治世应无为而治，“圣人处无为之事，行不言之教”，圣王无为故百姓自为，从而达到自然而治，“百姓皆谓我自然”。如何才能无为而自然呢？老子提出了“三宝”的治理智慧，即“慈”“俭”“不敢为天下先”。慈才能尊重和爱护百姓，才能“以百姓心为心”，想百姓之所想、急百姓之所急，才能为百姓而勇毅果敢；俭才能有所节制，不过度不浪费；不为天下先即“让”，不和百姓争，不和民众抢，功成而弗居。因为不争不抢，不邀功请赏，心念百姓，俭吝谦让，故将自然而然得到百姓的拥戴，实现天下的长治久安。

老子以简洁的语言传递着丰富的思想，以辩证的观点表达着深刻的智慧，他的睿智深刻吸引了人们的关注。当今，老子及其《道德经》仍熠熠生辉，以其“光而不耀”的魅力感染着当代国人，以其“和光同尘”的博大影响着当今世界。

第九讲
《论语》导读

商国君

中国古代哲人（春秋时鲁国大夫叔孙豹）曾提出过“人生有三不朽”的著名论断：“太上有立德，其次有立功，其次有立言，虽久不废，此之谓不朽。”（《左传·襄公二十四年》）孔子遗留下的《论语》，可谓三者兼备。《论语》作为儒家经典，曾经对中国古代历史的发展产生过极其巨大而深远的作用和影响，即使在改革开放的当今，《论语》的作用和影响依然无处不在，《论语》中的许多思想内容对于我们仍有一定的借鉴意义和时代价值。因此，我们有必要了解一些与《论语》相关的问题及其主要思想内容精华，以期有益于新时代精神文明的建设。

一、关于《论语》的若干问题

（一）《论语》的作者

即是孔子弟子及再传弟子。关于这一点，已经得到从古至今的一致公认。然而，具体究竟是谁，在此不予考论。

（二）《论语》的命名意义

班固的《汉书·艺文志》：“‘论语’者，孔子应答弟子、时人及相与言而接闻于夫子之语也。当时弟子各有所记，夫子既卒，门人相与辑而论纂，故谓之‘论语’。”

《文选·辩命论》注引傅子说:“昔仲尼既殁,仲尼之徒追夫子之言,谓之‘论语’。”

从这两段话里,可以得到两点认识:(1)“论语”的“论”是“论纂”的意思,“语”是“语言”的意思,“论语”就是把“接闻于夫子之语”“论纂”起来的意思。(2)“论语”的名字是当时就有的,不是后来别人给它的。

北宋初年,刑昺受诏为魏人何晏的《论语集解》作疏,他在序中引郑玄说:“论者,纶也,轮也,理也,次也,撰也。以次书可以经纶世务,故曰纶也;圆转无穷, 故曰轮也;蕴 含万理,故曰理也;篇章有序,故曰次也;群贤集定,故曰撰也”。郑玄在注《周礼》中也谈及《论语》的名称,他说:“答述曰‘语’。以此书所载皆仲尼应答弟子及时人之辞,故曰‘语’。而在‘论’下者,必经论撰,然后载之,以示非妄谬也。 以其口相传授,故经焚书而独存也”。

东汉刘熙在《释名·释典艺》中说:“论语,记孔子与弟子所语之言也。论,伦也,有伦理也。语,叙也,叙己所欲说也。”

元代何异孙在《十一经问对》中主张“论语”是“讨论文义的书”。

徐中舒通过对《左传》《国语》等先秦文献的研究提出:一直到春秋时代,历史记载仍有靠瞽蒙(盲人)背诵、口耳相授的。瞽蒙传诵而经由后人书于简牍的就叫作“语”。这种传习方式恐怕不止于春秋战国。秦汉之间,很多典籍可能还是靠着这种方式在流传。

(三)《论语》的成书时代

《论语》约成书于战国,生成于战国具体哪一时期存在分歧。

冯友兰认为“《论语》成书时总在战国时期”(《中国哲学史史料初稿》)。

钱穆认为《论语》成书于战国末年,“则《论语》之编辑,或在周末秦时?今考书中多有战国末年人串乱之迹 ”(《论语要略》第一章序说）。

杨伯峻：“我们说《论语》著笔当开始于春秋末期，而编辑成书，则在战国初期，大概是接近于历史事实。”“无论如何，《论语》要在《左传》之前”。（《论语译注·导言》）

（四）《论语》的著述表现形式

《论语》是语录体散文著作。《论语》表述文字多为语录，但都言简意赅、辞约义丰。在编排上，《论语》没有严格的编纂体例，每一条就是一章，集章为篇，篇、章之间并无紧密联系，只是大致归类。篇名一般取开头两字，例如《学而》等。

（五）《论语》的版本

《论语》经过秦火和战乱曾一度失传，至汉代复出现若干个传本，最著名的就是《古论语》《齐论语》《鲁论语》三大流派，它们在文字、篇名及篇数上互相都有差异。

1.《鲁论语》

《鲁论语》20篇。汉代的龚奋、夏厚生、夏后建、萧望之、韦贤、宣城、扶卿等人传授之。由于主要在鲁地的学者中传习，故谓之《鲁论语》。汉时还有《〈论语〉解》19篇，均已亡佚。现有清于鬯撰《新定〈鲁论语〉述》20卷、钟文丞撰《鲁论语》1卷、徐养原《〈鲁论语〉续考》1卷，可做参考。

2.《齐论语》

《齐论语》则主要在齐地的学者中传习，全书22篇，其中20篇的章句很多和《鲁论语》相同，只是多出《问王》和《知道》两篇。由于是齐人传授之学，故谓之《齐论语》。此书已亡佚。现有清马国翰辑《齐论语》1卷、清王少兰辑《〈齐论语问王知道〉逸文补》1卷。

3.《古论语》

《古论语》20篇，把《尧曰篇》的“子张”问另分为一篇，于是有了两个《子张篇》。《古论语》是在汉景帝时由鲁恭王刘馀在孔子旧宅中发现的，且其字为蝌蚪文（籀文），故谓之《古论语》。当时并没有传授，仅孔安国为之训解。何晏《论语集解·序》说：“《古论语》，唯博士孔安国为之训解，而世不传。”此书已亡佚。现有清马国翰辑《古论语》6卷。（《玉函山房辑佚书》，收佚书594种。）

4.《张侯论》

西汉末年，汉成帝师张禹精治《论语》，并根据《鲁论语》，参照《齐论语》，另成一论，称为《张侯论》。此本成为当时的权威读本，据《汉书·张禹传》记载，“诸儒为之语曰：‘欲为《论》，念张文。’由是学者多从张氏，余家寖微”。《齐论语》《古论语》不久亡佚。东汉郑玄所注《论语》，即以《张侯论》为底本。郑玄所注《论语郑氏注》，已经佚失（此书久佚，清以来有不少辑佚书）。[①]

此外，还有敦煌和吐鲁番所出唐写本多种。[②]《张侯论》传世至今。

今本据阮元校勘《十三经注疏》本统计，约12000千字（一说约15000字）。现存《论语》20篇492章，其中记录孔子与弟子及时人谈论之语约444章，记孔门弟子相互谈论之语48章。

另，以杨伯峻《〈论语〉译注》为例统计如下：

《学而》16章493字；《为政》24章579字；《八佾》26章689字；《里仁》26章501字；《公冶长》28章869字；《雍也》30章816字；《述而》38章873字；《泰伯》21章613字；《子罕》31章806字；《乡党》27章642字；《先进》26章1054字；《颜渊》24章992字；《子路》30章1035字；《宪问》44章1340字；《卫灵公》42章904字；《季氏》14章863字；《阳货》26章1019字；《微子》11章618字；《子张》25章824字；《尧曰》3章

① 参见孙启治、陈建华编：《古佚书辑本目录（附考证）》，中华书局，1997年。

② 参见王素编著：《唐写本论语郑氏注及其研究》，文物出版社，1991年。

370字。以上各篇，篇名字数未计在内。计512章，字数约为15900字。

5.《定州汉墓竹简〈论语〉》

1973年，河北省文物管理处和定县博物馆在河北定县40号汉墓（西汉中山怀王刘修墓）发掘出大批竹简。其中有《论语》620枚简，多为残简。简长16.2厘米，宽0.7厘米。每简约书19—21字不等。竹简两端和中简各有一道编绳，出土时尚保留有连缀的痕迹。残简的释文共有7576字，不足今本《论语》的二分之一。其中残存文字最少的为《学而》篇，仅有20字；残存文字最多的为《卫灵公》篇，有694字，可达今本本篇的77%。简本《论语》与今本《论语》在篇章的分合上也多有不同：如简本《乡党》“食不厌精”至“乡人饮酒”，今本分为二、三、五章的都有，而简本仅为一章；“雷风烈必变”与“升车”，今本分为两章，而简本也只是一章。《阳货》“子贡曰君子有恶乎”今本为一章，而简本则同上面“子路曰”合为一章。特别是《尧曰》篇，今本为三章，而简本则为两章；今本的第三章在简本中用两个小圆点与上间隔，用两行小字抄写在下面，好像是附加的一些内容。在题写章节与字数的残简中，有一枚记《尧曰》篇“凡二章，凡三百廿二字”，则知简本《尧曰》只有两章，与今本不同。此外各章文字与今本也有不少出入。

简本《论语》虽是残本，但因中山怀王刘修死于汉宣帝五凤三年（前55），所以它是公元前55年以前的抄本。当时世有《鲁论语》《齐论语》《古论语》三种《论语》存在，因此简本《论语》的出土为研究《论语》的版本流传提供了新的材料（具体可参阅1997年文物出版社出版，河北省文物研究所和定县汉墓竹简整理小组合编的《定州汉墓竹简〈论语〉》）。

（六）《论语》的内容

《论语》者，孔子应答弟子、时人及弟子、相与言而接闻于夫子之语也（班固《汉书·艺文志》）。《论语》一书比较忠实地记述了孔子及其弟子的言行，也比较集中地反映了孔子的思想。

从今天的角度看，《论语》有些类似于课堂笔记或谈话记录的整理，其所涉及的内容极为广泛，并且显得零星而不连贯、不集中。因为孔子“述而不作，信而好古”（《论语·述而》），所以《论语》成为孔子所创立的儒家思想文化的主要文字载体。

如果按现代学科进行分类，可以将《论语》的内容按照不同标准分门别类，如孔子的天命思想、孔子的伦理思想、 孔子的政治思想、孔子的经济思想、孔子的教育思想、孔子的史学思想、孔子的文艺思想等等。

（七）《论语》一书的性质

一是“十三经”之一。

“十三经”是指儒家的十三部经典著作，分别指《周易》《尚书》《诗经》《周礼》《仪礼》《礼记》《春秋左传》《春秋公羊传》《春秋谷梁传》《论语》《孝经》《尔雅》《孟子》。

“十三经”形成时间过程简表

时代	经书书	经书名
先秦	六经	《诗》《书》《礼》《乐》《易》《春秋》
秦汉	五经	《易》《诗》《书》《礼》《春秋》
初唐	九经	《易》《书》《诗》《周礼》《仪礼》《礼记》《春秋左传》《春秋公羊传》《春秋谷梁传》
晚唐	十二经	《易》《书》《诗》《周礼》《仪礼》《礼记》《春秋左传》《春秋公羊传》《春秋谷梁传》《论语》《孝经》《尔雅》
南宋	十三经	《易》《书》《诗》《周礼》《仪礼》《礼记》《春秋左传》《春秋公羊传》《春秋谷梁传》《论语》《孝经》《尔雅》《孟子》

二是研究孔子思想的基本史料。

三是儒家文化的主要文字载体。

（八）《论语》（孔子）的思想核心

1. 仁

从古至今，绝大多数学者认同孔子——《论语》思想体系的核心是仁。

2. 礼

现代有学者认为孔子——《论语》思想体系的核心是礼。代表是蔡尚思先生。其代表作是《孔子思想体系》（上海人民出版社 1982 年版）。

3. 仁内礼外

本人认同此观点，具体详论请参阅拙著《先秦儒家仁学文化研究》（陕西师范大学出版社 1998 年版）。

（九）《论语》的思想渊源及其主要成就

《论语》的思想源于中国农耕文化观念。

考古学证据表明，中国是世界农业的起源中心之一。中国新石器时代的农业遗址已经发现了成千上万，分布在从岭南到漠北、从东海之滨到青藏高原的广阔大地上，尤以黄河流域和长江流域最为密集。黄河流域以仰韶文化和龙山文化为代表，长江流域以河姆渡文化和良渚文化为代表。从母系氏族社会过渡到父系氏族社会，个体家庭逐渐成为农业生产的基本单位，父权制逐渐形成。农耕必须定居生产，于是房屋、土地成为固定财产，并且逐渐从公有财产过渡到私有财产。伴随着社会生产生活的发展变化，各种相应观念渐次形成，诸如在男耕女织分工的基础上形成男主外女主内的观念，以及内外有别、父死子继、子承父业、财产守卫等等，并且逐渐形成内敛式思维形式。历经夏、商、西周，形成家国一体的宗族制国家，将农耕观念凝聚固化形成礼乐制度文化。《论语》的思想直接继承发展了西周的礼乐制度文化，并使之进一步理论化，这也是《论语》的主要成就。

（十）《论语》的历史认同和影响

《论语》内容涉及政治、教育、文学、哲学以及立身处世的道理等诸多方面，自汉武帝“罢黜百家，独尊儒术”之后，定《论语》为专门之学，设博士专门研究、传授。它被尊为“五经之輨辖，六艺之喉衿”（东汉赵岐说：“《论语》者，‘五经’之輨辖，‘六艺’之喉衿也。”），既是研究孔子及儒家思想尤其是原始儒家思想的第一手资料，也是中国两千多年来政治和社会伦理的基石。

唐吴道子孔子画像“先师孔子行教像”题词、楹联高度概括了孔子（《论语》）的历史认同和影响。其题词为：“德侔天地、道贯古今、删述六经、垂宪万世”。其楹联为：“学为人师学不厌”“行为世范教不倦”。

据说北宋政治家赵普曾有“半部《论语》治天下”之说。无论确有与否，它从一个侧面反映出此书在中国古代社会所发挥的作用与影响之大。“半部《论语》治天下”的典故，最早出自南宋朱熹（1130—1200）谢世之后，一个叫林駉（具体生卒年未详）的人所撰《古今源流至论》前集卷八《儒吏》所记：“赵普，一代勋臣也，东征西讨，无不如意，求其所学，自《论语》之外无余业。”赵普所学的书籍，除了《论语》之外，没有别的了。在这段话下面，有个小注，写着这样的话：“赵普曰：《论语》二十篇，吾以一半佐太祖定天下”。

与这个典故有关的另一位人物是罗大经（约1196—1252）。在其所撰《鹤林玉露》中有这样的记载：“杜少陵诗云：‘小儿学问止《论语》，大儿结束随商贾。’盖以《论语》为儿童之书也。赵普再相，人言普山东人，所读者止《论语》……太宗尝以此语问普，普略不隐，对曰：‘臣平生所知，诚不出此。昔以其半辅太祖定天下，今欲以其半辅陛下致太平。’”这个记载说明《论语》在当时“为儿童之书”，当过私塾先生的赵普自然熟悉。罗大经在此比林駧在《儒吏》中所记载的话，除了前半句的文字有所不同外，还多了后半句“今欲以其半辅陛下致太平”，并且说明了具体时间，是“赵普再相”后，听到人们说赵普所读的书就只有《论语》，于是宋太宗就此问赵普，赵普毫不隐瞒，并说出上面的话。

南宋时朱熹将《大学》《论语》《孟子》《中庸》合为“四书”，使之在儒家经典中的地位日益提高，甚至成为经中之经。

元代延佑（1314—1320）年间，科举开始以“四书”开科取士。直到清朝末年推行洋务运动，废除科举（1905）之前，《论语》一直是学子士人推施奉行的金科玉律。

近代以来，特别是五四运动以来，孔子的地位沉浮飘忽颠簸不定，《论语》也随之历尽沧桑，成为封建文化的象征被列为批判否定的对象。虽然如此，其影响依然，并且逐渐又重新得到社会的重视和新诠释下的认同。

《论语》中的某些句子，被历代传诵，成为名言警句或者成语，其例众多，可谓俯拾皆是。在此不拟赘述。

（十一）《论语》历代注疏的代表作

日本学者林泰辅（1854—1922）在《论语年谱》中所著录的便达3000种之多，加之其所未见者，应在3000种以上。从民国至今，历年新研诠释者络绎不绝，数量可观。

历代主要注疏代表作：

郑玄《论语郑氏注》，东汉最有名，魏晋以来， 逐渐被何晏《论语集解》取代。

何晏《论语集解》，所集8家，有孔安国、包咸、周氏、马融、郑玄、 陈群、王肃、周生烈。孔安国是指西汉孔安国，包咸、周氏、马融、郑玄是东汉人，陈群、王肃、周生烈是三国魏人。这是现存最早的完整注本，收入阮元校刻《十三经注疏》。

皇侃《论语集解义疏》，《皇疏》主要是疏何晏的《论语集解》。

邢昺《论语正义》，邢昺给何晏《论语集解》作的疏，收入阮元校刻《十三经注疏》。

朱熹《论语集注》。

刘宝楠《论语正义》。

程树德《论语集释》，资料征引丰富。

杨树达《论语疏证》。本书将三国以前所有征引《论语》或者和《论语》有关的资料都依《论语》原文疏列，有时出己意，加按语。

杨伯峻《论语译注》，中华书局，1980 年。

李泽厚《论语今读》，安徽文艺出版社，1998 年。

（十二）研究孔子及其弟子的参考资料

司马迁《史记・孔子世家》《史记・仲尼弟子列传》。

李启谦《孔门弟子研究》，齐鲁书社，1988 年。

匡亚明《孔子评传》，南京大学出版社， 1990 年。

姜义华主编《孔子一周秦汉晋文献集编》，复旦大学出版社，1990 年。

李启谦、王式伦编《孔子弟子资料汇编》，山东友谊书社，1991 年。

李启谦、骆承烈、王式伦编《孔子资料汇编》，山东友谊书社，1991 年。

孙星衍等辑、郭沂校补《孔子集语校补》，齐鲁书社，1998 年。

二、《论语》思想精要导读

学者们认为《论语》的思想核心是“仁”或“礼”，都有各自的道理或论据，但是，如果从辩证或实际的情况分析，均有偏执一端或片面的不妥之处。稳妥或可能接近作者真实意愿的是“仁”“礼”密切结合、内认同与外践履合一。由是，《论语》构建了内仁外礼的庞大丰富深邃切实的伦理体系，并且渐次以此为基础向外推扩，如伦理政治体系等。

“仁”是人内在精神认同的理念或理论，“礼”是人认同“仁”的理念或理论的外在表现的约束形式。内仁外礼结合，构成“人学”——“仁学”。因此，我们也可以认为《论语》的“仁学”思想体系，探讨的核心即是“人之所以为人”，也就是如何做一个名实相符的人。围绕着这一核心，形成仁、义、礼、智、信，温、良、恭、俭、让，学、习、思、问、行，省、律、戒、穷、达，教、化、德、刑、政，忠、孝、节、勇、毅，乃至欲、利、神、鬼、命等一系列概念范畴。这些归结起来，就是做人——为什么做人、做什么样的人、如何做人。

（一）为什么做人

关于人的概念定义，古今中外，林林总总，不胜枚举。例如《礼记·礼运》：“人者，天地之德，阴阳之交，鬼神之会，五行之秀气也。”《尚书·泰誓》：“惟天地万物之母，惟人万物之灵。”莎士比亚《哈姆雷特》：“天地之精华，万物之灵长。”《现代汉语词典》对人的解释是“能制造工具并能熟练使用工具进行劳动的高等动物。”孔子及《论语》侧重强调的是人兽之别：“子游问孝。子曰：‘今之孝者，是谓能养。至于犬马，皆能有养；不敬，何以别乎？’”（《论语·为政》）孔子批评当时“孝者”的认识行为，只是仅仅达到“能养”水平而已，这样的水平只能与犬马画等号。必须要“敬”，“不敬，何以别乎”？敬——发自内心的自我自觉认同，并且与外在行为吻合如一。例如“恭敬”“恭恭敬敬”，今天已经转化为偏义词，偏重在“恭”——外在有形可见的行为仪态，然而，恭的行为仪态，与内在意识有时不一定完全吻合，有时甚至是彼此脱节的。例如父母教育批评孩子，孩子有时根本没有当回事，甚至内心有抵触情绪，然而，出于畏惧或可能的肉体疼痛，表面上却毕恭毕敬、唯唯诺诺、应答如流。因此，孔子特别强调，孝一定要发自内心，并且要内外吻合如一。这是人兽的根本区别。简要说，为什么做人？就是要人兽有别。

（二）做什么样的人

《论语》中将人分为四类，即圣人、仁人、君子、小人。圣人——孔子理想中的道德楷模，但也不是尽善尽美的完人，也存在不足。例如："子贡曰：'如有博施于民而能济众，何如？可谓仁乎？'子曰：'何事于仁，必也圣乎！尧舜其犹病诸！'"（《论语·雍也》）仁人——仅次于圣人之人，也很难达到。例如："子曰：'若圣与仁，则吾岂敢？抑为之不厌，诲人不倦，则可谓云尔已矣。'"（《论语·述而》）君子——具有认同儒家的道德修养的人。与圣人、仁人相比较，君子则较为容易达到。任何人只要认同儒家的道德理论，并且努力践行，循序渐进，逐渐累积，持久如一，则会慢慢接近其要求。小人——相对于君子，即道德卑劣之人。

《论语》对君子做了详尽的论述，例如：

君子务本，本立而道生。孝弟也者，其为仁之本与？（《论语·学而》）强调人的根本始于孝悌而后推广之。

子曰："君子不器。"（《论语·为政》）君子应该是全面发展的人。

子曰："君子欲讷于言，而敏于行。"（《论语·里仁》）君子应该尽量少说多做快做。

吾闻之也，"君子周急不继富。"（《论语·雍也》）君子应该帮助需要帮助的人。

子曰："质胜文则野，文胜质则史。文质彬彬，然后君子。"（《论语·雍也》）君子要不偏不倚，遵循中庸原则，力争做得恰到好处。

子曰："君子道者三，我无能焉：仁者不忧，知者不惑，勇者不惧。"

子贡曰："夫子自道也。"（《论语·宪问》）君子需要同时具备仁、智、勇——所谓"三达德"。

司马牛问君子。子曰："君子不忧不惧。"曰："不忧不惧，斯谓之君子已乎？"子曰："内省不疚，夫何忧何惧？"（《论语·颜渊》）君子没有什么忧虑和惧怕的，是因为内省反思没有做过愧疚的事。

孔子曰："君子有九思：视思明，听思聪，色思温，貌思恭，言思忠，事思敬，疑思问，忿思难，见得思义。"（《论语·季氏》）君子行事的诸多追求。

子贡曰："君子之过也，如日月之食焉：过也，人皆见之；更也，人皆仰之。"（《论语·子张》）君子也会有过错，但是并不讳疾忌医，而是能够做到知错即改。

子曰："富与贵是人之所欲也，不以其道得之，不处也；贫与贱是人之所恶也，不以其道得之，不去也。君子去仁，恶乎成名？君子无终食之间违仁，造次必于是，颠沛必于是。"（《论语·里仁》）君子也有欲求，但君子的欲求要符合"道"，不论何时何地何种情况都应遵循"仁"的要求去做。

《论语》论述君子，有时与小人进行比较，以凸显君子的品质行为。例如：

> 子曰："君子周而不比，小人比而不周。"（《论语·为政》）
>
> 子曰："君子怀德，小人怀土；君子怀刑，小人怀惠。"（《论语·里仁》）
>
> 子曰："君子喻于义，小人喻于利。"（《论语·里仁》）
>
> 子曰："君子坦荡荡，小人长戚戚。"（《论语·述而》）
>
> 子曰："君子成人之美，不成人之恶。小人反是。"（《论语·颜渊》）

子曰："君子和而不同，小人同而不和。"（《论语·子路》）

子曰："君子泰而不骄，小人骄而不泰。"（《论语·子路》）

子曰："君子上达，小人下达。"（《论语·宪问》）

孔子曰："君子有三畏：畏天命，畏大人，畏圣人之言。小人不知天命而不畏也，狎大人，侮圣人之言。"（《论语·季氏》）

子曰："君子义以为上。君子有勇而无义为乱，小人有勇而无义为盗。"（《论语·阳货》）

（三）如何做人

按《礼记·大学》所言，就是"自天子以至于庶人，一是皆以修身为本"。就是认同人学——仁学的伦理道德理论体系，内心认同仁，外在行为以礼约束，做到仁礼有机结合、内外如一。如果遇到需要权变判断选择，其标准就是"义"。君子首先以义（宜）做出判断取舍，然后遵循"礼"、"孙"（逊）、"信"付诸实施。例如："子曰：'君子义以为质，礼以行之，孙以出之，信以成之。君子哉！'"（《论语·卫灵公》），"性相近也，习相远也"（《论语·阳货》）。人的先天自然属性是彼此相似的，人的后天学习实践导致在社会属性上出现天壤之别。

礼的本质是等级性，"礼别异"。（《荀子·乐论》）表现为外在差异的方式主要通过"仪、质、数"来实现。"仪"——外在形式或情态，"质"——物品的构成质地，"数"——数量。"礼之用，和为贵"（《论语·学而》），礼有很多功用，最主要的就是追求有序和谐。

《论语》认为，"仁"的根本是孝悌。例如："君子务本，本立而道生。孝弟也者，其为仁之本与！"（《论语·学而》）儒家的孝悌等伦理都是主张双向互动的，后世形成"百善孝为先"的观念认同。

“仁”通过什么予以体现？“樊迟问仁。子曰：‘爱人’。”（《论语·颜渊》）儒家的“爱人”是有差等的，可以分为三个层次。首先是爱有血缘关系的群体的人，血缘关系有远近亲疏的区别。其次是爱有共同利益群体的人，利益获取具体又有大小多少差别。最后是爱天下所有的人，即是博爱。

怎样做才能达到“仁”的标准呢？这就是“克己复礼为仁”。(《论语·颜渊》)“克己”——始于自我克制，战胜自我的某些不良的欲望。“复礼”——预设目的——恢复周礼，做到一切都循礼而行。“非礼勿视，非礼勿听，非礼勿言，非礼勿动。”（《论语·颜渊》）“为仁”——判断肯定的标准。

自我加强修养。《论语》主张首先向内深入发掘，“由己”“为己”“求诸己”。

例如：“为仁由己，而由人乎哉？”（《论语·颜渊》）强调人的主观能动性、自觉性——自我做主、自我选择、自我认同、自我调控。“古之学者为己，今之学者为人。”（《论语·宪问》）增进知识，提高修养，不断完善自我，而不是给别人看或作为炫耀的资本。“子曰：‘君子求诸己，小人求诸人。’”（《论语·卫灵公》）遇到问题，努力自己解决或寻求问题的原因。

修养的过程中，还要不断地自我反省，找出可能存在的不足。例如：“曾子曰：‘吾日三省吾身，为人谋而不忠乎？与朋友交而不信乎？传不习乎？’”（《论语·学而》）

修养——修己源于内诚而后向外层层推广之 。例如：“子路问君子。子曰：‘修己以敬。’曰：‘如斯而已乎？’曰：‘修己以安人。’曰：‘如斯而已乎？’曰：‘修己以安百姓。修己以安百姓，尧舜其犹病诸！’”（《论语·宪问》）

在处理自己与他人关系时，《论语》主张“忠恕”。例如：“子曰：‘参乎！吾道一以贯之’。曾子曰：‘唯。’子出，门人问曰：‘何谓也？’

曾子曰：‘夫子之道，忠恕而已矣。’”（《论语·里仁》）“恕”相对消极，就是推己及人，“己所不欲，勿施于人”（《论语·颜渊》）。“忠”相对积极，做到先人后己，“己欲立而立人，己欲达而达人”（《论语·雍也》）。

修养的主要途径就是学习。《论语》中载有孔子自述学习及达到的阶段境界。如：“子曰：‘吾十有五而志于学，三十而立，四十而不惑，五十而知天命，六十而耳顺，七十而从心所欲，不逾矩。’”再如：“子曰：‘三人行，必有我师焉。择其善者而从之，其不善者而改之’”。（《论语·述而》）

修养推广的方式主要是教化。教——宣传、鼓励、教育。化——率身垂范，做出榜样。例如：“子曰：‘道之以政，齐之以刑，民免而无耻；道之以德，齐之以礼，有耻且格。’”（《论语·为政》）“季康子问政于孔子。孔子对曰：‘政者，正也。子帅以正，孰敢不正？’”（《论语·颜渊》）“子路问政。子曰：‘先之，劳之。’请益。曰：‘无倦。’”（《论语·子路》）“子曰：‘其身正，不令而行；其身不正，虽令不从。’”（《论语·子路》）“为政以德，譬如北辰，居其所而众星共之。”（《论语·为政》）“子曰：‘苟正其身矣，于从政乎何有？不能正其身，如正人何？’”（《论语·子路》）

修养的目标，“修己以敬”“修己以安人”“修己以安百姓”。用孟子的话进行概括，就是“达则兼济天下，穷则独善其身”（《孟子·尽心上》）。顺序是先人后己。

《论语》中关于如何做人的认知和践履的历程，《礼记·大学》曾做出过高度概括：“物格而后知至，知至而后意诚，意诚而后心正，心正而后身修，身修而后家齐，家齐而后国治，国治而后天下平。”格物、致知、诚意、正心、修身、齐家、治国、平天下。

如何进行验证，具体方法就是“正名”，使之名实相符。孔子极为重视“正名”，一部编年史《春秋》，即是为“正名”而作。《论语·子路》篇的论述可以证明：“子路曰：‘卫君待子而为政，子将奚先？子曰：’必也正名乎！’子路曰：‘有是哉，子之迂也！奚其正？’子曰：‘野哉，由也！君子与其所不知，盖阙如也。名不正则言不顺，言不顺则事不成；事不成，则礼乐不兴；礼乐不兴，则刑罚不中；刑罚不中，则民无所措手足。故君子名之必可言也，言之必可行也。君子于其言，无所苟而已矣。’”

限于篇幅，《论语》思想精要简略导读如上。如前所述，《论语》的思想内容博大精深，还需要不断深入发掘，以期古为今用，进而促进社会精神文明建设。

第十讲
《孟子》导读

周淑萍

《孟子》是儒家经典之一，位列“十三经”最后一经，也是“四书”最后一书。《孟子》中所蕴含的政治、伦理、哲学、教育等思想，不仅对中国古代社会思想的发展产生了巨大的影响，而且对中华民族的性格塑造和道德情操的培养也起着至关重要的作用。今天我们以科学、冷静的态度研究《孟子》，历史、辩证地分析《孟子》，对于我们正确地把握《孟子》思想，批判地继承祖国这一重要文化遗产是十分必要的。

一、《孟子》其书

（一）《孟子》成书及作者

关于《孟子》的成书时间及作者，古今有三种不同的看法。其一，以东汉赵岐、南宋朱熹为代表，认为该书完成于孟子生前，作者是孟子自己。其二，以唐代韩愈、北宋苏辙为代表，认为该书是在孟子死后，由其弟子万章、公孙丑等共同记述。其三，根据司马迁在《史记·孟荀列传》中所说，孟子周游列国，因所述“唐虞三代之德”与“所如者不合”，不被采纳，于是“退而与万章之徒序《诗》《书》，述仲尼之意，作《孟子》七篇”，由此人们认为《孟子》一书在孟子生前已基本完成，主要作者是孟子自己，但有其弟子万章、公孙丑等参与写作。我们认为司马迁的话应该是比较可信的，他距孟子生活的时代较近，所见到的和所听到的比后人多且更为确实，所以第三种说法最接近事实。

（二）《孟子》篇目

《史记·孟子荀卿列传》记载，《孟子》共有七篇，这七篇就是我们今天所见到的《梁惠王》《公孙丑》《滕文公》《离娄》《万章》《告子》《尽心》。据班固《汉书·艺文志》记载，《孟子》有十一篇。除流传于今的七篇外，还有外书四篇，即《性善辩》《文说》《孝经》《为政》。赵岐认为外书是后人伪托之作，“其文不能弘深，不与内篇相似，似非《孟子》本真，后世依放而托之者也”，因此不给它作注，以后便逐渐亡佚了。

《孟子》七篇都是取首章第一、二句中二三字为篇名，并无实际意义。

（三）《孟子》地位变迁

《孟子》在汉代已受到相当重视，但其地位远不能同儒家经典相比。当时人们普遍只把它看作辅翼“经书”、解释经义的传。汉文帝时，曾为《论语》《孝经》《孟子》《尔雅》置博士，称作“传记博士”。王充在《论衡·对作篇》说：“杨墨之学不乱传义，则孟子之传不造。”

魏晋至隋，孟子地位沉寂。唐时孟子地位开始崛起，这要归功于杨绾、韩愈、皮日休的表彰。宋神宗熙宁年间，《孟子》升为兼经，成为科举取士的试士内容。其中，王安石贡献尤大。王安石非常推崇孟子，引为知音，曾写有一首诗表达他对孟子的崇敬之情：

欲传道义心犹在，强学文章力已穷。
他日若能窥孟子，终身何敢望韩公？

王安石借科举改革之机，把《孟子》一书升为兼经，以此作为士人科考之目，奠定了《孟子》在经书中的地位。南宋孝宗时，朱熹将《论语》《孟子》与《礼记》中的《大学》《中庸》两篇合在一起，称为“四书”，并悉心为之作注，确立了《孟子》在经部的地位。元明清三代，“四书”被定为科举考试的科目，《孟子》成为士人学子必读之书。

二、《孟子》思想要义：内圣外王

（一）人性本善

人性问题是中外哲学家都特别重视的问题。人性问题的提出，是人类认识的一大进步，标志着天和上帝的权威开始动摇，人的地位逐渐上升，人们的视线已从天和上帝的神坛上转移，而观照人本身。

性善论是孟子伦理道德和仁政学说的理论依据，在孟子思想中占有非常重要的地位。梁启超评价孟子，认为孟子在文化史上有特别贡献者二端：一，高唱性善主义，教人以自动地扩大人格。在哲学上及教育学上成为一种有永久价值之学说。二，排斥功利主义。其用意虽在矫当时之弊，然在政治学、社会学上最少亦代表一面真理。

春秋时，孔子曾提出“性相近，习相远也”（《论语·阳货》）的观点，但未做详细的说明。战国时，人性问题成为哲学家争论关注的热点。战国中期，大致已有四种关于人性问题的不同说法：第一，告子主张的性无善、无不善说；第二，世硕、宓子贱、漆雕开等主张的可以为善、可以为不善说；第三，公都子等主张的有性善、有性不善说；第四，孟子主张的性善说。前三说都不曾肯定人性是善还是恶，只有孟子明确坚持人性善，孟子认为人与生俱有“良知”“良能”，并做了系统和深入的论证。

孟子主张性善论，有两个重要依据。第一个是心理情感依据，他认为人与生俱有四种心理情感，这就是“恻隐之心”“羞恶之心”“辞让之心”“是非之心”。他认为此“四心”“人皆有之”。正因为有此“四心”，所以人性为善。孟子思想中没有基督教的原罪观念。第二个是事实依据。

他说："所以谓人皆有不忍人之心者，今人乍见孺子将入于井，皆有怵惕、恻隐之心，非所以内交于孺子之父母也，非所以要誉于乡党朋友也，非恶其声而然也。"（《孟子·公孙丑上》）人们乍见小孩将落入井中，都会产生惊惧怜悯之情，产生此种心情，不是因为与孩子的父母有交情，也不是想博取乡邻的赞誉，更不是因为讨厌孩子的呼救声，完全是自然而然的，是人性中善的情感的自然呈现。由此亦可证明儒家非常重视人的情感，并不是唯礼主义者。

孟子的"性善"论回答了道德的起源，为中国古代的伦理道德提供了内在依据。从孟子的性善论出发，人们遵循道德规范，不仅是应该如此，而且是必须如此，只有在遵循道德规范中，才能成就为一个真正意义的人。

由于孟子人性论肯定了人人生而俱有"四心"，"四心"又是仁义礼智的发端，仁义礼智则是理想人格的基本规定，循此逻辑发展，就意味着每一个主体先天内在具有理想人格规定的萌芽，它是主体自我实现的内在根据与出发点，为主体成就理想人格提供了可能，主体实现理想人格的过程就是先天潜能展开、完善的过程。只要人们持之以恒，努力完善自身固有的善心，"人皆可为尧舜"。孟子人性论为人们开拓出内圣之路。更为重要的是，因为孟子的人性论肯定了人在先天道德上的平等，人们出生、生存的外在环境固然有高下之分，决定了人们的身份地位相应有别，但是在孟子看来，这是次要的，因为在决定人之为人的道德性上，人们先天站在同一平台上，是平等的。孟子这一思想为后世许多身处贫寒的仁人志士以极大的精神鼓舞，他们孜孜不倦恒心向善，面对权势与富贵敢于挺起脊梁而毫无愧色，因为在人的规定性的道德性上，他们并不输于任何人。这是孟子人性论的魅力所在，也是几千年来孟子性善论能够独领风骚、为人们情所独钟的重要原因所在。

钱穆先生指出，孟子的性善论包含两层意义：一是启迪人们向上的自信；二是鞭促人们向上努力。（《孟子要略》）

（二）养心寡欲

既然人性为善，为何社会中会充满争斗与杀戮？为何现实生活总有不善的行为和不善的人？孟子认为“人为不善”，非天生如此，“若夫为不善，非才之罪也”（《孟子·告子上》）。“人为不善”，既有客观原因，也有主观原因。具体而言有以下几个重要原因：

一是人的生理欲望。孟子说：“凡同类者，举相似也。”（《孟子·告子上》）人类既有思想意识的共性，也有耳目鼻口等感官欲求的共性。他说：“口之于味也，有同耆焉；耳之于声也，有同听焉；目之于色也，有同美焉。至于心，独无所同然乎？”（《孟子·告子上》）孟子认为追逐感官欲望既是人的自然天性，更是人的生理欲望使然。值得注意的是，孟子并不认为人的生理欲望是人性，他视之为兽性，因为对味声色的追逐，人兽无别。而人往往就是在追逐欲望的过程中失去了良知、善性。

二是后天环境等各种因素对人的陷溺。他说：“富岁，子弟多赖；凶岁，子弟多暴。”（《孟子·告子上》）丰收年景，少年子弟由于衣食无忧而好吃懒做；灾荒年头，少年子弟又由于缺吃少穿而胡作非为。并非少年子弟天性如此，而是因为环境的影响使他们迁恶远善，就如农夫种麦，种子和播种的时间完全相同，但由于土质肥瘠、雨水多寡、管理好坏造成各处麰麦生长不同，收获自然不同。因此人应调动主观自觉，加强自身道德修养，经受住后天环境以及各种外在因素的考验，免使自己沦为不善。

三是人们主观放弃，孟子称之“放其良心”。值得注意的是，孟子所说的人性善，实质是指人具有为善的可能性。人只是生而具有善的萌芽和发端，是一种潜在的道德意识，并且这善的萌芽和发端既不完善也不牢固，由善的萌芽和发端到善，尚须经过扩充、完善。譬如五谷，虽是“种之美者也。苟为不熟，不如荑稗。夫仁，亦在乎熟之而已矣”（《孟子·告子上》）。不知扩充和培养，“放其心而不知求”，就会陷于不善。就像牛山的树木，本来郁郁葱葱，由于地处城郊，人们以“斧斤伐之”“牛羊牧之”，反复如此，终于成为濯濯荒山。“人见其濯濯也，以为未尝有材焉，此岂山之性也哉？”（《孟子·告子上》）同样，人为不善，并非人性不善。

在孟子看来，人都有善的本质，但这种善会因后天外物的影响而遮掩，从而表现出暂时的消失状态，而一旦受到真善美的刺激，这种善又会焕发出新的生机。

据说这是一个真实故事，一个犯罪分子被警察团团围住，情急之下，他抓住一个孕妇作为人质。可能是由于紧张，孕妇竟然提前生产，疼痛难忍，时间在一分一秒地流失，耽搁得越久，孕妇越危险。警察劝他放了孕妇。可一旦放了人质，他就要被抓或者被击毙。一面是疼痛难忍的孕妇和一个即将出世的小生命，一面是自己的前途，无论选择哪一个，都意味着另一个的失去。最后他放下枪，并请求说：“我是医生，可以帮她接生，现在送她去医院已经来不及了。”在他再三请求下，警察最终同意他给孕妇接生。婴儿平安出生，他也赢得了围观者赞许的掌声。他虽然因为某些原因而犯罪，但心中本有之善并未泯灭，良知唤起了他对生命的敬畏，也让他做出了不一样的抉择。

人性本是善的，但由于会受到外物的影响而使其可能被遮掩，这种人性之善就更需要精心的护持。因此孟子提出一系列的道德修养方法。

1. 思诚

所谓诚，即真实、不妄。在孟子看来，人的真实就是生而俱有仁义礼智之“端”，所以“诚”的内涵就是仁义礼智。孟子认为虽然人们生而俱有仁义礼智之“端”，并且就存在于人们心中；但是在人们从主观上自觉地意识到它的存在，并牢牢地把握住它之前，只是一种盲目的主观精神。要使人们从主观上自觉地意识到和把握住自身具有的善性，人们需要发挥“心之官”思的功能，认真“思诚”，“思则得之，不思则不得也”。心既是天赋善性所在，同时又是思维器官，本身具有认识事物的能力，所以人们不须外求，只要发挥心的能动作用，向内心世界下功夫，体察反省，就能认识和把握先天俱有的善性。这样，孟子不仅为儒家反躬内省、自我省察的思想提供了理论依据，而且使其更加完善和哲理化了。

2. 养心

孟子说：“养心莫善于寡欲。其为人也寡欲，虽有不存焉者寡矣。”（《孟子·尽心下》）

在所有的生命形式当中，大概要算人最复杂了，有物质欲望，也有精神欲望。人类社会的发展，在某种程度上来说，离不开欲望的驱使。人类物质文明的历史其实就是不断满足人类欲望的历史。因为想要飞上蓝天，于是制造出飞机、飞船；因为追求舒适安全，所以建起了遮风避雨的房屋、宫殿、楼宇。孟子并不一概否定欲望，他说：“富，人之所欲也”，“贵，人之所欲也”，“好色，人之所欲也”，正常的欲望无可厚非。但欲望有时也是陷阱，欲望愈多，愈强烈，对心理的压力也就愈大。

孟子提出的养心寡欲，既是一种自我释放心理压力的方法，也是道德修养的方法。因为物欲越多，为善之心越小；物欲少，善心纵有丧失，也不会很多。因此孟子主张人们应尽力克制欲望，以确保善心不致丧失；减少欲望，避免因欲望太盛而扰乱身心。

寡欲能使人战胜物欲的诱惑。人的一生当中遇到的诱惑实在太多，不甘于清贫，摆脱不了诱惑，就可能使做出不仁不义的事来，而先圣先贤能够战胜诱惑，清正耿介，坚守仁义，就是因为他们做到了养心寡欲。相传曾子常穿着褴褛的衣衫耕田，鲁国国君知道后，决定给他一块封地，但曾子坚决不接受，并说：“受人者怕人，送人者骄人。即使你不骄，我能不怕吗？”孔子说：“仁者无忧”。（《论语·子罕》）摒弃了生活中许多诱惑，跨过了许多障碍之后，就能达到“仁者不忧”的境界。

孟子虽然主张“养心莫善于寡欲”（《孟子·尽心下》），但其出发点是在强调人们尤其是君子应该注重道德修养，因而并不是反对人们追求物质利益。孟子成名后，周游列国，车马随从甚众，场面气派，所到之处，诸侯贵戚盛情款待。弟子对此不理解，质疑这不符合儒家所倡导的君子不言利的精神。孟子解释说：“非其道，则一箪食不可受于人；如其道，则舜受尧之天下，不以为泰。”（《孟子·滕文公下》）也就是说，问题的关键是要看是否违背道义，有道，利再大也不为过，无道，利再小也不为。

3.“求其放心”，即找回已放失的善性

孟子说：“学问之道无他，求其放心而已矣。”（《孟子·告子上》）通过学习，认识和了解人的心性，知道人心本善，懂得人的“良贵”所在，这样就能弃恶迁善，找回丢失的善性。他认为“放其心而不知求”是非常可悲的。

4.扩充善端

孟子认为人们保存了善端，找回了放失的善心，并不意味着就已成为道德高尚的完人，因为这些天赋的善端只是仁义礼智四德的萌芽，必须经过扩充，才能成熟，成为仁义礼智四德。他说：“凡有四端于我者，知皆扩而充之矣，若火之始然，泉之始达。”（《孟子·公孙丑上》）“四端”经过扩张，便会如始燃之火，终必汇成熊熊烈焰，如始达之泉，终必汇成江河。而且“苟能充之，足以保四海；苟不充之，不足以事父母”（《孟子·公孙丑上》）。孟子从正反两方面强调了扩充善端在实际生活中的重要作用。

从其人性论出发，孟子提出了他的人生价值观。他认为人活着不仅仅是为了满足自己的物质欲求，所以声色货利，富贵荣华并不是人生真正价值所在；人的真正价值在于完善和实现自身生而固有的善性，成为仁义礼智四德兼备的贤德之士；生命的价值要以是否符合仁义礼智四德的要求来衡量。

孟子主张人们要居仁由义守礼，时刻保持自己的道德情操和人格尊严。要“居天下之广居，立天下之正位，行天下之大道。得志，与民由之；不得志，独行其道”。“富贵不能淫，贫贱不能移，威武不能屈”。（《孟子·滕文公下》）这里，孟子以“广居”喻仁，以“正位”喻礼，以“大道”喻义。要求人们加强自身的道德修养，务求自己的一言一行与仁义礼相符。出仕为政，显达得志时，“以道殉身”（《孟子·尽心上》），积极行仁弘道，泽加于民；穷困失意时，“以身殉道”，坚持自己的原则；既不因富贵而“荡其心”、背离仁道，也不因贫贱而消沉，甚或“变其节”，改变操守、放弃信仰；更不为强权、威势所逼而枉道从人、屈服退缩。唯其如此，才堪称“大丈夫”。在此，孟子所高扬的是人的尊严。孟子所提倡的这种为坚持原则忠贞不渝、宁死不屈的崇高精神，影响和造就了一批又一批刚正不阿、不畏强权的仁人志士，对培养中华民族高尚的道德情操，塑造中华民族卓然不屈的独立人格有着深远而积极的影响。

（三）以民为本

重民思想是孟子思想的一个重要特点。早在孟子之前，重民思想已有萌芽和发展。《尚书》有“民惟邦本，本固邦宁”的记载。春秋时期，随着民的身份地位的提高，出现了“民，神之主也”、“先成民而后致力于神”（《左传·桓公六年》）、“天之爱民甚，岂其使一人肆于民上”（《左传·襄公十四年》）的说法，反映出春秋时期人们虽没有摆脱天命神权观念，但已有重民轻神的思想；而且对君主的绝对权威也产生了怀疑，有轻君的倾向。在前人重民思想的影响下，孟子总结以往历代各朝各国治乱兴亡的规律和教训，结合当时实际，更深切地认识到民的巨大力量及其在社会政治生活中的重要作用。

孟子看到民与民心是天下得失的决定因素，指出夏桀、殷纣之所以亡失天下，根本原因在于他们不务修德、荒淫残民。他说：“桀纣之失天下也，失其民也；失其民者，失其心也。……为汤武驱民者，桀与纣也。”（《孟子·离娄上》）同样周朝的幽、厉二王亦是因为“暴其民”，导致“身危国削”“身弑国亡”。所以只有得民心者才能得天下，他说：“是故得乎丘民而为天子。”（《孟子·尽心下》）民是国家的根本，得到民的支持和拥护，国家才能稳定和发展，反之则不能逃脱覆灭的命运。

孟子还认为民心的向背决定着战争的胜败。他说：“天时不如地利，地利不如人和。”（《孟子·公孙丑下》）“天时”“地利”“人和”三者对战争的胜败都有决定性的影响，但最主要的是“人和”。所谓“人和”，即得到广大百姓的支持和拥护，同心同德、团结一致。在上位者得民心，则“人和”“多助”；不得民心，则不和、“寡助”。以“人和”“多助”攻不和、“寡助”，必胜无疑。商汤“十一征而无敌于天下”（《孟子·滕文公下》），就在于他吊民伐罪、救民于水火，使“民大悦”，得到了民的广泛支持和拥护，有“人和”“多助”的优势。孟子甚至认为只要万众一心，即使手持木棒，亦能打败“坚甲利兵”。

基于对民的力量和作用的深刻认识，孟子肯定民是立国之宝，他说：“诸侯之宝三：土地、人民、政事。”（《孟子·尽心下》）并提出了“民为贵，社稷次之，君为轻”（《孟子·尽心下》）的著名观点。社稷，即土神和谷神，代表土地和粮食，是国家的象征。君，指国君。

意思是说，民是最重要的，土神、谷神次之；相对而言，君主最不重要。值得注意的是，所谓“民为贵”，并不是指民的等级地位比社稷、国君尊贵，而是说对于国家的稳定、巩固和发展，民的作用比社稷和国君重要，是对民的重要性的肯定和强调。孟子进一步解释说：“诸侯危社稷，则变置；牺牲既成，粢盛既絜，祭祀以时，然而旱干水溢，则变置社稷。”（《孟子·尽心下》）诸侯无道，危及国家的生存，又不听劝谏，则当更立贤君。土谷之神有保障天下风调雨顺、为民御灾去患之责；国君对其已祭祀尽礼，仍旱涝不止，就应撤换土神、谷神。在孟子看来，国君与土谷之神都可以“变置”更立，唯有民不能失去，所以民为至重，是立国之本。

如果忽视民的作用，必将走向灭亡。秦朝何其强大，百万秦朝军士又何其强悍，万里长城又是何其牢固，可一群没有任何战斗经验的小民揭竿而起就掀开推翻秦帝国的大幕。这时，秦帝国又是如此不堪一击。天下尽反，纵然强大，又如何不亡？隋朝也如此，隋朝曾修建了很多储存粮食的大型粮仓，如洛口仓、含嘉仓等，以备不时之需，可谓粮多国强，然而转瞬之间就崩溃瓦解！据说隋朝这些粮仓中储存的粮食直到唐太宗时还没有用完，隋朝用自己储存的粮食资助了自己的敌人，岂不可悲？李世民常和大臣讨论隋朝速亡的原因，深刻地认识到民心向背的重要性，反复强调“君，犹舟也；民，犹水也。水能载舟，亦能覆舟”。

孟子的民贵君轻思想，肯定了人民的巨大作用和历史地位，明确了君民二者的关系，是对前人重民思想的重大突破，在历史上闪烁着真理和智慧的光辉，对后世有着深远的影响，开反君主专制的先河。也正是在这一点上，孟子超越同时代的其他思想家，在先秦诸子百家中居于先进的地位。

（四）仁政思想

仁政是孟子的政治主张，是其经国治民的基本方针。民本思想是促成其仁政思想的直接因素，性善论是其仁政思想的理论依据。

孟子认为实行仁政具体应从以下几方面着手：

1. 经济措施

首先，要“制民之产”。所谓“制民之产”，即给民规定产业，予民“恒产”。恒产，指足以维持生计的固定的私有产业。他分析百姓的实际情况后指出：“有恒产者有恒心，无恒产者无恒心。苟无恒心，放僻邪侈，无不为已。”（《孟子·梁惠王上》）民没有固定的谋生产业，就不会安心向善守法，容易违法乱纪，胡作非为，走上犯罪的道路，因此孟子极力主张予民“恒产”。封建社会，农民是社会的主要力量，土地是农民赖以生存的根本所在，因此孟子所强调的予民“恒产”，实际就是使农民拥有一定的土地作为固定的私有产业。他主张“八口之家”当分给“百亩粮田”和“五亩园宅”。孟子向齐宣王生动地描绘了百姓取得“恒产”后的美好光景，“五亩之宅，树之以桑，五十者可以衣帛矣。鸡豚狗彘之畜，无失其时，七十者可以食肉矣。百亩之田，勿夺其时，数口之家可以无饥矣。谨庠序之教，申之以孝悌之义，颁白者不负戴于道路矣”（《孟子·梁惠王上》）。这是一幅充满理想色彩的图画。百姓有此“恒产”，衣食无忧，“仰足以事父母，俯足以畜妻子”（《孟子·梁惠王上》），“养生丧死无憾”（《孟子·梁惠王上》），自然安心向善守法，所谓“衣食足则知荣辱”（《管子》），对于促进社会的安定和发展起着决定性的作用。

其次，要“不违农时”，遵守自然时令，发展生产。他说：“不违农时，谷不可胜食也。”（《孟子·梁惠王上》）朱熹《四书集注》：“农时，谓春耕夏耘秋收之时。凡有兴作，不违此时，至冬乃役之也。”也就是说，本着以“佚道使民”的原则，在征役民力时，要避开农事节令，不妨碍农耕，这样才能保证粮食收成，使谷粟食用有余。“谷不可胜食”，百姓没有饥饿之苦、无所憾恨，这就是实行王道的开始。

孟子依时而作的思想无疑具有朴素而深刻的生态智慧。他还说过：“数罟不入洿池，鱼鳖不可胜食也”。人的生存离不开自然，但人对自然不能索取无度，竭泽而渔。孟子还有一段话语也反映了此类思想。他说：“山之木尝美矣，以其郊于大国也，斧斤伐之，可以为美乎？是其日夜之所息，雨露之所润，非无萌蘖之生焉，牛羊又从而牧之，是以若彼濯濯也。”（《孟子·告子上》）齐国都城临淄南郊的牛山，原本林木茂盛，生机盎然，不幸的是，由于地处城郊，人们常常到牛山砍柴放牧。连年砍伐，连年放牧，原本林木茂盛的牛山最终变成了濯濯荒山。人们看到光秃秃的牛山，还以为原本就是不长草木的荒山。孟子借牛山之变，说明人的善良之心需要时时呵护。但孟子也一针见血地指出，林木茂盛的牛山变为濯濯荒山，完全是人为的结果，彰显出孟子对自然生态资源的爱惜，孟子明确说：“亲亲而仁民，仁民而爱物。”（《孟子·尽心上》）

其实先秦时期，不仅仅只有孟子提出了爱惜生态资源的主张。《荀子·王制》有言：“圣王之制也：草木荣华滋硕之时，则斧斤不入山林，不夭其生，不绝其长也；鼋鼍、鱼鳖、鳅鳣孕别之时，罔罟毒药不入泽，不夭其生，不绝其长也；春耕、夏耘、秋收、冬藏，四者不失时，故五谷不绝而百姓有余食也；污池渊沼川泽，谨其时禁，故鱼鳖优多而百姓有余用也；斩伐养长，不失其时，故山林不童而百姓有余材也。”《吕氏春秋》也明确说：孟春季节，祭祀山林河流不得用母牲做祭品，严禁砍伐树木，不准捣毁鸟巢，不准伤害幼兽、孕兽，不准掏鸟蛋。在农忙之时，不大兴土木，不发动战争。

再次，取于民有制，“薄税敛”以减轻百姓的负担。孟子认为向民征收一定的赋税以维持国家正常开支是非常必要的，但不能多取滥取。他反对当时的繁赋苛敛，对“憔悴于虐政”的百姓深为同情。他主张对乡野农民实行九分之一赋率的助法，对城市商人、手工业者实行十分之一赋率的贡法。他说：“请野，九一而助”，“国中，什一使自赋”。（《孟子·滕文公上》）这里，我们着重谈谈“请野，九一而助”。孟子所说的实施“九一而助”的具体办法是：采用井田制。所谓井田制，据孟子所述：“方里而井，井九百亩，其中为公田。八家皆私百亩，同养公田；公事毕，然后敢治私事，所以别野人也。”（《孟子·滕文公上》）即把每平方里的农田按照“井”字形均分为九块，每块一百亩，共九百亩。中心一百亩为公田，周围八块分给农民作私田。公田由八家农民共同耕种，必须先种公田，后种自己的私田。公田上的收入作为八家农民缴纳的田赋，这就是九分之一赋率的助法。

孟子还特别对商人有所关注。重农抑商是中国封建社会的传统观念，但是处在中国封建社会初期的孟子虽重农却并不抑商。他认为商人“通功易事”“以羡补不足”，对于社会经济的发展起着非常重要的作用，而其本身在互通有无的交换活动中并没有得到多少实际利益，所以他主张免征税收以招徕商旅。他说：“市，廛而不征，法而不廛，则天下之商皆悦，而愿藏于其市矣；关，讥而不征，则天下之旅皆悦，而愿出于其路矣。”（《孟子·公孙丑上》）孟子保护商人的思想，为儒家的经济思想注入了新鲜血液。

2. 军事主张

孟子主张以德王天下，反对兼并战争。孟子说：“以德行仁者王，以力行仁者霸。”（《孟子·公孙丑上》）认为王道优于霸道，以德统一天下胜于以武力征服天下。因为得民心者得天下，以德统一天下，遂民所愿，深得民心，百姓真心诚服如“七十子之服孔子也”，归附如“水之就下”，浩浩荡荡，不可阻挡。以武力服天下，被服者迫于势小力弱而屈服，并非心服，一旦力量壮大，可与之抗衡，则会起而反抗。

所以势强力大者虽能征服天下于一时，却不能赢得民心而长久统一天下。孟子极力反对战国时代的兼并战争。当时诸侯崇尚武力、推崇强权，为扩张领土，争霸天下，不断发动战争，往往为争夺一城一地而“杀人盈城”“杀人盈野”，致使“壮者散而之四方，老羸转乎沟壑”（《孟子·梁惠王下》），百姓生活于水深火热之中。孟子亲眼看见了战争给百姓带来的深重灾难，清楚地认识到战争的残酷性和破坏性，因此他热切希望诸侯停止兼并战争，对积极发动战争和参与战争的人予以猛烈的鞭挞和抨击。

需要强调的是，孟子所反对的是“以土地之故糜烂其民”（《孟子·尽心下》）的兼并战争，并非反对一切战争。他认为为解民“倒悬”，救民于水火，而“以至仁伐至不仁”的战争仍是必要的；并且因为这样的战争是百姓所盼望的，深得民心，所以也是必胜的。他说“仁人无敌于天下”（《孟子·尽心下》），“君子有不战，战必胜矣”（《孟子·公孙丑下》）。

在崇尚武力、兵连祸结的乱世，孟子反对兼并战争，主张以德统一天下，确实“迂远而阔于事情”，自然不会被统治者接受。但是他强调统一天下，必须修德行仁、解决百姓的痛苦，争取百姓的支持和归附，则表现了一个政治家的远见卓识。

3. 教育措施

孟子非常重视道德教育，认为良好的道德教育对改变人的思想、淳化社会风尚具有重要作用。所以他主张在饱食暖衣的基础上，设庠序学校以教民孝悌，使民“明人伦”，懂得“父子有亲，君臣有义，夫妇有别，长幼有叙，朋友有信”（《孟子·滕文公上》）的道理，做到立身行事不违人伦。使老有所养、幼有所归，君臣上下各安其位、各尽其责，乡党邻里“出入相友，守望相助，疾病相扶持”（《孟子·滕文公上》）。如此则社会安定，天下太平。倘若强敌来犯，“可使制梃以挞”其“坚甲利兵矣”。

有恒产者有恒心。这“恒心”，源于教育。无恒产者无恒心，是因为无力接受教育。所以，孟子再三申明，当黎民不饥不寒时，要“谨庠序之教，申之以孝悌之义”。贫困与愚昧，是一对孪生兄弟，是长在社会肌体上的一对毒瘤，严重危害社会安定、健康与发展，贫困消除了，并不意味着愚昧会随之自动消除。只有教育，才能根除愚昧；只有教育，才能使“有恒产者有恒心”；否则，“饱食煖衣逸居而无教，则近于禽兽”（《孟子·滕文公上》）。

虽然孟子提倡对民教育，其目的在于使“人伦明于上，小民亲于下”（《孟子·滕文公上》），以巩固执政者的统治地位，但仅就把民作为受教育的对象这一点而言，孟子这一主张在当时社会是有其积极意义的。注重民生，注重教育，是儒家的本色。

4. 组织措施

要尊贤使能，使俊杰在位。孟子在总结历代国家的兴盛衰亡的历史经验教训时，看到了重用人才的重要性：汤用伊尹，故“不劳而王”；桓公用管仲，“故不劳而霸”；秦穆公亦因“用百里奚而霸”（《孟子·万章上》）。孟子也认识到不用贤才的危害：“不信仁贤，则国空虚”（《孟子·尽心下》），“不用贤则亡”（《孟子·告子下》）。他指出历史上有些杰出人物，他们建立了不朽功勋，但是却出身卑微，如：“舜发于畎亩之中，傅说举于版筑之间，胶鬲举于鱼盐之中，管夷吾举于士，孙叔敖举于海，百里奚举于市。”（《孟子·告子下》）国君只要能不拘一格，举拔贤才，就可使天下贤士“皆悦，而愿立于其朝矣”（《孟子·公孙丑上》）。天下贤士纷纷来归，国家人才济济，则其兴旺发达易如反掌。所以孟子积极主张“尊贤”和“用贤”。

5. 文化措施

要与民同乐。《孟子·梁惠王下》载，孟子在与齐宣王论“好乐”时，有这样一段对话:(孟子)曰:“独乐乐,与人乐乐,孰乐?”(齐宣王)曰:“不若与人。”(孟子)曰:“与少乐乐,与众乐乐,孰乐?”(齐宣王)曰:“不若与众。”在此，孟子引导齐宣王认识到与大家一起欣赏音乐比一个人或与少数人一起欣赏音乐更快乐。孟子进一步向齐宣王指出,王如“好鼓乐”“好田猎”，却不“与民同乐”，就不可能享受到真正的快乐，因为它为百姓所厌弃和憎恶；反之，“与民同乐，则王矣”（《孟子·梁惠王下》)。由此,孟子主张在上位者应当与民同欢乐、共忧患。他说:“为民上而不与民同乐者，亦非也。乐民之乐者，民亦乐其乐；忧民之忧者，民亦忧其忧。乐以天下，忧以天下，然而不王者，未之有也。”（《孟子·梁惠王下》）

孟子的仁政主张在列国纷争、天下扰攘的乱世，虽不被统治者欣赏和接受，未能付诸实施，但一直为后世儒者奉为理想政治。受其影响，两汉以后，一些有道明君也能在一定程度上重视民生疾苦，在发展生产的同时，注意减轻百姓的负担，与民休息，使民能够安居乐业，促进了社会的安定和发展。

（五）执中有权

儒家坚守中道，但也主张返经行权，量时而变，反对僵化教条。孟子就曾说：“执中无权，犹执一也。”（《孟子·尽心上》）以朋友关系为例，孟子说“朋友有信”，朋友之间有诚信之德，“信”为交友之本。孟子认为守信亦当有变通，所以又说：“然不必诺，信不必果，惟义所在。”古代有一个尾生守信的故事。尾生与女子相约桥下相见，女子没来，洪水却涨起来了，为了遵守与女子的约定，尾生没有逃走，最后抱柱溺亡。这一故事被后世儒家视为诚信的典范，但从孔孟之道来看，他们并不提倡这样做。守信是应该的，但特殊时刻也应变通。孟子懂得变通。淳于髡问孟子说：“男女授受不亲，是礼制规定的吗？”孟子说：“是”。淳于髡又问：“嫂嫂掉在水里，用手去拉她吗？”孟子说：“嫂嫂掉在水里而不去拉她，这简直就是豺狼！”男女之间授受不亲，这是正常的礼制；嫂嫂掉在水里，用手去拉她，这是变通。何况，“身体发肤，受之父母”，为了一次无足轻重的守约，便把性命丢掉，这也是大不孝啊！所以，孔孟提倡的诚信，是一种合于道义的可变通的诚信，但这种变通并不是不诚信，而是一种气度，是一种坚守。没有人可以脱离他人而独立存在，因而就决定了，没有人可以离开诚信而生活。

孟子还曾说：“此一时，彼一时。”事物是发展变化的，在不同的环境、不同的条件下考虑问题的角度、解决问题的方法自然不同。“可以久则久，可以速则速”。如果死守经验，死搬教条，那么很快就会被社会所淘汰，所谓“尽信书，则不如无书”。要懂得通权达变，有变化才有发展。我们处在一个不断变革、不断创新的时代，科学技术在飞速发展，国内国际形势也在不断发生变化，新的挑战不断出现。应对这一切挑战的秘诀就是创新。只有不断创新，勇于变革，才能立足世界。

执中有权，是孟子灵活而有原则的处世智慧。

三、《孟子》研究的三个里程碑

由于孟子在中国历史上的重要影响和崇高地位，历代对孟子其人其书的研究成果宏富，其中宋朱熹的《孟子集注》、清戴震的《孟子字义疏证》、清焦循的《孟子正义》是孟子研究史上三部具有里程碑意义的著作。

儒学发展到宋明，以理学的形态出现，朱熹是理学的集大成者。《四书章句集注》是朱熹最有代表性的著作之一，在宋明理学史上具有非常重要的地位。《孟子集注》是《四书章句集注》的一部分，朱熹在其《孟子精义》的基础上，取其菁华而编成。该书博采众说，附以己意，注释简明，辨析精微，注重义理发挥，集中反映了宋代理学对孟子的认识，是治孟学者必读之书。

清朝，宋明理学逐渐衰微，汉学兴起。汉学注重文字训诂和考据，戴震是汉学的开创者。《孟子字义疏证》是戴震重要代表著作。该书以疏证《孟子》字义的方式，阐释儒学范畴仁义、礼、理、性、天道等内涵，尤为注重“性与天道”，考究“理欲之辨”，体现了戴震以训诂推求理义的治学宗旨，对此后清代一大批学人产生了深远的影响，梁启超称赞《孟子字义疏证》实为“三百年间最有价值之奇书”（梁启超《清代学术概论》）。

焦循是清朝著名经学家，博闻强记，精通经、史、历、算、声韵、训诂，推崇孟子，于《孟子》用力尤深，其《孟子正义》融通古今，会通众说，征引详博，考证精审，阐释义理，时有精辟透彻之论，是孟子研究史上一部集大成之作。著名目录学家范希曾评价此书：“清儒注《孟子》，焦书最完善。”（范希曾《书目答问补正》）

今天，我们研读《孟子》，朱熹《孟子集注》、戴震《孟子字义疏证》、焦循《孟子正义》依然是三部非常重要的参考著作。

第十一讲
《中庸》导读

刘学智

一、《中庸》的历史地位及其与社会主义核心价值观的关系

我们知道，在中国文化史上没有哪个学说体系的影响能超过儒学。由孔子创立、子思、孟子、荀子等人发挥的先秦儒家学说，奠定了中华传统文化的根基，铸就了中华文化优秀传统的主体内容。直到今天我们不仅不能摆脱这个传统，而且离开它可能直接影响到我们民族精神家园的建构。现实生活中存在的精神信仰缺失的问题，在很大程度上与传统儒家的优秀成分未能得到有效保持和弘扬有关。从这个意义上说，孔子在中国文化史上的地位是无容置疑的。他的学说在亚洲东方形成了一个广大的儒家文化圈。关于我们和传统的关系，有人说，如果你想要摆脱这个传统，唯一的办法，就是把自己从这个传统中抛出去。就是说，这个传统，你可以批判，可以继承，唯独不能决裂，不能抛弃。

儒家思想有两个思维向度：内圣之道与外王之学。外王之学与政统相联系，它关注的是如何治理国家，如何“博施于民而能济众”等问题，与我们常说的治国理念和治国之术相关；内圣之道则与道统相联系，更多地关注人的内在精神信仰、精神生活和道德修养的问题。这两者对于治国来说都非常重要，没有内圣之学，我们治国可能失去精神的

内在根基；没有外王之学，我们治国就可能陷入空谈，而空谈也会误国。空谈误国在历史上是有例证的，如晋代玄学的清谈，明末阳明后学也曾陷于空谈。晋亡和明亡可能与其空谈有关。

《中庸》一书的核心内容和体系，属于道统。道统讨论的是修养身心、涵养道德的问题。这可不是空谈，而是非常务实的。“四书”中的《大学》曾集中讨论了修身对于治国的重要性，所谓“诚意正心”“修身齐家”，才有可能去“治国平天下”，强调道德修养对于一个人特别是对于担负重要职务的人的重要性。《易传》说“厚德载物”也有这个意思。不过，《大学》侧重于讲外王之学，而《中庸》侧重于讲内圣之道，讲心性修养的问题。这看起来是在务虚，似乎是无用之学，其实是在讲人生的大道理，非常有用。庄子曾说：“人皆知有用之用，而莫知无用之用也。”庄子认为一些人只知道学习那些当下有实际效用的知识，而不知道有些表面看起来没有实际用处，但其实是更有用的东西。后来人们把这话概括为“无用之用是为大用”。不少干部论其能力是很强的，但是后来在自己的为政路上却出了问题，犯了贪腐的错误，问题出在哪里？其实他的问题不是出在“有用之用”上，而出在“无用之用”上。所以，《中庸》所讲的可不是空谈，正是“无用之用”的“大用”。

值得注意的是，内圣与外王两个系统的学说都发端于孔子。孔子主张内圣与外王的统一，孟子也发挥了这个思想，但他的重点是讲内圣之道。战国末期有一位儒者叫荀子，他着重发挥孔子的外王之学，强调以礼和法来治国。内圣之道，由孔子发端，经过曾子、子思到孟子，才形成了一个体系，这是早期儒家的情况；汉唐时内圣之道没有得到弘扬，直到唐代韩愈之后才受到重视。后来到宋明时代理学家则对此大加发挥，在这方面出了几位大家，如周敦颐、程颢、程颐、张载、朱熹、王阳明等，特别是王阳明，把道统发挥到极致。所以一般说前有孔曾思孟，后有周程张朱（濂洛关闽）。张载侨居陕西，是关学学派的创始人。这是陕西历史上涌现出的一位伟大的哲学家。张载的学说正是“以《中庸》为体”的。说明在历史上弘扬《中庸》的思想，在陕西是有传统的。张载的学说影响了关学史上许多学人。他们治学不是为了做官，而是首先为了成圣，就是做个好人、有道德的人。陕西近代有位有名的学者叫牛兆濂，母亲让他赴三原向理学家贺瑞麟求学，母亲送他走时给他说的话，就是“但欲学为好人，他非所望也”。让你好好读书，不为别的，就是要做一个好人，将来有利于社会。其他的如当官之类，并不是她所期望的。用今天的话说，就是要树立正确的价值观。所以，从这个意义上说，弘扬张载创立的关学及关学精神，是我们陕西人义不容辞的责任。

在当代中国，我们的民族、我们的国家应该坚守什么样的核心价值观？习总书记在北京大学演讲时说：“我们提出要倡导富强、民主、文明、和谐，倡导自由、平等、公正、法治，倡导爱国、敬业、诚信、友善，积极培育和践行社会主义核心价值观。富强、民主、文明、和谐是国家层面的价值要求，自由、平等、公正、法治是社会层面的价值要求，爱国、敬业、诚信、友善是公民层面的价值要求。”习总书记还说：“中国古代历来讲格物致知、诚意正心、修身齐家、治国平天下。从某种角度看，格物致知、诚意正心、修身是个人层面的要求，齐家是社会层面的要求，治国平天下是国家层面的要求。我们提出的社会主义核心价值观，把涉及国家、社会、公民的价值要求融为一体，既体现了社会主义本质要求，继承了中华优秀传统文化，也吸收了世界文明有益成果，体现了时代精神。”

《中庸》讲的与《大学》所说的“诚意正心”“修身齐家”是一致的，就是习总书记说的个人层面的要求。说明《中庸》所讲的核心内容正好与我们今天提倡的社会主义核心价值观相吻合，是其中重要的组成部分。

二、“中庸”一词与《中庸》之书

（一）“中庸”一词出自《论语》

“中庸”一词出自《论语·雍也》。在《论语》中，“中庸”只出现了一次：“中庸之为德也，其至矣乎，民鲜久矣。”意思是说，“中庸”作为一种道德，是最高的了，但是老百姓缺少这种美德已经很久了。据汉代郑玄的解释，就是：“名曰中庸者，以其记中和之为用也。庸，用也。”（《礼记注疏·中庸》）不过，按照朱熹的解释，“庸只训常。日用常行，事事要中”，就是以中为用，以中和之常道处事。从孔子的总体思想和方法说，以中和之道处事，“无过无不及”，似乎是一以贯之的。以中和之道处事，其具体的用法和意义主要有：

一是强调要全面地看待事物，不要攻其一点，不及其余。孔子说：“攻乎异端，斯害也已。”（《论语·为政》）“两端”即对立的两方面。“攻”就是专治，专治于某一方面，另一方面就是“异端”。孔子是说，处理问题要考虑到事物既相反又相成的两方面，不要专治某一方面而不顾及另一方面，否则危害就大了。这是一种两点论的全面性观点。

二是执两用中，无过无不及，反对走极端。孔子主张“允执其中”(《论语·尧曰》)，就是说，处事要有一个确定的标准，合乎标准，即为中道。在执行标准时，要权衡利弊，掌握好火候和分寸，不要走极端。这叫“无过无不及”。孔子认为“过犹不及”，意即过度或达不到其效果都是一样的不好。《中庸》中所说的“执其两端，用其中于民”，就是说，孔子主张，在处理老百姓的事时，要合乎中道，把握好分寸，反对走极端。这叫“执两用中”，或者叫“允执其中”。

三是“中”也有“正”的意思。《说文解字》：“中，正也。”坚持“正”的一面，要对对立面加以限制，才不至于使事物向反面转化。孔子常强调“乐而不淫，哀而不伤”（《论语·八佾》），“君子矜而不争，群而不党”（《论语·卫灵公》）。就是说，快乐而不要放纵，悲哀但不至于伤感；庄矜而不与人争执，合群但却不搞圈子、不闹宗派。孔子常教育弟子处事要把握适度原则：“子绝四：毋意、毋必、毋固、毋我。”（《论语·子罕》）这是说，孔子主张要杜绝四种毛病，即“四毋”，亦即不要主观臆度，不要绝对肯定，不要拘泥固执，不要唯我为是、坚持己见。也就是要处事合宜，把握适度原则。既要有原则性，又要有灵活性。

显然，“中庸”已达到了一种辩证思维。但过去人们对孔子的中庸有一种误解，常把“中庸”理解为“折中”“没立场”，无原则地调和矛盾。这可能与朱熹的注解有关。朱子说：“中者，不偏不倚、无过不及之名。庸，平常也。”（《四书章句集注·中庸章句》）其实，不偏不倚与无过不及的含义和表现有所不同，不偏不倚，是没有立场，有折中主义的意味。但不同于“无过无不及”，朱熹把两者搞混了。

“中庸”虽然在《论语》中只出现了一次，但是后来成为儒家重点发挥的一个重要思想，而且儒家发挥时又赋予了其他更深刻的意义。发挥这个思想的，就是《中庸》这本书。可见孔子所说的“中庸”一词与《中庸》一书所论的“中庸”不是一回事，《中庸》一书所发挥的也不全符合作为方法论的“中庸”的思想。如，“中庸”的方法论意义在《中庸》一书中被发挥为“中和”之道，并以此作为宇宙的最高本体：“中也者，天下之大本也；和也者，天下之达道也，致中和，天地位焉，万物育焉。”这里，“中庸”的含义有所变化，是从“天人合一”的意义上讲“中和”之道。

（二）《中庸》一书

《中庸》全书 33 章，共 3545 字，其与《大学》一起原是《礼记》一书中的两篇文章。司马迁、郑玄都称《中庸》是孔子之孙子思所作。对这本书西汉时已有人专门研究，如《汉书·艺文志》著录有《中庸说》

二篇。《中庸》与《大学》在唐宋时得到韩愈、张载等人的高扬，由此受到关注。韩愈的道统论在宋代兴起后，《中庸》被纳入儒家的经典体系，成为“四书”之一。朱熹也认为《中庸》是子思所作，认为它上承曾子而下启孟子，在儒家道统传承中处于承前启后的重要地位。朱子专门为“四书”作注，叫《四书集注》，这本书在历史上影响非常大，特别是元朝恢复科举之后，《四书集注》成为设科取士的必读“经书”和科举考试的“标准答案”。明永乐皇帝敕撰《四书大全》，“四书”与“五经”共同列为经书，后称“四书五经”，从此，“四书”被提升到儒家经典的地位。

《中庸》由于其强烈的哲理思辨性和严谨的思想体系性，成为“四书”中最难读的一部书。对阅读《中庸》之难，不妨听听朱熹怎么说：“某要人先读《大学》，以定其规模。次读《论语》，以立其根本。次读《孟子》，以观其发越（即阐发）。次读《中庸》，以求古人之微妙处。”朱子认为《中庸》最难读，需要看完其他三书后，“方宜读之”。我们这里讲的其核心思想主要在第一章、第二十章、第二十五章、第三十三章等。

三、《中庸》的主要思想

前面说过，《中庸》主要是讲人的身心修养和涵养道德，是属于儒家由孔曾思孟所奠定的内圣之学一系，所以我就重点选几个相关的命题做一说明。

（一）“人心”与“道心”

我们读《中庸章句》，就会看到该书最前面有朱熹写的序言，说到“中庸何为而作也？子思子忧道学之失其传而作也”，是说子思担心道统失传而作《中庸》。那么这个道统是什么？朱子认为就是“尧之所以授舜也”的那个“十六字箴言”，即“人心惟危，道心惟微。惟精惟一，允执厥中”。此句出于伪《古文尚书·大禹谟》中，据说这十六字是禹授予舜的，以后成为儒家关于修养论的思想基础。这里提出了两个重要的概念：“人心”与“道心”。所谓“人心”，就是指有欲望的有生命知觉的人的心，也就是引发人的种种情欲之心。理学家有时也把这与“人欲”相提并论，“人心”即“人欲”。如佛教所说，人的一切罪恶都是因为人有其身，有身就有欲望，如果对此不加克制，就有可能使人偏离天赋的善性而走向邪恶的道路。所以说“人心惟危”。“道心”是指人生来本有的道德本心，它与孟子所说的人的善性相联系。在思孟学派看来，这个道德本心虽然人人都有，却不是所有的人都能发现它和保持它，人们往往受到感性情欲的影响或遮蔽，其道德本心不能显现出来，也就是说，道心不是显性的，而是幽微隐蔽，微妙难见的，需要通过明心见性的修养功夫去体悟它和保持它，所以说“道心惟微”。那么，是不是只有圣人有“道心”，而常人只有“人心”呢？不是的。儒家认为“人性本善”，所有的人都具有天赋的善性，所以每个人都有“道心”。同时，圣人、俗人也都有情欲，所以人心也是每个人都有的。正如朱熹所说的“虽上智不能无人心”“虽下愚不能无道心”。虽然儒家认为人性都是善的，但是受社会习染的影响，如果不施以教育，不去设法提升道德，一些人往往会偏离天赋的本性甚至去作恶。也就是说，由于一些人欲望过于膨胀，又不能以道德理性对之加以克制，于是“道心”就不能彰显出来。这里就出现了一个问题：如何能使人把握好自己，克服“人心”以彰显“道心”？这就有一个修养工夫的问题，有一个涵养道德的问题。这一点就成为《中庸》讨论的重心。《中庸》第一章说：“天命之谓性，率性之谓道，修道之谓教。道也者，不可须臾离也，可离非道也。是故君子戒慎乎其所不睹，恐惧乎其所不闻。莫见乎隐，莫显乎微，故君子慎其独也。”这话其实就是对前面说的“十六字箴言”的解释和发挥。特别是对“允执厥中”这一修养工夫的发挥。

（二）《中庸》心性说的具体展现

第一，“天命之谓性，率性之谓道，修道之谓教。”这里对性、道、教三个概念下了明确的定义，“性”是天之所生，是天所赋予人的善的道德本性，儒家认为这是人的天性。我们陕西在明代有一位大儒叫冯从吾，曾为侍御史，官至工部尚书。他创办了关中书院。他讲“性体至善，乃天生来自然而然，不假一毫人力，故曰天命”，所以说“天命之谓性”。“率性”就是顺着人的天性发展，所以率之则为道，要按着大道去行动，所以说“率性之谓道”。人们应该时时处处按照人生大道去行动，就不会犯错误，所以说“道也者，不可须臾离也，可离非道也”。率性以道是不存在工夫论的问题的。圣人凡人都可以做到率性。但是在实际生活中，一般人受感性情欲的支配，往往不能按照天赋的善的本性去行动去做事，就如同老子说的“大道甚夷而人好径”，是说有些人放着平坦的大道不走，而总是喜欢抄小道，走邪道，于是走偏人生方向。这就有一个教育的问题。教育的意义就在于提升人的道德自觉，使之保持善的天赋本性，并用以战胜后天因社会环境的习染而造成的不良习性，在于抵御各种名利、金钱等等的诱惑，从而遵道而行，这就叫“修道”。“修道”在儒家这里被称为“尽性”，尽性属于修养工夫的问题，所以说“修道之谓教”。《三字经》对此做了通俗的说明：“人之初，性本善，性相近，习相远，苟不教，性乃迁。”要有尽性的修养工夫，否则就会“性乃迁”，即善的本性被放逸掉，从而转化为恶。可见修道的工夫对于一个人成长有重要的意义。

第二，“允执厥中”。用我们今天的白话文来说，就是心平气和地执持中道原则。本意是指以中道原则处理好“率性”（本体）与“尽性”（工夫）的关系，这叫“致中和”。

《中庸》中有一段话说：“喜怒哀乐之未发，谓之中；发而皆中节，谓之和。中也者，天下之大本也；和也者，天下之达道也。致中和，天地位焉，万物育焉。”

这里对“中”的解释，就是以“率性”来解释，即当人能够率性时，人的“喜怒哀乐”都没有表现出来（未发），处于“中”的状态，所以《中庸》第一章在讲到性、道、教之后就说：“喜怒哀乐之未发，谓之中”。“中”是一种人性本然的状态。我们知道，正常的人都有七情六欲，人的情欲总要表现出来。而受过良好教育、有道德修养的人，其喜怒哀乐总是能够按照自然节律发生和表现出来，其情欲表现出来的状态往往恰到好处，这就叫“和”，所以《中庸》第一章说：“发而皆中节，谓之和。”中节，朱注：“发皆中节，情之正也，无所乖戾，故谓之和。”中节，就是情表现出来是很“正”的，不过分，这就是和，即和谐、得体，恰到好处。如我们常说的“喜而不狂”“威而不猛”“哀而不伤”。《中庸》第一章继续说：“中也者，天下之大本也，和也者，天下之达道也。”是说保持“中”的状态就是七情“未发”的状态，这是人性的本然状态，所以叫“大本”；情欲“已发”时，也就是七情六欲表现出来时，则因为他能以道德或社会规范加以节制和约束，所以往往能表现得恰到好处，这就是“和”的状态。《中庸》认为“和”是天下之“达道”，即最高的境界。但这需要经过一定的修养工夫才能达到，这个修养的工夫叫“致中和”。儒家有时认为这个中和的状态，不仅是人应该达到的最佳状态，同时也是整个宇宙存在的最佳状态，到了这个状态就是天人合一，所以《中庸》说“致中和，天地位焉，万物育焉”。也就是说，我们保持“和”的状态是与宇宙的本然状态是合一的，这就达到儒家说的天人合一。这里，实际上把“和”提升到宇宙论的高度。顺便说一下，中国古代“天人合一”四个字是谁说的呢？就是我们陕西学人、关学创立者张载首次提出的。《中庸》这本书把孔子还比较宽泛的作为方法论的“中庸”，着重从道德修养的角度，从天人合一的角度给予了新的阐释，张载承继《中庸》，也是如此看。

儒家把时时处处以中和之道处事叫“时中”，如朱熹解释说“‘君子时中’，则执中之谓也”，“盖中无定体，随时而在，是乃平常之理也”，很平常，故为“庸”，庸，平常也。道虽然很平常但又不易做到，所以《中庸》有句话叫：“君子之中庸也，君子而时中；小人之中庸也，小人而无忌惮也。”朱熹的解释就是“君子之所以为中庸者，以其有君子之德，而又能随时以处中也。小人之所以反中庸者，以其有小人之心，而又无所忌惮也”。君子能随时随地不论做什么都能把握中道而不偏颇，不走极端，这叫“随时以处中”。相反，小人做不到，甚至发展到肆无忌惮的地步。中庸的境界高远而又很平常，所以说“道”这个东西是“极高明而道中庸”。只有道德修养达至“有君子之德”，才可以从心所欲地做到中庸之道。把中庸之道理解为折中主义，是对儒家“中庸”的一种误解。

需要说明的是，中庸不是平庸，而是要在日常生活中体会到“极高明”，平凡中见伟大。因为中庸所要坚持的是合于内在尺度和外在要求的正确道路。“中立不倚”，就是说“中”的道德信念和准则一旦确立，就永不偏离，无论治世乱世、有道无道，君子都要坚守信念，保持节操，“至死不变”。孔子提倡“死守善道”，说“匹夫不可夺志”（《论语·子罕》）。曾子说：“临大节而不可夺也。”（《论语·泰伯》）孟子说：“得志，与民由之；不得志，独行其道。富贵不能淫，贫贱不能移，威武不能屈，此之谓大丈夫。”（《孟子·滕文公下》）

这是说，在得志的情况下，能把其所愿推向广大民众；而在不得志之时，也能保持节操，按大道行事。对于独行其道者来说，不因富贵而“荡其心”，不因贫贱而“变其节”，即使在暴力强迫之下也不能“挫其志”。《礼记》有一篇叫《儒行》的文章，专门讲儒者要达到的品行节操，说：“戴仁而行，抱义而处，虽有暴政，不更其所。”做任何事不能忘记以仁德而行，以道义原则处事，即使有暴政，也不会易其节操。从这些话可以看出，坚持“中立不倚”，就是要不调和，不妥协，坚持正义，坚持原则，这正是儒家一贯的传统。

孔子是一个对人对事都有原则、有是非观念的人。孔子的弟子子贡曾问孔子：“乡人皆好之，何如？”意思说，你所处的一乡之人都喜欢你，怎么样？孔子回答说：“未可也。”又问：“乡人皆恶之，何如？”孔子回答说：“未可也。不如乡人之善者好之，其不善者恶之。”他认为最好的态度，就是“善者好之，其不善者恶之”，就是好人喜欢你，而坏人讨厌你、反对你。一个领导也不可能得到所有人的拥护，好人拥护你是当然的，坏人反对你也是正常的。如果坏人也拥护你，那肯定有问题了。孔子还说：“唯仁者能好人，能恶人。”就是说“盖无私心，然后好恶当于理”，只要你没有私心，那么“好善而恶恶”都会出于公心，讨厌不仁的人，也是仁德的表现：“恶不仁者，其为仁矣”。他把那种没有原则，遇事和稀泥、和事佬叫“乡愿”，说“乡愿，德之贼也”。即乡愿是对道德的戕害。在社会生活中如何看周围的人？孔子认为应该注意观察：“众恶之，必察焉；众好之，必察焉。”《中庸》的“允执厥中”的中道观与孔子的处世之道是一脉相承的。

第三，“慎独”。《中庸》第一章就说：“道”“不可须臾离也，可离非道也”。朱注：“道者，日用事物当行之理”，虽然理在事物之中，但能否按此理来做，取决于我们的心，这就要求我们时时处处按照天理之本然来做，不能有丝毫的懈怠。这里的道是一个广义的概念，如治国之道，如老子讲的“无为”，就是道家的治国之道。“无为”其实就是我们今天说的“不折腾”，按治国规律去做，不要随意妄为。儒家所说的礼治，也是治国之道。古人强调治国以道而不以术，术是下策。此外还有处事之道，为人之道，为学之道，我们干什么都不能偏离开人生的大道。也就是说，我们对人生大道要心存敬畏，虽然这个道我们“不睹不闻”，看不见听不到，但它是天理之本然，不可须臾离开，离道就要犯错误。《中庸》的作者注意到，社会生活中人们往往会心存侥幸心理，总以为自己做这个错事别人不会知道，做得很隐秘。子思告诫说，这种侥幸心理是要不得的，说“是故君子戒慎乎其所不睹，恐惧乎其所不闻。莫见乎隐，莫显乎微，故君子慎其独也”（第一章）。孔子常说“退而省其私”，“私”，即“私者，他人所不知”，就是独处之时。朱熹说这个私与“独”相同，“如心之所安，燕居独处之所为”。人要“戒慎乎其所不睹，恐惧乎其所不闻”，心存敬畏，就会以“戒慎”“恐惧”的心态对待每一个事物中我们所看不到、听不闻但却实际发生着作用的“道”，对之“不敢忽”，就是不能有丝毫的疏忽。《中庸》这里讲的是人生的大道理，也是很简单很平实的道理，但是人们往往知而不悟，所以就可能在生活中、在工作中忽略或忘记，从而铸成大错。

这是强调培养德性的重要性。一个社会要正常运转，固然需要良好的制度，但是，制度是靠人来执行的，再好的制度也会有漏洞，如果人的德行或素质有问题，制度的效力就会大打折扣，所以人的道德修养是一个社会得以和谐的重要条件。

我们常讲要“构建和谐社会”，就应该关注《中庸》的尊道畏道、“贵和尚中”思想，这其实是中国文化的基本精神之一。它实际上是儒家教导人们如何处理人与自然、个人与他人以及人自身内部各种关系的至高准则，这对于我们现时构建“和谐社会”具有重要的借鉴意义。

（三）“诚者，天之道也；诚之者，人之道也。”

这是《中庸》第二十章中说的。“诚”，朱子注：“诚者，真实无妄之谓。”就天道言，诚者，天道真实无妄。人要效法天道，就要真诚、真实，老老实实做事。古代常讲做生意要童叟无欺，就是强调要以诚待人。就人道言，就是“诚之者”，就是“未能真实无妄，而欲其真实无妄之谓”。不过，《中庸》不是一般地讲诚的道德，而是将其与人性联系在一起讲的，说“唯天下之至诚为能尽其性”。

“诚”与人性是联系在一起的，“诚”是天赋于人的善性的表现，率性即是诚。但是要把诚的品性贯彻到自己的生活实践中，就要通过自己的修养，这就是“尽性”。只有能达到诚的境界的人，才能真正说是尽性了，所以说“至诚为能尽其性”。“诚”是内在的德性，所以说“诚者自成也，而道自道也”。又说“诚者，天之道也；诚之者，人之道也”。诚是天赋予人的道德性，是天理之本然；而“诚之者”，就是虽然未能做到真实无妄，但还努力想做到诚，这是人事之当然。也就是说，诚是人应该努力通过尽性达到的境界。可见培养诚的道德，是一个严肃的修养问题。《大学》讲“欲修其身者，先正其心；欲正其心者，先诚其意”，正心以诚意为前提。“意诚而后心正”，正心与诚意是密切联系的。关于正心，就是孟子说的立乎“大体”，确立道德本心，这对于一个人成就道德极为重要。元代有一位思想家叫许衡，人称许文正公，忽必烈曾委任他为陕西的儒学提学，对陕西儒学在元代的复兴起过重要作用，这在史书中多次提到。他对《大学》的正心诚意颇有体悟且能实践之。他有一次在战乱中带一些人过河阳，当时天气炎热，大家都很渴，正好路旁有许多梨树，上面结满果子，众人都争着摘吃，只有许衡一个人正襟危坐于树下，非常安详自若。有人问他，你怎么不去摘吃呢？他回答："非其有而取之，不可也。"意思是说，这不是我们的，我们不能去吃。又有人对他说："世乱，此无主。"许衡俨然回答："梨无主，吾心独无主乎？"强调吾心要有主，就是心要立乎大体，确立道德本心。像孟子说的，"心立乎大体，其小者不可夺也"。你把道德本心确立起来，那么就不会为感性的欲望所攻夺。现在社会生活中出现的种种坑蒙拐骗、贪污受贿等现象，除了制度层面的问题之外，说到底，就是这些人没有能真正确立起自己的道德本心，是诚的道德性丧失了。所以进行"诚"的教育，是我们今天文化建设、构建社会主义核心价值观的一项艰巨任务。

"诚"者"成"也，它也有"完成"的意思。所以《中庸》第二十五章又说："诚者物之终始，不诚无物。是故君子诚之为贵。"这里的"物"，是"人去做一件事"的意思，诚要贯彻我们做事的始终。"不诚无物"，意思是如果"不诚"，任何事也做不成。所以说，"诚者，非自成己而已，所以成物也。成己，仁也；成物，知也。性之德，合外内之道也"。这里的意思很清楚了，既得于己，则见于事者，"成己"才能"成物"，道德的完善是成事的关键。人们如果违背了诚之性，变成了伪善者、伪君子，那么不仅个人成不了什么事，对社会的影响也会很坏。从某种意义上可以说，《中庸》所标举的"诚"，对一个人来说，是一辈子都取之不尽、用之不竭的宝藏。对一个社会而言，同样是保持和谐共生的重要精神内核。我们可以看看，在实际生活中，不成功的人士各有各的不成功的原因，但成功的人士都有一个共同的特点，就是能立志守诚。

（四）"反求诸己"，"内省不疚"

怎么能做到"诚"？孔子认为应该经常反省自己，这是做到诚必须有的修养工夫。孔子说：“君子求诸己，小人求诸人。”就是说，有道德的人往往首先是严格要求自己，发生了什么事情也总是先在自己身上找原因。而道德修养较差的人则遇事总是先埋怨别人，总是在别人身上找原因。孔子的话中也包含着严于律己、宽以待人的意思。孟子说过：“仁者如射，射者正己而后发。发而不中，不怨胜己者，反求诸己而已矣。”（《孟子·公孙丑》）有仁德的人就如同射箭，射箭的人要射得准确，得先“正己”，把自己的身子放正，身正箭才能射得准确。如果箭发而不准确，那么我们持什么态度呢？不要去埋怨胜过了自己的对手，而应该“反求诸己”，就是先检查自己是否身正。《论语·颜渊篇》说：“内省不疚，夫何忧何惧？”是说自己问心无愧，有什么可以忧愁和恐惧的呢？《中庸》第三十三章说：“故君子内省不疚，无恶于志”。疚，病也。是说经常能做到内省自己的人，做事问心无愧，就不会“病”，即不会犯错误，就无愧于心。可见，常反省自己才能做到慎独。曾子曰:“吾日三省吾身:为人谋而不忠乎？与朋友交而不信乎？传不习乎？”一是反省自己替别人办事是否忠实和尽心竭力了；二是反省自己是否以诚实的态度与朋友交往了；三是反省自己是否把老师教的知识温习了呢。曾子的内省思想对子思有很大的影响。

（五）“博学之，审问之，慎思之，明辨之，笃行之。”

这是《中庸》第二十章所说。朱熹把这一点叫“诚之之目”，就是做到诚的具体的德目。“学、问、思、辨，所以择善而为知，学而知也。笃行，所以固执而为仁，利而行也。程子曰：‘五者废其一，非学也。’”做到“诚之”，就要做到学、问、思、辨、行。具体地说，即首要博学，海纳百川，兼收并蓄，博采众长。说到学，就是重视后天的学习，这在中国是自孔子以来形成的传统。古人在这方面有许多教诲，也积累了很多学习的经验。中央也曾提倡学习型社会，也带好了头。次为“审问”，刨根问底，吃透精神，认清实质。三为慎思，辩证思考，探求真谛，把握规律。四为明辨，识别是非，分清黑白，判定真伪。强调人要有基本的是非观念，什么应该支持，什么样的行为或观念应该反对，要有明确的认识。孟子说：“是非之心，人皆有之。”其实在生活中不是所有的人都有明确的是非之心，有的人往往是非不分。荀子说过：“是是非非谓之智，非是是非谓之愚。”也是强调要有正确的是非观念。《中庸》强调慎思、明辨，就是要让我们有正确的是非观念，要有正义感。五为笃行，践履所学，锲而不舍，才能成就卓越。儒家由孔子开始就强调要言行一致，要笃行践履，不尚空谈。

第二十章这段话后边，还有一句：“有弗学，学之弗能弗措也；有弗问，问之弗知弗措也；有弗思，思之弗得弗措也；有弗辨，辨之弗明弗措也；有弗行，行之弗笃弗措也；人一能之己百之，人十能之己千之。”这是从相反的角度强调学习要有毅力。就是说，你没有去学也就罢了，如果学习了但不能贯彻到你的行动中，也是不能奏效的；你没有向别人提问则已，问了而不懂不知，也是不能奏效的；你没有思考则已，思考了却没有心得体会，也是不能奏效的；你没有明辨则已，明辨了却还没有弄明白，也是不能奏效的；你没有贯彻于行动则已，你贯彻了而不能坚持始终，也是不能奏效的。上述五个方面，其实每个人都能做到，即使没有能做到，努力坚持，也是可以做到的。这就是中庸所说的“人一能之己百之，人十能之己千之。”人只要有决心，有毅力，坚持如一，总是能够达到中庸之道的。

总体来说，《中庸》所讲的，其实就是如何做一个有道德有修养的人，这是一个人在社会上能够立起来的基础和条件。“中庸”之道要求我们在生活中坚持“允执厥中”的原则；坚持诚信的道德准则；

坚持经常不断地反省自己，努力做到慎独、修身、反省自己。同时要把博学、审问、慎思、明辨、笃行统一起来，做到广博学习，博采众长；吃透精神，认清实质；辩证思考，把握规律；判定真伪，坚持真理；言行一致，践履所学。坚持做到中庸之所以不易，是因为人们在道德水平、知识能力、觉悟程度等方面总是有差别的，往往就有贤者、愚者，君子、小人之别，这都可能对“中庸”的实行造成某种障碍。所以，孔子告诫人们“中庸其至矣乎！而民鲜久矣”。但是正如前面所说，中庸之道，是“极高明而道中庸”，境界虽然高远，但其实又很平常，它在我们的日常生活中随处可以体现出来，对有些人来说，如孟子所说“非不能也，而不为也”。问题是我们愿不愿意去做，能否坚持不懈地去做。也就是说，中庸道理简单，但坚持不易。如果我们在日常生活中能持之以恒地坚持“允执厥中”（心平气和地执持那个中道原则），做到“无过无不及”，坚持诚信的原则，坚持反省修身，我们就是一个有道德的人、高尚的人，一个有益于人民的人。

第十二讲
《诗经》导读

刘生良

古代中国是一个诗歌的王国，产生于2500年前的《诗经》，是中国诗歌史上第一座辉煌的丰碑，对后世的影响极其深远。在漫长的封建社会里,《诗经》长期被作为儒家经典,成为“六经”“五经”“十三经”之一，然而从其根本属性看，它原本应该是一部诗歌经典和诗歌元典，而且与西周王朝和周代陕西有密切关系。下面，我们主要结合作品，就《诗经》的基本常识、《诗经》中的陕西诗歌及其思想艺术价值和文化特色等略作讲述。

一、《诗经》的基本知识简介

（一）《诗经》的性质、名称、篇数

性质：我国第一部诗歌总集，也是世界上最古老的诗集。

名称：原称《诗》《诗三百》，至战国始称为“经”，汉代正式称为《诗经》，原为经书之首。

篇数：305篇，按篇目为311篇（小雅中《南陔》《白华》《华黍》《由庚》《崇丘》《由仪》6篇为有目无辞的“笙诗”）。

（二）《诗经》的时代、地域、作者

时代：主要是西周初年至春秋中叶，少数为商代作品。其时为奴隶社会。

地域：主要是黄河中下游地区，少数诗篇涉及江汉汝淮地区，包括今陕西、山西大部，河南、山东全部，河北、湖北及安徽、江苏之一部，即周之主要疆域。

作者：从民间仆隶平民到朝廷公卿大夫，差不多遍及社会各个阶层，绝大多数是无名氏的作品，少数诗篇有作者姓名。

（三）《诗经》的收集与整编

收集：“采诗说”“献诗说”“作诗说”。

整编：“太师编诗说”“孔子删诗说”。

（四）《诗经》的应用与流传

早期：主要用于礼乐演唱，同时用于教育国子和观风知政。

春秋：赋诗言志。

孔子：教育弟子。

战国：引诗说理。

秦代：焚诗坑儒。

汉代：恢复传授，出现齐、鲁、韩、毛“四家诗”；前三家诗先后失传，只有“毛诗”流传至今，成为《诗经》之别名。

（五）《诗经》“六义”

风：“声”，地方乐歌，即土风歌谣。计有周南、召南、邶、鄘、卫、王、郑、齐、魏、唐、秦、陈、桧、曹、豳 15 国风，共 160 篇。大多是民间歌谣，内容多言风情，风格多生动活泼。

雅：“正”，朝廷正乐，分为大雅、小雅两部分，共 105 篇。大多是贵族文人的作品，内容多涉朝政，风格比较雅正。

颂：“容”，指舞容，是专门用于宗庙祭祀、伴有舞蹈的乐歌，即宗庙祭歌，包括周颂、鲁颂、商颂三部分，共 40 篇。应是专职文人所作，内容多是对祖先功德的歌颂，风格庄重典雅。

赋：“敷”或“铺”的意思，指直接的叙述、描写、抒情、议论的艺术表现手法，是最基本最常用的手法。朱熹说："赋者，敷陈其事而直言之也。"李仲蒙说："叙物以言情谓之赋，情尽物也。"简言之，所谓赋，就是直陈铺叙。

比："譬"的意思，是比喻、比拟、比附、象征这类艺术表现手法的概称。朱熹说："比者，以彼物比此物也。"李仲蒙说："索物以托情谓之比，情附物也。" 简言之，所谓比，就是比喻象征。

兴："起"的意思，指触物生情的联想式开头，一般用于篇首、章首或一段意思的开头。这种联想，是产生创作灵感的艺术联想，能形成一种含蓄的意象，起寓意、象征、暗示、烘托等作用。兴在形式上如朱熹所说，是"先言他物以引起所咏之词"，其内涵又如李仲蒙所说："触物以起情谓之兴，物动情也。" 简言之，所谓兴，就是借物起兴。

赋、比、兴有时交互使用，尤其比、兴较接近，很难截然分开。

二、《诗经》中的陕西诗歌考略

《诗经》中的陕西诗歌，包括《周颂》全部，"二雅"的绝大部分，"十五国风"中的《秦风》《豳风》，以及《召南》《周南》中的一部分诗歌。其中除《周颂》31 篇全为西周人所作的祭歌不存在任何异议外，其余几部分中的某些诗篇还多多少少存在一些疑惑或异议，需要略作考辨。

（一）《召南》《周南》中的陕西诗歌之考辨

《周南》就是周公统治的陕东地区及其南方一些小国采用南音曲调的乐歌，《召南》就是召公统治的陕西地区及其南方一些小国采用南音曲调的乐歌。

先看《召南》，按其所涉地域，主要属于今之陕西南部，但当时所说的"陕西"，尚包括今河南陕县以西的豫西一小部分地区和湖北西部一小部分地区。《召南》14篇中，有11篇所言都是公室或畿内之事，揆诸情理，召公治所当在今陕西境内；有1篇是“周人思召公”之作（即《甘棠》）。这12篇当属于我们所说的陕西诗歌，而另外2篇即《江有汜》《何彼襛矣》，则不属于今陕西诗歌。《江有汜》论产地虽然也在“召南”范围之内，但无论说成是川东或者鄂西，皆超出了今陕西的地域。《何彼襛矣》所言“平王之孙”嫁“齐侯之子”，为东周洛都之事，即使用“南音”演唱，亦当属《周南》而错乱于此。

再说《周南》，按其地域全然与陕西无关，但《关雎》一篇却比较特殊，属于例外。因为此篇所载地名为“河洲”，显然不在周南、召南，而在周北、召北；又据《史记·孔子世家》记载，此篇是孔子整编《诗》时将其视为典范特意移置于风诗之首，成为“四始”之一的，原本并不在此位置，甚或不在《周南》之中。根据“河洲”地名，参考古人对其诗旨的解释，《关雎》一诗当是朱熹所说的周人“得之国中者”，极有可能是产生于陕西的古老恋歌，地域似与合阳有关。

准此，“二南”中属于陕西诗歌的应有13首（《召南》12首，《周南》1首）。

（二）《秦风》《豳风》全为陕西诗歌之考辨

《秦风》10篇、《豳风》7篇皆属今陕西地域的诗歌，在20世纪以前的两千多年间向来毫无疑义，本来也不应有什么疑义。但是近年有甘肃学者提出此二风皆包括今甘肃东部地区，更有钱穆提出豳在晋南，徐中舒提出《豳风》宜为鲁诗之异说，造成了一定混乱。经考辨，这些所谓的新说都不能成立。

史载秦的祖先世在今甘肃东部天水一带为周王朝养马守边，周室东迁后，秦襄公因以兵护送平王有功，才被正式封为诸侯，赐之岐以西之地，后驱逐犬戎，遂有西都畿内岐、丰之地。其后宁公徙居平阳（今陕西省岐山县西南），德公又迁都于雍（今陕西省凤翔县南），自此逐渐强大起来。《秦风》所收诗篇，大致是春秋前期秦被封为诸侯之后到秦穆公卒这一段约150年间的诗，直至文公十三年（前753），秦“初有史以纪事，民多化者”（《史记·秦本纪》），而《秦风》10篇，多出于贵族文人之手，其文化水平之高，令人惊叹，自当在其后较长时间才能达到，必然作于陕西地域。从《秦风》中提到的地名看，终南、渭阳等均在陕西关中地区，从其中实在找不出与今甘肃东南部天水一带相关的任何痕迹。总之，《秦风》的地域虽然涉及今甘肃东部，但所收诗歌却没有一篇作于甘肃东部。

同理，从广义的豳地来说，与今陕西接壤的甘肃东北部庆阳市之宁县、正宁一带也在其范围之内，即所谓“北豳”。但《豳风》应产生于狭义的豳地或曰豳之中心区域，即今陕西旬邑、彬县一带，所以《豳风》7篇自当全部看作陕西地域的诗。《豳风》为古豳地即今陕西旬邑、彬县之诗，史有定谳，向无歧义。然而近世钱穆在其《周初地理考》中提出豳在晋南之异说，徐中舒《豳风说》一文又认为《豳风》宜为春秋时之鲁诗。这两种异说都是极其荒谬之论，根本不能成立。总观二位先生的考证方法，一是采用通假之法，把本来毫不相干、分明有别的两个地名牵合起来，标新立异，以假乱真。如钱先生谓豳字本作邠，邠、汾古音相通，以此证明邠在河东临汾。二是采用求同之法，在风马牛不相及的异地间刻意寻找共同点甚或优胜点，捕风捉影，牵强附会，混淆是非。这显然是受了古史辨派疑古思想和考证方法的影响，突发奇想，大胆假设，通假求同，联想臆断，与之一脉相承。尤其钱氏，根本不考虑这样做将置古邰地、豳地、岐地于何名位？这样做是否符合历史事实？如果说周人的发祥地都在晋南，武王建国后能将此圣地分封给一般诸侯，而以畿内岐、豳、邰之地为其祖居故地吗？周人地下有知的话，不知该怎样惊异今人的想象力和胡闹法！要之，钱、徐之说断难成立，断不可从，事实上也无人信从。无论其说法多么惊人视听，多么善辩，都不能动摇豳及《豳风》均在今陕西的磐石之坚。

（三）《大雅》《小雅》中的陕西诗歌之考辨

“雅”也是由乐器之名演变为曲调之称的，这种曲调盛行于西周王畿一带，因而雅诗便是西周王朝直接统治区的诗歌，大都作于西周时期，最迟也是东周之初。大、小雅的分别，主要在于使用场合不同，“大雅”用于国家的大典仪式，“小雅”则用于一般朝廷宴会；相应地，其音调也应该略有不同。但就产生地域而言，《大雅》31 篇，《小雅》74 篇，基本上都应该是陕西诗歌。只是《大雅》中的《抑》和《小雅》中的《宾之初筵》两首诗，据有关记载及专家考证，是卫武公自儆兼刺周王和自儆以刺时之作，盖因诸侯刺王、刺时的内容和用雅乐演奏而被编入雅诗。然卫武公是卫国国君，其入为王朝卿士已在平王之世，因此这两首诗无论作于西周末年还是东周初年，按理都不应算做陕西诗歌。《小雅》中的《大东》一诗，是东方诸侯国官员或文人怨恨西周王室剥削、压榨东方之人的诗，或者因为是用雅乐演奏给周人听的而被编入雅诗，但以作者而论，不应属于陕西诗歌。《小雅·鼓钟》一诗，是作于淮水之滨“以雅以南”可以两属的诗，其内容是在众多乐器合奏的场合思念“君子”而悲伤，其作者可能是出使或出征此地的西周官员，也可能是当地的官吏或文人，细揆诗意，似以后者的可能性大，所以我们暂时也不把此篇列入陕西诗歌。去掉以上 4 篇，大、小雅 105 篇中属于陕西诗歌的共有 101 篇（《小雅》71 篇，《大雅》30 篇）。

综上考察，《诗经》中的陕西诗歌，计有风诗 30 篇，雅诗 101 篇，加上《周颂》31 篇，共 162 篇。

三、《诗经》中陕西诗歌代表作品选讲

（一）农事诗

《诗经》中的农事诗，被郭沫若所确认的有10首，分别是《豳风·七月》，《小雅》中的《楚茨》《信南山》《甫田》《大田》，《周颂》中的《臣工》《噫嘻》《丰年》《载芟》《良耜》。这些全属陕西诗歌，显示了当时陕西农耕文化的先进性和深厚底蕴。其中《豳风·七月》反映的内容比较全面，可作为代表。

七月流火，九月授衣。一之日觱发，二之日栗烈。无衣无褐，何以卒岁？三之日于耜，四之日举趾。同我妇子，馌彼南亩。田畯至喜。

七月流火，九月授衣。春日载阳，有鸣仓庚。女执懿筐，遵彼微行，爰求柔桑。春日迟迟，采蘩祁祁。女心伤悲，殆及公子同归。

七月流火，八月萑苇。蚕月条桑，取彼斧斨。以伐远扬，猗彼女桑。七月鸣鵙，八月载绩。载玄载黄，我朱孔阳，为公子裳。

四月秀葽，五月鸣蜩。八月其获，十月陨萚。一之日于貉，取彼狐狸，为公子裘。二之日其同，载缵武功。言私其豵，献豜于公。

五月斯螽动股，六月莎鸡振羽。七月在野，八月在宇，九月在户，十月蟋蟀，入我床下。穹窒熏鼠，塞向墐户。嗟我妇子，曰为改岁，入此室处。

六月食郁及薁，七月亨葵及菽。八月剥枣，十月获稻。为此春酒，以介眉寿。七月食瓜，八月断壶，九月叔苴，采茶薪樗。食我农夫。

九月筑场圃，十月纳禾稼。黍稷重穋，禾麻菽麦。嗟我农夫，我稼既同，上入执宫功。昼尔于茅，宵尔索綯，亟其乘屋，其始播百谷。

二之日凿冰冲冲，三之日纳于凌阴。四之日其蚤，献羔祭韭。九月肃霜，十月涤场。朋酒斯飨，曰杀羔羊，跻彼公堂。称彼兕觥：万寿无疆！

《七月》是现存我国农业生产情况最古老详细的文字记录，又是周代奴隶痛苦生活的剪影，真实地反映了当时的社会现实。其艺术特色是：

（1）运用赋法中的客观写实手法分类铺写，直赋其事。

（2）运用对比手法，反映社会现实生活。

（3）以衣食为主线，首章衣食双起，二至五章以衣为主，六至八章以食为主。

（4）注重风俗景物和节令变化的描写，叙事、写景、抒情融为一体，勾画出一幅幅风俗画，首创民间十二月歌的形式。

（二）征役诗

1.高昂的战歌

《诗经》中高昂的战歌，有《秦风》中的《无衣》《小戎》，《小雅》中的《出车》《六月》，《大雅》中的《江汉》《常武》等，也全属陕西诗歌，可以《秦风·无衣》为代表。

岂曰无衣？与子同袍。王于兴师，修我戈矛。与子同仇！

岂曰无衣？与子同泽。王于兴师，修我矛戟。与子偕作！

岂曰无衣？与子同裳。王于兴师，修我甲兵。与子偕行！

此诗表现秦地民间的尚武风气和同仇敌忾、保家卫国的精神及高昂的战斗热情，有较突出的地域和民俗特色。

2. 征夫的悲歌

《诗经》中征夫的悲歌有《邶风·击鼓》《魏风·陟岵》《唐风·鸨羽》《豳风·东山》《小雅·采薇》《何草不黄》等，但以陕西诗歌中的《豳风·东山》最具代表性。

我徂东山，慆慆不归。我来自东，零雨其濛。我东曰归，我心西悲。制彼裳衣，勿士行枚。蜎蜎者蠋，烝在桑野。敦彼独宿，亦在车下。

我徂东山，慆慆不归。我来自东，零雨其濛。果蠃之实，亦施于宇。伊威在室，蟏蛸在户。町畽鹿场，熠耀宵行。不可畏也，伊可怀也。

我徂东山，慆慆不归。我来自东，零雨其濛。鹳鸣于垤，妇叹于室。洒扫穹窒，我征聿至。有敦瓜苦，烝在栗薪。自我不见，于今三年。

我徂东山，慆慆不归。我来自东，零雨其濛。仓庚于飞，熠耀其羽。之子于归，皇驳其马。亲结其缡，九十其仪。其新孔嘉，其旧如之何？

《东山》是写一位役满归来的士卒在还乡途中悲喜交集的心情和对家乡、亲人的深切思念之情，表达了厌倦征战、向往和平的愿望，是《诗经》中最出色的抒情诗之一。其艺术特点是：

（1）善用想象，浮想联翩，从而构成一幅幅图景来抒发感情。

从想象的方式看：首章是触景生情的联想，二章是远距离的遥想，三章是想象中的想象，末章是回忆和悬想（无法想象的想象）。从想象的时空看：首章是同一时间同一空间，二章是同一时间不同空间，三章是同一时间不同空间且不同方向，末章是不同时间不同空间。从想象之景与抒发之情的关系即情景关系看：首章是实景实情，哀景哀情，二章是虚景实情，苦景热情，三章是一景见两情，四章是旧景衬新情。

总之，可以说把想象艺术发挥到了极致。

（2）从对方写来，以人衬己，曲折达意。

（3）起承转合，重章叠唱，结构自然和美，加之语言朴实，音韵和谐，实在耐人寻味。

（三）婚恋诗

1. 甜蜜动人的恋歌

《诗经》中的此类诗歌，当以今之河南地域的《郑风》《卫风》等数量最多，也最有特色，如《邶风·静女》《卫风·木瓜》《桑中》《王风·采葛》《郑风·溱洧》《风雨》《子衿》《褰裳》《野有蔓草》《陈风·东门之枌》等，但最著名的诗篇《周南·关雎》却在今陕西地域，另外还有《召南·野有死麕》《摽有梅》等。请看《关雎》：

关关雎鸠，在河之洲。窈窕淑女，君子好逑。

参差荇菜，左右流之。窈窕淑女，寤寐求之。求之不得，寤寐思服。悠哉悠哉，辗转反侧。

参差荇菜，左右采之。窈窕淑女，琴瑟友之。参差荇菜，左右芼之。窈窕淑女，钟鼓乐之。

此为单恋恋歌，首章兴发爱慕，次章叙描痴恋，末章虚想梦幻，乐而不淫，优美动人。

再看《摽有梅》：

摽有梅，其实七兮。求我庶士，迨其吉兮。

摽有梅，其实三兮。求我庶士，迨其今兮。

摽有梅，顷筐塈之。求我庶士，迨其谓之。

此为求爱恋歌，写大龄美女对爱的渴求，由不太急到比较急，再到非常急。用隐喻加直抒的写法，妙趣横生。

2. 苦恼迷惘的情歌

《诗经》中这类诗歌也较多，但其中最著名的就是《秦风·蒹葭》：

蒹葭苍苍，白露为霜。所谓伊人，在水一方，溯洄从之，道阻且长。溯游从之，宛在水中央。

蒹葭萋萋，白露未晞。所谓伊人，在水之湄。溯洄从之，道阻且跻。溯游从之，宛在水中坻。

蒹葭采采，白露未已。所谓伊人，在水之涘。溯洄从之，道阻且右。溯游从之，宛在水中沚。

此写男子求爱的惆怅。每章依次是以景托情，景色凄清；可望难即，隔绝不通；艰难追寻，怅惘虚空。全诗境界渺远空灵，缥缈朦胧。

其他地域的诗歌中有美满婚姻的赞歌，如《周南·桃夭》《郑风·出其东门》《女曰鸡鸣》《唐风·葛生》等，陕西没有。这值得思考。

其他地域的诗歌中还有不幸婚姻的悲歌，即弃妇诗，如《卫风·氓》《邶风·谷风》《王风·中谷有蓷》等，陕西诗歌中也基本没有。这也值得思考。其原因大概与受《周礼》影响较深有关。

（四）怨刺诗

1. 民间怨刺诗

陕西诗歌中的民间怨刺诗没有如《魏风·伐檀》《硕鼠》等反剥削、反压迫的，也没有如《邶风·新台》《齐风·南山》《陈风·株林》《鄘风·相鼠》等讽刺荒淫、无礼的，但有讽刺用人殉葬之残暴行为的《秦风·黄鸟》一诗。这值得思考。其原因大概也与受《周礼》影响较深有关。

2. “大小雅”中的贵族文人的怨刺诗

（1）讽喻时政的，如《大雅》中的《民劳》《板》《荡》《桑柔》《瞻卬》《召旻》和《小雅》中的《节南山》《正月》《十月之交》《雨无正》等。

（2）谴责谗佞、揭露不公的，如《小雅》中的《巧言》《青蝇》《巷伯》《北山》等。以上这些都属于陕西诗歌。

（五）史诗

即《大雅》中的《生民》《公刘》《绵》《皇矣》《大明》，是周民族的史诗，分别歌颂后稷、公刘、古公亶父、文王、武王，全都属于陕西诗歌。

（六）祭歌

主要是《周颂》《商颂》等宗庙祭祀即祭祀祖先之歌。其中《周颂》全属陕西诗歌。

（七）其他

包括燕飨（宴享）诗、田猎诗、礼仪诗等。燕飨诗如《小雅·鹿鸣》《常棣》《伐木》《湛露》《彤弓》《桑扈》《鱼丽》《鱼藻》《南有嘉鱼》等，田猎诗如《召南·驺虞》《秦风·驷驖》《小雅·车攻》《吉日》等，礼仪诗如《小雅·斯干》等。

第十三讲
《尚书》导读

丁为祥

《尚书》是儒家基本经典之一，主要记载了唐尧虞舜以迄春秋时代历代圣王以仁德为核心的政治理念、政治言教及其政治实践，对于中华民族的人生价值观、政治观、社会历史观以及自然观、宗教观之形成及其认同意识之继承与发展起到了非常大的作用，是中华民族的精神命脉与文化传统的主要表现。

该书总体上分为《虞书》《夏书》《商书》和《周书》，以及春秋时代的《晋书》《鲁书》和《秦书》，可以说是从唐尧虞舜一直到春秋时代历代官方文献的一个集成。《尚书》在春秋战国时期总称为《书》或《书经》，而儒家传统的"六经"（所谓《诗》《书》《礼》《乐》《易》《春秋》）之所以要以《诗》《书》打头，主要就是因为《诗》《书》属于中国历史上最古老的官方与民间文献集成的性质。当然，所谓"三坟五典、九丘八索"之类所指谓的时代实际上可能更早。因为孔安国在《尚书序》中说："古时伏羲之王天下也，始画八卦，造书契，以代结绳之政，由是文籍生焉。伏羲、神农、黄帝之书，谓之《三坟》，言大道也。少昊、颛顼、高辛、唐、虞之书谓之《五典》，言常道也……八卦之说，谓之《八索》，求其义也。九州之志，谓之《九丘》。丘，聚也。言九州所有，土地所生，风气所宜，皆聚此书也。"所有这些，实际上都带有一定的传说性质。从中国文字的形成来看，现存的“六经”可能就算是中国历史上最古老的文献，而“六经”中作为民间歌谣总集的《诗经》与作为官方文献集成的《书经》，也就代表着儒家“六经”系统的最初形成，其中所谓的《书经》，就指《尚书》而言。

除此之外，与《尚书》属于同一时代的文献共有三种，《尚书》（官方文献）、《诗》（民间歌谣）和《逸周书》，而《逸周书》据说是孔子“删‘诗’‘书’”尤其是“删书”之后的剩余。所以，这三部文献既是中国现存最古老的文献，同时其内容也具有相互渗透、相互证明的性质。

但正由于《尚书》属于已知的中国历史上最古老的官方文献，所以不仅难读，而且从西汉到现当代的两千多年间，其真伪也一直是一个聚讼不已的问题。

一、《尚书》之得名以及其今古文本的形成

《尚书》在先秦时代统称为“书”，所谓孔子“删诗书，定礼乐”中的“书”就指《尚书》而言。《书纬》（就是汉儒专门解释《尚书》这部经典的书）称孔子求得黄帝玄孙帝魁之书，迄秦穆公，凡3330篇，乃删以100篇为《尚书》。所以，所谓百篇《尚书》之说也就由此而起。这一说法未必可信，但《诗》《书》经过孔子的系统整理则是肯定无疑的。关于孔子“删诗书，定礼乐”的说法也正好与《史记·孔子世家》中所记载的“孔子之时，周室微而礼乐废，诗书缺。追迹三代之礼，序书传，上纪唐虞之际，下至秦缪，编次其事”的记载基本相符。故《庄子·天下》篇就根据先秦诸子所公认的情况总结说：“《诗》以道志，《书》以道事，《礼》以道行，《乐》以道和，《易》以道阴阳，《春秋》以道名分。”这说明，《书》在先秦时代就已经成为诸子百家所公认的儒家经典了。

但从作为《尚书》之开篇的“稽古帝尧”（《尧典》）、“稽古帝舜”（《舜典》）的情况来看，它显然又是出自后人追述的口气；而从中国文字形成于商代的情况来看，当时也不可能形成如此细致的追述。不过，从殷周更替后周代王权开创者深深的忧患意识来看（这一点在《诗》《书》《易》以及《逸周书》中都有共同的交集性的反映），则《尚书》对唐尧虞舜及夏商时代的追述完全有可能出于周代，这就像秦汉统一后每个王朝都要为前代修史以总结历史经验一样，可以说是西周统治者根据历史传说对唐尧虞舜以来历代统治经验的系统总结。所以西周王朝也可以说是一个经过系统的人文反思的时代；至于孔子所赞叹的“周监于二代，郁郁乎文哉”（《论语·八佾》）也都应当是指其系统的人文反思而言。另外，从新近出土的战国墓葬——“郭店简”“上博简”和“清华简”中对《尚书》广泛征引的情况看，其在先秦时代就已经属于公认且广为流传的上古文献了。

但就《尚书》之具体得名而言，则将原来记载唐虞三代之“书”统称为“尚书”，大概始于西汉。孔安国在其《尚书序》中说：“济南伏生，年过九十，失其本经，口以传授，裁二十余篇。以其上古之书，谓之《尚书》。”所以到司马迁时，就已经屡称《尚书》之名，且云“言《尚书》自济南伏生”[①]，因而也可以说是为上述说法提供了最为切近的文献根据。但由此之后，《尚书》也就开始形成各种不同的版本了；而各种不同版本的形成，又是和《尚书》三种不同的历史遭际分不开的。

其影响最大的遭际当然就是秦始皇统一后，颁布《挟书令》，禁止民间收藏图书，凡是民间收藏的《诗》《书》及诸子百家的著作，全都要送交官府，集中烧毁。秦代焚书的根本原因，主要是由于儒生根据上古文献记载以“是古非今”，此无疑与《尚书》有很大的关系，但也给《尚书》带来了毁灭性的打击，原有的《尚书》抄本几乎全部被焚毁。

---

① 《史记·儒林列传》。

直到西汉孝惠帝废除“挟书令”，才有此后由前秦博士伏生根据记忆口授、并用汉代通行文字所写成的《尚书》28 篇，这就是所谓今文《尚书》。据说文帝时曾召伏生于京师，但由于其胶东口音，难以交流，所以才选派晁错到伏生家中去“留学”，并通过其女儿的翻译写成了今文《尚书》。

第二次较大影响的遭际发生在西汉时期，相传鲁恭王在拆除孔子故宅一段墙壁时，发现了另一部《尚书》，是用先秦六国时的字体书写的，人们称之为古文《尚书》。由于孔安国为孔子十一世孙，所以当时发现的古文《尚书》就送交孔安国整理。经过孔安国整理后，其篇目比伏生的今文《尚书》多出 16 篇。由此也就有了今、古文《尚书》的不同版本。

第三次遭际发生在西晋永嘉年间的战乱中，当时，今、古文《尚书》全都散失了。到东晋初年，豫章（今南昌）内史梅赜给朝廷献上了一部《尚书》，包括今文《尚书》33 篇（梅赜从原来的 28 篇中析出 5 篇），加上古文《尚书》25 篇，及 1 篇《孔安国传》和 1 篇由孔安国所撰写的《尚书序》，当时《秦誓》一篇已佚，所以这部《尚书》共有 59 篇。现今流传两千多年的《尚书》，全然是根据梅赜所献的这个本子编修的。该《尚书》经清代阎若璩《古文尚书疏证》的严格考证，证明其为伪书，但孔子“删诗书”以及孔、墨、孟、庄、荀对《尚书》的引证则不伪。就是说，该书的编纂、合成为伪，但该书的辑佚与内容则不伪。

由此之后，《尚书》便形成了由孔子所删定的原本和后世流传的所谓今古文本。而从其面世的先后来看，则历史上依次出现的《尚书》有如下版本：

（1）汉代传说，先秦时《书》有 100 篇，其中《虞夏书》20 篇，《商书》《周书》各 40 篇，每篇有序，题孔子所编。这就是孔子所编定的百篇《尚书》说。（此说出自《书纬》）

（2）西汉伏生本，即由伏生口授，而由晁错用汉代隶书笔录而成的今文《尚书》28 篇。（司马迁《史记》）

（3）西汉前期，鲁恭王拆孔子故宅一段墙壁，发现了另一部《尚书》，是用先秦六国时字体书写的，所以称为古文《尚书》，它比今文《尚书》多 16 篇，经孔安国整理后献于皇家。但由于遭逢武帝末年的巫蛊之祸，一直封存于皇家图书馆。（司马迁《史记》）

（4）东汉杜林漆书本，杜林曾在西州得漆书《古文尚书》一卷，非常宝爱，流离兵乱中，总是随身携带。这就是所谓杜林漆书本。（范晔《后汉书》）。

（5）东汉张霸曾献《尚书》百两本，由于此书系依据《书纬》伪造，当时就被识破，未曾流传。（范晔《后汉书》）

（6）东晋元帝时，梅赜献《古文尚书》及孔安国《尚书传》。这部《古文尚书》比今文《尚书》多出 25 篇，又从今文《尚书》中多分出 4 篇，而当时今文本中的《秦誓》一篇已佚，所以“除前边‘大序’外，古文与今文共 58 篇”。（孔颖达《五经正义》，唐以后的流传本）

（7）现行《十三经注疏》中由孔颖达所编的《尚书正义》，实际上就是依据梅赜所献的《今文尚书》和《古文尚书》的合编本整理集注而成的。但是，如果从春秋以来的历史文献《左传》以及先秦诸子著作比如《墨子》《孟子》《庄子》《荀子》等对《尚书》的征引情况来看，则当时所谓《虞书》《夏书》《商书》《周书》实际上就已经存在；而从新近出土的战国墓葬“郭店简”“上博简”以及“清华简”中对《尚书》的广泛征引来看，则《尚书》不仅不可能出自战国时代的儒者，而且也只能是西周早期或者起码应当是春秋以前的文献。当然，这并不排除后世传抄者在个别语句上的窜入。

二、《尚书》篇章的类别及其主要篇章简介

1.《尚书》篇章类别简介

关于《尚书》篇章的基本类别，历史上流传的有两种说法：其一为六种说，即典、谟、训、诰、誓、命，这种说法主要来自孔安国所撰的《古文尚书序》。另一种则为十种说，即典、谟、训、诰、誓、命、征（同于誓，如胤征羲和而有《胤征》）、贡（疆域、地图，如禹别九州而作《禹贡》）、歌（追悔，如《五子之歌》）、范（治国原则，如箕子向武王陈《洪范》），这种说法则主要是来自孔颖达所监修的《尚书正义》。所有这些说法，实际上都是对《尚书》篇章的统计或归类。如果就其主要形式而言，则典、谟、训、诰、誓这五种文体也就足以概括整个《尚书》的基本文体了。

所谓“典”就是一种记事文体，其内容主要是指治国之“大道”，但往往是出自圣王一生的行迹或主要德政，也可以说是对圣王治国经验的总结，所以《尚书》就以《尧典》《舜典》开篇（在伏生所述的今文《尚书》中则只有《尧典》一篇，后来古文《尚书》才将其分为《尧典》和《舜典》两篇），以示尧舜对人伦文明的开辟。古人所谓的“有典有策”一说也就指此言。但其文体则属于典型的记事体，相当于后世所谓“纪实”，所以孔颖达《尚书正义》说：“尧舜之典，多陈行事之状。”

所谓“谟”则属于一种议论文体，其语意为谋议、谋略，以指谓治国之“常道”，意即是对圣王治国“大道”的落实与具体运用。《尚书》中的《大禹谟》《皋陶谟》都是指对舜、禹治国之道的落实和具体运用而言的，但却是从贤相大禹和皋陶的角度加以总结而成的。

“训”则往往是执政者对其政治经验的总结，以训诫后世子孙要特别注意的问题，比如《尚书》中关于“训”的文体虽然只有《伊训》

一篇，但由于伊尹一生有“五就汤，五就桀”的经历，因而也就等于是对夏商两个王朝政治经验的总结，所以特别重要。

至于“诰”，即相当于我们今天的公告或皇族成员之间的告诫。作为公告，就是向全体国民宣布国家的政策；作为皇族之间的告诫，则可以说主要是两代政治家之间的“诰”。《尚书》中关于“诰”的文体最多，比如“仲虺之诰”“汤诰”“大诰”“康诰”“酒诰”“召诰”“洛诰”等等，都涉及总结政治经验以教告、警戒政权继承者的意味。

所谓“誓”，则主要可以说是关于军事征伐活动的檄文。比如“汤誓”就可以说是商汤讨伐夏桀的军事动员令，以后再如“泰誓”“牧誓”（武王伐纣）以及“秦誓”（秦穆公伐郑失败之追悔）之类，也都与军事征伐活动之动员有关。

这里似乎还应当介绍一下“歌”这种特殊的形式，在现存《尚书》中，唯一出现一次的“歌”似乎是一种最不寻常的文体，实际上则主要表达一种追悔之情或忏悔之意，也就相当于所谓“诉”。比如《尚书》中的“五子之歌”，就是因为太康失国而导致其五子被逐“洛汭”，从而对太康醉心于田猎而荒于国事的一种追悔之情。至于今天人们所谓的“忧伤乃歌曲之灵魂”一说，也就应当源于此。

2.《尚书》主要篇章简介

（1）《尧典》。

作为《尚书》的开篇，该篇共有4段文字（今文《尚书》将《尧典》与《舜典》合在一起叙述，故无《舜典》之名。古文《尚书》则将《尧典》和《舜典》分开叙述）：第一段主要颂扬尧的品德和功绩；第二段说明尧制定历法节令的情况；第三段说明尧选拔官吏的情况；第四段叙述尧禅让虞舜以代替自己的经过。

昔在帝尧，聪明文思，光宅天下。将逊于位，让于虞舜，作《尧典》。

曰若稽古帝尧，曰放勋，钦、明、文、思、安安，允恭克让，光被四表，格于上下。

克明俊德，以亲九族。九族既睦，平章百姓。百姓昭明，协和万邦。黎民于变时雍。

乃命羲和，钦若昊天，历象日月星辰，敬授民时。分命羲仲，宅嵎夷，曰旸谷。寅宾出日，平秩东作。日中，星鸟，以殷仲春。厥民析，鸟兽孳尾。申命羲叔，宅南交。平秩南为，敬致。日永，星火，以正仲夏。厥民因，鸟兽希革。分命和仲，宅西，曰昧谷。寅饯纳日，平秩西成。宵中，星虚，以殷仲秋。厥民夷，鸟兽毛毨。申命和叔，宅朔方，曰幽都。平在朔易。日短，星昴，以正仲冬。厥民隩，鸟兽鹬毛。帝曰："咨！汝羲暨和；期三百有六旬有六日，以闰月定四时，成岁。允厘百工，庶绩咸熙。"

帝曰："畴咨若时登庸？"放齐曰："胤子朱启明。"帝曰："吁！嚚讼，可乎？"

帝曰："畴咨若予采？"驩兜曰："都！共工方鸠僝功。"帝曰："吁！静言庸违，象恭滔天。"

帝曰："咨！四岳，汤汤洪水方割，荡荡怀山襄陵，浩浩滔天。下民其咨，有能俾乂？"佥曰："於！鲧哉。"帝曰："吁！咈哉，方命圮族。"岳曰："异哉！试可乃已。"帝曰，"往，钦哉！"九载，绩用弗成。

帝曰："咨！四岳。朕在位七十载，汝能庸命，巽朕位？"岳曰："否德，忝帝位。"曰："明明扬侧陋。"师锡帝曰："有鳏在下，曰虞舜。"帝曰："俞？予闻，如何？"岳曰："瞽子，父顽，母嚚，象傲；克谐以孝，烝烝乂，不格奸。"帝曰："我其试哉！女于时，观厥刑于二女。”厘降二女于妫汭，嫔于虞。

帝曰：“钦哉！”

简单翻译：

查考往事，帝尧名叫放勋，他恭敬节俭，明察四方，善理天下，道德纯备，温和宽容。他忠实不懈，又能让贤，光辉普照四方，思虑至于天地。他能发扬大德，使家族亲密和睦。家族和睦以后，又辨明其他各族的政事。众族的政事辨明了，又协调万邦诸侯，天下众民也就因此而变得友好和睦起来①。

尧于是命令羲氏与和氏，敬慎地遵循天数，推算日月星辰运行的规律，制定出历法，敬慎地把天时节令告诉人们。命令羲仲，住在东方的旸谷，恭敬地迎接日出，辨别、测定太阳东升的时刻，昼夜长短相等，南方朱雀七宿黄昏时出现在天的正南方，依据这些确定仲春时节。这时，人们分散在田野，鸟兽开始生育繁殖。又命令羲叔，住在南方的交趾，辨别测定太阳往南运行的情况，恭敬地迎接太阳向南回来。白昼时间最长，东方苍龙七宿中的火星黄昏时出现在南方，依据这些确定仲夏时节。这时，人们住在高处，鸟兽的羽毛稀疏。又命令和仲，住在西方的昧谷，恭敬地送别落日，辨别测定太阳西落的时刻。昼夜长短相等，北方玄武七宿中的虚星黄昏时出现在天的正南方，依据这些确定仲秋时节。这时，人们又回到平地上居住，鸟兽换生新毛。又命令和叔，住在北方的幽都，辨别观察太阳往北运行的情况。白昼时间最短，西方白虎七宿中的昴星黄昏时出现在正南方，依据这些确定仲冬时节。这时，人们住在室内，鸟兽长出了柔软的细毛。尧说：“啊！你们羲氏与和氏啊，一周年是三百六十六天，要用加闰月的办

① 郑玄注释“钦明文思”为：“敬事节用谓之钦，照临四方谓之明，经天纬地谓之文，虑深通敏谓之思。”参见孔颖达《十三经注疏》中《尚书正义》的相关注释。

法确定春夏秋冬四季而成一岁。由此规定百官的事务，许多事情就都兴办起来。”（这里应当特别提醒注意，关于历法、方位及其文化蕴涵，请特别注意北京城的四个方位及其名称，尤其是作为帝王居住之皇城的“左青龙，右白虎，前朱雀，后玄武”，以及由此演化而来的“左崇文，右宣武”的区划。实际上，所谓“崇文”与“宣武”的区划是有非常丰厚的文化底蕴的，而现在的“西城区”“东城区”则仅仅成为一种方位性的划分。而西安古城至今犹存的“朱雀门”“朱雀大街”等等，实际上都是唐代皇城的遗存，也都是根据历法、方位同时也具有丰厚的文化底蕴的。）

尧帝说：“善治四时之职的是谁啊？我要提升任用他。”放齐说：“您的儿子丹朱很聪明。”尧帝说：“唉！他说话虚妄，又好争辩，可以吗？”

尧帝说：“善于处理我们政务的是谁呢？”驩兜说：“啊！共工防救水灾已具有成效啊。”尧帝说：“唉！他花言巧语，阳奉阴违，貌似恭谨，而气焰很高。”

尧帝说：“啊！四方诸侯之长！滔滔的洪水普遍危害人们，水势奔腾包围了山岭，淹没了丘陵，浩浩荡荡，弥漫接天。臣民百姓都在叹息，有能使洪水得到治理的吗？”人们都说：“啊！鲧吧。”尧帝说：“唉！他违背人意，不服从命令，危害族人。”四方诸侯之长说：“起用吧！试试看，可以，就用他。”尧帝说：“去吧，鲧！要谨慎啊！”过了九年，成效不好（驩兜、共工、鲧、三苗被称为“四凶”，在舜执政后或被诛杀，或流放）。

尧帝说：“啊！四方诸侯之长！我在位七十年，你们能用我之命，请接任我的帝位吧！”四方诸侯之长说：“我们德行鄙陋，不配升任帝位。”尧帝说：“可以明察贵戚，也可以推举地位低微的人。”众人提议：“在下面有一个穷困的人，名叫虞舜。”尧帝说：“是的，我也听说过，这个人怎么样呢？”四方诸侯之长回答：“他是乐官瞽叟的儿子。他的父亲心术不正、顽劣不堪，其后母说话不诚，唠叨没个完，其异母弟象傲慢不敬，而舜却能同他们和谐相处。因为他的孝心醇厚，治理国家不至于坏吧！”尧帝说：“那我试试他吧！把我的两个女儿嫁给舜，从两个女儿那里观察舜的德行。”于是命令其两个女儿娥皇、女英下嫁给虞舜。尧帝说：“敬慎地处理政务吧！”

（2）《皋陶谟》（节选）。

曰若稽古，皋陶曰：“允迪厥德，谟明弼谐。”禹曰：“俞，如何？”皋陶曰：“都！慎厥身，修思永。敦叙九族，庶明励翼，迩可远，在兹。”禹拜昌言曰：“俞！” 皋陶曰：“都！在知人，在安民。”禹曰：“吁！咸若时，惟帝其难之。知人则哲，能官人。安民则惠，黎民怀之。能哲而惠，何忧乎欢兜？何迁乎有苗？何畏乎巧言令色孔壬？”

皋陶曰：“都！亦行有九德。亦言，其人有德，乃言曰，载采采。”禹曰：“何？”皋陶曰：“宽而栗，柔而立，愿而恭，乱而敬，扰而毅，直而温，简而廉，刚而塞，强而义。彰厥有常吉哉！日宣三德，夙夜浚明有家；日严祗敬六德，亮采有邦。翕受敷施，九德咸事，俊乂在官。百僚师师，百工惟时，抚于五辰，庶绩其凝。无教逸欲，有邦兢兢业业，一日二日万几。无旷庶官，天工，人其代之。天叙有典，勑我五典五敦哉！天序有礼，自我五礼有庸哉！同寅协恭和衷哉！天命有德，五服五章哉！天讨有罪，五刑五用哉！政事懋哉懋哉！天聪明，自我民聪明。天明畏，自我民明威。达于上下，敬哉有土！”

皋陶曰：“朕言惠可厎行？”禹曰：“俞！乃言厎可绩。”皋陶曰：“予未有知，思曰赞赞襄哉！”

皋陶，尧时为士，舜时执行舜的命令解决“蛮夷滑夏，寇贼奸宄”的问题，以作“五刑”。大禹受舜禅让时曾以“稷、契暨皋陶”三位相让，到大禹执政时已经成为帝师，所以有“皋陶谟”之作。当秦人崛起西陲时，由于秦人重法，所以皋陶被追认为秦人的祖先。

简单翻译：

查考以往史迹。皋陶说：“君能诚实地履行其德行，就能有远见，而辅佐的臣子也能同心协力。”

禹说：“好啊！如何去做呢？”

皋陶说：“啊！要谨慎地修养自身，思虑深远。要亲近九族，那些贤明的人就会相互勉励来辅助，由近及远，道理就在于此。”

禹听了这番精当的言论，拜谢说：“对呀！”

皋陶说：“啊！还要能辨别不同的人，安抚民心。”

禹说：“噢！都像这样，连帝舜也难以做到。能识别人就是明智，就善于用人。能安定民心就是慈爱，百姓都会怀念他。能做到明智和受人爱戴，何必担心驩兜？何必流放三苗？何必畏惧巧言、善色、奸佞的人呢？”

皋陶说：“啊！考察人的行为有九种美德。要说某人有美德，就要把他做的事一件一件列出来。”

禹问：“什么是九德呢？”

皋陶说：“宽宏而又坚栗，柔顺而又卓立，谨厚而又严恭，多才而又敬慎，驯服而又刚毅，正直而又温和，简易而又方正，刚正而又笃实，坚强而又良善。要表彰那些具有九德的好人啊！每日能表现出三种美德，日夜都恭敬努力。这样做，卿大夫就能保持其封地。每天能庄严地实践六种德，用以辅助政事于国，作为诸侯就能保持他的邦国了。对于九德能普遍推行，使具备九德的人都出来任职做事，才德超群的人都获得官位。百官臣僚相互学习效法，把自己的职责事务做好，使政事与天象运转相顺应，各种事情都会成功。”

皋陶说：“治理国家的人不要贪图安逸、满足私欲，要兢兢业业，因为情况变化万端。不要虚设百官，上天命定的工作，人应当代替完成。上天规定了人与人之间的常法，要告诫人们用父义、母慈、兄友、弟恭、子孝的办法，把这五者敦厚起来啊！上天规定了人的尊卑等级，推行天子、诸侯、卿大夫、士和庶人这五种礼制，要谨慎地运用啊！君臣之间要同敬、同恭，和善相处啊！上天任命有德的人，要用天子、诸侯、卿、大夫、士五种礼服表彰这五者啊！上天惩罚有罪的人，要用墨、劓（割鼻）、剕（剁脚）、宫、大辟五种刑罚处治五者啊！政务要劝和了！要努力啊！”

皋陶说：“上天的视听依从臣民的视听。上天的赏罚依从臣民的赏罚。天意和民意是相通的，要谨慎啊，有国土的君王！”

皋陶问：“我的话可以实行吗？”

禹说：“当然！你的话可以实行并且可以成功。”

皋陶说：“我没有别的学识，只想天天辅佐君主并对他有所帮助啊！”

（3）《五子之歌》。

> 太康失国，昆弟五人须于洛汭，作《五子之歌》。
>
> 太康尸位，以逸豫灭厥德，黎民咸贰，乃盘游无度，畋于有洛之表，十旬弗反。有穷后羿因民弗忍，距于河，厥弟五人御其母以从，徯于洛之汭。五子咸怨，述大禹之戒以作歌。
>
> 其一曰：“皇祖有训，民可近，不可下，民惟邦本，本固邦宁。予视天下，愚夫愚妇，一能胜予；一人三失，怨岂在明？不见是图。予临兆民，懔乎若朽索之驭六马，为人上者，奈何不敬？”
>
> 其二曰：“训有之，内作色荒，外作禽荒。甘酒嗜音，

峻宇彫墙。有一于此，未或不亡。”

其三曰：“惟彼陶唐，有此冀方。今失厥道，乱其纪纲，乃厎灭亡。”

其四曰：“明明我祖，万邦之君。有典有则，贻厥子孙。关石和钧，王府则有。荒坠厥绪，覆宗绝祀！”

其五曰：“呜呼曷归？予怀之悲。万姓仇予，予将畴依？郁陶乎予心，颜厚有忸怩。弗慎厥德，虽悔可追？”

简单翻译：

太康为大禹之孙、夏启之子，因醉心于田猎，十旬不返，不理朝政。有穷氏后羿发动政变，将其皇后与五子逐于洛之汭。五子反省皇祖大禹的教训而追悔太康的过错，因发为歌。歌的特点在于一唱三叹，可以反复品味。

第一歌说：皇祖大禹说过，老百姓可以亲近，而不可轻视。人民为国家之本，老百姓安居了，国家才能安宁。我视愚夫愚妇，当能胜于我身，是畏敬小民也；由能畏敬小民，故以小民从命，是得众心也。“一人三失，怨岂在明？”言民怨未必都在明处，必于未形之时思善道以防卫之。治理国家，犹如借腐索以御六马，“为人上者”，何可不敬慎从事？

第二歌说：皇祖大禹说过，内不要贪图女色，外不要打猎玩乐，也不要嗜酒、贪恋豪华的住宅。只要有此一项，就会导致亡国。

第三歌说：陶唐氏部落本来有很广袤的土地，就是因为失德，败坏纲常，才导致它的灭亡。

第四歌说：皇祖大禹为万邦之君，后世的楷模，他制定了法典，并交给子孙履行，就是因为太康废弃了典法，才导致宗庙祭祀灭绝。

第五歌说：我们已经被后羿逼到洛河对岸，没有归宿，何时才能回去呢？现在老百姓都仇恨我们，我们也深感对不起老百姓，只有叹息你的失德，才使我们沦落到这个地步，现在还可以追悔吗？

（4）《伊训》。

> 成汤既没，太甲元年，伊尹作《伊训》、《肆命》、《徂后》。
>
> 惟元祀十有二月乙丑，伊尹祠于先王。奉嗣王祗见厥祖，侯、甸、群后咸在，百官总已以听冢宰。伊尹乃明言烈祖之成德，以训于王。曰："呜呼！古有夏先后，方懋厥德，罔有天灾。山川鬼神，亦莫不宁，暨鸟兽鱼鳖咸若。于其子孙弗率，皇天降灾，假手于我有命，造攻自鸣条，朕哉自亳。惟我商王，布昭圣武，代虐以宽，兆民允怀。今王嗣厥德，罔不在初，立爱惟亲，立敬惟长，始于家邦，终于四海。呜呼！先王肇修人纪，从谏弗咈，先民时若。居上克明，为下克忠，与人不求备，检身若不及，以至于有万邦，兹惟艰哉！敷求哲人，俾辅于尔后嗣，制官刑，儆于有位。"曰："敢有恒舞于宫，酣歌于室，时谓巫风，敢有殉于货色，恒于游畋，时谓淫风。敢有侮圣言，逆忠直，远耆德，比顽童，时谓乱风。惟兹三风十愆，卿士有一于身，家必丧；邦君有一于身，国必亡。臣下不匡，其刑墨，具训于蒙士。"呜呼！嗣王祗厥身，念哉！圣谟洋洋，嘉言孔彰。惟上帝不常，作善降之百祥，作不善降之百殃。尔惟德罔小，万邦惟庆；尔惟不德罔大，坠厥宗。

简单翻译：

某年十二月乙丑日，伊尹带领商政权的继位者及其臣僚祭拜于先王祠堂，各路诸侯以及侯、甸、群后都参与了这一重大活动，文武百官也都听命于贤相伊尹的训话。伊尹便以商汤以来历代祖先的德行向太甲作最后的训示。他说：唉，原本夏代开国的几位君王，都有深厚的德行，国家也治理得很好，可以说是风调雨顺、国泰民安。但到了其子孙，则抛弃了祖先的德性，胡作非为，皇天大为不满，于是假借商汤来降灾，商汤于是流放夏桀于鸣条，立国于亳。当时的商汤，神圣英武，待民以宽，于是深得民心。今太甲要继承王位，一定要继承先祖的德行，将爱亲、敬长之心从身边做起，以推及于天下大众。先王开辟人伦文明，从谏如流，老百姓都很满意。在上位者一定要自明其德性，在下则自能克己尽忠；对人不要求全责备，对自己却要时时检点。只有这样，才能保有天下。要广泛地寻求哲人，认真教育你的子孙；要制作官刑，警戒各级官员。除此之外，还有要格外注意的几种现象：敢有整天舞于宫、歌于室者，这就是巫乱之风；敢有整天陶醉于宝物、迷恋于游猎活动的，这就是淫荡之风；敢有不遵圣言、不听忠直（的建议）、不据于自己的德性、嬉戏顽劣，这就是乱世之风。这三种风气连同十种过错，卿士如果沾染，就必然会丧家；诸侯如果沾染，就必然会亡国。臣下如果发现君王沾染这种毛病而不出面匡正，就必须受到墨刑的惩罚。这种政令，要让天下的蒙士都知道。

唉，今天你就要践天子之位了，希望你好自为之。圣贤的立国之道，历代治国的嘉言都说得很清楚。而天命并不恒常，行善则天必然降祥，作恶则天必然降殃。你如果能依据自己的德性治国，则国家兴旺，万邦惟庆；但你如果不依据德性治国，则你的江山、宗庙也就完啦。

（5）《咸有一德》。

主要属于训，也可以说是介于谟与训之间。作为谟，它可以说是治国之“常道”；而作为训，则是伊尹作为执政者对其政治经验的总结，以训诫后世子孙要特别注意的问题。这里主要是作为“训”来运用的。

伊尹作《咸有一德》。

伊尹既复政厥辟，将告归，乃陈戒于德。曰：呜呼！天难谌，命靡常。常厥德，保厥位。厥德匪常，九有以亡。夏王弗克庸德，慢神虐民。皇天弗保，监于万方，启迪有命，眷求一德，俾作神主。惟尹躬暨汤，咸有一德，克享天心，受天明命，以有九有之师，爰革夏正。非天私我有商，惟天祐于一德；非商求于下民，惟民归于一德。德惟一，动罔不吉；德二三，动罔不凶。惟吉凶不僭在人，惟天降灾祥在德。

今嗣王新服厥命，惟新厥德。终始惟一，时乃日新。任官惟贤材，左右惟其人。臣为上为德，为下为民。其难其慎，惟和惟一。德无常师，主善为师。善无常主，协于克一。俾万姓咸曰："大哉王言。"又曰："一哉王心"。克绥先王之禄，永底烝民之生。呜呼！七世之庙，可以观德。万夫之长，可以观政。后非民罔使；民非后罔事。无自广以狭人，匹夫匹妇，不获自尽，民主罔与成厥功。

简单翻译：

伊尹作为经历夏商两个王朝并且辅佐商代两任君王的著名贤相，在告老还乡之前，特意总结自己一生的政治经验，以告诫殷商王权的继任者。

伊尹既然已经还殷商之政，将告老还乡，乃作《咸有一德》以陈戒于王权的继任者。他说：唉，天命是难以确知的，王权的命运也并不恒常。只有时时谨戒于德，才能确保王位。如果德行不恒常，再多的王权也会丧失。夏桀就是因为不敬德，上不敬天，下虐其民，老天爷就不保佑他，而在天下另择新主，唯求有德者来主理天下。我伊尹辅佐商汤一心一意，敬天德、体民心，从而得到了上天的明命，以九有之师，终于推翻了夏王朝。天并非有意偏袒商汤，而只是以德行作为选择的标准才钟情于商；而商汤也并非有意拉拢其民，只是因为老百姓向往有德者才皈依于商。只要出于纯正的德性，那么行为没有不吉祥的；如果三心二意、包藏祸心，那么任何举动也没有不危险的。

吉凶并不完全决定于人，但老天是否降灾则完全取决于你的德性。

现在，王权的继承人将践天子之位，但愿其能敬天德，始终如一，日新其德。任官，则唯贤才是举，那么天子周围也必将都是有德行的人；作为大臣，向上则唯以德性为准，向下则只是为民负责。这是不容易的，所以就要谨慎从事，和衷共济。德并没有固定的老师，主于善者就是老师；善也没有恒常的表现，顺天应人就是最大的善。在这种情况下，老百姓就会感叹说“大哉王言”，也会赞叹说“一于德哉王心”。希望新天子能够保先王之禄位，振烝民之生。唉，从一个人祖上（七庙）的传统，就可以见到其人的德行；从最基层的政权——万夫之长，也就可以看到整个国家的政治。王权没有百姓的拥戴就无所作为，老百姓没有王权的指导就无所事事。希望新天子不要看不起老百姓，如果小民百姓不能遂愿，那么王权也就说不上成功。

（6）《泰誓》中。

惟戊午，王次于河朔，群后以师毕会。王乃徇师而誓曰：“呜呼！西土有众，咸听朕言。我闻吉人为善，惟日不足。凶人为不善，亦惟日不足。今商王受，力行无度，播弃犁老，昵比罪人。淫酗肆虐，臣下化之，朋家作仇，胁权相灭。无辜吁天，秽德彰闻。惟天惠民，惟辟奉天。有夏桀弗克若天，流毒下国。天乃佑命成汤，降黜夏命。惟受罪浮于桀。剥丧元良，贼虐谏辅。谓己有天命，谓敬不足行，谓祭无益，谓暴无伤。厥监惟不远，在彼夏王。天其以予乂民，朕梦协朕卜，袭于休祥，戎商必克。受有亿兆夷人，离心离德。予有乱臣十人，同心同德。虽有周亲，不如仁人。天视自我民视，天听自我民听。百姓有过，在予一人，今朕必往。我武维扬，侵于之疆，取彼凶残。我伐用张，于汤有光。勖哉夫子！罔或无畏，宁执非敌。百姓懔懔，若崩厥角。呜呼！乃一德一心，立定厥功，惟克永世。”

简单翻译：

戊午这一天，武王带领伐纣的部队驻扎于黄河北岸，他巡视部队并发表檄文说：“西周的众庶，请听我宣布我们的誓言。我听说行善的人总是觉得时间不够而为善不止，为恶的人也永远不会停止其恶行。今殷纣任意妄为，行事没有节制，不听忠直之言，与奸佞狼狈为奸，酗酒、残暴集于一身，众奸臣紧跟下风，朝纲紊乱，与友邦为敌，罪虐诸侯。老百姓呼天喊地，其丑恶的德行已经风传天下。老天怜悯下民，而老百姓也敬事上天。历史上曾有夏桀不敬上天，流毒诸侯。于是天乃降命成汤，革夏桀之命。今殷纣的罪行已经超过了夏桀，任意杀人，虐待、刑戮忠诚的大臣，认为自己有天命，认为不必敬祭于天，不必收敛其肆意的暴行。历史的借鉴不远，夏桀就应当是殷纣的下场。现在，天赋于我们解救民众的责任，我已经多次占卜，都得到了吉祥的兆命，我们一定能够推翻殷纣的暴政，取得伐商的成功。殷纣虽曾有亿万黎民，但已经离心离德。而我虽然只有参差不齐的几位大臣，但是大家却同心一德。虽然殷纣也有至亲，但不如我们得到众多仁人的帮助。上天的视就来自老百姓的视，上天之听也就来自老百姓的听。如果我们伐纣有错，那么这个错误的责任就由我一人来承当，因此，我们一定不会停下伐纣的行动。我们要展现我们的威武，冲入朝歌，抓获凶残的敌人。我们的这种讨伐精神，就是继承商汤伐夏桀的精神，也是代替商汤教育其暴虐的子孙。努力吧，勇士们，我们要有一往无前的精神，消灭残敌，解救倒悬的百姓。只有一心一德，才能成此大功。”

在上述所选的六篇中，《尧典》自然可以说主要体现了古代圣王的德政，而《皋陶谟》则体现了古代贤相的治国之谋。至于《五子之歌》则是太康失国后其五子在流亡途中的追悔之情。所谓《伊训》则是伊尹对夏商两朝政治经验的总结，而《咸有一德》则是伊尹根据夏商两朝政治经验所总结出来的最重要的政治教训；至于《泰誓》，则是武王伐纣的动员令。所以基本上是围绕治国经验展开的。

三、《尚书》的政治经验及其教训

《尚书》作为自唐尧虞舜以来一直到春秋时代最为重要的政治文献，关键在于它从君、相乃至皇位继承者之不同角度对五个朝代（唐尧虞舜、夏、商、周、秦）的政治经验做出了极为精当的总结。作为中华民族最重要的政治遗产，其价值主要体现在如下几个方面。

1. 天下为公——选贤与禅让

在中国，关于尧舜禅让天下既是一种远古的历史记忆，也是存在于历史文献中的一种社会制度，同时又是一种美好的社会理想。作为一种历史记忆，是因为在中国，无论是达官贵人还是贩夫走卒，无不知中国历史上曾经存在着尧舜禅让天下一说，笔者幼年即从不识字的父亲口中得到“尧让位，舜登基，禹王传子于社稷”一说，说明这一观念深入人心。作为一种社会制度，则确实可以见之于《尧典》与《舜典》。比如尧舜的禅让就是以如下方式展开的：

> 帝曰：“咨！四岳。朕在位七十载，汝能庸命，巽朕位？”岳曰：“否德，忝帝位。”曰：“明明扬侧陋。”师锡帝曰：“有鳏在下，曰虞舜。”帝曰：“俞？予闻，如何？”岳曰：“瞽子，父顽，母嚚，象傲；克谐以孝，烝烝乂，不格奸。”帝曰：“我其试哉！女于时，观厥刑于二女。”厘降二女于妫汭，嫔于虞。帝曰：“钦哉！”

而舜之禅让于禹也是以同样的方式展开的：

> 舜曰：“咨，四岳！有能奋庸熙帝之载，使宅百揆亮采，惠畴？”佥曰：“伯禹作司空。”帝曰：“俞，咨！禹，汝

平水土，惟时懋哉！”禹拜稽首，让于稷、契暨皋陶。帝曰：“俞，汝往哉！”

在这里，所谓禅让有一个基本前提，这就是选贤任能，比如尧起初要让位于四岳，四岳则因为自己“否德”而举荐虞舜；虞舜晚年也同样向四岳询问寻求“有能奋庸熙帝之载”者，这才有四岳对禹的举荐。

但是，作为禅让制的根本前提则必须具有“天下为公”的情怀，而不是把天下视为自己的“私家产业”（黄宗羲语）。这种情形，也可以反证于韩非子对禅让制的嘲笑：

> 尧之王天下也，茅茨不剪，采椽不斫，粝粢之食，藜藿之羹，冬日麑裘，夏日葛衣，虽监门之服养不亏于此矣。禹之王天下也，身执耒臿以为民先，股无胈胫不生毛，虽臣虏之劳不苦于此矣。以是言之，夫古之让天子者，是去监门之养而离臣虏之劳也。故传天下而不足多也。今之县令，一日身死，子孙累世挈驾，故人重之。是以人之于让也，轻辞古之天子，难去今之县令者，薄厚之实异也。（《韩非子·五蠹》）

韩非子这里完全是从对现实利害的算计上着眼的，认为古代的天子很劳累，而今天的县令则很享受，所以认为人们宁愿辞去古代的天子也不愿辞去今天的县令。但从韩非子的这一描述中进行反推，究竟是什么因素在支撑着尧舜待在这个“很劳累”的天子之位上呢？这就是天下为公的责任意识。也正是这种责任意识，使尧不能传位于其儿子丹朱，也不能传位于共工包括鲧，而必须传位于出身于社会下层的舜。在这里，传位或禅让的根源就在于天下为公，而选贤的标准则在于德性和才能。

也许正因为这一原因，所以历代选拔官员的标准就是德才兼备；但真正的禅让则必须在天下为公的基础上才能真正实现。

2. 民惟邦本，本固邦宁

从天下为公的观念出发，天下的权力与政治设施首先就应当是为民的存在，也是因着民之生存需要而形成的。从这个角度看，一切权力存在的根本依据就在于民之需要。但这一结论并不是出自下民，而恰恰是出自作为夏王朝太康王位继承人之王子的概括。这说明，就从夏王朝来看，作为王位继承人的王子们也认为“民可近，不可下，民惟邦本，本固邦宁”，并对太康“内作色荒，外作禽荒。甘酒嗜音，峻宇雕墙”的荒淫之道进行了强烈的批评与痛苦的追悔。这说明，“民惟邦本，本固邦宁”在当时就已经成为天下人的共识了。

进一步看，到了夏桀时代，“汤誓”中的“时日曷丧，予及汝皆亡”则是民众对夏桀及其王朝的诅咒；而“汤诰”中的“万方百姓，罹其凶害，弗忍荼毒，并告无辜于上下神祀”则是推翻夏王朝的誓言。至于“蔡仲之命”中的“皇天无亲，惟德是辅；民心无常，惟惠之怀”则可以说是对民心之所向的准确揭示；而“泰誓”中的“天视自我民视，天听自我民听”则明确宣告了一切权力的最后归属。所以说，“民惟邦本，本固邦宁”可以说是中国数千年政治史中的一条血的教训，也是所有政权的生命线。

3. 德性立身，仁政立国

《尚书》作为中国最古老的政治文献，给历代统治者所提供的最重要的政治经验是什么呢？其可以概括为“德性立身，仁政立国”。

为什么要以德性立身？这是因为中华民族及其文化本来就缺乏一个以外在人格神信仰为特征的宗教，而中国智慧的具体性也在制约着外在救赎性宗教的产生，但人的精神却不能没有信仰、行为不能没有底线。对于中国人而言，唯一能够承当起精神信仰作用并充当人生精神底线的就是源自人之生命对上天之秉彝的德性，所以后来当孟子论证人的四端之心时就明确地说：“此天之所与我者”；而对人来说，也就可以说是“仁义礼智，非由外铄我也，我固有之也”（《孟子·告子》上）。这种对德性的“天之所与”与“我固有之”的双重论证也就决定德性既是天对人的最高禀赋，同时也是人的内在本质。所以，所谓德性立身也就代表着儒家天人合一观念的基本精义。

那么，为什么又一定要以“仁政立国”呢？这主要是因为，德性表现于人与人之间就必然是仁爱，而政权的民本性质以及其立政为民的存在也规定其必须以老百姓的福祉作为政权的最高指向。这样，仁政就不仅从个体立身之内在性的角度得到确保，而且也必然要从政权之制度规定的角度得到本质性的规定。

所以，中国历史上政治经验最丰富的伊尹（五就汤，五就桀）就不仅在其《伊训》中提出“立爱惟亲，立敬惟长，始于家邦，终于四海”的为政指向，而且还在其《咸有一德》中提出“非天私我有商，惟天祐于一德；非商求于下民，惟民归于一德”，这充分说明，天与人必须在“德”的基础上统一起来。至于其“ 德无常师，主善为师。善无常主，协于克一”可以说是中国历史上政治经验最丰富的政治家对以后历代王朝所总结出来的殷鉴。

4. 教训：失德虐民者必亡

作为中国最古老的政治文献，《尚书》准确地记载了唐虞以来王朝之更替及其各自之所以灭亡的原因，所以，如果要用一句话来概括从唐虞一直到春秋时代历代政权灭亡的教训，那么这就是“失德虐民者必亡”。比如夏王朝灭亡前，由于夏桀失德虐民，所以才有老百姓所谓的“时日曷丧，予及汝皆亡”的诅咒；而当商汤讨伐夏桀时，则几乎出现了一种颇为吊诡的情况：“东征西夷怨，南征北狄怨，曰：‘奚独后予？’攸徂之民，室家相庆，曰：‘徯予后，后来其苏。’”（《仲虺之诰》）在这里，所谓“东征西夷怨，南征北狄怨”，实际上也就成为老百姓对其政权的诅咒——反而怨恨不早点来征伐他们的说法了。

这样，所谓征伐实际上也就成为后来孟子所概括的“解民于倒悬”了。

至于殷商，由于此前夏代的太康失国所造成的苦难，已经有《五子之歌》作了明确的揭示；而殷纣之倒行逆施，周武王在《泰誓》中所说的“弗敬上天，降灾下民；沉湎冒色，敢行暴虐；罪人以族，官人以世；惟宫室、台榭、陂池、侈服，以残害于尔万姓；焚炙忠良，刳剔孕妇”（《泰誓》上），也可以说是作了写真性的揭示。所以在这里，所有这些倒行逆施绝不可能仅仅是出自周武王的一面之词，因为牧野决战中殷纣的“前徒倒戈，攻于后以北，血流漂杵”（《武成》）正是对殷纣失德虐民的一种历史性回报。也正因为历代统治者的失德虐民以致政权灭亡的教训，所以在中国文化中，德性才成为统治者的立身之基，而敬天保民、敬德保民之“仁政”才成为历代王权维持其统治的不二法门。

四、《尚书》隽语辑略

（1）“直而温，宽而栗，刚而无虐，简而无傲。”宽宏而又坚栗，柔顺而又卓立，谨厚而又严恭，多才而又敬慎，驯服而又刚毅，正直而又温和，简易而又方正，刚正而又笃实，坚强而又良善。（《舜典》——大舜一生之执政行实）

（2）“野无遗贤，万邦咸宁。稽于众，舍己从人。”（《大禹谟》——大禹的治国谋略）

（3）“罔游于逸，罔淫于乐。任贤勿二……罔违道以干百姓之誉，罔咈（违逆）百姓以从己之欲。”（《大禹谟》）

（4）“知人则哲，能官人。安民则惠，黎民怀之。”（《皋陶谟》——皋陶的治国谋略）

（5）“民可近，不可下，民惟邦本，本固邦宁。”（《五子之歌》——太康五位王子对太康失国的追悔）

（6）“‘时日曷丧？予及汝皆亡。’夏德若兹，今朕必往。”（《汤誓》——汤伐夏的誓言）

（7）“万方有罪，在予一人；予一人有罪，无以尔万方。”（《汤诰》——汤流放夏桀后向全国发布的公告）

（8）“敢有恒舞于宫，酣歌于室，时谓巫风，敢有殉于货色，恒于游畋，时谓淫风。敢有侮圣言，逆忠直，远耆德，比顽童，时谓乱风。惟兹三风十愆，卿士有一于身，家必丧；邦君有一于身，国必亡。臣下不匡，其刑墨，具训于蒙士。”（《伊训》——伊尹对太甲的训诫）

（9）“任官惟贤材，左右惟其人。臣为上为德，为下为民。其难其慎，惟和惟一。德无常师，主善为师。善无常主，协于克一。”（《咸有一德》——伊尹对自己一生政治经验的总结）

（10）“七世之庙，可以观德。万夫之长，可以观政。”（《咸有一德》）

（11）“天矜于民，民之所欲，天必从之。”（《泰誓》上——武王伐纣的檄文）

（12）“谓己有天命，谓敬不足行，谓祭无益，谓暴无伤。厥监惟不远，在彼夏王。”（《泰誓》中）

（13）“天视自我民视，天听自我民听。”（《泰誓》中）

（14）“玩人丧德，玩物丧志。志以道宁，言以道接。不作无益害有益，功乃成；不贵异物贱用物，民乃足。”（《旅獒》——西旅献獒，太保召公对成王的教诫）

（15）“皇天无亲，惟德是辅。民心无常，惟惠之怀。为善不同，同归于治；为恶不同，同归于乱。”（《蔡仲之命》——周公在蔡叔死后，对蔡仲的任命和教诫）

（16）“以公灭私，民其允怀。学古入官，议事以制，政乃不迷。”（《周官》——成王在彻底灭殷后对天下诸侯的公告和训辞）

（17）“位不期骄，禄不期侈。恭俭惟德，无载尔伪。”（《周官》）

（18）“推贤让能，庶官乃和……举能其官，惟尔之能。称匪其人，惟尔不任。”（《周官》）

（19）“人之有技，若己有之；人之彦圣，其心好之，不啻若自其口出。是能容之，以保我子孙黎民，亦职有利哉！”（《秦誓》——秦穆公在伐郑失败后的追悔之言——罪己诏）

（20）“人之有技，冒疾以恶之；人之彦圣而违之，俾不达，是不能容，亦不能保我子孙黎民，亦曰殆哉！”（《秦誓》）

五、研读《尚书》的现实意义及其建议

通过对《尚书》的研读，结合当前的社会现实，笔者觉得研读儒家经典主要有两个方面的现实意义。

第一，找回精神家园，确立做人的底线。

近代以来，中国传统文化遭到的最大戕害就在于对传统道德的摧毁，而这一摧毁又是通过将传统体现着天人交集的“德性”稀释为“道德”，又将“道德”相对化为一时之“规范”与“纪律”实现的，如此一来，道德就可以随时化、权变化。这等于是对国人精神家园与做人底线的摧毁。而构成这一思潮的潜意识就是将中国传统的“德性”与西方的“道德规范”漫加比附，根本没有看到西方道德背后的宗教背景以及中国“德性”传统的信仰蕴涵（宗教与信仰在新文化运动以后常常被视为迷信来批判）。这样，传统的“德性”不仅通过“道德”被表层化，而且还通过“规范”“纪律”的暂时化、相对化而流于可有可无的层面，这就成为当前各种“失德”“败德”现象的总根源。但在古老的《尚书》中，“德性立身，仁政立国”就已经成为最重要的政治历史经验了，所谓“德性立身”就是坚持做人的底线，而所谓“仁政立国”则是为官施政的底线。

第二，尊重文化传统，敬重历史经验。

具体到陕西来说，秦人虽然遥尊皋陶为始祖，但其族群则起始于驯马，起步于与犬戎杂居，所以养成了质朴、厚重，崇尚武力、注重现实而不注重文化的习俗。战国时代，秦人因为质朴无文而受到诸侯的鄙视；汉代贾谊则形容以“虎狼之国”，这种族群习俗直到今天仍未从根本上得到改变。所以陕西一方面为文化资源大省，但相关的研究却远远跟不上其在资源方面的优势地位。笔者作为秦人，也作为传统文化的研究者，希望陕西领导能够正视秦人的不良习俗与陕西在文化资源方面的优势，努力强化对传统文化的研究，同时也借以培养秦人尊重文化、尊重历史经验的新传统。

第十四讲
《礼记》导读

郭迎春

今本《礼记》，也称《小戴记》或《小戴礼记》，是儒家的经典之一。《礼记》中的“礼”，指的是《仪礼》（即《礼》或《士礼》）；“记”是指对经文所做的解释、说明或补充。实际上，《礼记》是一部先秦至两汉时期儒家关于礼仪的各种论著以及礼学文献汇编。它的内容庞杂、繁富，综合了儒家倡导的传统礼学的各个方面，既阐释了《仪礼》所载各种礼仪制度的意义，也点滴记载了夏商周三代所传之礼，其中还记述了孔子及弟子关于礼的问答、阐释，是研究中国古代礼学的重要资料，也是研究孔子及早期儒家礼学思想的重要资料。《礼记》既可与《仪礼》《周礼》相互补充，又可相互印证，是“三礼”中对后世产生影响较为重大的一部儒家关于礼学的代表著作，对于研究中国古代两千多年的礼仪制度、礼学思想、礼教学说、礼法道德乃至人们的行为规范等方面都具有重要意义。

一、《礼记》的作者、成书年代及列入经书的时间

关于《礼记》一书的作者，历来盛行的说法是此书乃西汉戴圣所辑。

但《汉书·艺文志》著录群书，在“六艺略”的“礼”书，仅录“凡《礼》十三家，五百五十五篇”。收“《礼古经》五十六卷，《经》

十七篇（即今传《仪礼》十七篇），《记》百三十一篇”，并明言，《礼古经》乃后氏（后苍）、戴氏（大、小戴）所传，《记》则为“七十子后学者所记也”。[①]

唐代孔颖达引郑玄《六艺论》云：“今《礼》行于世者，戴德、戴圣之学也。”又云：“戴德传《记》八十五篇，则《大戴记》是也，戴圣传《礼》四十九篇，则此《礼记》是也。”[②]

“晋人陈邵在《周礼论序》中云：戴德删古礼二百四篇为八十五篇，谓之《大戴礼》；戴圣删《大戴礼》为四十九篇，是为《小戴礼》。后汉马融、卢植考诸家同异，附戴圣篇章，去其繁重及所叙略而行于世，即今之《礼记》是也。郑玄亦依卢、马之本而注焉。”（见唐·陆德明《经典释文·序录》）

《礼记》二十卷，汉九江太守戴圣撰，郑玄注。《隋书·经籍志》载：“有记合二百十四篇，“戴德删其烦重，合而记之，为八十五篇，谓之《大戴记》；而戴圣又删大戴之书为四十六篇，谓之《小戴记》。汉末，马融遂传小戴之学，融又足《月令》一篇、《明堂位》一篇、《乐记》一篇，合四十九篇。而郑玄受业于融，又为之注。”[③]

因此，人们据孔颖达所引郑玄之说、《释文》《隋志》所载而认为：《礼记》是西汉戴圣所纂辑，其四十九篇是戴圣删戴德《大戴礼记》八十五篇而成，又言汉末马融传小戴之学而补《月令》《明堂位》《乐记》三篇为今本《礼记》四十九篇。

戴圣，字次君。西汉梁人，是戴德兄长之子，世称小戴，西汉宣帝时为博士，官至九江太守，曾以博士身份讲论《五经》于石渠阁，为当时著名儒臣。戴德，字延君，世称大戴，为信都太傅。《汉书·儒

---

① 《汉书·艺文志》，中华书局，1962年，第1079页。

② 《礼记正义》，中华书局，1980年，第1226页。

③ 《隋书·经籍志》，中华书局，1973年，第1925页。

林传》载:“汉兴，鲁高堂生传《士礼》十七篇。”其中，受其业者，“瑕丘萧奋以《礼》至淮阳太守”，又有东海人孟卿“事萧奋，以授后苍、鲁闾丘卿。仓说《礼》数万言，号曰《后氏曲台记》，授沛闻人通汉子方、梁戴德延君、戴圣次君、沛庆普孝公”。[①]据此所记，西汉初鲁人高堂生传《士礼》十七篇，授瑕丘萧奋，萧奋以授孟卿，孟卿以授后苍，后苍以授沛人闻人通汉（字子方）、梁人戴德（字延君）、戴圣（字次君）、沛人庆普（字孝公），由是，《礼》有大戴、小戴、庆氏之学，此应为西汉传《礼》之宗。然而，高堂生所传乃《士礼》十七篇，当为今本之《仪礼》，即《礼古经》，而作为《礼经》之“记”，此载最初传本是《后氏曲台记》，服虔曰:“在曲台校书著记，因以为名。”师古曰:“曲台殿在未央宫。”曲台，西汉宫殿名。《记》乃为后苍所传。后苍，字近君，东海郯人，通《诗》《礼》，为汉博士，官至少府[②]，曾受业于孟卿而习礼。而大戴、小戴、庆氏三家皆受学于后苍，是三家之学，此时均立于官学。“庆普孝公为东平太傅，戴德号大戴，为信都太傅，（戴）圣号小戴，以博业论石渠（阁），至九江太守。由是《礼》有大戴、小戴、庆氏之学。”后仓传《礼》数万言，传闻人通汉、戴德、戴圣、庆普，闻人通汉以太子舍人论石渠阁，官至中山中尉，但无传人；庆普则授（《礼》）鲁夏侯敬，又传族子咸，为豫章太守。大戴授琅邪徐良（斿卿），为博士、州牧、郡守，家世传业。小戴授梁人桥仁（季卿）、杨荣（子孫）。仁，为大鸿胪，家世传业；荣，琅邪太守。由是大戴徐氏，小戴有桥、杨氏之学。[③]

值得注意的是，班固的《汉书·艺文志》并未收载大小戴传礼之《记》，其书目收入的有:《礼古经》五十六卷、《经》十七篇、《记》

---

① 《汉书·儒林传》，中华书局，1962年，第3615页。
② 《汉书·儒林传》，中华书局，1962年，第3613页。
③ 《汉书·儒林传》，中华书局，1962年，第3615页。

百三十一篇、《明堂阴阳》三十三篇、《王史氏》二十一篇、《曲台后苍》九篇、《中庸说》二篇、《明堂阴阳说》五篇。（又载《乐记》二十三篇）

班固所记凡《礼》十三家，五百五十五篇；凡《乐》六家，百六十五篇。对于"《记》百三十一篇"，班氏明言其为"七十子后学"所记。陆德明《经典释文·序录》也云："《礼记》者，本孔子门徒共撰所闻，以为此记。□人通儒各有损益。"

按《经典释文·序录》而确定《礼记》篇章作者的有：

《中庸》：子思伋所作（郑玄《礼记目录》云）

《缁衣》：公孙尼子所制（《释文》引刘瓛说）

《月令》：吕不韦所撰（郑玄云）

《王制》：汉时博士所为（卢植云）[①]

陆德明所说现代学者并不认同，尤其是其中的《月令》篇吕不韦修自何人何时之作，《王制》一篇汉时博士录自哪里等均未言明，皆给后人留下疑问。但是，1993 年在湖北荆门郭店出土的战国楚简中，有《礼记》中《缁衣》篇残简，则可以证明此篇确实出自于先秦人之手。

今本《礼记》四十九篇为戴圣所传，实是郑玄在《六艺论》中首倡。因而可以确信，至晚在东汉中期时已有《礼记》四十九篇之传本。由于郑玄为《礼记》作注且言其四十九篇乃戴圣所纂辑，便使此说传于后世；至唐代，孔颖达《礼记正义》、陆德明《经典释文》也采用郑说，更使此说代代相传。

总之，《礼记》四十九篇是东汉郑玄注以后才开始广为流传，即使是确定为戴圣所传，然而并未能尽知其四十九篇所记之人。但可以肯定，它是"孔子门徒共撰所闻""七十子后学"所记，是一部出自从先秦至汉代诸儒之手的著作，广泛汇集了研究礼学、传讲礼经的诸多儒者的思想观点或主张，这一点毋庸置疑。

---

① 陆德明：《经典释文》，上海古籍出版社，1984 年，第 40 页。

《礼记》被列入经书，则是在唐朝时期。唐代之始，经学即得以振兴，唐统治者十分重视儒教，唐太宗以儒学多门、经籍久远、章句繁杂且文字多讹谬之由，诏国子祭酒孔颖达与诸儒撰定《五经正义》，凡一百七十卷，并有颜师古考订《五经》文字，撰成《五经定本》。孔颖达所定《周易正义》《尚书正义》《毛诗正义》《礼记正义》《春秋左氏传正义》之《五经正义》，使经学得到前所未有的大统一。此后，经典的其他注疏不复独存，《五经正义》成为天下之人习诵经书之圭臬。更为重要的是，由于孔颖达《礼记正义》的撰成并被颁之于天下，《礼记》于“三礼”中第一次脱颖而出，而且《礼记》第一次在朝廷的诏告下正式升为“经”，并在唐代形成了《礼记》在“三礼”中独盛的状况，这是经学史上的大改变。

二、《礼记》的篇章结构与分类

《礼记》四十九篇，记载了夏、商、周三代特别是周王朝的典章制度以及冠婚丧祭燕射朝聘等礼的内容，当然也夹杂了汉代初期的礼仪制度，它广泛地阐述了儒家关于礼制的精神以及构建礼制的意义，集中地反映了儒家礼治的思想和主张。《礼记》的内容非常庞杂，有的篇章内容相对集中，阐述某一方面；有的篇章则杂乱无序，每节内容又相互独立，毫不相涉。据郑玄《目录》引刘向《别录》之言，可知刘向曾将《礼记》四十九篇分为九类。

（1）属“通论”者有十六篇：《檀弓上》《檀弓下》《礼运》《玉藻》《大传》《学记》《经解》《哀公问》《仲尼燕居》《孔子闲居》《坊记》《中庸》《表记》《缁衣》《儒行》《大学》。

（2）属“制度”者有六篇：《曲礼上》《曲礼下》《王制》《礼器》《少仪》《深衣》。

（3）属“吉事”者有七篇：《投壶》《冠义》《昏义》《乡饮酒

义》《射义》《燕义》《聘义》。

（4）属“丧服”者有十一篇：《曾子问》《丧服小记》《杂记上》《杂记下》《丧大记》《奔丧》《问丧》《服问》《间传》《三年问》《丧服四制》。

（5）属“祭祀”者有四篇：《郊特牲》《祭法》《祭义》《祭统》。

（6）属“明堂阴阳（记）”者有两篇：《月令》《明堂位》。

（7）属“世子法”者有一篇：《文王世子》。

（8）属“子法”者有一篇：《内则》。

（9）属“乐记”者一篇：《乐记》。

刘向的分类法，已被数家学者指出其分类缺乏科学性，分类标准也不尽统一，如其制度、丧服、祭祀、世子法、子法等五类是按内容来分类，明堂阴阳（记）、乐记则是按记文的出处来分类，通论乃是以文体来分类，吉事则又是根据文章内容的性质来分类的，等等。[①]

若论刘向对《礼记》四十九篇的分类，确有其不当之处，如《别录》列“吉事”“丧服”“祭祀”三类，若按“丧服”即属凶礼、“祭祀”即属吉礼而论，《别录》所分此三类则难言其准确性。孔疏中曾释“五礼”云：“《舜典》云类于上帝，则吉礼也；百姓如丧考妣，则凶礼也；群后四朝，则宾礼也；舜征有苗，军礼也；嫔于虞，则嘉礼也。”其后孔氏又言：“其实事天地唯吉礼也。”[②]那么，以此而言《礼记》四十九篇中之《郊特牲》《祭法》《祭义》《祭统》等篇所述的祭祀天地、群神、社稷之礼当属吉礼，但其又列出“吉事”之属，在内容归类上似有繁复之嫌。

近代学者梁启超著有《要籍解题及其读法》，将大、小戴《礼记》

① 参见杨天宇译注：《礼记译注》，上海古籍出版社，2016年，第17页；王锷：《三礼研究证著提要》，甘肃教育出版社，2001年，第226页。

② 《礼记正义》，中华书局，1980年，第1224页。

篇目混合在一起，按内容将其归为十类（江苏广陵古籍刻印社 1990 年影印）可为一家之说。梁公分类如下（仅摘小戴《礼记》四十九篇）：

（甲）记述某项礼节条文之专篇。如《投壶》《奔丧》等。又《内则》《少仪》《曲礼》上下之一部分。

（乙）记述某项政令之专篇。如《月令》。

（丙）解释礼经之专篇。如《冠义》《昏义》《乡饮酒义》《射义》《燕义》《聘义》《丧服四制》等。

（丁）专记孔子言论。如《丧记》《缁衣》《仲尼燕居》《孔子闲居》《哀公问》《曾子问》等。

（戊）记孔门及时人杂事。如《檀弓》上下、《杂记》上下之一部分。

（己）制度之杂记载。如《王制》《玉藻》《明堂位》等。

（庚）制度礼节之专门的考证及杂考等。如《礼器》《郊特牲》《祭法》《祭统》《大传》《丧服》《奔丧》《问丧》《间传》等。

（辛）通论礼意或学术。如《礼运》《经解》《祭义》《三年问》《乐记》《学记》《大学》《中庸》等。

（壬）杂记格言。如《曲礼》上下、《少仪》、《儒行》等。

（癸）某项掌故之专记。如《文王世子》。

梁公的分类，虽然不尽恰当，如其丙类将《冠义》等七篇归为《仪礼》十七篇之传注，未免有些牵强。

值得重视的是，今人王文锦的分类[①]更便于我们对《礼记》分类的理解。王文锦将《礼记》划分为八类：

（1）对某项礼节予以专述。如《奔丧》《投壶》，其体裁与《仪礼》相近，是对《仪礼》的补充。

---

① 参见《经书浅谈》，中华书局，1984 年。

（2）直接解释、说明《仪礼》。如《冠义》《昏义》《乡饮酒义》《射义》《燕义》《聘义》《丧服四制》。它们分别解释、说明《仪礼》中的《士冠礼》《士昏礼》《乡饮酒礼》《乡射礼》《大射礼》《燕礼》《丧服》诸篇，跟《仪礼》关系最为密切。

（3）杂记丧服丧事。如《檀弓》《曾子问》《丧服小记》《杂记》《丧大记》《奔丧》《问丧》《服问》《间传》《三年问》《丧服四制》等。

（4）记述专项礼制。如《王制》《礼器》《郊特牲》《玉藻》《明堂位》《大传》《祭法》《祭统》《深衣》等。

（5）记述日常生活礼节和守则。如《曲礼》《内则》《少仪》等。

（6）记述孔子言论。如《坊记》《表记》《缁衣》《仲尼燕居》《孔子闲居》《哀公问》《儒行》等。（不过，据后人考证，它们中多为战国末或秦汉间儒生假托孔子答问之作，《礼运》等也属此托名之作。）

（7）结构比较完整的儒家论文。如《礼运》《学记》《祭义》《经解》《大学》《中庸》。

（8）具有专门目的的篇章。如用于授时颁政的《月令》，意在为王子示范的《文王世子》。

王文锦的划分摭采众人之说，还是优于前人的。此说有利于人们对《礼记》驳杂内容的理解和把握。

三、《礼记》的主要思想内容

（一）阐述儒家的政治理想及以礼治世的政治主张

1. 人类社会的“大同”与“小康”

儒家的学说历来以积极入世、匡扶天下为己任，孔子“祖述尧舜，宪章文武”（《中庸》。以下《礼记》四十九篇征引之文，均仅出篇名，不注书名）之意，是深感于尧舜、文武之君贤能与圣明之道而发出的旨在力主当世君王遵循先圣之典范的倡言。孔子所倡言的臻治社会，是“大同”的理想社会：

> 大道之行也，天下为公，选贤与能，讲信修睦。故人不独亲其亲，不独子其子，使老有所终，壮有所用，幼有所长，矜寡、孤独、废疾者皆有所养；男有分，女有归。货恶其弃于地也，不必藏于己；力恶其不出于身也，不必为己。是故谋闭而不兴，盗窃乱贼而不作。故外户而不闭，是谓大同。（《礼运》）

“不独亲其亲”，亲天下人；“不独子其子”，子（爱）天下子。因为“天下为公”，大公无私，选拔贤德有才能的人治理天人，社会崇尚诚信，社会修睦友好。社会全体成员各尽其能，各得其所，鳏寡孤独废疾者即今日所言弱势群体，皆可得赖以生存的生活保障。因为“大公无私”，社会的公德意识水平非常高；对于财货，人们痛恨将其肆意挥霍丢弃，但不是一味将其攫取据为己有；人人努力为社会做贡献，但不是为自己获取功名利禄。因为大公无私，社会和睦，所以天下安定大和同。

但这种“大同”，是有类于尧、舜时代上古时期的理想社会。孔子认为，随着社会历史的发展，这种“大同”也仅仅是社会理想而已。他主张用夏、商、周三代时期贤明圣王禹、汤、文武时代的治国之略来建立当世的小康社会，即“礼义以为纪，以正君臣，以笃父子，以睦兄弟，以和夫妇，以设制度”（《礼运》），以礼义为纲纪，谨慎地践行礼制，以此来彰明道义，成就信用，明察是非，倡导仁爱、谦让、礼貌之行，君臣、父子、兄弟、夫妇既有差别，又有和同，从而构建一个差别有等、礼义有序的融洽、和谐的社会，此即为“小康”。

在儒家所构建的小康社会中，政治理想的核心就是其一贯倡导的“仁”与“德”。其仁，是以人为本：“故为政在人，取人以身，修身以道，修道以仁。”（《中庸》）意谓行政在于获得人才，获取人才要靠身正，而修正自身要靠道德修养，修养道德就要靠仁义。仁义，从家庭伦理上来说是爱自己的亲人，从社会关系来说就是尊敬贤人，亲亲、尊尊乃是仁义的具体表现。在儒家倡导的仁德观念中，贤明之君的典范作用是至关重要的：“禹立三年，百姓以仁遂焉。”（《缁衣》）是谓夏朝时禹在君位三年，百姓在禹的修正自身、仁德施政中得到了教化，因而仁道得以畅行。

儒家还主张在社会施政中“一道德以同俗，养耆老以致孝，恤孤独以逮不足，上贤以崇德，简不肖以绌恶”（《王制》），即规范人们的道德观念来移风易俗，倡导赡养老人而使全社会尊老敬老，尊重贤德之人而使人们更加崇尚道德，摈弃无德之行使得人们摒除邪恶，最终构建一个没有荒废的土地，没有无业的游民，人人安居乐业、勤奋努力的理想小康社会：“无旷土，无游民，食节事时，民咸安其居，乐事劝功。”（《王制》）纵使在这样的小康社会中无法完全实现“大同”“天下为公”的理想，但是对于矜寡、孤独者，即那些穷苦而无处可求告之人，也应该有经常性的粮食救济而使得他们能够生存，还有那些“瘖（哑）、聋、跛、躄（瘸）、断（四肢残缺）者、侏儒、百工”等，则“各以其器（能）食之”（《王制》），就是用各自的技能来供官役，养活自己。在此，儒家勾画了一个封建农业的“小康”社会，其“仁”“德”的观点和主张完全融入了政治统治范畴，反映了以“仁政”为核心的儒家学说和政治主张。

2. 礼为纲纪

先秦儒家自孔子始即构建了一个完整而严密的政治、思想、文化体系，而“礼”是这一体系中至为重要的纲纪。

“礼者，履也”（《祭义》），“言而履之，礼也”（《仲尼燕居》）。礼的意义就是为人们的言行制定一整套的所应遵循的规范和准则，其本质在于“行修、言道”（《曲礼上》），即行为要有修养，语言符合道义。儒家认为，“礼”乃人与禽兽区别的重要所在：“鹦鹉能言，不离飞鸟；猩猩能言，不离禽兽。今人而无礼，虽能言，不亦禽兽之心乎？”人的社会有伦理道德体系，即礼的纲常，禽兽的世界“父子聚麀”，没有伦理，因此，有圣人出现，“为礼以教人，使人以有礼，知自别于禽兽”（《曲礼上》）。可见，礼为纲纪，实乃为人的最基本准则，也表现出儒家对中国古代文化传承发展中充满的自豪与文化优越的自信。

作为儒家学说的创始人，孔子积极主张“复礼”，这种“礼”即为儒家赞美颂扬的周礼。西周王朝建立后，周公制礼作乐，以礼来规范社会，治理天下。周武王崩，成王年幼，“周公践天子之位以治天下。六年朝诸侯于明堂，制礼作乐，颁度量，而天下大服。七年致政于成王”（《明堂位》）。那么，在礼乐之治中，“天下大服”的西周社会就成为儒家向往的一种上下有序、纲常有度的理想社会形态。所以，孔子一方面对于春秋时期礼崩乐坏的社会现状深有慨叹：“丘也小人，不足以知礼。”（《哀公问》）而另一方面，他反复强调礼在治理社会中的重要作用：“民之所由生，礼为大。”“古之为政，爱人为大。所以治爱人，礼为大。”（《哀公问》）“爱人”即为“仁”，为政爱人，是为仁政，仁政就是以礼治来统帅社会治理并使其教化得以实施：“礼者，君之大柄也，所以别嫌明微，傧鬼神，考制度，别仁义，所以治政安君也。”（《礼运》）“礼”，成为国君持有的治国之重要手段，能够用来治理国政，安定君位。不仅如此，“礼”在儒家看来还是人伦纲常，维系着人们的家庭伦理关系和社会秩序，制约着人们的思想道德乃至行为准则。因为治理社会，首要的是治理人心，而人心则有“七情”，即“喜、怒、哀、惧、爱、恶、欲”而已，治理人心即是治情。儒家清醒地认识到：“饮食男女，人之大欲存焉；死亡贫苦，人之大恶存焉。故欲恶者，心之大端也。人藏其心，不可测度也，美恶皆在其心，不见其色也。欲一以穷之，舍礼何以哉？”（《礼运》）人们最基本的欲望是饮食、男女之情，厌恶之情则是死亡、贫苦，饮食代表钱财，男女代表美色。有钱财、美色之欲，死亡贫苦之恨，本是人之常情，此情蕴藏在心中，难以测度，唯有以礼为准则来衡量。其次是人们的家庭伦理和社会关系，即父子、兄弟、夫妇、长幼、君臣等，若能以“父慈子孝、兄良弟弟、夫义妇听、长惠幼顺、君仁臣忠”（《礼运》）为礼义纲纪，则人类社会就能慈孝惠顺，崇尚辞让，讲信修睦，舍弃争夺掠杀，天下就会大治；但如果舍弃家庭伦常和社会关系之礼，天下就会出现大患。这就是礼对于治理人心和维系天下秩序所具有的重要作用。

在儒家看来，礼的作用还在于“定亲疏，决嫌疑，别同异，明是非”（《曲礼上》），礼能够用来确定人们的亲疏远近，决断嫌疑，区别同异，明辨是非，礼即为家庭伦常及社会关系、善恶曲直的纲纪，它成为社会的道德仁义准则，教化民风民俗，分辨争议是非，乃至君臣、上下、父子、兄弟、夫妇的关系与名分均靠礼来确定：“道德仁义，非礼不成。教训正俗，非礼不备。分争辨讼，非礼不决。君臣、上下、父子、兄弟，非礼不定。”（《曲礼上》）在儒家的学说中，礼成为治理国家的典章制度和根本大法，成为家庭、社会中人与人之间亲疏、上下、尊卑的准绳和尺度。用礼构建一个包含伦理道德和政治道德的规范秩序，以其治世，“失之者死，得之者生”；以礼来教导民众，则“天下国家可得而正”（《礼运》）。孔子尤倡以礼教化民众，且礼治与德治并重：“夫民教之以德，齐之以礼，则民有格心；教之以政，齐之以刑，则民有遁心。”（《缁衣》）意谓用道德教化民众，用礼来规范民众，百姓就会有归附仁德之心；而用政令来训诫民众，用刑罚来整肃民众，百姓就会有逃避刑令之心。故“人有礼则安，无礼则危”，不仅如此，“富贵而知好礼，则不骄不淫；贫贱而知好礼，则志不慑”（《曲礼上》）。礼不但成为社会安定的重要基础，而且能使富贵者因喜好礼而去骄奢淫逸，贫贱者因喜好礼而不再生怯乏志。总之，儒家倡导以礼治世，极力推崇礼教修德化民之功，旨在努力为世人创建一个上下有序、和谐有度的理想化的社会形态。

（二）恪守中道的人生哲学与修身治国的政治抱负

1.“中庸”之道

《中庸》据传为孔子的孙子子思（伋）所作，郑玄《礼记目录》中也言此乃“孔子之孙子思伋作之”。所以，历代学者多信此说，更将此篇作为儒家传统学说的代表作之一。

“中庸”之义，中即适中，不偏不倚，恪守中道，无过无不及；庸，是常的意思。中庸，即中为常道，也就是说要常守中道。儒家认为：“天命之谓性，率性之谓道，修道之谓教。”（《中庸》）性、道、教是人生所必不可少的要素。性，是上天与自然所赋予的，即天性；道，是人循性之所行，即行为准则；教，是修养人之道，就是教养人之行为合乎道。关于中庸之道，众多学者认为它是儒家从内在心性探讨而建立的世界观，其基本特征是立足于儒家所倡导的“修身”之说，在强调了人性由上天赋予这一出发点之后，更突出了人须努力修身而得“道”的人生目标，即自觉修养自身之天性，在“教”中实现中庸之道。在修道的漫漫征途中，艰难、困惑会时时困扰，上天赋予之本性也使修道之教鲜能持久。说到本质，即守中之德难以至善至美，自始至终，因“中庸其至矣乎”（《中庸》）。“中庸”本身也因是完善至极，所以“民鲜能久矣”，很少有人能长久地践行它。儒家所称颂的虞舜，可谓是大智圣贤，其恪守中道体现于他的施政当中，“好问而好察迩言，隐恶而扬善，执其两端，用其中于民”（《中庸》），舜好请教别人而又善于分辨身边人的言论，替他人隐匿不足而宣扬他人之长处，对于过与不及两方面的意见则采取折中的办法来施行，这便是圣贤所守中道智慧，坚守中道即和畅通达。儒家认为："中也者，天下之大本也；和也者，天下之达道也。致中和，天下位焉，万物育焉。"（《中庸》）只有达到"中和"的境界，天地间的万物才能各得其位，万物也才能够化育生长。这便是中道至和的极高境界，由人自身而及自然万物。

能够恪守中道之人须教而后修有"大德"，"大德者必受命"（《中庸》），此命乃为天命，即享受天之厚报。儒家至此并不能摆脱天命主宰的力量，但是，在天命之下，其更强调人的自身之道，修道之教的核心乃为"至诚"："诚者，天之道也；诚之者，人之道也。"（《中庸》）因为诚是天之德，所以，修养自身之诚，则是人之德。有天性之诚，是由诚而明道；有教之诚，是由明道而诚。只有天下至诚之人，才能彻底尽其天性，其后才能尽他人之天性乃至万物之天性，故言"至诚无息"。最真诚的德永不止息，这便是常守中道的根本。由此我们可以看出，儒家力图在天命与人性之中寻求一种依靠人的努力而达到的人生至善之路，以"天命之谓性"来言人性的本源，人只能接受天的赋予，但通过修道之教从而可以使人通达尽万物天性而与天地相参的圣贤之路。不仅如此，"唯天下至诚，为能经纶天下之大经，立天下之大本，知天地之化育"（《中庸》），这是多么伟大的至诚者啊！人生若能有至诚之德，即常守中道，就可以经天纬地，确立天下之根本，甚至通晓天地化育之功妙，这就是至善之人生。

2. 修身治国

《大学》是记"博学可以为政"之篇，其倡导广博地学习并通过不懈的努力而至"为政"。宋代的朱熹在他作的《大学章句》中，将此篇分为"经"与"传"两部分，认为前两节是阐述"大学"之道，是曾子所述的孔子之言；而后诸节皆为传，是曾子的门人所记曾子对孔子之言的解释。此说并无定论，但朱熹将《大学》和《中庸》并与

《论语》《孟子》合称“四书”，乃是将此篇尊崇至极，所以《大学》为其后历代学者所重视。

大学之道，是以“明明德”“新民”“止于至善”为三纲领，广博学习的目的就是要彰明人生之初所禀赋于天的内心最美善的德性，使人不断地自明其德并得以自新，从而能够使人终至于最美善的道德境界，这便是“大学”所要致力于心治至德至善的目标。而要达到这一切，须“知止而后有定，定而后能静，静而后能安，安而后能虑，虑而后能得”，即经过止于善境、定、静、安、虑一系列必要的途径而后得到至善。至为重要的是，达到至善的最高境界是要使人有所作为，成就远大的理想：“明明德”于天下，即怀有远大志向的政治抱负。儒家据此提出八条目来明确人生所应具有的远大志向：“格物”“致知”“诚意”“正心”“修身”“齐家”“治国”“平天下”。其中，“修身”乃是万民之本：“自天子以至于庶人，壹是皆以修身为本。”（《大学》）所谓修身即是端正自己的内心，对于与生俱来的诸如人情之愤怒、恐惧、喜好、忧患等，皆通过修养自身而达到“端正”，使“心不在焉”，即不为外界环境和事物扰乱内心；人居处于自己的家庭、族人之中，必有亲疏、爱恶、敬畏、哀怜之情，所以，要修养自我身心，摈除以喜恶之情来对待他人，要做到“好而知其恶，恶而知其美”，喜欢一个人要知道他的短处和不足，厌恶一个人要明白他的长处和优点。实际上，做到这一点是相当的不易，因此要修其身而后才能“齐家”，正所谓“君子有诸己，而后求诸人；无诸己，而后非诸人”（《大学》）。首先自己做到了，才能要求他人做到；自己不沾染的，才能去禁止他人。自我身修而后齐家，为人父、为人子、为人兄弟、为人夫都做好了，家庭和睦，值得人们效法，而后民众以之为典范，才可以教育国人。

修身对于修养仁爱、礼让之德是至为重要的：“上老老而民兴孝，上长长而民兴弟（悌），上恤孤而民不倍（背弃）。”（《大学》）

这便是修身治国从而使天下太平的重要根本。修身治国就是要以身作则，以修养己身之德来规范自己的行为，作为民众的表率。儒家认为："民以君为心，君以民为体。心庄则体舒，心肃则容敬。心好之，身必安之。君好之，民必欲之。心以体全，亦以体伤；君以民存，亦以民亡。"（《缁衣》）这种心修与体全，君以民存之关系，正是修身、治国的最好诠释。

《中庸》与《大学》均以人的内心修养为中心，追求恪守常道，遵循礼的行为规范，建立一种修养自身与外在治平达到统一的人生观和政治追求。这种强调主观意识修养、以己达人进而治国、平天下的主张，力图终及一个理想的人生目标而使天下归于至善至德，可谓是体现了儒家的世界观。

（三）尊师重教的教育理论及以乐教化的文艺思想

1.尊师重教，教学相长

儒家创立之始便重视教育，孔子可谓是中国历史上私家讲学授徒之第一人。孔子是一位伟大的教育家，他把接受教育的权利由贵族专有变成广而及之于民众，从此，儒家逐渐形成一套系统而完整的教育理论，《学记》一篇阐明了中国古代传统的教育学说。

首先，儒家阐明了办学兴教对于化民成俗的重要意义。"化民成俗，其必由学""建国君民，教学为先"（《学记》）。教育与学习是至关重要的，"玉不琢，不成器。人不学，不知道"（《学记》）。因此，"天子命之教，然后为学"（《王制》）。古代学校的设置，"家有塾，党有庠，术（遂）有序，国有学"，从民众之家到乡邑、国都，都有学校供人学习，学官要先安排好学校的管理，学生入学则要先树立好学习的志向，即"凡学，官先事，士先志"（《学记》）。当然，儒家论及的教育必以先王所传之经典为教学内容，如乐正设立四门课程，"顺先王《诗》《书》《礼》《乐》以造士（培养人才）。春秋教以《礼》《乐》，冬夏教以《诗》《书》"（《王制》）。

其次，儒家在教育理论中，阐述了有关的教学原则，讲明教与学的相互关系。“学，然后知不足；教，然后知困。知不足，然后能自反（反省）也；知困，然后能自强也。故曰教学相长也。”（《学记》）“学者有四失，教者必知之”，则明确指出学生易犯的四种过失，作为教育者必须了解并帮助其纠正：“或失则多，或失则寡，或失则易，或失则止。”（《学记》）有的学生学习失于贪多，有的失于过分狭隘，有的失于变易不定，有的失于浅尝辄止。而作为教师，就是要善于发现学生的长处和各自特点，从而帮助他们拾遗补阙。对于那些善于学习的学生来说，“师逸而功倍”；而对于那些不善于学习的学生，往往是“师勤而功半”（《学记》）。因此，加强学习、增长学识既是一个渐进过程，同时也是一个教与学须付出艰辛努力的历程。其中，老师的因势利导、因材施教又是最为重要的，因而尊师为重教中的首要前提，“师严然后道尊，道尊然后民知敬学”（《学记》）。“师道尊严”便成为千百年来中国传统教育的理论学说。

2. 以乐教化

孔子曰：“安上治民，莫善于礼。”（《经解》）旨在将社会纳入一个体系庞大而整齐有序的礼制中。如何实现这一社会理想，使民众在思想道德和行为上都自觉自愿地遵循这种制度，遵守这种秩序，儒家从治理人心的角度出发，推崇音乐对人的教化作用：“凡音者，生人心者也。情动于中，故形于声。声成文，谓之音。是故治世之音安以乐，其政和；乱世之音怨以怒，其政乖；亡国之音哀以思，其民困。声音之道与政通矣。”（《乐记》）儒家认为，音乐产生于人心，人的情感由心而发，所以表现为心之声，心之声变成曲调，就叫作音乐。所以，太平之世的音乐祥和欢乐，是因为政治和畅；乱世之音仇怨而愤怒，是因为政治混乱；亡国之音悲哀而忧思，是因为人民无以依靠而困苦不堪。因此，音乐之声是社会兴衰的真实写照。有鉴于此，儒家倡导以乐来教化民众，先王“制《雅》《颂》之声以道之”，即先王制定《雅》《颂》音乐来引导人们，“听其《雅》《颂》之声，志道得广焉；执其干戚，习其府仰诎（屈）伸，容貌得庄焉；行其缀兆，要其节奏，行列得正焉，进退得齐焉。故乐者，天地之命，中和之纪，人情之所不能免也”（《乐记》）。人们听了《雅》《颂》的音乐，心境就会变得宽广；挥舞着干戚舞具，学会了俯仰身躯、屈伸肢体等舞姿，人们的容貌就变得庄重了；按照舞蹈的行列行进，并按照音乐的节奏，人们就知道行列需要整齐与进退保持一致。所以，音乐体现了天地自然和社会秩序对人的影响，是使人们保持心态平和的纲纪，是人类社会所必不可少的情感需要之体现。用音乐对人进行教化，推而及之构建人类社会的文化，音乐对于人的德行培养以及社会风尚的推崇与发展，具有非常重要的意义。

儒家推崇三代之教，“凡三王教世子必以礼乐，乐所以修内也，礼所以修外也”（《文王世子》）。所以，在教化的意义上，“制礼也以节事，修乐以道志。故观其礼乐而治乱可知也”（《礼器》）。“礼节民心，乐和民声”（《乐记》），如此而言，音乐的内涵具有了政治和道德伦理的意义。所以《乐记》谈到“音声”时，认为“音”之所生，“其本在人心之感于物也”。音乐是人对自然、社会等外界于身的东西所感悟而产生的，它因此而具有感染人心的力量，“乐由中（内心）出”，“乐者，通伦理者也”。因此，“审声以知音，审音以知乐，审乐以知政，而治备矣”（《乐记》）。故乐可彰显人心，“情见而义立”。以其教化，“可以善民心。其感人深，其移风易俗”（《乐记》），且能够达到“乐终而德尊”。

音乐因其内涵而有了雅正与曲邪之别："奸声感人"，就会有"淫乐兴"，淫声害于德；"正声感人"，就会是"和乐兴"（《乐记》），和乐有利于天下。故言："生民之道，乐为大焉。"（《乐记》）儒家因此大力推崇雅正之音的兴教，倡导歌颂雅正之乐："广大而静、疏达而信者，宜歌《大雅》。恭俭而好礼者，宜歌《小雅》。正直而静、廉而谦者，宜歌《风》"。"歌者，直己而陈德也"（《乐记》）。所以，历来君王重视雅正文化的确立及教化，虽然"五帝殊时不相沿乐，三王异世不相袭礼"（《乐记》），但儒家倡"雅正"之乐为天下之宗则不变。

（四）礼的精神与礼仪的意义

1. 礼构建的理性基础——礼以效法天地为宗

早期儒家认为，人类社会须建立完整有序的秩序，为了建立和维系这种秩序，儒家提出了遍涉人伦纲纪、社会生活乃至政治领域诸多方面的礼制："朝觐之礼，所以明君臣之义也；聘问之礼，所以使诸侯相尊敬也；丧祭之礼，所以明君臣、父子之恩也；乡饮酒之礼，所以明长幼之序也"。那么这种礼制的精神是什么呢？

《中庸》云："今夫天，斯昭昭之多，及其无穷也，日月星辰系焉，万物覆焉。今夫地，一撮土之多，及其广厚，载华岳而不重，振河海而不泄，万物载焉。"

天地乃为万物得以覆载的所在。孔子还说过："天何言哉？四时行焉，百物生焉。"（《论语·阳货》）天即是四时行、百物生的客观自然。

原始荒蛮时期，人们就开始注意观察和思考人赖以生存的自然空间。当时，社会生产力低下，人与自然的抗争是非常艰难的，人们的生存经常受到自然的威胁，天灾人祸，诸如火山爆发、洪水干旱、虫灾，以及疾病、饥饿等无时不在威胁人们的生命。那样的年代，“未有宫室，冬则居营窟，夏则居橧巢；未有火化，食草木之实、鸟兽之肉，饮其血，茹其毛；未有麻丝，衣其羽皮”（《礼运》）。

就是在如此低劣的条件下，人们为了感谢天地赐予的万物和哺育之恩，“事神致福”，礼拜天地自然的仪式，已经出现。“其燔黍捭豚，汙尊而抔饮，蒉桴而土鼓”（《礼运》）。即使是在石头上烤食，用手撕肉，掘土为坑来饮水，用陶罐作鼓，土块做鼓槌，人们也虔诚地进行拜祭天地的仪式，事“天”而致福佑。“礼”就这样产生了。人们认识客观自然世界并由此而引发的一种“感恩图报”的思想演化成对天地自然的崇拜，这正反映了自然崇拜熔铸着我们祖先朴素的唯物主义认识观。

对天地自然敬奉的观点，直接影响到当时的政治生活和社会生活。“古之制礼也，经之以天地，纪之以日月，参之以三光（日、月、星），政教之本也”（《乡饮酒义》）。

儒家以天地、阴阳、四时等自然现象作为法则，确立礼制来规范人们的行为。这是构建礼的理性基础之一。比如，“天之正色苍而玄，地之正色黄而纁，圣人法天地以制衣裳”（《杂记上》）。在此，效法天地规范了人们的服制。

效法自然由天地而推及四方。古人认为，东代表春，使万物萌生，东主青（苍）色；南代表夏，万物生长，天气变得炎热，南主赤；西代表秋，万物收获，出现霜降，西主黄、主白；北代表冬，天气转冷，万物敛藏，北主黑（玄）。《月令》载：春，天子驾仓龙，载青旗，衣青衣；夏，天子乘朱路（车），载赤旗，衣朱衣；秋，天子驾白路，载白旗，衣白衣；冬，天子乘玄路，载玄旗，衣黑衣。这正是一幅天子四季巡视天下图，以车马、旌旗、服饰的不同色彩昭示天下，告知天下人遵守“天道”。

这种四方色彩还被用于行军布阵的军礼中，“行，前朱鸟，后玄武，左青龙，右白虎，招摇在上，急缮其怒”（《曲礼上》）。自然界有阴阳，在人类社会中亦有阴阳之别，男为阳，女为阴，儒家相应制定了阳礼、阴礼以规范男女之行为。“以阳礼教让，则民不争；以阴礼教亲，则民不怨”（《周礼·大司徒》）。阳礼即饮酒礼，酒为发散之物，古人视其为阳物，饮酒礼主谦和，不相争，以此教导民人谦恭有礼，不争斗。阴礼即婚礼，女子被视为阴性，故婚礼归为阴礼，男女婚姻从婚礼开始就注定要有亲爱之情，婚礼教导民人重亲爱之情，则无怨情产生。这种对天地自然的崇拜与礼的产生、确立是并行不悖的。儒家并非忽视自然规律的研究，如此这般地把自然规律渗透到社会人事当中去，把社会所要遵循的规范、准则赋予天地自然的色彩，旨在表现“礼”的至高无上，这就使得“礼”更具有神圣不可犯的威严性和客观真实存在的理性。

2. 礼因人情而立——阐释礼仪的意义

儒家认为，礼是因人情而立，顺应良善的人性，顺应美好的人情，故以礼为人类社会的纲常，进而将礼推及人伦和社会关系，乃至人们的行为规范。其意义在于“正容体，齐颜色，顺辞令”（《冠义》），因为容貌庄重，体态端正，在不同场合神情得当，言辞和顺，也就是具备了礼仪，就能够“正君臣，亲父子，和长幼”（《冠义》），就建立起人与人相互和谐的关系，这样就是真正确立了礼仪。

《礼记》有若干篇具体论及了冠、婚、丧、祭、射、御、朝、聘之礼，但其不同于《仪礼》一经只是言及繁文缛节的仪式，而是重在阐释“八礼”即礼仪的深远意义：“夫礼，始于冠，本于昏，重于丧祭，尊于朝聘，和以射乡，此礼之大体也。”（《昏义》）

冠礼，是古代男子二十岁所举行的加冠礼，也即成人礼。礼仪中所叙述的在阼阶上进行的加冠礼，意义在于表明父子世代相传的意义，即“以著代也”（《冠义》）。三次加冠的仪式，与母亲、兄弟进行的拜礼等，意在明示冠者已经成人，同他须行成人礼。冠礼仪式上，二十岁的年轻男子要分别加三次冠。首加缁布冠，这是用黑麻布缝制的，相配的是玄端服（黑色的衣服），黑色的腰带，戴上此冠，昭告天下，这个男子成人了，嘉宾祝曰：“弃尔幼志，顺尔成德，寿考惟祺，介尔景福”。（《仪礼·士冠礼》）再加皮弁，即白色鹿皮缝制的帽子，皮弁为武冠，战伐田猎，此皆服之。昭示这个青年人，从此可以和君王一同打猎了，可以参军保家卫国了。嘉宾再祝：“敬尔威仪，淑慎尔德。眉寿万年，永受胡（大）福”。三加爵弁，是用细葛布或丝帛制成的，此冠为上朝、参加宗庙祭祀所戴之冠，嘉宾祝言：“兄弟具在，以成厥德，黄耇无疆，受天之庆。”不但如此礼仪，还要为这位成年男子命字，表字即表其成人。而示其成人的意义，是从此要以成人之礼要求他，使之担负起“为人子、为人弟、为人臣、为人少者”的责任与义务，这样才能“君臣正、父子亲、长幼和”，“孝、弟、忠、顺之行立，而后可以为人”（《冠义》），只有具备了孝敬父母、敬爱兄长、忠于国君、顺从长上的德行才可以成为人；而唯有具备了人的品德，才能够成为人。这便是冠礼的意义所在。所以冠礼为众礼之始，其具有使人之所以成人的礼义。

婚礼的意义，则是“合二姓之好，上以事宗庙”，“下以继后世”（《昏义》），因而婚礼要十分重视，须完成“纳采、问名、纳吉、纳徵、请期、亲迎”的礼仪过程，旨在表明婚礼为恭敬、谨慎及尊重的正礼。儒家认为，唯有对婚礼恭敬、谨慎及尊重，才能有夫妇之间的相互尊重与亲爱；夫妇相互亲爱，才能确立夫妇之间的道义：“妇夫有义，而后父子有亲，父子有亲而后君臣有正。”（《昏义》）如此一来，从夫妇的家庭到君臣的社会，便建立起一个和谐有序，家人相互亲爱、君良臣忠的社会体系。因此，婚礼成为礼的根本，“昏礼者，礼之本也”（《昏义》）。

正因为具有了夫妇有义、父子有亲的家庭伦理道德，所以，丧礼的意义就在于体现了“仁义礼知（智）”做人的道义，而此道义体现为亲情（恩）、理义（义）、节度（节）、权变（权）等四项原则。因而“为父斩衰三年”，服三年之丧，就是体现了报恩尊亲的原则；“毁不灭性，不以死伤生”，孝子悲哀痛苦，但不可危及生命，就是体现了节哀顺变、不以死者伤害生者的“义”与“节制”的原则；而服丧期间种种改变礼节的行为，则可视为“权变”之宜，并非强调一味恪守礼仪而不能有所逾越，更是顺应人情而确立。

祭礼的意义主要在于敬奉父母而行孝道：“生则敬养，死则敬享，思终身弗辱也。”（《祭义》）故君子有“终身之丧”。父母在世时，要恭敬地赡养；父母死后，要恭敬地祭祀，做到终身都不可使父母的声名受到辱没。而这种心念，要陪伴终身，终不敢遗忘父母的忌日。所以，孝立为三等：“大孝尊亲，其次弗辱，其下能养。”（《祭义》）即大孝首先是使双亲受人尊敬，其次是不辱没双亲的声名，最下等的孝则是仅能赡养父母。特别值得注意的是，《礼记》中的“孝”还涉及广泛的社会行为：“居处不庄，非孝也；事君不忠，非孝也；莅官不敬，非孝也；朋友不信，非孝也；战陈无勇，非孝也。”（《祭义》）因而孝子无论是在家庭里还是在社会中，都要谨慎用事，从诸多方面约束自己的行为，坚持庄敬、忠诚、敬业、尽职、诚信和勇敢的道德信念，这也是孝子为父母尽孝而不使其蒙羞受辱甚至遭受灾难所必须坚持的原则，这就使得祭礼因而具有了广泛而深刻的礼义，也是顺人情而立礼的意义所在，不悖人伦，不悖人性。

《礼记》还阐释了其他礼仪的意义。

《射义》记述了古老的射箭之礼的意义。在诸侯举行射礼时，必先举行燕礼；乡大夫、士举行射礼，则必先举行乡饮酒礼。射礼的意义，在于为国家选拔贤能之士，乃至考核诸侯才德。儒家认为：“射者，仁之道也。射求正诸己，己正而后发，发而不中，则不怨胜己者，反求诸己而已矣。”（《射义》）即射箭体现了仁之道。因为射箭时要求端正己身，己身端正了然后才能发射，如果没有射中，不要埋怨胜过自己的人，而是要反省自身，找出自己的不足与毛病，这便是通过射箭培养了仁的德行，君子的风度。以此而论，天子可以通过射箭来观察、选择有道之诸侯，有德之士。

《燕义》则阐释《燕礼》的意义。燕礼，即宴饮之礼。其中有诸侯与群臣宴饮之礼，有诸侯之间相互往来宴饮之礼，有天子宴饮诸侯之礼。按《射义》所述，诸侯行射礼，也要先行宴饮之礼。儒家认为，燕礼的意义在于体现上下相尊之义。以诸侯与群臣行燕礼为例，燕礼中设宾主，主即为诸侯国君，宾则为大夫，宾主之间举杯酬答，相互敬酒，就是表明君臣的礼敬：“臣下竭力尽能以立功于国，君必报之以爵禄。”（《燕义》）而这种宴饮中君臣和乐的场面和气氛，就是为了表现君臣上下相亲而不怨、和睦安宁之义。

乡饮酒礼，是乡大夫宴请宾客之礼。在乡饮酒中，不以爵禄高下为等级，而是“序齿”即以年纪长幼为序。真正体现了尊贤养老之义，“六十者坐，五十者立侍以听政役”，表示尊敬长者。“六十者三豆，七十者四豆，八十者五豆，九十者六豆”（《乡饮酒义》），乡大夫举行乡饮酒礼，就是向乡人（古代设12500家为乡）宣示，要尊老养老，而乡大夫敬老养老的目的，乃是使国人受到教化，“成教而后国可安也”，这便是乡饮酒礼的真正意义。

从上述所言儒家阐释礼仪的意义来看，我们可以体会到，儒家为礼仪制度赋予了种种道德准则和行为规范的深刻意义，而在繁文缛节的礼仪中，则浸透着儒家所力倡的“修身、齐家、治国、平天下”的政治纲纪。

3. 立中制节的礼制

立中制节是儒家礼仪制度重要的原则之一。它的确立以严格节度为其基础，在社会生活、人与自然的关系中强调一种“中道”——“无过”“无不及”。旨在倡导客观的理性，来规范人们的行为和道德准则，从而维系一种更为合理、严密的秩序。

先秦儒家，对天地自然及其规律是十分重视的，他们将先人在自然科学领域中所获得的经验加以总结，并使之作为“礼制”确定下来，教化世人恪守、遵从。“礼以时为大”（《礼器》），孔子也言：“先王制礼，过时弗举，礼也。”（《曾子问》）强调“时”的作用。《礼器》亦云，昔先王之制礼，“必须天时”。

因此，儒家将时令纳入礼教中去，使之成为制度，万民严守节度。统治者“命典礼，考时月定日”（《王制》），即考校四时、日月，使生产及社会生活各当其节。一部《月令》，即是一部考四时、定月日的典章。十二月令所记叙的正是人们对于自然界四时变化的认识，人们已从自然现象中总结出规律：春天，“冬风解冻，蛰虫始振，鸿雁来”，“草木萌动”，“王命农事”，开始农耕，播种五谷，祭祀山林川泽，以祈福佑，禁止砍伐和杀幼虫及牝牲，以宜生长，并明确“春田不围泽，不掩群”的狩猎制度（《曲礼下》）；夏，“劳时劝民，毋或失时”，“驱兽毋害五谷”，“农乃登麦”，其时“鹿角解，蝉始鸣，半夏生，木堇荣”；秋，“凉风至，白露降，寒蝉鸣”，“农乃登谷，天子尝新，先荐寝庙”，以丰收的果实祭享先祖，并审决狱讼；冬，“命百官谨盖藏，命有司循行积聚，无有不敛”（《月令》）。纵观一年四时，“春作夏长，秋敛冬藏”（《乐记》）。一年又一年，周而复始。这里，礼的规则成为农业生产的时间表，人们遵循自然规则，适应四时变化，协和万物生长。

生产生活按时而举，表现出人们懂得如何利用自然、顺应自然规律而生存。“林麓川泽，以时入而不禁”（《王制》），其中不乏保护自然的意思。还如春不伐木、不杀牝等，已具有适于“时”、合于“度”，保护生态自然的思想观念。

自然规律不仅影响了人们的生产活动，亦影响了人类社会，自然融入了社会化意识，人事活动因“时”而行，合“度”而举。《月令》有“孟春之月，天子乃以元日祈谷于上帝”；季秋之月，“大享天地于明堂”。“春祈秋报”不单纯是法自然、合时令的意识，而是有了更为普遍的意义，由“时”而引出界限和度的概念，也就是说，涉及人们社会生活的“礼”的制定和施行也有它的限度——节。这就是“立中制节”所包含的第二个内容，即“先王之制礼，不可多也，不可寡也，惟其称也”（《礼器》）。追求中道，无过无不及。

社会生活中礼的“立中制节”——合度，涉及的领域甚广。量地制邑、分田制禄、命官论材、朝聘巡守、行赏罚、设国学、为田渔、治国用、广备储蓄、丧葬祭祀、赋税徭役等等，均在其列，立学以教化百姓。礼教要求人们应效法天地自然法则，有时有度，有数有量，不可逾越。

儒家的“节”“度”是变化多端的。“礼有以多为贵者，天子七庙，诸侯五，大夫三，士一”；“有以少为贵者”，如天子祭天特牲，即一牲；“有以大为贵者”，诸如宫室之量，器皿之度，棺椁之厚，丘封之大；“有以小为贵者”（《礼器》），如宗庙之祭，主人献尸用角，尊者小，卑者大。以上种种，均以顺应客观现实的要求为度。

为什么礼教要求“礼”有“节度”呢？以丧葬礼为例：大肆铺张以显示孝亲，其丧期无数、悲哀无度，甚至毁瘠而死者有之；“彼朝死而夕忘之”，“曾鸟兽之不若”者亦有之。差别如此之大，如无标准限制，对于维护社会秩序是极为不利的。所以，先秦儒家主张不将个人的感情、意愿过多地夹杂在各种关系中，而是倡导客观的理性，以“节”和“度”来限制人们的行为。如对于丧事，“三年以为极”，

“哀戚之至也，节哀顺变”；而那种“直情而径于行者”（《檀弓》），即哭踊无节，衣服无制者，即被视为“戎狄之道”。至于“殉葬”，无论为何原因，在儒家都是极力反对的，视其为“非礼也”。

儒家的礼规是繁多的，“曲礼三百”“威仪三千”。在繁复的礼仪规则中，“节”是一个把握人们行为规则的度。礼在教化中有目的地加入这个因素，使得礼规更加秩序化，更加严密，成为一个完整的、严密的体系。如此进行教化，才能将社会纳入一个和谐的系统之中。

礼是中国传统文化的重要组成部分，在中华民族的个性中，礼文化铸就了深深的烙印，堪称我们民族个性的理性基础，在几千年的历史中，这种礼制或沿因嬗变，或企图另辟蹊径，但都无法离开礼的精神，无论是今天或是未来，社会终将维系这种秩序。今日所言之法律，有法可依，有法必依，而从某种意义上来讲，这也是一种秩序，更适合于社会发展的更科学、更严密的秩序，这种秩序正是古代礼制在现代社会的一种新体现。那么，在中华民族传统文化所面临的新挑战中，构筑一架合度的桥梁，正是我们在新世纪所应该深刻思考的新课题。

四、历代《礼记》研究

西汉初年，高祖皇帝刘邦所据鲁地，即有诸儒讲诵《诗》《书》，习礼弦歌，始得修治经学。历惠帝、高后时，其时公卿皆武力功臣，儒者未能继续兴学。文景之世，帝王好刑名、黄老之术，虽有儒者博士，但只是备员而已，不得进官。

汉初，因秦始皇焚书，书籍散亡。能言礼者，以鲁人高堂生为最。礼，古来传之，汉时已不完备，即使以孔子所传之礼而言，礼经亦已缺失许多。高堂生所传之礼，就是先秦留传下来的散乱并且缺失许多的古代礼仪，即今之《仪礼》（也作《士礼》）十七篇。《汉书·艺文志》中载记的“《礼古经》五十六卷，经七十篇”。孔疏引《汉志》云“经十七篇”，疑是今本之误。班固言道：“《易》曰：‘有夫妇、父子、君臣上下，礼义有所错。’而帝王质文，世有损益，至周曲为之防，事为之制，故曰：‘礼经三百，威仪三千。’及周之衰，诸侯将踰法度，恶其害己，皆灭去其籍，自孔子时而不具，至秦大坏。汉兴，鲁高堂生传《士礼》十七篇。”（《汉书·艺文志》）班氏所述，就是先秦礼制兴衰以及汉初传礼的概况。

到了孝宣帝世，高堂生所传之礼，唯有后苍最明，戴德、戴圣、庆普皆其弟子。此时，大、小戴及庆氏三家所传的礼学皆立于学官。按《汉志》载，传礼者十三家，唯高堂生及五传弟子戴德、戴圣之名今在。高堂生之后，又有萧奋、孟卿、后苍，待传及二戴和庆氏是为五传。但三家立于学者，应为《礼经》，即高堂生所传之《仪礼》。西汉立十四博士，礼博士官为大、小戴，而大、小戴所受于后苍之礼，是《礼经》十七篇，此时《礼记》应为《汉志》之《记》百三十篇。

《礼记》四十九篇，《后汉书》载有郑玄所注四十九篇之目，郑玄《六艺论》云：“今礼行于世，戴德、戴圣之学也。”

东汉灵帝熹平四年（175），灵帝诏许诸儒正定五经文字，并刊于石，立石碑于洛阳太学门外，使天下诸生咸取正焉，当时蔡邕自书丹于碑，使工镌刻（见《后汉书·蔡邕传》）。所刻石经为《鲁诗》、小夏侯《尚书》《仪礼》《公羊春秋》《鲁论语》等经，可见其时经文，仍以今文经为典。可惜石经在六朝以后渐渐散佚，今仅存1900余字，保留在宋洪适的《隶释》中。翁方纲《汉石经残字考》载，其辑熹平石经残字计：《尚书》547字，《鲁诗》173字，《仪礼》45字，《公羊春秋》375字，《论语》971字，共2111字。可窥一斑。

东汉中期时，《礼记》四十九篇已有传本，曹褒即持庆氏礼，传《礼记》四十九篇，且此前还有《礼记章句》四十九篇。《后汉书·桥玄传》载：“七世祖仁，从同郡戴德（圣）学，著《礼记章句》四十九篇，号曰桥君学。”至通儒马融、卢植，皆注书有《礼记》，《后汉书·卢植传》载，卢植曾上书言：“臣少从通儒故南郡太守马融受古学，颇知今之《礼记》特多回冗，……敢率愚浅，为之解诂。”《隋志》则载，有“《礼记》二十卷，卢植注”。而对《礼记》一书做出最大贡献的是东汉末年的郑玄。郑玄所注之书，有“《周易》、《尚书》、《毛诗》、《仪礼》、《礼记》、《论语》、《孝经》、《尚书大传》、《中候》、《乾象历》，又著《天文七政论》、《鲁礼禘祫义》、《六艺论》、《毛诗谱》、《驳许慎〈五经异义〉》、《答临孝存周礼难》，凡百余万言”。（《后汉书·郑玄传》）而今仅存其中的《毛诗笺》《周礼注》《仪礼注》《礼记注》四种，其他诸本或为辑本，或为残缺本，或有亡佚。

郑玄（127—200），字康成，东汉高密人。“造太学受业，师事京兆第五元先，始通《京氏易》、《公羊春秋》、《三统历》、《九章算术》。又从东郡张恭祖受《周官》、《礼记》、《吕氏春秋》、《韩诗》、《古文尚书》。以山东无足问者，乃西入关，因涿郡卢植，事扶风马融。”[①]从此可知，郑玄是从东郡张恭祖受《礼记》，而从张恭祖处同受者还有《周官》《古文尚书》等古文经，因此，此《礼记》亦当为古文经。且《汉书》中载有鲁恭王从孔宅壁中得古文《礼记》，河间献王献古文《礼记》之事。张恭祖，史传未载，不详何人，但郑玄从其受《礼记》之学应是可信的。郑注经书是为“郑学”，郑注行而使汉学衰微。郑注融合今古文之界，以古文为宗，兼采今学之益，虽使两汉家学不可考，但也使经注广行天下，尤其是郑注出而使《礼记》脱离《礼经》而独传，并与《周礼》《仪礼》享有同等尊位，鼎足为三，使礼学开始了一个新时代。

三国魏时，曹氏立十九博士，有《易》《书》《毛诗》《周官（礼）》《仪礼》《礼记》《孝经》等，且宗郑学。

---

① 《后汉书·郑玄传》，中华书局，1962年，第1207页。

另有魏世王肃，博古综今，遍注群经，但其不好郑氏学，注经以与郑注立异为本，时称“王学”。因其身份为司马昭之岳丈，故而凭借司马氏的政治权势而使其经注皆立于学官，其中包括王肃注的《礼记》三十卷。（《三国志·魏书·王肃传》）王学行于晋初，以至当时郊庙之礼皆用王说，而不采郑学之义。（《晋书·礼志上》）这种情况到了东晋才有所改变。晋元帝初年修治学校，简省博士，将旧制博士十九人改为置五经博士九人，即置《周易》王氏（弼），《尚书》郑氏，《古文尚书》孔氏，《毛诗》郑氏，《周官》、《礼记》郑氏，《春秋左传》杜氏、服氏，《论语》、《孝经》郑氏博士各一人。（见《晋书·荀崧传》）郑学得以复兴。而且值得注意的是，此时礼学中《礼记》的地位已超过旧时的《礼经》（《仪礼》），而《仪礼》却未能立有博士，说明此时的《礼记》之学已渐重要，而此五经博士所立之学，也基本奠定了唐代经书注疏所据之学的基础。

南北朝时期，经学亦分为南学、北学。南北所治经学，“章句好尚，互有不同”，然此时所治《三礼》，皆尊奉、遵循郑氏之学。

南朝宋、齐年间，经学益衰，其间国学虽时有开置讲经，但往往时间很短，不能持久；而乡里则鲜有开馆习经，以致公卿之辈也罕通经学。即使朝中儒臣，也是独学而不肯授徒讲学，故后生之学拥经而无所讲习。到梁武之世，始较为重视经学。在天监四年（505），梁武帝颁诏开设五馆，建立国学，总以五经教授，置五经博士各一人。其中吴兴人沈峻（字士嵩，梁吴兴武康人）博通五经，尤长《三礼》；建平的严植之（字孝源，梁建平秭归人）讲习郑氏礼；会稽贺玚（字德琏，梁会稽山阴人）传家业，善《三礼》，并撰有《礼》讲疏数百篇及《宾礼仪注》百四十五卷。[①] 梁武命博士各主一馆，每馆有数百儒生，

① 沈峻、严植之事迹均见于《梁书·儒林传》卷四十八、《南史·儒林传》卷七十一，贺玚事迹见于《梁书》卷四十八、《南史》卷六十二。

由朝廷供给其用度，其明经者，即除为吏，一时怀经负笈者云集响应；又选学生往受业于庐江何胤（字子季，梁庐江人）。何胤事沛国刘瓛，受《礼记》等经，著有《礼记隐义》《礼答问》等书。（《梁书·处士传》卷五十一，《南史》卷三十）其时还有清河东武城人崔灵恩，尤精三礼，为国子博士，著《三礼义宗》；庐江人何佟之，好三礼，为尚书左丞；吴郡人皇侃撰有《礼记义疏》《礼记讲疏》；吴郡人戚衮受《三礼》于刘文绍，入陈，撰《礼记义》四十卷，行于当时；吴兴人沈文阿，治《三礼》《三传》，先仕梁，后仕陈，撰有《礼记》义疏。（《南史·儒林传》）

北朝经学较南朝兴盛，北魏初定中原，始建都邑，便以经术为先，立太学，置五经博士，生员千有余人。北周诸帝敦尚儒学，尊崇儒术，北朝大儒为世人所宗仰者，当为北魏徐遵明（字子判，北魏华阴人）。徐幼孤好学，受业于数师，博通诸经，时《三礼》并出遵明之门，其传《三礼》学于李铉。北魏还有刘献之，撰《三礼大义》四卷。北齐的李铉，渤海南皮人，师事徐遵明，撰定《三礼义疏》。北周沈重，武帝礼聘至京师，授骠骑大将军，露门博士，撰有《礼记义》三十卷。熊安生，北周为露门博士，所传也为徐遵明之学，著有《礼记义疏》，其后诸生能通礼经者，又多是安生门人，诸生尽通《小戴礼》。（《北史·儒林传》）

南北之学虽然所尚互殊，“南人约简，得其英华；北学深芜，穷其枝叶”（《北史·儒林传》），但是其治经方法，相较于汉学治经之法，则大体相同。汉代治经以经文为本讲注经文，重治经义，考证名物制度；魏晋以后至南北朝，尤其是南北朝之治经，则重在疏解经注，对于名物制度略而不讲，义疏之学兴起，一改治经之学风，至为突出者是其间为《礼记》郑注作义疏而享有盛名者，南为皇侃，北为熊安生。皇侃著有《礼记义疏》四十八卷、《礼记讲疏》九十九卷，熊安生著《礼记义疏》三十卷。而今皇、熊二家注疏皆见采于唐孔颖达《礼记正义》中，而其他诸书皆亡佚。自此可见，唐代五经之注疏原本于皇、熊二家之说，是南北之经学以皇、熊二氏之《礼记疏》开唐人注疏之先河。也以此得见，其时诸儒于经学中重《三礼》之学，而于《三礼》中，重《礼记》之学。

及隋并陈，即立经学博士，褚晖、顾彪、鲁世达等皆以南学见重。孔颖达，字仲达，唐冀州衡水人，隋末举明经，入唐，累官国子司业，迁祭酒。唐贞观中孔颖达所撰《礼记正义》七十卷，题“祭酒孔颖达，司业朱子奢，国子助教李善信、太学博士贾公彦、柳士宣、范义頵，魏王参军事张权等奉诏撰”。此书从贞观四年（630）太宗诏定，至贞观十六年（642）书成。孔颖达既卒，博士马运嘉驳其所定义疏之失，于是又有皇诏令其更定，然而其功未成。至唐高宗永徽二年（651），高宗诏诸臣又对孔颖达《五经正义》加以考证，并加以增损，至永徽四年（653）颁孔颖达《五经正义》于天下。自此至宋，每年明经取士皆依《五经正义》本。

从汉代至唐初，经学发展时代久远，积四百多年当中，凡博士传讲经书，皆分门授徒，故各经所传，非止一家之数。《汉志》中载，汉时传礼即有十三家之多，而孔氏奉诏所定五经之疏，《易》主王弼注，《书》主孔安国传，《诗》主毛亨传，郑玄笺，《礼》主郑注，《左传》主杜预解。

东汉时的“七经”，至唐增变为“九经”，以之取士。“九经”即《易》《书》《诗》《周礼》《仪礼》《礼记》《春秋》《论语》《孝经》，还有的将“九经”列为《易》《书》《诗》《周礼》《仪礼》《礼记》《春秋左氏传》《春秋公羊传》《春秋穀梁传》等，但无论是哪一种说法，《礼记》都被列入经书的行列，且为“大经”（《新唐书·选举志》），时人多习之。这一点，乃孔颖达《礼记正义》之功。

孔颖达宗郑氏之学，并使郑注得传，虽然使《礼记》“登堂入室”，升入“经书”之列，且形成了唐代《礼记》于《三礼》中独盛的局面，但孔疏一出，治《礼记》之诸家学说也临于殆尽。孔氏言：“大小二戴共氏而分门，王（肃）郑（玄）两家同经而异注，爰从晋、宋逮于周、隋，其传礼业者， 江左尤盛。其为义疏者，南人有贺循、贺玚、庾蔚、崔灵恩、沈重宣、皇甫侃（即皇侃）等，北人有徐道（应为遵）明、李业兴、李宝鼎、侯聪、熊安等，其见于世者，唯皇、熊二家而已。”（孔颖达《礼记正义·序》）可见在唐初，流传于世的治礼之学，仅存皇侃、熊安两家，自汉末始传下来的王肃、郑玄之礼学，历经晋、隋世多年，虽有诸家传习，但存留者寥寥。而对于皇、熊两家，孔氏认为：“熊则违背本经，多引外义，犹之楚而北行，马虽疾而去愈远矣。又欲释经文，唯聚难义，犹治丝而棼之，手虽繁而丝益乱也。皇氏虽章句详正，微稍繁广，又既遵郑氏，乃时乖郑义，此是木落不归其本，狐死不首其丘。此皆二家之弊，未为得也。然以熊比皇，皇氏胜矣。……据皇氏以为本，其有不备，以熊氏补焉。”可见孔颖达是以郑学为宗，摈弃王学；尚南学，多取皇侃之说以之为本；轻北学，少用熊安之言，以之为补充。即使这样，孔氏对所取皇、熊二氏之说也是“翦其繁芜，撮其机要”，保留其说而减之又减。因而《隋书》《旧唐书》的志中载录的诸家《礼记》注本、传本，至《新唐书·艺文志》中所录已是不多，而在《文献通考》的《经籍考》中，前有的注疏本则仅存《礼记正义》七十卷（也有《礼记》郑玄注本），其他注本皆已不传。

北宋初年，治经恪守汉唐之学，遵循古义，秉笃实之风。至宋仁宗庆历年间（1041—1048），经学始发生变化，宋临江新喻人刘敞（字原父），庆历年间得进士，累官集贤院学士，判御史台。（《宋史》卷三百二十七）刘敞学识渊博，著《七经小传》三卷。七经是《尚书》《毛诗》《周礼》《仪礼》《礼记》《公羊传》《论语》。其所谓“小传”，乃是杂论经义，论者好以己意改经，完全改变了先儒治学淳朴之风，开宋人治经好标新立奇之先河，宋人毁《周礼》，疑《孟子》，进而形成疑经、改经、删经之风。宋时《三礼》之学，已不承郑玄之说，孔疏也被摈弃，王安石著《周礼新义》二十二卷，并以之取士，其书尽反先儒之说，以一己之见，改古人之事，变三代之礼。宋代大儒河南二程——程颢、程颐兄弟，先是将《礼记》中的《大学》篇“次其简编”，即移易旧文，后有朱熹为之“更考经文，别为次序”，并将《大学》《中庸》从《礼记》中分出，与《论语》《孟子》并立，称之为道统之学。朱熹并作《大学章句》《中庸章句》《论语集解》《孟子集解》合称《四书》，宋帝以朱熹之《四书》立于学官，《四书》自此与《五经》并行于世。故《礼记》在宋学中为四十七篇，置《大学》《中庸》于《礼记》经书之外。这也是《礼记》之学之一变。

宋代治《礼记》之学影响最著者，乃是卫湜所撰的《礼记集说》一百六十卷。其书作于南宋宁宗开禧（1205—1207）、嘉定（1208—1224）年间，历时达二十余载，“采摭群言，最为赅博，去取亦最为精审。自郑注而下，所取凡一百四十四家，其他书之涉于《礼记》者，所采录不在此数焉。今自郑注、孔疏而外，原书无一存者。朱彝尊《经义考》采摭最为繁富，而不知其书与不知其人者，凡四十九家，皆赖此书以传，亦可云礼家之渊海矣”（《四库全书总目提要》卷二十一《经礼·礼类》）。由此可见，卫湜是习宋学之风，不以郑、孔注疏为宗，但其采集百四十四家《礼记》之说，客观说来，是保留了汉至南宋以来诸家学说，故纪昀称其为礼家之渊海，不为过矣。

元代尊奉的是宋学，是以宋学中的朱子之学为大宗，《易》《书》《诗》皆以朱熹之说为主。仁宗于皇庆年间（1312—1313）颁布的考试程式，就是以官方的规定将朱子的经说作为标准学说广布天下，并将朱子的《四书章句集注》也列入经书科考之内。但是，由于朱熹只注《大学》《中庸》二篇，并未给《礼记》其他四十七篇作注，故而元代《三礼》所立科考科目之《礼记》仍沿用郑注、孔疏，而《三礼》

中唯《礼记》列为考试科目，也足显当时统治者传承了唐代经学传统，重《礼记》之学于《仪礼》《周礼》二经之上。

元代《礼记》之学最著者，是吴澄的《礼记纂言》和陈澔的《礼记集解》。吴澄，字幼清，元崇仁人，初为国子监司业，迁翰林学士，后为经筵讲官，时人称其为草庐先生（所居草屋题为草庐）。《礼记纂言》三十六卷，每一卷为一篇。其以《礼记》经文庞杂为由，疑多错简，故每一篇中，文皆以类相从，并移易旧文，凡通礼九篇，丧礼十一篇，祭礼四篇，通论十一篇，各为标目。如通礼，首为《曲礼》，并以《少仪》《玉藻》等篇附之，《大学》《中庸》依程、朱之学而别为一书，《投壶》《奔丧》归于《仪礼》，《冠义》《昏义》《乡饮酒义》《射义》《燕义》《聘义》等六篇别辑为《仪礼传》（《四库全书总目提要》卷二十一《经部·礼类三》），可见其言《礼记》已并非为原本之《礼记》。吴澄不仅承继了程朱之说，而且“改并旧文，俨然删述”，实是沿承了宋代经学之风。陈澔，字可大，元都昌人，号云庄，故其作《礼记集说》也作《云庄礼记集说》，今本十卷，朱彝尊《经义考》作三十卷。元仁宗时科举之制，《易》《书》《诗》《春秋》皆以宋儒新说，参以古注疏，唯《礼记》则专用古注疏。陈澔《礼记集说》实亦承宋学之风。陈澔之父大猷师饶鲁，鲁师黄榦，榦为朱子之婿，故陈澔应承朱子之学。（《四库全书总目提要》卷二十一《经部·礼类三》）其《礼记集说》即置《大学》《中庸》之二篇于《礼记》之外而不释，唯说《礼记》四十七篇。又陈澔《礼记集说》比之郑注、孔疏而论，其说浅显；比宋卫湜《集说》而言，其说简明，虽未为其时儒者所称，然而明初始定《礼记》用陈澔注；胡广等人修《五经大全》，《礼记》一经亦以陈澔注为主，并用以科举取士（亦独举《礼记》，而弃《仪礼》《周礼》二经）。自此世人诵习相沿，陈说得以流传，尤其是于初学《礼记》之经者，此书别有益处，以至于清初定制，亦仍旧贯，以澔说为童蒙之书。（见《四库全书总目提要》卷二十一《经部·礼类三》，第 170 页。）

明代初年，治经之学仍沿元代各经所主，《礼记》一经用郑注、孔疏。至永乐十二年（1414）十一月，明成祖命翰林院学士胡广、侍讲杨荣等修《五经四书大全》；次年九月，《五经四书大全》告成，成祖亲自制序，列之卷首，命礼部刊赐天下，其中有《礼记大全》三十卷，又有《四书大全》三十六卷。《礼记大全》以元陈澔《礼记集说》为宗，其采掇诸儒之说凡四十二家，而此诸儒之说，排斥古注疏于外，实为元人之诸说。至此，《礼记》之学已是古经学尽弃，以澔说为宗而使众经说皆去，故使学者"全不睹古义"。[1] 又明代朝廷以陈澔注《礼记》为科举取士之经则，比元代兼修郑、孔之学又显空疏浅陋，故明代经学走向衰微。而明代比较有影响的治《礼记》之学者还有黄道周，他有《礼记》注五篇。黄道周，字幼平，号石斋，明漳浦人。明熹宗天启二年（1622）进士，崇祯十一年（1638）官为少詹事，进《礼记解》五篇，即《月令明义》四卷、《表记集传》二卷、《坊记集传》二卷、《缁衣集传》四卷、《儒行集传》二卷。黄道周之《礼记解》多为指辨郑康成等先儒之说，驳难前人之学，实为沿袭宋学之遗风。

清初，仍以宋学为治经之所宗，承元、明旧制，陈澔《礼记集说》仍为士子考试之典。至康乾之世，统治者数次御纂经书之新疏，已开启兼采汉、宋经学之风，其时大儒是以王夫之、顾炎武、黄宗羲为代表，王夫之有《礼记章句》四十九卷，黄宗羲有《深衣考》一卷，今存。他们以汉儒之说、宋学为宗，因他们曾潜心于朱子之学，又不轻议汉儒之说，故而重汉儒、宋学中笃实之风。清人认为，若没有汉郑康成之礼学，则礼经没有后传；朱子之学，本有其实，是因古人之学而成，但后人却不究其实而孤陋言之。因此，清人治经以汉、宋之说杂采并重。

① 皮锡瑞：《经学历史》，中华书局，2004 年，第 289 页。

乾隆十三年（1748），钦定《三礼义疏》，其中《礼记义疏》八十二卷，是为《三礼义疏》之第三部。此《礼记》经文一反宋学之风，沿汉学之四十九篇，作七十七卷，附载图五卷。义疏称“三礼”以郑康成为专门，王肃亦一代通儒，并指斥后儒所见，“曾不逮肃之弃余，乃以一知半解，哗然诋郑氏不闻道”，而宋儒之所阐发“往往亦得别嫌明微之旨”。（《四库全书总目提要》卷二十一）所以，此义疏广摭群言，详征博引，曲证旁通，亦颇采宋儒之说以补郑注所未备，并批评陈澔《礼记集说》删除《大学》《中庸》二篇于《礼记》四十九篇之外而不载，是为妄削古经。可以说，此钦定之《礼记义疏》，打破了元末明初以来陈澔《集说》对于《礼记》之学的垄断，其采汉、宋之学说，开汉学复兴之始。

清代复兴汉学之最盛者，当为乾嘉学派，然而乾嘉学派沿汉学之遗风，实乃重考据之学，且其重《仪礼》《周礼》之学，对于《礼记》的研究，则为次之。如江永撰《礼记训义择言》八卷，所采为《礼记》中自《檀弓》至《杂记》共八篇注家异同之说。虽与陈澔说颇有出入，然持论多为精赅，且有臆度之说，终不如郑注。

清代治《礼记》之学较著者，一是孙希旦所撰的《礼记集解》六十一卷，二是朱彬的《礼记训纂》四十九卷。孙希旦，字绍周，号敬轩，清瑞安（今属浙江）人，乾隆四十三年（1778）进士，历任翰林院编修、四库馆之国史三通馆纂修官。其集解首取汉郑玄《注》、唐孔颖达《正义》，删其繁芜，撮取枢要，并兼采宋元以来诸儒之说。孙氏不囿于汉宋经学门户之见，且对于《礼记》中之名物制度考核精审，是清代《礼记》学之最著者。朱彬，字武曹，号郁甫，清宝应（今属江苏）人。朱氏为乾隆时举人，此《礼记训纂》指明陈澔《礼记集说》之疏略，取汉代至清朝诸儒之故训、注疏，博采广摭，撮其精英，且于义理亦有阐发，于训诂也有根据，但《礼记训纂》简约有余而详审不足，不可谓为一部力作，虽然如此，但此后《礼记》之学，也再未有出其右者。在清朝近三百年的历史中，实际上《礼记》的研究并未出现超越唐代孔疏之作，而且较之同期清儒所治《周礼》《仪礼》之学，《礼记》经书的地位也大不如从前。不过，《礼记》之《王制》篇及《礼运》篇中所言明的孔子托古改制及大同的社会理想，成为清朝末年资产阶级民主改良和民主主义的旗帜，并且成为深入人心的民主思想而影响久远，这恐怕是此前治《礼记》之学诸清儒所始料未及的。

近现代对《礼记》的研究，影响较著者有梁启超的《要籍解题及其读法》、王文锦《经书浅谈》，二者均对《礼记》四十九篇做出分类，对其内容进行划分。王梦鸥的《礼记今注今译》、杨天宇的《礼记译注》主要是对《礼记》一书作详细今注，并有白话译文。其中，杨天宇的《礼记简述》，则是对《礼记》一经作了较为全面的概括和介绍，对《礼记》一书的作者、成书时代及历代研究《礼记》之学等方面进行了具有总结性的概述，值得重视。王鹗的《三礼研究论著提要》，则对《三礼》的历代研究进行了全面的总结、论述，具有重要的学术价值。

五、中华传统文化在当代的现实意义

西安——古长安是中国古代周秦汉唐的政治经济文化中心，因而陕西有着悠久的历史与优秀的传统文化。先秦两汉确立的礼乐制度：礼是节度，礼所以防淫泆，节制奢靡；乐是雅正，乐所以荡涤，反除邪恶。礼作为纲纪，以正君臣、笃父子、睦兄弟、和夫妇，以确立家庭、社会纲常秩序；礼是家庭伦理道德及社会伦理道德的规范，所以建立人的社会秩序；乐是和乐，所以和顺父子君臣，和乐万民。两千多年前，孔子曾倡言："道之以政，齐之以刑，民免而无耻；道之以德，齐之以礼，有耻且格。"孔子倡导用礼乐教化来治理社会人心，化万民而成俗，遵循礼制，以实现社会秩序化；以乐和同人心，移风易俗，从而成就民俗风尚，在这种民俗风尚的制约下，也就实现了人的道德自觉、道德自律、道德规范。

第十五讲
《周易》导读

党怀兴

一、《周易》的性质

远古，人们对自然、社会缺乏认识，产生了不少迷信活动，人们想通过各种方式认识、了解、支配社会与自然，占卜便是其中最主要的一种。殷商占卜主要使用甲骨，甲骨文是占卜情况的记录。周人主要用蓍草（民间称蚰蜒草或锯齿草）卜卦，这种行为叫占筮，《周易》就是占筮情况的记录，它是贞人在对占筮材料的整理基础上编定而成的一部供占筮者使用的占卜书。相传上古占筮书除《周易》外，还有夏《连山》，商《归藏》，但均已佚。

在性质上，《周易》本来是一部占卜的书籍，后来，由于《易传》的出现，使它上升为一部特殊的哲学著作，后来又成为儒家的五经之首，从而成为代表中国文化特征的最重要典籍之一，其影响深远广大。

二、《周易》的成书和编撰

《汉书·艺文志·六艺略》易类《序》：

> [宓羲（一作“戏”）氏作八卦；周文王重易六爻、作上下篇]孔氏为之彖、象、系辞、文言、序卦之属十篇。故曰：易道深矣，人更三圣，世历三古。

按照传统的说法，《周易》成书的过程是“人更三圣，世历三古”。所谓“三古”也就是上古、中古、近古三个时代，所谓“三圣”是指伏羲、周文王、孔子这三位圣人。

伏羲，又名宓羲、庖牺等，是中国神话中的人物，又被称为我国的人文初祖。伏羲的形象在传说中大多是人头蛇身。根据学者的研究，伏羲可能是原始社会中的一个部落首领。在《易传》中就已经说他创造了八卦，后来的学者就认为八卦的符号是由他创立的。在他统治的时代，《周易》只有八个符号，没有任何文字，有人把他创立的这种《周易》称之为先天易学。

周文王是周族的首领，姬姓名昌。他因为反对殷纣王、要造殷纣王的反而被囚禁在羑里（今河南汤阴县内），传说在被囚禁的时间里，他把伏羲的八卦演化为六十四卦并加上卦爻辞，因此史书称文王作《周易》。这种说法早在司马迁的《史记》中就有了记载，《史记·周本纪》：

▸▸ 羑里城的周文王像

（周文王）囚羑里，盖益《易》之八卦为六十四卦。

孔子是我国著名的思想家和教育家，同时又是儒家学派的创始人。按照传统的说法，《易传》是他晚年创作的。从下述文献可见孔子与《易》学之关系：

《论语·述而》：

加我数年，五十以学易（或作“亦”）可以无大过矣。

《论语·子路》：

南人有言曰："人而无恒，不可以作巫医"。"不恒其德，或承之羞"，子曰："不占而已矣。"

——郑玄注曰："《易》，所以占吉凶。无恒之人，《易》所不占。"

《史记·孔子世家》：

孔子晚而喜《易》，序《彖》、《系》、《象》、《说卦》，《文言》。读《易》，韦编三绝，曰："假我数年，若是，我于《易》则彬彬矣。"

马王堆帛书《要》：

夫子老而好易，居则在席，行则在橐。……子曰：易，我后其祝卜矣，我观其德义耳也。幽赞而达乎数，明数而达乎德，又仁□者而义行之耳。赞而不达于数，则其为之巫；数而不达于德，则其为之史。史巫之筮，乡之而未也，恃之而非也。后世之士疑丘者，或以易乎？吾求其德而已，吾与史巫同涂而殊归者也。君子德行焉求福，故祭祀而寡也；仁义焉求吉，故卜筮而希也。祝巫卜筮其后乎！[①]

以上的说法存在很多问题，比如伏羲画八卦，只是一种传说，没有历史文物证据。而关于文王演六十四卦与作卦爻辞的说法也是有问题的。因为根据历史学家的考证，在《周易》卦爻辞中记载了文王以后的史实，如 "箕子之明夷" "康侯用锡马蕃庶"等，如果传统的说法是对的，那么周文王如何会知道他去世以后的事情呢？关于重叠八卦而演化出六十四卦，历来还有不同的意见，如王弼认为是伏羲，郑玄认为是神农，孙盛则认为是大禹。总之，传统所谓的 "人更三圣，

① 引文依据裘锡圭主编《长沙马王堆汉墓简帛集成》（第三册）（中华书局2014年版）删改。

世历三古”的说法并不可靠，但它给我们的启示是：《周易》绝非一时、一人所作。《周易》的卦爻辞应该是当初的占卜术士的经验积累，由几代贞人术士递相编撰而成。至于孔子作《易传》，学术界也有分歧，肯定这种说法的，如司马迁在《史记》中就论证《易传》为孔子所作，也有人认为是孔子的弟子所作；有人则持怀疑态度，最早的如宋朝的欧阳修。肯定者以为在《易传》中有“子曰”的字样，因此认为是孔子所作，或者与孔子有关；其实“子曰”在古代是学生对老师的尊称，并非专指孔子。随着简帛图书的出土，人们发现《易传》的内容和孔子是有关系，但它的思想很复杂，既不是传统的儒家思想，也不是纯粹的道家思想，而是杂糅各家思想而成，使这一问题变得更加复杂。

现代学术界一般认为，《周易》的六十四卦经文形成于殷末周初，反映了殷末周初殷纣王与周文王时期的事情。六十四卦出自文王之手，而卦爻辞是周公所作。大多学者认为《易传》成书于战国时期，它的作者不是孔子，可能是孔子的后学，《易传》中的一些话反映了儒家的思想，可能是孔子传授《周易》时所说，它的学生根据孔子所讲的记录，加以整理、补充、润色编纂而成。根据刘大钧先生《周易概论》的考证，《易传》为思孟学派（即孔子的后代子思和孟子）所作。孔子一定和《周易》发生了某些关系，因为在《论语》中，孔子明确地说过“五十以学《易》”，也引用过《周易》中恒卦的九三爻辞“不恒其德，或承之羞”；司马迁、班固在史书中也肯定过孔子晚而喜《易》，读《易》“韦编三绝”；帛书《周易》的出土也可以证明这一点。

三、《周易》题解与构成

《周易》一书为什么被叫作《周易》，“易”到底是什么含义，历来众说纷纭。前人的重要说法约有如下几种。

《周易》这个名称，最早见于《周礼·春官·太卜》：“太卜掌三《易》

之法，一曰《连山》，二曰《归藏》，三曰《周易》。”因此我们先看“周”字的解释：

第一种说法认为“周”是朝代名，指周朝。郑玄《易赞》说：“夏曰《连山》，殷曰《归藏》，周曰《周易》。”唐代孔颖达《周易正义》说：“又文王作《易》之时，正在羑里，周德未兴，犹是殷世也，故题周别于殷，以此文王所演故谓之《周易》。其犹《周书》《周礼》，题周以别馀代。”朱熹《周易本义》也说：“周，代名也。”

第二种观点认为“周”是地名，指的是周地。如唐代孔颖达在《周易正义》中就说：“连山、归藏并是代号，则周易称周取岐阳地名。”这种观点认为“周”指的就是周地岐阳，即现在陕西省岐山县。

第三种观点认为“周”是“周普”“普遍”的意思。郑玄《易赞·易论》：“《周易》者，言《易》道周普，无所不包。”认为《周易》就是易理无所不包的意思，“周”为普遍、博大之意。唐代陆德明《经典释文》说：“周，代名也，周，至也，遍也，备也，今名书，义取周普。”这种观点也得到很多学者的认可，并且他们引用《周易》中的原话来证明，如“易与天地准，故能弥纶天地之道”“知周乎万物”“周流六虚”。这些语句的意思多在说明《周易》是一种广大悉备的学问，容纳天地，无所不包。在这种观点中，他们还认为，《周易》一书的卦序也可以证明“周”字是“周普”的意思，《周易》现行本的第一卦是乾卦，乾就是天的意思，而天是笼罩万物、无所不包的。乾为天，天覆盖万物，则《周易》之“周”自然是周普之义。

再来看“易”字。关于这个字的看法，也有多种解释。

第一种说法，也是较为流行的说法，认为“易”是“三易”的统一。郑玄《易赞·易论》引《易纬·乾凿度》说：“一名而含三义，易简，一也；变易，二也；不易，三也。”《易》以六十四卦包括宇宙间一切天人的现象，以简驭繁，这是“易简”；占卜时以卦爻变化预示吉凶祸福，每次各有不同的卦、爻象，这是“变易”；“天不变，道亦不变”，《易》理是万世不变的，这是“不易”。中国的古人把如此丰富的意义统统涵摄在一个“易”字中，也可见中国哲学的精简深奥。

第二种说法，《说文》“易”下引“秘书说”：“日月为易，象阴阳也。”《易纬·乾凿度》云：“易名有四义，本日月相衔。”汉代经师郑玄在他的《易论》中也说：“易者，日月也。”这种说法比较符合《周易》一书的思想，因为早在《庄子》中就有“《易》以道阴阳”的话。这种说法揭示出《周易》是以研究事物的阴阳变化为根本任务，“易”象征阴阳二气的消长变化。再者，也有人从文字字形上来分析，认为“易”字很像是由上“日”下“月”两部分组成，这种观点得到很多人的认同，但不一定符合“易”字的本意。“日月为易”仅仅是许慎《说文解字》在解释“易”字时所引的“秘书说”，也是许慎一家之言而已。

第三种说法认为“易”是生生不息的意思，即《易传》中所说的“生生之谓易”。这种观点着眼于“变化”这个意思，只不过它认为这种变化是一种生命的代谢与生成。

第四种说法认为“易”就是蜥蜴。这种说法见于东汉许慎的《说文解字》：“易，蜥易、蝘蜓、守宫也。象形。”因此有人认为“易”是“蜴”的本字，古文字的“易”字就像蜥蜴的形状。蜥蜴的活动量很大，可以在水中，也可以在陆地，还可以隐藏在草丛里，也可以攀缘在墙壁上。其形体或大或小，颜色或浅或深，随着周围环境的变化而变化，因此，在动物中最善于变化的莫过于蜥蜴，变色龙就是这样的一类动物。南宋洪迈在《容斋随笔》中说蜥蜴“身无恒色，日十二变，以易名经，取其变也”，此说影响较大。近来反对者有南怀瑾先生，他认为把中国老祖宗发明的伟大智慧《周易》说成是起源于一种叫“蜥蜴”的爬行动物，实在是对老祖宗的一种侮辱和亵渎。陕西师范大学文学院的辛介夫先生在考察了甲骨文和金文字之后说，这种说法比“日月为易”的说法更缺乏科学的依据，因为在现存的甲骨文和金文中，“易”这个字还没有被解释为蜥蜴的。在古汉语中，蜥蜴都是作为双音词或联绵词出现的，没有单称“易”的，并且在《说文解字·虫部》中也没有“蜴”字，只有“蜥”字。

结合以上的观点，我们认为，《周易》一书是周代的占卜书，旨在研究宇宙万事万物变化的规律、预示吉凶祸福。

《周易》由《经》与《传》两部分构成。

我们现在所说的《周易》一般包括两部分，即《易经》和《易传》。其中经包括六十四卦及其卦辞和爻辞，《易传》也就是人们所说的“十翼”，因为它一共十篇，被附在经后来解释经，其作用和形式犹如鸟的翅膀一般，所以叫“十翼”。其实《易传》只有七部分，即《系辞》《彖传》《象传》《文言》《说卦》《序卦》和《杂卦》，因为《系辞》《彖传》《象传》分别为上下两篇，所以加在一起就是十篇。《易传》是目前发现的最早研究《周易》的专著，它不可能出自一人之手，应该是前人吸收各家学说集体编撰的结果，由于在易学史上它第一次把《周易》哲理化，所以其地位相当重要，以至于后来它也成为《周易》的重要组成部分。狭义上所说的《易经》是指不包括《易传》在内的六十四卦卦爻辞，而广义的《易经》则等同于《周易》。

（一）《易经》

经在写法、编排体例等方面都有自己的特点。

1. 卦画

—（阳）与 --（阴）两个符号是《周易》的基本卦画符号。关于这两个符号的产生，有以下观点：

第一种比较有影响的说法来源于《易传》：“河出图，洛出书，圣人则之。”“古者包牺氏之王天下也，仰则观象于天，俯则观法于地，观鸟兽之文与地之宜，近取诸身，远取诸物，于是始作八卦，以通神明之德，以类万物之情。”这种说法认为，八卦是圣人（伏羲氏）观察外界事物的结果。引文中说到了河图和洛书，但这两个图形出现的时间是很晚的，而且到底哪一个是河图，哪一个是洛书，也是有不同的看法。再者就是到底是八卦起源于河图、洛书还是河图、洛书起源于八卦，也是一个悬而未决的问题。这种说法值得肯定之处在于：八卦是伏羲氏在观察自然界和人类自身的启发下创立的。观察的范围包括天文、地理以及鸟兽动物的足迹纹理，远处观察的是外界事物，近处观察的是人类自己的身体。这一说法符合人类认识事物的规律。

第二种说法认为卦画与远古人们的生殖崇拜有关。即卦画—与 -- 受男女生殖器的启发，即—是男性生殖器的象征，-- 是女性生殖器的象征。持这种观点的人在《易传》中也能找到相应的依据：“乾，阳物也；坤，阴物也。”“夫乾，其静也专（‘专’在这里假借为‘抟’），其动也直，是以大生焉；夫坤，其静也翕，其动也辟，是以广生焉。”“是故阖户谓之坤，辟户谓之乾。一阖一辟谓之变，往来不穷谓之通。”“天地絪缊，万物化醇，男女构精，万物化生。”结合上面的几段话，有人分析，《周易》中的乾坤两卦代表了阴和阳两种事物，也就是阴阳两爻所代表的事物。上面所引用的第一段话说明，乾卦也就是阳物，就是男性生殖器，坤卦是阴物，也就是女性生殖器。上面所引用到的第二段话则明确说明了乾坤两卦所象征的事物即男女生殖器官的形态属性。上述引文的第三段话是说，坤卦是把门户闭合起来，乾卦是把门户打开，门户这样一开一阖就是变化，这样不停地变化就叫作“通”。第四段引文的意思就更明显了，天地万物的产生，就像男女的交媾一样。持这种观点的人有章太炎、钱玄同和郭沫若。如钱玄同先生就说：“我以为原始易卦是生殖器崇拜时代的东西，乾坤二卦是两性生殖器记号。”郭沫若先生在《中国古代社会研究》中也说：“八卦的根底，很鲜明的可以看出，是古代生殖器崇拜的孑遗。画一以象男根，分而为二，以象女阴。所以由此演出男女、父母、阴阳、刚柔、天地的观念。”这种观点和上面所引《易传》中的“近取诸身，远取诸物”是一致的。

第三种说法是结绳记事说。这种观点认为，在《周易》符号产生的时期，人类尚未产生文字，人类使用的是结绳记事法，有一件事情就打一个结，两件事情就打两个结，小事就打一个小结，大事就打一个大结。有人认为阳爻（—）是结绳的一大结，阴爻（--）是两小结；或以为阳爻是没有打结的绳子，阴爻是打了结的绳子。持这种观点的主要代表人是李镜池、范文澜等。卦爻符号起源与结绳记事是否有关，学术界还存在较大争议。

第四种说法是龟兆说。古时先民占卜要用龟甲，先是烧灼龟甲，然后卜师根据裂纹的不同形状来判断吉凶。《周易》的卦爻符号就是根据这些龟甲的裂纹形象画出来的。像余永梁的《易卦爻辞的时代及其作者》、屈万里的《易卦源于龟卜考》等持这种观点。研究表明，这种说法并不符合《周易》占筮的实际。

第五种说法是认为卦爻符号起源于竹节、蓍草。比如高亨先生在《周易古经今注》中认为，阳爻象征一节之竹，阴爻象征二节之竹。阴爻和阳爻是人们卜筮时所取竹节的象征。但也有学者认为阴爻和阳爻起源于蓍草的排列，阳爻象征一根完整的蓍草，阴爻象征一根中间断开的蓍草。

第六种说法认为卦爻符号起源于古时候的土圭测日。这种观点认为，“卦”字的字形可以分为左右两个部分，左边就是一个“圭”字，右边是一个“卜”字，圭是古人用来测量日影的工具，可见八卦起源于这种测量日影的方法，卦爻符号就是记载晷影变化的符号。此可备一说，从这一点可以看出《周易》受到古代天文历法的影响。

第七种说法，也是近年影响较大的说法，这就是卦爻符号起源于数字。从《左传》的有关记载来看，当时就认为筮法与数字有某种联系，后来朱自清先生和闻一多先生对此都有自己的看法，认为卦爻符号和数字有很密切的关系。再后来，张政烺先生根据甲骨文和金文中的一些数字分析，认为这些数字就是一些数字卦，它们应当是《周易》卦爻符号的源头。张先生的这一发现引起了学术界的轰动，目前认同的学者较多。

以上种种说法，每一种都有一定的道理，但都还不能令人完全信服。卦爻符号到底是不是起源于一种具体的事物，是不是一时一人所创造，都还是一个问题。卦爻符号在被创造之初，它指代的是具体的含义还是抽象的含义，也是我们需要思考的问题。

2. 八卦

八卦是构成《周易》卦画的基本符号，八卦是由一与 -- 两个符号连叠三层构成：乾、坤、震、艮、离、坎、兑、巽。用这八个符号分别代表天、地、雷、山、火、水、泽、风等物象。

☰ 乾卦；☳ 震卦；☵ 坎卦；☶ 艮卦
☷ 坤卦；☴ 巽卦；☲ 离卦；☱ 兑卦

▸▸ *八卦符号及卦名*

八卦的起源问题，有以下几种影响较大的说法。

第一种说法认为八卦是伏羲受到河图、洛书的启发而画出来的。这种观点最早出现在《易传》中。这种说法基本上是一种传说，没有历史文献和考古文物资料的证明，是一个悬而未决的问题。

第二种说法就是文字说。这种说法最早来源于《易纬·乾坤凿度》，这本书认为，在《周易》八卦符号产生的时候，还没有文字，我们所见到的八卦符号就是最早的文字，这些符号的对应文字就是八卦所代表的基本含义：天、地、风、山、水、火、雷、泽。宋朝的杨万里也认为八卦符号不是卦，而是伏羲氏创造的文字。郭沫若、范文澜也持这种观点，认为八卦是从文字或图画导源出来的。

第三种说法认为八卦起源于数字。又分为：其一，八卦起源于天地之数。《周易·系辞上》说："极其数，遂定天地之象。"那么，是依据什么样的神秘数字呢？《易传》的《说卦》中又说："参天两地而倚数，观变于阴阳而立卦。"这句话明确指出了八卦设立的基础就是数字，只不过这里的数字被赋予了阴阳的属性而已。古人韩康伯把参天两地解释为奇数和偶数，认为八卦是依据奇数和偶数确立的，阳爻依据的是奇数，阴爻依据的是偶数。那么，天地之数是什么呢？大部分人都认为天地之数实际上就是从一到十这十个数字相加之和，也就是五十五。其二，八卦起源于大衍之数。在《易传·说卦》中明确记载了用大衍之数起卦的方法，也就是用五十根（或五十五根）蓍草。

第四种说法认为八卦起源于观测外在的具体物象，最可能依据的是天象，比如说日月之象或者是星象等等，在《周易》中也有这样的论述。但我们认为，八卦符号产生，绝对不是依据某一种具体的事物。

还有一种说法，也就是太极两仪说。这种说法也是依据《易传》而来。《系辞传》很明确地说："易有太极，是生两仪，两仪生四象，四象生八卦，八卦定吉凶，吉凶生大业。"《系辞传》中的这一段话其实说的是用蓍草演卦的过程，后来在《系辞传》中便把这种很具体的演算方法上升到一种哲学意义，使它表达了一种宇宙创生的模式，又有人干脆把它看作是八卦形成的一个过程

▸▸ 太极生两仪图

和来源。从八卦的符号构成看，这种说法很有道理，因为由阴爻和阳爻两种符号构成的八卦符号，如果按照三个位置排列组合而不计重复，只能有八种排列组合。这种由两仪来生成八卦的思路是很符合逻辑的。

以上见解，见仁见智，在没有新的考古材料来证明之前，我们很难说哪一种是正确的说法。

八卦的构成很有规律，可以根据它们的形象符号来记忆，前人归纳为歌诀：

乾三连，坤六断，震仰盂，艮覆碗；

离中虚，坎中满，兑上缺，巽下断。

这首歌诀记载在宋人朱熹的《周易本义》上。意思是说，乾卦的符号就是三个连接的横画，坤卦的符号是六个断开的短横，震卦的符号就像一个仰面放置的盂盆，艮卦的符号就像一个倒扣的碗，离卦的符号中间是空虚的，坎卦的符号中间是充满的，兑卦的符号上面破缺，巽卦的符号下面断开。

3. 六十四卦

《周易》一书主要由六十四卦构成。六十四卦每一卦都由六爻构成，也就是说，可以看作是由两个三爻的八卦两两重叠而成的。前人将三爻的八卦叫作经卦，六爻的六十四卦叫作别卦或重卦，一般认为，先有了八卦，然后是八卦重叠出六十四卦。为什么六十四卦中的每一卦都只能由六爻来构成？这个问题也是研究《周易》的一个基本问题，很多学者从不同的角度来加以解释。如《易传》讲“兼三才而两之”。从逻辑上讲，如果六十四卦不是六爻卦，那么就很难说它是由八卦来生成的。因为八卦的组合成卦，要么是六爻卦，要么是九爻卦，要么是十二爻卦，如果是由八卦来构成六爻卦，就只能有六十四种组合方式，即 8 的 2 次方，这是一个简单的数学问题。所以，六十四卦是在八卦的基础上形成的应该是可信的。古来传说的“伏羲画卦，文王重卦”虽不可信，但在八卦与六十四卦的生成逻辑和先后次序方面却是很有见地的。而且，从六十四卦这样严密的组合与系统化的排列来看，六十四卦也遵循了相同的逻辑，是同时出现形成的。当然，也有一些学者认为是先有六十四卦，然后才有八卦，八卦是从六十四卦中提炼出来的。

六十四卦的卦名次序：

上经（三十卦）：乾、坤、屯、蒙、需、讼、师、比、小畜、履、泰、否、同人、大有、谦、豫、随、蛊、临、观、噬嗑、贲、剥、复、无妄、大畜、颐、大过、坎、离。

下经（三十四卦）：咸、恒、遯、大壮、晋、明夷、家人、睽、蹇、解、损、益、夬、姤、萃、升、困、井、革、鼎、震、艮、渐、归妹、丰、旅、巽、兑、涣、节、中孚、小过、既济、未济。

（1）六十四卦结构。

《周易》以“卦”为单位，共六十四卦，每卦由卦画、标题、卦辞、爻辞四部分组成。

①卦画（卦的符号），即由六个爻象符号组成。如䷍，为大有卦卦画。

②卦名，也就是写在卦画后面的文字。如䷀，乾。乾就是卦名，卦名大多是摘取卦辞中的一个字或词而来的，本无深刻含义，后来学者以为卦名是对卦画的简要说明，是解释这个卦的主题大意的，可备一说。六十四卦每一卦都有标题，也即卦名。《易》的卦名有时可以总括全卦内容，有时选取卦爻辞中的常见词做卦名。总体上看，六十四卦一卦说一类事。

《周易》六十四卦的命名又是根据什么呢？对于这一问题有下列几种说法：一是取象说。这种说法认为八卦来源于对万物的观测，因此，卦名也是从万物之象来的。二是取义说。这种说法认为八卦的卦象各代表一定意义，卦名就是由此卦象所代表的意义所规定的，比如《坤》卦，全部由阴爻构成，意义是柔顺，而卦名坤就是顺的意思。三是占事说。这种说法认为卦名和所占问的事情有关，即和卦爻辞有关。比如据闻一多先生考证，《乾》卦的卦名实际上原来写作“斡”，是北斗七星的别名，爻辞中的龙均指龙星，这一卦是占问节气变化的，因为龙星出没的情况表示节气的不同变化。四是筮辞说。这是高亨先生提出来的，他认为卦名都是从爻辞中选取某一个或两个字来命名的。高先生此说为很多学者所认同。

③卦辞，就是卦名后面的一段文字。卦辞是对一卦当中六爻含义总的说明。如乾卦的卦名后面有“元亨利贞”四个字，这就是乾卦的卦辞。

④爻辞，一卦共有六爻，即由六个爻象符号组成，每一爻都有一个意思，表达这个意思的文辞就叫作爻辞。一卦有六爻，所以共有六条爻辞。在卦辞的下面，六条爻辞以“九”“六”作为爻题，阳爻称九，阴爻称六。这样的一种命名源于演算卦象的过程中要用到四个数字，分别是六、七、八、九，其中，偶数六和八代表阴爻，分别叫作老阴和少阴，奇数七和九代表阳爻，分别叫作少阳和老阳。因为《周易》是讲究变化的，而在以上的四个数字当中，只有代表老阳的九和代表老阴的六才会产生变爻，所以阳爻用九表示，阴爻用六表示。每一卦当中的六爻自下而上来数，分别用初、二、三、四、五和上来命名。

下面以乾卦为例：

䷀（卦画），乾（卦名），元亨利贞（卦辞）。

以下是爻辞：

初九，潜龙勿用。

九二，见龙在田，利见大人。

九三，君子终日乾乾，夕惕若厉，无咎。

九四，或跃在渊，无咎。

九五，飞龙在天，利见大人。

上九，亢龙有悔。

以上这六条文辞即是爻辞，初九、九二、九三、九四、九五、上九分别表示乾卦自下而上的六爻。其他六十三卦的爻位排列均如此。

六十四卦的排列有一定的顺序，但要一下子记住是不容易的，前人依卦序编为歌诀，句子整齐押韵，易于识记。如宋代朱熹《周易本义》所记口诀：

乾坤屯蒙需讼师，比小畜兮履泰否，
同人大有谦豫随，蛊临观兮噬嗑贲，
剥复无妄大畜颐，大过坎离三十备。
咸恒遯兮及大壮，晋与明夷家人睽，
蹇解损益夬姤萃，升困井革鼎震继，
艮渐归妹丰旅巽，兑涣节兮中孚至，
小过既济兼未济，是为下经三十四。

（2）六十四卦卦序。

六十四卦排列有规律可循。孔颖达认为六十四卦的排列规律是“二二相耦，非覆即变”。

所谓“二二相耦”，是指《周易》六十四卦两两为对，共三十二对，如乾坤为一对，屯蒙为一对，按顺序依次为对。

所谓“非覆即变”，即今本六十四卦卦序排列有两种情况：一是相邻两卦卦象互为颠倒。如屯卦（水雷）与蒙卦（山水）、需卦（水天）与讼卦（天水）、师卦（地水）与比卦（水地）等，也就是把前面的一卦倒置来看，就变成了后面的一卦，这是“反对卦”。这种情况唐代孔颖达称之为“覆卦”，后人也叫作“综卦”。六十四卦中有五十六卦（二十八对）是这种关系。二是卦象颠倒而没有变化。如乾、坤、颐、大过、坎、离、中孚、小过等八个卦，但这八个卦可以构成四组，即乾、坤，颐（山雷）、大过（泽风），坎、离，中孚（风泽）、小过（雷山）。两卦的爻象是相反的，乾六爻全为阳爻，坤六爻全为阴爻，即六爻交互变化，这是“正对卦”。这样的两卦，孔颖达叫“变卦”，或叫“错卦”“旁通卦”。因此说六十四卦的排列是非“覆”即“变”。

（3）卦爻的排列、位置与象征寓意。

八卦（《周礼》叫“经卦”）相重，又构成六十四卦（也叫“别卦”），每卦六爻，计三百八十四爻。每卦六爻，从下往上数，第一爻叫“初”爻，第二、三、四、五依次而数，第六爻称“上”爻。初爻若为阳爻，便叫“初九”，若为阴爻，便叫“初六”，最上一爻叫“上九”或“上六”，其余的便是“九二、九三、九四、九五”或“六二、六三、六四、六五”。

《周易》六十四卦的卦爻辞和符号系统本来没有必然的联系，但是后来人们却给它们赋予了非常丰富的意义。八经卦是由三爻组成的，古人认为每一卦的三爻都象征着天地人，所谓“三才”，其中下爻代表地，中爻代表人，上爻代表天。如震卦：

– – 天

– – 人

—— 地

六十四卦是由八卦相互重叠而成，所以六十四卦中也含有三才之道，只不过在六爻卦中，每相邻的两爻为一组，初爻、二爻为地，三爻、四爻为人，五爻、上爻为天。这就是古人所说的《周易》的“三才之道”。除了这样的规定之外，古人还以爻所处位置代表事物的不同发展阶段，所遵守的处事原则是不相同的：

初爻：象征事物的开始、发端；应当谨记：潜藏勿用。

二爻：象征事物的崭露头角；可以适当进取。

三爻：象征功业的小成；当谨慎行事，以防凶险。

四爻：象征进入更高层次；谨慎小心，审时度势。

五爻：象征事物圆满成功；切忌不要得意忘形，满则溢。

上爻：代表事物的发展终极。物极必反。

以乾卦为例：

初九：潜龙（潜藏的龙，以示事物刚开始）勿用。

九二：见龙在田（龙出现在田野，比喻事物崭露头角），利见大人。

九三：君子终日乾乾，夕惕若厉（事物小成，防止骄傲，不断奋斗），无咎。

九四：或跃在渊（进入更高的层次，审时度势，可进则进），无咎。

九五：飞龙在天（龙飞在天空，大有作为，以示事物成功），利见大人。

上九：亢龙（龙飞过高，代表事物终极）有悔。

人们还以不同位置的爻来代表社会上的不同阶层：

初爻在下，代表士民；

二爻居中，代表卿大夫；

三爻在二爻之上，代表诸侯；

四爻邻近五爻，为近臣；

五爻在上居中，为天子；

上爻最上，为宗庙，或指太上皇。

除了以上的象征意义外，人们研究《周易》还把卦爻分为不同的爻位。所谓爻位，也就是爻所居的位置。爻位有一定的规律：初爻为阳位，二爻为阴位，三爻为阳位，四爻为阴位，五爻为阳位，上爻为阴位，也就是奇数位置的为阳位，偶数位置的为阴位，初、三、五爻为阳位，二、四、上爻为阴位。在《周易》中，阴阳位与阴阳爻并非一一对应，即阴爻并非居阴位，阳爻亦并非居阳位。而多为阴阳杂居，也就是阳爻居阴位，阴爻居阳位，所以《周易》中有当位、不当位（或得位、失位）的说法。一般来说，阳爻居阳位，阴爻居阴位为当位。阳爻居阴位，阴爻居阳位为失位，当位为吉，失位为凶。在《周易》六十四卦中，六爻全部当位的卦是既济卦，六爻全部失位的卦是未济卦。此外，古人在解释卦爻辞的时候，还认为爻所处的位置代表不同性质事类。一般说来，二爻和五爻分别居于上卦和下卦的中间一爻，所以把这样的爻称为“得中”，以示行中正之道（即不偏不倚，无不过，无不及），所以《易传》称这两爻多荣誉，多功绩。也就是说，《周易》中第二爻和第五爻的爻辞多是吉利的。三爻居内卦之上，过中，故多凶险；四爻接近五爻，五爻为天子，故近天子之人，多恐惧。初爻代表事物未成的状态，上爻表示事物已经过头了。

卦、爻辞为何人所作？在古代有人认为是周文王所作，也有人认为卦辞是文王所作，爻辞是周公所作。现代学者一般认为卦、爻辞的作者较难确定，文王、周公所作无法得到证明，卦、爻辞当作于西周初年（有人认为作于西周末年），作者是一位筮官。《周易》中的经较为广泛地反映了西周社会生活的各个方面，是我们研究西周社会、历史、经济、军事、思想、文化、风俗、语言等问题的宝贵材料。

（二）《易传》

《易传》产生于春秋战国（秦汉），相传是孔子作的较早的释《易》著作，有七种十篇，称为“十翼”，即为“经”的羽翼（经、传原本别本单行，郑玄合在一起）。《易传·系辞》，司马迁的父亲司马谈称之为《易大传》，故后人称“十翼”为《周易大传》。《易传》作者被后人托为孔子。今人多认为非一人一时所作。《易传》为战国（秦汉）人所作，对《易经》的解释往往脱离了《易经》的环境，而打上了时代的烙印，赋予《易经》以新的思想。因此《易传》是通过《易经》来宣扬儒家思想的一部哲学著作，是研究中国古代思想史的必读书。

1.《彖传》

《彖传》分上下两篇，是解释六十四卦卦名、卦义、卦辞的。彖，是断的意思，也就是判断，就是要判断每一卦的意义。因为《周易》总共六十四卦，所以《彖传》共六十四条，它的内容就是解释每一卦的卦名、卦义和卦辞。以需卦为例，卦辞为：“有孚，光亨贞吉，利涉大川。”《彖传》的解释是：“需，须也（解释卦名），险在前也（解释卦象：上坎）。刚健而不陷，其义不困穷矣（根据卦象下乾上坎解释卦义）。‘需有孚光亨贞吉’，位乎天位，以正中也；‘利涉大川’，往有功也（解释卦辞）。”因为六十四卦分为上、下经，所以《彖传》也就分为上、下两篇，即《彖传上》和《彖传下》。

《彖传》的断定是根据整个卦象来进行的，所以《系辞上》说：“彖者，言乎象者也。”也就是说按照卦象的组合来探讨吉凶问题。这种解释未必是卦辞的本义，在解释过程中，《彖传》往往把占筮性的卦辞加以理性化、条理化，有时还赋予卦辞以新的意义。

2.《象传》

《易传》中的《象传》，随上下经分为两篇，即《象传上》、《象传下》两篇，一共四百五十条。从解释的对象来看，《象传》又可分为两部分：大象和小象。大象是释卦象（主要是卦名和卦义）的，小象是释爻象的。例如蒙卦的《象传》：“山下出泉，蒙；君子以果行育德（以上是大象）。利用刑人，以正法也（释初六爻辞）。子克家，刚柔接也（释九二爻辞）。勿用取女，行不顺也（释六三爻辞）。困蒙之吝，独远实也（释六四爻辞）。童蒙之吉，顺以巽也（释六五爻辞）。利用御寇，上下顺也（释上九爻辞。以上是小象）。”

大象有以下特点，就是将六十四卦中的每一卦看作由两个三爻卦（即经卦）构成，用经卦所象征的事物来解释卦象；然后又用“以天道来示人事”的方法用自然现象比附人类社会上的事情。比如说上面的例子，“山下出泉”是说蒙卦䷃的上卦是艮，为山，下卦是坎，为水，这是解释它的卦象；“君子以果行育德”则是从这个自然的卦象中得到启示来比附人事，是说君子应该像山下的泉水流行一样来做事为人、培养德行。小象解释爻辞的方法也很特别，主要是以各爻所处的不同位置来解释，《易传》把不同的爻的位置作了很多规定，各赋予不同的含义，用这些含义结合爻辞来比拟人事。比如蒙卦的“子克家、刚柔接也”是说此九二爻为阳爻，代表刚，而紧接着它的是阴爻，代表柔，用阴阳和刚柔比喻男人和女人，所以这一爻暗示着男女结合，因此儿子能成家并支撑家业。

3.《文言》

《文言》是解释乾、坤二卦的卦辞和爻辞（“文饰乾、坤两卦之言”）的。《文言》文字不多。它里面出现了六次“子曰”的字样，所以有人认为是孔子的弟子所作。它的主要内容是讲解乾、坤两卦卦爻辞所蕴含的关于天地之德以及天地阴阳变化之理、君臣之义、为人处世、安邦治国、修身养性等道理，这些内容，深化了乾、坤两卦卦爻辞所表现的思想，也对理解整个《周易》卦爻辞有所帮助。

> 《文言》曰：元者善之长也，亨者嘉之会也，利者义之和也，贞者事之干也。君子体仁足以长人，嘉会足以合礼，利物足以和义，贞固足以干事。君子行此四德者，故曰：“乾，元、亨、利、贞。”
>
> 初九曰“潜龙勿用”，何谓也？子曰：“龙德而隐者也。不易乎世，不为世俗所移易也。不成乎名，遁世无闷，不见是而无闷，乐则行之，忧则违之，确乎其不可拔，‘潜龙’也。”九二曰：“见龙在田，利见大人”，何谓也？子曰：“龙德而正中者也。庸言之信，庸行之谨，闲邪存其诚，善世而不伐，德博而化。《易》曰：‘见龙在田，利见大人。’君德也。”九三曰“君子终日乾乾，夕惕若厉，无咎”，何谓也？子曰：“君子进德修业。忠信所以进德也。

修辞立其诚，所以居业也。知至至之，可与言几也；知终终之，可与存义也。”是故居上位而不骄，在下位而不忧。故乾乾因其时而惕，虽危无咎矣。九四曰“或跃在渊，无咎”，何谓也？子曰：“上下无常，非为邪也；进退无恒，非离群也。君子进德修业，欲及时也，故‘无咎’。”九五曰“飞龙在天，利见大人”，何谓也？子曰：“同声相应，同气相求。水流湿，火就燥，云从龙，风从虎，圣人作而万物睹，本乎天者亲上，本乎地者亲下，则各从其类也。”

4.《系辞》

《系辞》分上下两篇，相传为文王、周公所作，系于卦爻之下者，是《易经》的通论。关于《系辞》的分章，历来意见不一，一般说来，通行的有两种分法：一是分上篇为十三章，下篇为十一章；二是分上篇为十二章，下篇为十二章。在《易传》中它是最重要的一篇，相当于《周易》全书的通论。《系辞》是对《周易》总的说明，内容博大精深，是学习《周易》的必读之篇。《系辞》的主要内容是：阐述了乾、坤两卦在《周易》中的地位以及内在的根据，探讨了《周易》起源、形成、作者、成书年代等问题，揭示了《周易》在认识事物规律、预知未来、道德修养、安邦治国、观象制器等方面的作用；另外它还保留了古代原始的占筮方法——大衍筮法，并对其哲学意义做了说明。此外，它还解说了某些卦爻的品格，提出了一套哲学思想及观点，诸如“一阴一阳之谓道”“易有太极，是生两仪……”“天尊地卑”“易穷则变，变则通，通则久”“生生之谓易”“刚柔相推而生变化”，等等。这些思想观念及术语，成为中国哲学文化的重要资源。如：

方以类聚，物以群分，吉凶生矣。在天成象，在地成形，变化见矣。是故刚柔相摩，八卦相荡。鼓之以雷霆，润之以风雨。日月运行，一寒一暑。乾道成男，坤道成女。

“鸣鹤在阴，其子和之；我有好爵，吾与尔靡之”。子曰：“君子居其室，出其言善，则千里之外应之，况其迩者乎；居其室，出其言不善，则千里之外违之，况其迩者乎。言出乎身，加乎民；行发乎迩，见乎远。言行，君子之枢机。枢机之发，荣辱之主也。言行，君子之所以动天地也，可不慎乎？”“同人先号咷而后笑”。子曰：“君子之道，或出或处，或默或语，二人同心，其利断金。同心之言，其臭如兰。”

5.《说卦》

“说”有解说的意思，《说卦》就是系统地解说八经卦所象征的事物。《说卦》一般被分为十一章，它主要说明八卦产生过程以及八卦的性质、功用和方位，另外还有八卦所代表的事物。其中八卦的性质以及八卦所代表的基本事物是分析《周易》卦象与筮占应用的基础。孔颖达说：“说卦者，陈说八卦之德业变化及法象所为也。”这是古人对这一篇的主要概括。另外，这一篇还提出了“观变于阴阳而立卦”“天地定位，山泽通气，雷风相薄，水火不相射”“立天之道曰阴与阳，立地之道曰柔与刚，立人之道曰仁与义”“穷理尽性以至于命”等重要思想。对于八卦象征事物的阐述，其主要的原则和方法是类比，取象大都精当，但也有相互矛盾和过于琐碎的地方。

乾，健也。坤，顺也。震，动也。巽，入也。坎，陷也。离，丽也。艮，止也。兑，说也。

乾为马，坤为牛，震为龙，巽为鸡，坎为豕，离为雉，艮为狗，兑为羊。

乾，天也，故称乎父。坤，地也，故称乎母。震一索而得男，故谓之长男。巽一索而得女，故谓之长女。坎再索而得男，故谓之中男。离再索而得女，故谓之中女。艮三索而得男，故谓之少男。兑三索而得女，故谓之少女。

乾为天，为圜，为君，为父，为玉，为金，为寒，为冰，为大赤，为良马，为老马，为瘠马，为驳马，为木果。

坤为地，为母，为布，为釜，为吝啬，为均，为子母牛，为大舆，为文，为众，为柄。其于地也为黑。

6.《序卦》

《易经》六十四卦先后排列，有一定的顺序，《序卦》专门解释其中所蕴含的道理，即事物向正面或向反面转化的朴素辩证法。这一篇专门解释《周易》六十四卦的排列秩序、客观根据，以及所蕴含的道理。它以“有天地然后有万物”来说明乾、坤两卦居于《周易》之首的原因，然后又以因果联系、物极必反、相生相成等观点来解释卦与卦之间的关系，处处以社会人事来比附，最后以“物不可以终穷”来解释未济为《周易》最后一卦的原因。这一篇解释六十四卦的顺序时体现了《周易》哲学的宇宙论、存在论、方法论、辩证法等思想。当然，《序卦》在解释这种顺序时也有牵强附会之处，这是应该清楚的。

7.《杂卦》

这是《易传》的最后一篇，之所以叫《杂卦》，有人认为和它所处的位置有关。古时候的音乐最后一章叫作“乱”，这在屈原的作品当中还有保留，而“乱”和“杂”的意思是一样的，所以《易传》的最后一篇就叫作《杂卦》。但更为通行的说法是，这一篇之所以称“杂”，是因为它打乱了六十四卦的顺序，错综杂糅六十四卦，把它们分为三十二对，两两相对，简要地说明卦义。它对六十四卦的排列也是井然有序的，因此，这里的“杂”并不是杂乱无章，而是一种“错综复杂”的关系。例如：“乾刚坤柔，比乐师忧。临观之义，或与或求。”从形式上看，它还是一篇形式整饬的韵文。

《易传》作为现存最早、最系统的注释《周易》的著作，它是我们学习、研究《周易》的必读篇目。它从抽象意义上对《周易》作了注释，将作为卜筮用的《周易》六十四卦三百八十六（含“用九”“用六”）爻这种宗教巫术性文辞上升到一种哲理化的高度，从而淡化了《周易》的神秘性色彩，赋予它一种理性的智慧，因此它的影响和意义都是深远的。

四、《周易》的占筮

在《易传》中有部分内容是论述占筮的，另外从《左传》和《国语》所记载的春秋时人运用《周易》古经占筮论事的实例也可以看出，在很早的时候人们就用《周易》来推断事情。文献事实证明，《周易》本来就是一部占筮算卦的书。但占筮算卦只不过是《周易》的一个层面而已，不是《周易》的全部，《周易》实际上是一部利用占卜的独特体系来阐发思想的特殊的哲学著作。因此，为了理解《周易》的深刻思想，我们必须了解《周易》的占卜方法与体系。

卜筮体现了人类希求预知未来以有效地趋吉避凶的美好愿望。卜筮其实是两种不同的预知未来的方法。卜用龟甲，通过用火来烧灼龟甲查看它的裂纹来判断吉凶，因此，这是一种非人力所能控制的纯自然的方法。而筮则是用蓍草，它通过一定的法则来演算蓍草，最后把得出的数字转换成卦象，然后再结合卦爻辞来判断吉凶。因此，筮占加入了人的主观能动性和理性的因素，所以比龟卜要进步得多，在自然面前，它看重了人自身的力量。

《周易》中的占筮方法，也就是大衍筮法，在《系辞上》中有所记载：

> 大衍之数五十[有五]，其用四十有九。分而为二以象两，挂一以象三，揲之以四以象四时，归奇于扐以象闰，五岁再闰，故再扐而后挂。天一，地二；天三，地四；天五，地六；天七，

地八；天九，地十。天数五，地数五，五位相得而各有合。天数二十有五，地数三十，凡天地之数五十有五。此所以成变化而行鬼神也。乾之策二百一十有六，坤之策百四十有四，凡三百有六十，当期之日。二篇之策，万有一千五百二十，当万物之数也。是故四营而成易，十有八变而成卦。八卦而小成，引而伸之，触类而长之，天下之能事毕矣。

天数五位，地数五位，天地之数五位各自相加而有和。天数和为二十五，地数和为三十。天地之数总和为五十有五[①]。用以演算的蓍草是五十，即所谓大衍之数，实际用四十九根（不用的那一根象征太极），将这四十九根蓍草一分为二，以象两仪。从右手蓍策中任取一根置于左手小指间，以象天地人三才。左右手之策以四为一组数之象征四时。归置左右手所余之数于手指之间以象余日而成闰月。五年中有两次闰月，所以再一次归馀策于手指间，而后经三变而成卦一爻。乾卦策数为二百一十六，坤的策数为一百四十四，乾、坤策数共为三百六十，正好与一年三百六十天数相当。《周易》上下两篇策数为一万一千五百二十，正好与万物之数相当。所以经过四道程序的经营而成易卦一爻，十八次变化而成一卦，九次变化出八经卦为小成，再引申其义，触类增长，天下万事无所不包。

不管是哪种方法，用蓍草是很不方便的，一是这种植物不是每个人都找得到，即使找到也不方便携带，而且变化了十八次才得到一卦，很是费时。所以，到了汉代，就有人对筮法进行了改造。就是用三个铜钱卜卦的方法，具体的方法历代都有不同。这种占卜的方法，是用三枚外圆内方的铜钱，将没有文字的一面作为阳面，另一面作为阴面，将三个钱乱摇一阵后丢下来，如果说其中两个钱是阴面，一个钱是阳面，

---

① 金景芳先生综合前人观点以为，“五十”后脱“有五”二字，大衍之数即天地之数。用四十九所余“六”正象六画之数。参见《易通》，商务印书馆，1945年。

便以阳面为主，记录一个“—”的记号，代表这是阳爻，如果卜出的钱是两个阳面一面阴面，就是阴爻，记录一个“--”的记号。如果三个钱全是阳面，做的记号是一个圈“○”，这就叫作动爻，就是老阳，要变阴的，阳极则阴生。如果三个钱全是阴面，作的记号是“×”，这是要由阴变阳的动爻，也就是老阴。这样连续摇六次，得出六爻。装卦的顺序是由下向上依次排列，第一次所摇得的为初爻，第二次为第二爻，依次上去最后到上爻，这是目前社会上那些算命先生所用的卜卦的方法。

和《周易》有关的占筮方法还有很多，它们的目的都是一样的，那就是预知未来的吉凶祸福。那么，这种方法到底该如何评价呢？对待这样一个问题我们要非常小心，因为《周易》占筮作为一种文化流传下来，到现在已经有两千多年的历史了，这其中一定有很多值得我们认真思考和对待的东西。我们至少应该有的一个基本观点是:《周易》是利用占筮术来证明义理,《周易》占筮的原意是要以术证道，以道导术，《周易》所蕴含的哲理是中国思想文化的精华，这是我们必须深入研究并继承发扬光大的。

五、《周易》与后世易图

《周易》原书并没有什么图，如果有图的话，也就是六十四卦的卦象图。后世的很多易图，都是根据《易传》的有关论述来绘制的。在《易传》中有“河出图，洛出书，圣人则之”的话，后人根据这句话就说有什么河图、洛书，并且说这两个图是《周易》的源头，隐含有很大的奥秘，这种说法并不一定可靠。除了这两个图之外，还有太极图、先天八卦图以及后天八卦图、六十四卦方圆图等等，这里简要介绍几个影响较大的图。

1. 河图

河图的出现有一个美丽的传说。据说远古的时候，华夏族的人文始祖伏羲对日月星辰、季节气候、草木兴衰等有一番深入的观察和体悟，但是，这些天地之间的现象他始终没有理出所以然来。有一天，黄河中忽然跃出了一匹“龙马”，他发现龙马身上的图案，与自己一直观察到的万物自然的“意象”奥妙是暗合的，就这样，伏羲通过龙马身上的图案与自己的观察，画出了八卦，这就是河图。在《山海经》中还有这样的记载：“伏羲得河图，夏人因之，曰《连山》。”神马负图是远古时代的传说。但是河图、洛书真正展现在世人面前是在宋代。这些图都和宋代的华山道士陈抟有关，他把河图、洛书和先天八卦图等拿出来传给种放，种放又传给了李溉，李溉又传给了许坚，许坚传给了范谔昌，范谔昌最后传给了刘牧，刘牧著有《易数钩隐图》，把这些图收在书中，河图、洛书才为读书人所知。但陈抟到底承继于何人至今仍是一个谜。

河图由一些黑白点组成，其中白色的点的个数都是奇数，代表阳，黑色的点的个数都是偶数，代表阴。它的排列规律是：天一生水，在北方属阳；地二生火，在南方为阴；天三生木，在东方为阳；地四生金，在西方属阴；天五生土，在中央属阳。这五个数字叫作生数。除了生数之外，还有五个成数。天一配合中央的数字五，生成数字六，仍然属于水居北方属阴；地二配合中央的数字五，生成数字七，仍然属于火居南方属阳；天三配合中央的数字五，生成数字八，仍然属于木，居东方属阴；地四配合中央的数字五，生成数字九，仍然属于金，居西方属阳；中五相交，变生十土居

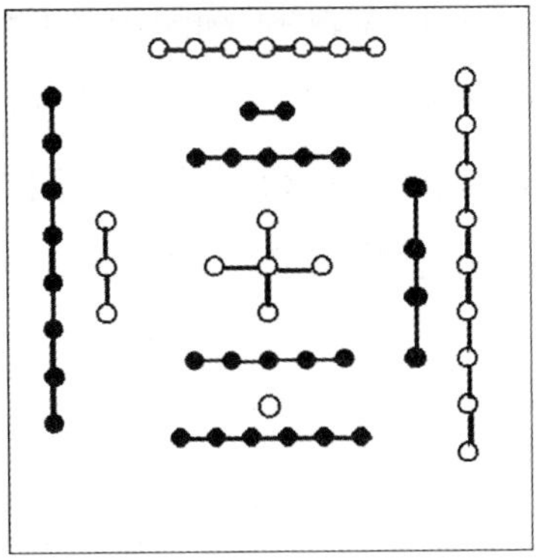

▸▸ 河图

中央属阴，五配合中央的数字五，生成数字十，仍然属于土，位居中央。

因此，在河图的十个数字中，从一到五是生数，从六到十是成数。这十个数字就是天地生成之数，其规律是一个生数配一个成数，而且这两个相互配合的数字的阴阳属性是相反的。河图的数字可以这样记：下北为一六，叫一六共宗；上南为二七，称二七同道；右西为四九，叫四九为朋；左东为三八，叫三八为友。这于汉代就是“五行生成数”图，是根据《易传·系辞》中的一段话来的：“天一地二，天三地四，天五地六，天七地八，天九地十。天数五，地数五，五位相得而各有合。天数二十有五，地数三十，凡天地之数五十有五。”

很多人对河图的含义做出了多种不同的解释。这一问题还有待进一步研究。

2. 洛书

洛书的出现也有一个传说。据说自伏羲发现河图以后又过了差不多八百年，中国发生了洪水灾害，大禹治水，三过家门而不入。一天，大禹在治水时，发现一只五彩神龟出现在洛水之中，龟背上的纹理形态就像文字一样，上面数字的排列是这样的：载九履一，左三右七，二四为肩，六八为足，以五居中，五方白圈皆阳数，四隅黑点为阴数。大禹受到这种启示就作了洛书，并且运用洛书的原理治理好了泛滥的洪水。这毕竟是传说而已，洛书的起源与深刻含义还需要深入研究。

研究发现，河图和洛书都是由数字组成的，因此，有的学者认为它们都和中国古代的数学有关。据说，汉代的“九宫算”图就是现在的洛书。汉代徐岳《数术记遗》中记载了这种算法图式，根据前人的研究，“九宫算”图为（见下图）：

4	9	2
3	5	7
8	1	6

我们如果把这些数字变成黑白点，就是洛书了。从数学的角度来看“九宫算”图，那只不过是一个最为简单的“数阵”，它是幻方当中最为简单的一个，也就是三阶幻方。因“九宫算”图纵、横、对角线三数之和皆为十五，这就与《周易》之中阳爻的代表数字九与阴爻的代表数字六、少阴八与少阳七之和为十五相一致，所以这个图就与《周易》有了关系。

洛书一共是九个数字，每个数字占据一个宫位，其中，把中央五的这个宫位除外，把其他各数字的宫位分别配上八卦，这种八卦的方位就是后天八卦方位，在后面还要介绍。我们把这种与八卦结合的洛书叫作九宫八卦图。古人还把一至九这九个数字赋予五行和方位的属性，其中，一、六为水，七、二为火，九、四为金，三、八为木，五为土，这其实是河图的数字五行。“九宫”之法在中国文化中的应用是很常见的，尤其是神秘文化方面，可以说它和河图构成了中国神秘文化的渊薮。汉代的“九宫占”“九宫术”“九宫算”“九宫八风”都是对它的运用。在建筑风水和中医的诊脉、针灸中，洛书也被广泛应用。

在洛书的图中，白点表示奇数，为阳，即天数；黑点表示偶数，为阴，为地数。洛书分九宫，配成八卦。洛书表面看是方形的，但其所描述的本质之象却是球体之象。《周髀经解》说：“洛书者，圆之象也。”说的就是这个意思。与河图联系起来看，河图所描述的是整个宇宙的开放式的相对运动和发展规律，而洛书所描述的则是封闭的整体内部的平衡与不平衡的对立统一关系。洛书将天和地、时间和空间、五行的生与克、阴阳的消与长作为一个有机的整体来看。

《易传·系辞》有“河出图，洛出书，圣人则之”的话，宋人在解释这一句话时，就以具体的河图、洛书去解说“圣人”（指伏羲）画卦的过程。北宋的刘牧把“九宫算”图中的数字换成了黑白圆点，做出了河图，说这就是上古伏羲看到的龙马从黄河中负出的河图，伏羲根据这样的图画出了八卦；又把“五行生数图”和“五行成数图”中的数字换成了黑白点，做出了洛书。南宋的朱熹在作《易学启蒙》的时候，又说刘牧所谓的河图应该称之为洛书，刘牧所谓的洛书应该称之为河图。到底谁是谁非至今还是一个谜。因此，宋末元初的道士雷思齐在他的《易图通变》中就不无讽刺地说：刘牧是“妄人”，而朱熹则是“妄人中之妄人”。不过，我们现在所说的河图、洛书，一般是以朱熹的说法为准。

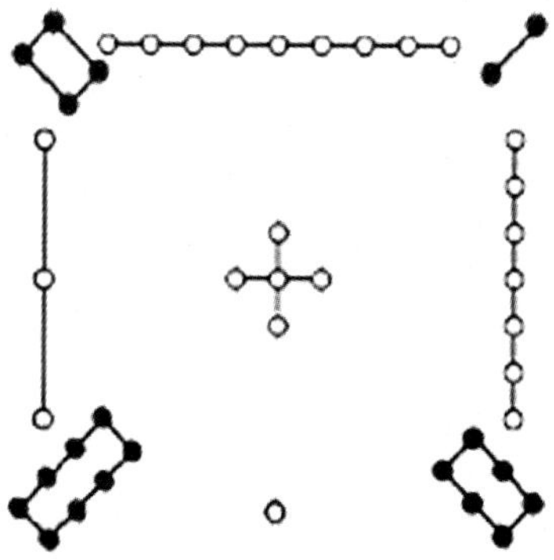

▸▸ 洛书

关于河图、洛书的研究还在进行，以后还会出现很多新的说法。河图和洛书构造简明清晰，寓意深刻，在中国文化史上影响很大，是值得深入研究的。

3. 太极图

有人将太极图称为“中华第一图”，这是因为这种图形随处可见，从孔庙大成殿梁柱，到白云观、楼观台和三茅宫的标记物；从道士的道袍，到算命先生的卦摊；从中医、气功、武术中的一些标志，到韩国国旗图案、新加坡空军机徽、玻尔勋章族徽等等，无不见到太极图的影子。这种广为人知的太极图，其形状如阴阳两鱼互纠在一起，因而被习惯上称为“阴阳鱼太极图”。太极图就是以黑白两个鱼形图纹组成的圆形图案，俗称阴阳鱼。太极是中国古代的哲学术语，它的含义就是创始万物的本源，这个词出自《易传》，“《易》有太极，是生两仪”。太极图形象地表达了阴阳消长、相反相成的哲理。

太极图是研究《周易》原理的一张很重要的图。太就是初始、无上的意思，极有极限、标准之义。太极图描述的是事物存在与运动的机理，它以旋机作为事物运动的形式，以圆融作为事物运动的品质。太极图，阐释了宇宙的至极之理。太极图中的黑白二色，代表世界是由阴阳两方面构成的，也可以指代天和地；黑白两方的界限，也就是中间的S形曲线，是划分、联系天地阴阳界的中介，可以指代人；白的一半中的黑点，表示阳中有阴，黑的一半中的白点，表示阴中有阳。因此，太极图其实包含了三个层面，即阴、阳和阴阳的中介，这也就是所谓的太极图“涵三为一”，按照《周易》的表述，就是无极生太极，太极生两仪，阴阳化合而生万物。按照中国哲学的观点，宇宙有无限大，所以称为太极。太极作为一个宇宙创生的实体，它是运动不息的。按照宋朝人周敦颐在《太极图说》中的观点，宇宙是在不停地运动的，运动就产生了阳气，当动到一定的程度，就会出现相对的静止，静就产生阴气，如此一动一静，阴阳之气互为其根，天地宇宙才会运转无穷。

▸▸ 太极图

这样的一个简单而深邃的太极图，到底起源于何时何地呢？向来众说纷纭。这一问题是值得深入探讨的。太极图是与《周易》相关的图形中最简单、内涵最丰富、造型最完美的图形，揭示了宇宙、生命、物质的起源。它展现了一种对立的双方互相转化、相对统一的形式美。

在中国文化当中，它的影响也是深远的，它发展成中国民族图案所特有的“美”的结构，像“喜相逢”“鸾凤和鸣”“龙凤呈祥”等吉祥图案，它们以一上一下、一正一反的形式形成一种生动优美的组合，这些都受到了太极图的影响。

4. 先天八卦图

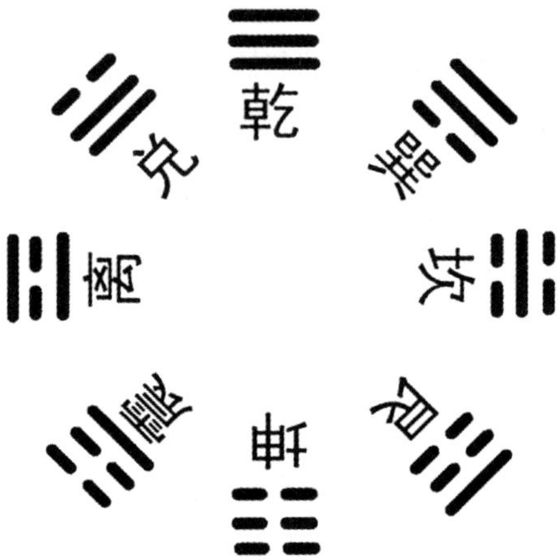

▸▸ 先天八卦图

天地定位，山泽通气，雷风相薄，水火不相射，八卦相错，数往者顺，知来者逆，易八卦相错变化，理备于往则顺而知之，于来则逆而数之。是故易逆数也。作《易》以逆睹来事，以前民用。

［疏］“天地定位”至“数也”。正义曰：此一节就卦象明重卦之意，易以乾、坤象天地，艮、兑象山泽，震、巽象雷风，坎、离象水火。若使天地不交，水火异处，则庶类无生成之用，品物无变化之理，所以因而重之，令八卦相错，则天地人事莫不备矣。故云天地定位而合德，山泽异体而通气，雷风各动而相薄，水火不相入而相资。既八卦之用变化如此，故圣人重卦，令八卦相错，乾、坤、震、巽、坎、离、艮、兑，莫不交互而相重，以象天地、雷风、水火、山泽莫不交错，则易之爻卦，与天地等，成性命之理、吉凶之数，既往之事，将来之几，

备在爻卦之中矣。故易之为用，人欲数知既往之事者，易则顺后而知之；人欲数知将来之事者，易则逆前而数之，是故圣人用此易道，以逆数知来事也。注“作《易》”至“民用”。正义曰：易虽备知来往之事，莫不假象知之，故圣人作《易》以逆睹来事也。“以前民用”者，易占事在其民用之前，此《系辞》文，引之以证逆数来事也。

先天八卦讲对待的道理，也就是说，先天八卦图中每一对相对两卦的卦象都是互为错卦的，即相对应的爻的属性是相反的，如位于南方的乾卦与位于北方的坤卦，一卦全是阳爻，一卦全是阴爻，其他六卦也是这样。先天八卦把代表的天地、风雷、山泽、水火八类物象分为四组，以说明它的阴阳对待关系。这一点来自《易传》中的《说卦传》，作者将乾坤两卦对待，称为天地定位；震巽两卦对待，称为雷风相薄；艮兑两卦相对，称为山泽通气；坎离两卦相对，称为水火不相射。

先天八卦图据说出自北宋的大理学家邵雍之手，因此有人把他的易学称之为先天之学。

5. 后天八卦图

后天八卦图显示四季变化、阴阳流行的情况。这样的八卦排列出自《易传》中的《说卦传》：

> 帝出乎震，齐乎巽，相见乎离，致役乎坤，说言乎兑，战乎乾，劳乎坎，成言乎艮。万物出乎震。震，东方也。齐乎巽。巽，东南也。齐也者，言万物之絜齐也。离也者，明也。万物皆相见，南方之卦也。圣人南面而听天下，向明而治，盖取诸此也。坤也者，地也，万物皆致养焉，故曰致役乎坤。兑，正秋也，万物之所说也，故曰说言乎兑。战乎乾。乾，西北之卦也，言阴阳相薄也。坎者，水也。正北方之卦也，劳卦也，万物之所归也，故曰劳乎坎。艮，东北之卦也，万物之所成终而所成始也，故曰成言乎艮。

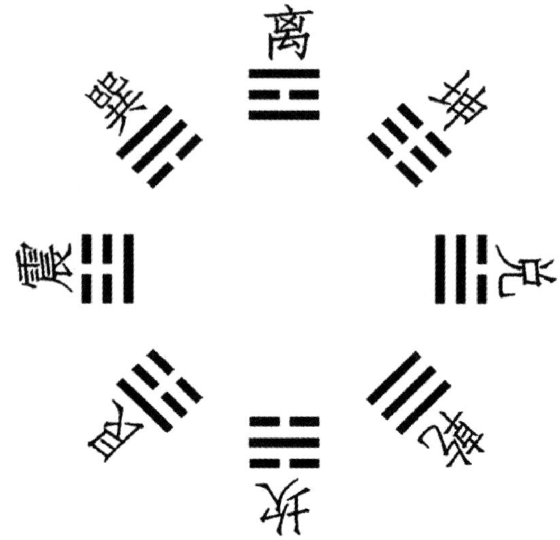

▸▸ *后天八卦图*

后天八卦图说的就是阳气从东方运行的一种情况。它展示了万物从生到死的一种规律，也就是从四时的推移和万物的生长收藏得出的规律。从《说卦传》可以看出，万物的春生、夏长、秋收、冬藏，每个周期 360 天多一点，八卦各管 45 天，共 360 天，其运转方向是按顺时针方向运转的。八卦每卦有三爻，共二十四爻，相当于一年二十四个节气。

据有些学者的研究，后天八卦图明显受到五行思想的影响。在介绍洛书时我们已经介绍了后天八卦配洛书的情况，并且介绍了八卦的五行属性。从后天八卦图的排列可以看出，从震卦开始顺时针旋转，分别是木生火、火生土、土生金、金生水、水生木的相生关系。其中艮卦很特殊，我们把它并入中央。一般认为，先天八卦为体，后天八卦为用。据说先天八卦图是伏羲创造的，后天八卦图是周文王创造的，后天和先天只是时间的先后而已，并不代表哪一个更为高深。事实上，在后世的术数运用中，后天八卦图的运用要远远比先天八卦图广泛得多。后人还把先天八卦图和后天八卦图结合起来运用，创造了实用八卦图，也就是采用先天八卦的数字，结合后天八卦的方位，并且配上五行、天干地支、方位与月份。

六、《周易》哲学与中国文化

《周易》在中国文化中的地位是非常特殊的，在性质上，它本来是一部占卜的书籍，由于《易传》的出现，使它上升为一部特殊的哲学著作，后来又成为儒家的五经之首。所以，孔子之后，更看重的是易理，如《荀子》说："善为《易》者不占。"

再如马王堆帛书《要》：

> 子曰：易，我后其祝卜矣，我观其德义耳也。……吾求其德而已，吾与史巫同涂而殊归者也。君子德行焉求福，故祭祀而寡也；仁义焉求吉，故卜筮而希也。祝巫卜筮其后乎！

《周易·系辞传上》：

> 圣人设卦观象，系辞焉而明吉凶，刚柔相推而生变化。是故吉凶者，失得之象也。悔吝者，忧虞之象也。变化者，进退之象也。刚柔者，昼夜之象也。六爻之动，三极之道也。是故君子所居而安者，《易》之序也。所乐而玩者，爻之辞也。是故君子居则观其象而玩其辞，动则观其变而玩其占。是以"自天佑之，吉无不利"。

在道教的《道藏》中，也收有大量的《周易》类著作，所以在中国土生土长的儒道文化中，《周易》都被尊奉为经典。

佛教传入中国之后，一些高僧也开始研究《周易》，他们用佛教的道理来注解发挥《周易》的义理和象数，丰富了原有的易学文化。

《周易》之所以被如此重视，是因为它深邃的哲学思想和特殊的符号体系。

首先，《易经》标志着中国哲学的产生。《易经》乃卜筮之书，是古代宗教巫术的产物；而哲学又是在漫长的宗教桎梏中不断冲破宗教巫术的牢笼而得以孕育成长的。《易经》尽管是服务于周王朝天命神学宗教世界观的筮书，但从其吉凶休咎的占问中，也曲折地反映出先民观察自然与社会矛盾运动的某些理性认识，其中透显着朴素的辩证法因素：

强调矛盾对立的思想，如《易经》概括出的一系列对立抽象的哲学概念和范畴：乾坤、泰否、损益、剥复等等。

强调事物运动变化的思想，如乾卦龙的“潜”“见”“跃”“飞”“亢”，体现了先民对自然与社会事物运动变化规律的认识与总结。“日新之谓盛德”，谓事物的变易总是生生相续，新新不停，永无止境。每日更新才是天地最大的德行，生而又生，不断有所创造，才称得上变易。强调要不断变革和创新，变革才有出路，创新才能发展。“阴阳不测之谓神”。事物的变化一方面有规律可循，有规则就有确定性，这叫作“常”，即上文所说的“道”；另一方面，又存在着变数，具有偶然性和不确定性，这叫作“神”。这神即神妙不测之意，是说阴阳变易没有固定的模式和方向，事先难以预料。俗话说“天有不测风云，人有旦夕祸福”，就是这个意思。因此，我们考察事物的变化，不能抱有成见，不能用一成不变的模式进行观察。

强调人的主观能动性，如乾卦九三“君子终日乾乾，夕惕若厉，无咎”、谦卦九三“劳谦，君子有终吉”、既济卦六五“东邻杀牛，不如西邻之薄祭”等，均是说明人的主观奋斗、谦虚、诚心，不仅决定着事情成败，甚至能改变天意。因此，《易经》尽管在本质上是一部筮书，受到当时人们思维水平的限制，尚未完全运用抽象概念范畴的体系去认识自然与社会，但其中闪烁的朴素辩证法思想，却表明人们的理性思维活动已经从早期宗教巫术的桎梏中解脱与彰显。

在某种意义上说，《周易》的六十四卦经文谈不上有什么高深的思想，虽然它包含当时许多重要的文化观念，而且这些观念影响了以后的中国文化思想，但也只不过是吉光片羽，并没有完整的体系性。我们所说的《周易》哲学思想，主要是包含在《易传》中。《易传》确立了《周易》在中国哲学与文化史上的理论价值。孔子及后学对《易经》的解读与诠释颇具创造性，《易传》在形式上继承了《易经》卜筮结构框架，但在内容上则完全摒弃了宗教巫术，从而使《周易》成为一部内容丰富、思想深刻、结构严密、体系完整的哲学论著。其思想内容大致有：

一是吸收了《易经》中所蕴含的阴阳观念以及道家、阴阳家的阴阳学说，确立了“阴”“阳”为《周易》最高哲学范畴，“一阴一阳之谓道”为《周易》最高哲学命题。《周易》哲学的核心是“阴阳”问题，《庄子》早就说过：“《易》以道阴阳。”《易传》对于阴阳的表述很是深邃：“一阴一阳之谓道。”一阴一阳，就是又阴又阳，即有阳就有阴，有阴就有阳，阳可变为阴，阴可变为阳。阴阳两个方面相互联结，相互作用，相互转化，就是一切事物发展变化的规律，所以称为“道”。因此，要从两个方面观察事物的性质，既要看到阳的一面，又要看到阴的一面，不能有所偏废，见仁而不见智。阴阳两个方面的相反相成，互济互补，和谐统一，是天地万物存在和发展的必要条件和内在动力。从中国哲学的发展演变来看，阴阳思想确实是中国思维的最高范式。中国哲学中的自然（天）与人类、社会与个体、生理与心理之间的关系问题构成了中国哲学的三大问题，而这三大问题无一不是阴阳关系的问题。《易传》中反复强调的阴阳范畴、阴阳模式从此成为中国哲学的基本思维模式，阴阳也成为中国哲学思想概念中的基石。

二是关注春秋以来争辩激烈的“天人关系”，提出了一套关于自然与社会普遍规律的天地人三才之道的完整哲学思想体系，从而使《周易》成为“天人之学”。

三是继承光大了《易经》中的辩证思想，扬弃了老子辩证法学说，建构了一个颇为完整的辩证法体系。

四是忧患意识。在《周易》看来，事物的变化过程，总是因为发展到极点，而向其自身相反的方面转化。这个道理叫作“物极则反”。因此，要随时保持忧患意识，“安而不忘危，存而不忘亡”，防患于未然，才能避免走向反面。即使处于逆境，也不要动摇自己的信念，而应采取“屈以求伸”的策略，努力改变现状，迎接光明的到来。

五是趋时尚中。为了避免倾危，保持安定，将事业引向前进，《周易》提出了一套安身立命之道，首要的就是趋时尚中说。所谓中，就是不偏不倚，是将事物的各种矛盾处理得恰到好处，既不过分，又无不及，从而使事物处于最佳状态。所谓时，即时机、时运、时势；趋时，就是主动地适应时势，及时抓住机遇，对原有的东西随时加以变通。适时则吉，失时则凶。要求得生存和发展，必须“与时偕行”“变通趋时”，因时而行中道。

应当说，《易传》所确立的全新的阴阳学说、天人之学及变易理论，一直成为其后两千多年中国哲学和文化史上永久的话题及核心思想。《易传》不仅使《周易》在当时就作为儒家典籍而号为显学，更为重要的是，它使《周易》在中国哲学和文化上的理论价值具有源远流长、博大精深的源头活水之巨大意义。

易学对中国哲学和文化的发展影响至深。自周初至春秋战国，《周易》即被视为重要典籍。在汉武帝“独尊儒术”之后两千多年的封建社会，《周易》始终作为“众经之首”而受到尊崇。人们对《周易》的研究蔚然成风，千百年来，易家辈出，学派林立，著述浩瀚，学说繁多，形成了一种专门的学问——易学。自先秦开始，无论是儒、道、释抑或其他学派，无论是两汉经学、魏晋玄学、隋唐佛学还是宋明理学等，历代哲学家、经学家及思想家大多精通易学，都不同程度地受到易学的滋养。尤其是具有划时代意义的哲学家，更是直接通过对《周易》的创造性诠释，来阐发其哲学观、人生观、政治观及伦理观等。如魏晋玄学鼻祖王弼以《老》释《易》，令玄学之风盛炽数百年；唐初儒学领袖孔颖达首次折中汉易与玄易，构筑了汉学玄学走向宋明理学之桥梁；道学“北宋五子”周敦颐、邵雍、二程及张载同开以易言理之先河；南宋理学集大成者朱熹重象数倡义理，使以易言理之学风盛行至清初；明末清初杰出的唯物主义哲学家王夫之立足于易学的哲学创新，标志着宋明道学的终结。总之，易学对中国文化的核心——中国哲学的发展，起到了举足轻重的作用。

在《四库全书》经部《易》类的总序言中，有这么一段话：“易道广大，无所不包，旁及天文、地理、乐律、兵法、韵学、算术，以逮方外之炉火，皆可援易以为说，而好异者又援以入易，故易说愈繁。”它说的是《周易》哲学思想无所不包，像天文地理、音乐律吕、军事兵法、数学算术、占卜数术、语言方面的音韵学，甚至于道教的炼丹养生术，都可以从《周易》中汲取营养。由此可见《周易》在中国文化中的地位与影响。以《周易》六十四卦经文、《易传》和后世的“易学”为代表的周易文化，是中华文明的重要组成部分，而其本质和核心就是“易道”。“易道”贯通了儒家和道家，甚至也包含了佛法的精髓，因此，它是中国文化的主干。正如张其成先生所说：“中国古代的社会科学、人文科学、自然科学、生命科学在形成、发展过程中，往往或援易为说，或援以入易，从而都或多或少地与‘易’建立了一种亲缘的关系。因而从‘易学’入手，从‘易道’入手，探讨中国文化的精神实质，探讨中国文化各形态、各学科的思想来源、理论特征，就成为必要而且可能。”

《周易》对中国文化有着广泛而深刻的影响，已经深深地影响着中国人的生活，譬如有相当一部分成语源自《周易》。据初步统计，出自《周易》中的常用成语、熟语及典故就有一百二十多条。细究这些成语意义、用法的古今变化，从中可以看出中国传统思想、语言文化在今天的延续方式。

1914年，梁启超为清华学子做以《君子》为题的讲演，分别以《周易》里“自强不息”“厚德载物”这两句成语勉励学生。清华大学后来便以这两句成语作为校训。这两句源自《周易·乾卦》：“天行健，君子以自强不息”。《周易·坤卦》：“地势坤，君子以厚德载物”。如今不少高校的校训，同样取之于《周易》中的成语。如厦门大学校训中也有“自强不息”一语；湘潭大学校训中的“盛德日新”，出自《周易·系辞上》“日新之谓盛德”；首都医科大学的“敬德修业”，出自《周易·乾卦·文言》“君子进德修业”。

《周易》的内容，最早只是记录大自然、气象、天文等变化，供古代帝王施政参考之用，一般士人则用来占卜吉凶。直到《易传》出现，才被赋予了深邃的哲理意义，成为儒家的重要典籍。《周易》的内容充满了神秘色彩，理念幽微莫测，从宇宙运行乃至人事生灭，都有极为精辟的见解。《周易》“经”文中的成语典故多为古人首创的具有象征寓意的言辞；而“传”文里的成语典故则多为春秋战国时期沿用前代的语言形式，多涉及“人事”方面的意义。古人撰成卦爻辞，利用占卜的形式，根本目的是“推天道以明人事”，让人们能够了解事物的发展规律，把握事物发展变化的方向，以执中守正，趋利避害、趋吉避凶。《周易》卦爻辞中，这类成语随处可见。如：尺蠖之屈；同声相应，同气相求；日中则昃，月盈则食；慢藏诲盗，冶容诲淫；不速之客；谦谦君子；虎视眈眈；朋友讲习；履霜坚冰；穷通变化，穷变通久；革故鼎新，鼎新革故；见仁见智；物以类聚；触类旁通；等等。

七、挖掘《周易》的现代价值

统一协调，发掘陕西《周易》文化，发挥优秀传统文化的作用。

第一，与周文王、周公有关的《周易》文化。《周易》起源于陕西。传说文王推演《周易》八卦为六十四卦，并加上卦爻辞（一说是周公加上卦爻辞）。周文王庙在宝鸡市陈仓区，周公庙在岐山县凤凰山。周文王、周武王陵墓在陕西省咸阳市渭城区费家村，保护开发需要进一步加强。当地人大多为守陵人之后，据说过去有家谱，在“文化大革命”中被毁坏。

第二，河图、洛书文化的发掘与整理。河南向来称河洛文化的发祥地，其实黄河出“河图”，洛河现“洛书”，“河洛文化”最有可能发源于陕西。黄帝、仓颉文化均在陕西。黄河、洛河、渭河在陕西大荔汇纳，三河同流。

我国有两条洛河：北洛河（源于陕西省定边县，于陕西省大荔县入黄河）与南洛河（发源于陕西省洛南县，于河南省巩义市入黄河）。南洛河从陕西东流入河南境内。

南洛河从陕西东流入河南境内，经卢氏县、洛宁县、洛阳市等地区，在巩义市汇入黄河。河南洛阳等地认为是洛书的发源地。《周易·系辞上》曰：“河出图，洛出书，圣人则之。”但流经河南的南洛河古称“雒水”，写作“雒”。《说文解字》：“雒，鵋鵙也。怪鸱。” 洛阳最早也是这个“雒”。周公在此营建了雒邑城；到战国时因为雒邑在雒水之北，改称“雒阳”；秦奉五德，以周为火德，秦代周应为水德，故改“雒阳”为“洛阳”。

关于北洛河的“洛”字，《周礼·夏官·职方氏》：“正西曰雍州，其浸渭洛。”《说文解字》：“洛，水出左冯翊（大荔古称冯翊）归德北夷界中，东南入渭。”

在中国历史上，北洛河的“洛”字的字形、字义自始至终都没有发生过根本的变化。

第三，华山陈抟老祖太极文化的发掘与整理。

陈抟创绘“太极图”“先天方圆图”等一系列《易》图，并发表《太极阴阳说》，成为中国太极文化的创始人。后来才出现了宋代大儒周敦颐的《太极图说》，张载的《太和论》，邵雍的《皇极经世》，程颢、程颐、朱熹等的《易》论。

陈抟书写的“福寿”二字，“福”字是“白鹤踏芝田”，“寿”字是“青龙蟠玉柱”；“福”字可拆分为“田”“给”“予”“福”四个字，“壽”字可拆分为“富”“林”“佛”“寿”四个字。这八个字，又恰是一幅绝妙的对联：“富林佛寿，田给予福”。其寓意是宣传道家人与自然、注重生态平衡、保护自然环境、粗食布衣等哲学思想。

第四，隋唐长安城六爻地形及其对城市建设的影响。

唐李吉甫《元和郡县图志》记载：“隋开皇三年（583），自长安故城迁都龙首川，即今都城是也。初，隋氏营都，宇文恺以朱雀街南北有六条高坡，为乾卦之象，故以九二置宫殿以当帝王之居，九三立百司以应君子之数，九五贵位，不欲常人居之，故置玄都观及兴善寺以镇之。”隋文帝初建大兴城时，以乾卦卦辞含义来布置各类建筑，显示出特殊的功能分区。宇文恺初建大兴城时利用了六爻地形进行规划布局，合理利用地形；在城市景观上达到错落有致，给城市建置赋予一种文化内涵，实现了心理上的天人合一。

《雍录》卷35《龙首原六坡》曰：“元都观在朱雀街西之第一街，而街之自北向南之第五坊也。宇文恺之营隋都也，曰朱雀街南北尽郭有六条高坡，象乾卦六爻。故于九二置宫殿，以当帝王之居；九三立百司，以应君子之数；九五贵位，不欲常人居之，故置元都观及兴善寺以镇其地。”

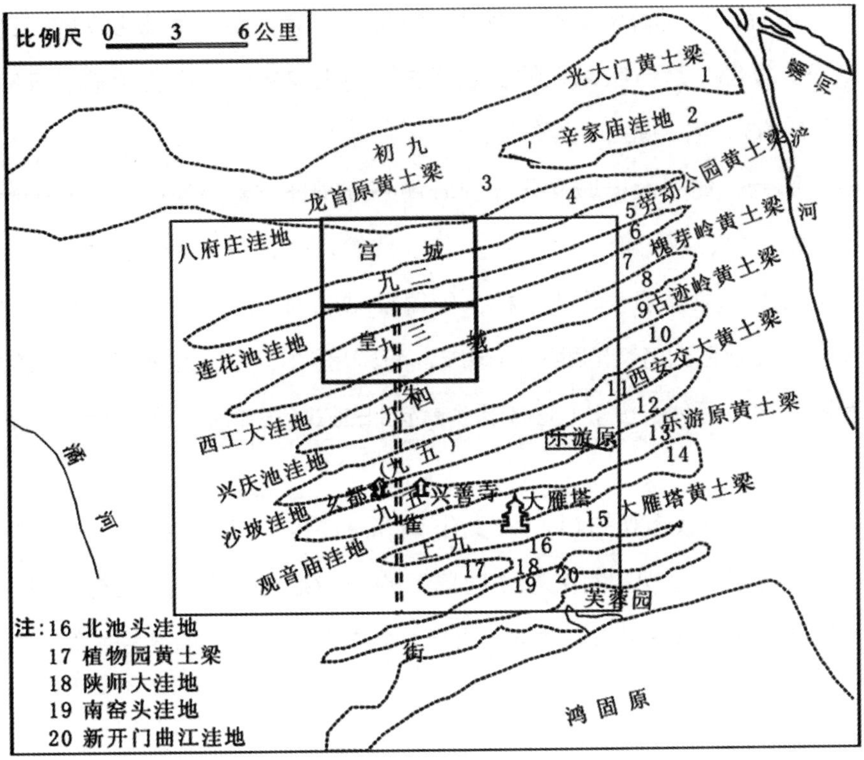

▸▸ *隋唐长安城中的六爻地形示意图（李令福绘）*

初九高地是龙首原黄土梁，这里地势相对较高，汉代时未央宫前殿就建在原上。九二高地是劳动公园黄土梁，九二高地上布设宫殿，以当帝王之居。这就是太极宫城的设置。九三高地是槐芽岭黄土梁，君子所居，集中了行政办公机构的皇城。 九四高地是古迹岭黄土梁。九五高地比较特殊，是由西安交大黄土梁和乐游原黄土梁组成的。玄都观和大兴善寺安排在此，供奉神圣。隋代大兴善寺地位很高，以隋文帝初封的“大兴公”来命名。上九高地是大雁塔黄土梁。隋代也设寺观于高岗，唐初发展成著名的大慈恩寺。隋唐时代在建设都城的过程中，利用《周易》乾卦的六爻理论，因地制宜地设计大兴城与长安城，使整个城市布局规整庄严，美观大方，确实应该引起我们的重视，尤其是现在的西安正处于一个城区拓展的关键时期。

第五，开成石经（十二经）之宣传与研究。西安碑林之开成石经（十二经），是自唐以来的石刻经典，有很高的经学研究价值、汉字规范研究价值、书法研究价值等。

第六，旬阳太极城文化。山城旬阳周围环立着八座山峰，分别昭示着乾、兑、离、震、坤、艮、坎、巽等八个方位。阴阳鱼眼位置分别生长着一棵郁郁葱葱的古柏，使得县城成为一座天然八卦太极城。天然太极城是因奇特的地貌所造成，河床呈“S”形，组成了一幅天然太极图案，可体会到我国古代造城选址的独特思维和“天人合一”的思想。

第七，道教庙观的《周易》文化。《周易》也是道教的经典，楼观台、白云观等道教台观都有关于《周易》的一些论述，值得发掘与宣传，如依托有关台观开办道教学院，研读推广《周易》《道德经》等文化经典。

第十六讲
《春秋左传》导读

胡安顺

一、“十三经”的形成过程与《春秋左传》

（一）“十三经”的形成过程

所谓“十三经”是指儒家的十三部经典著作，即《周易》《尚书》《诗经》《周礼》《仪礼》《礼记》《春秋左传》《春秋公羊传》《春秋谷梁传》《论语》《孝经》《尔雅》《孟子》。“十三经”这一名称始于宋代，因为到宋代，经书才增加到十三部。在先秦，经书只有六部，称作“六艺”或“六经”。“六艺”是周代教授学生的六门课程，孔子之前已经成书，后经过孔子的删定，称作“六经”。“六经”指《诗》《书》《礼》《乐》《易》《春秋》，其中《礼》汉代指《仪礼》，《乐》后来亡佚了（或说嬴政焚书，《乐经》散失，仅存《乐记》一篇，并入《礼记》中），只剩下“五经”。汉人多言五经，如汉武帝建元五年（前 136）立五经博士。

到了唐代初年，经书扩大到九部，即《易》《书》《诗》《周礼》

《仪礼》《礼记》《春秋左传》《春秋公羊传》《春秋谷梁传》[1]。《左传》《公羊传》《谷梁传》原本是解释《春秋》的著作，由于价值高，被提升到经的地位。所谓《春秋左传》，是将《春秋》与《左传》合为一书，用《左传》的内容分别解释《春秋》，故名。《春秋公羊传》《春秋谷梁传》的情况也是一样。到了唐文宗时期，经书扩大到十二部，增加的三部经书是《论语》《孝经》《尔雅》。

南宋光宗绍熙年间（1190—1194），朱熹将《礼记》中的《大学》《中庸》两篇分离出来与《论语》《孟子》并列，并进行了注释，称作《四书集注》。《孟子》从此也上升到经的地位，经书随之扩大到十三部。

（二）《春秋》与《春秋三传》

1.《春秋》

《春秋》是春秋时期（前770—476）鲁国的史书名（春秋时期，晋国的史书称《乘》，楚国的史书称《梼杌》），共一万六千余字，传说是孔子根据鲁史旧文修订而成。书中记载了自鲁隐公元年（前722）至鲁哀公十六年（前479）共二百四十四年间发生在鲁国及其他诸侯国的重大事件。

《春秋》的记事为编年体，即以鲁国十二个君主隐公、桓公、庄公、闵公、僖公、文公、宣公、成公、襄公、昭公、定公、哀公在位时间的前后为次记事，年分季，季分月，月分日，日系事，秩然有序，

---

① 《春秋左传》：简称《左传》或《左氏传》，是一部解释《春秋》的著作，传说作者为春秋时期的鲁国史官左丘明。《春秋公羊传》：简称《公羊传》，是一部解释《春秋》的著作，战国时期口耳相传，据说先由孔子的学生子夏传给齐人公羊高，由公羊高继续传下去，至汉景帝时才写成定本。《春秋谷梁传》：简称《谷梁传》，是一部解释《春秋》的著作，战国时期口耳相传，据说先由孔子的学生子夏传给鲁人谷梁赤，由谷梁赤写成定本并继续传下去。或说《谷梁传》的成书时代也在西汉时期，可能晚于《公羊传》。

一年之中可见各国之大事。其行文非常简略，相当于今天的大事年表。例如《隐公三年》的记载：

三年春，王二月己巳（初一），日有食之。

三月庚戌（十二日），天王崩。

夏四月辛卯（二十四日），君氏卒。

秋，武氏子来求赙。

八月庚辰（十五日），宋公和卒。

冬十有二月，齐侯，郑伯盟于石门。癸未（二十日），葬宋穆公。

关于《春秋》的记事条例，前人有“春秋笔法”的说法。“春秋笔法”是指《春秋》的每一个用字都寓有褒义或贬义，所谓“寓褒贬于一字之间”。考察《春秋》全书，其用语特点前后并不完全相同，故寓褒贬的说法并不可信。唐代孔颖达、宋代郑樵等人都指出了这一点。

2.《春秋》三传

由于《春秋》经过孔子的整理，成了儒家的经典著作，权威性很高。在先秦时期，即有人为之作注。据《汉书·艺文志》记载，注释《春秋》的学者共有五家，即《左氏传》《公羊传》《谷梁传》《邹氏传》和《夹氏传》。其中《邹氏传》后来无传授之师，《夹氏传》只用口授而无书，故皆湮灭而无闻。另外三家均流传至今。《公羊传》《谷梁传》二传对《春秋》的注释重在揭示其“微言大义”的所谓笔法，行文采用自问自答的形式。其中《公羊传》强调尊王攘夷的大一统思想，与现实政治结合紧密；《谷梁传》的解释比较谨慎，主张以信传信，以疑传疑。《左传》的解释主要是补出历史事实，同时也说明笔法，故《左传》的史学价值远高于《公羊传》《谷梁传》两家。春秋时期的许多重要事件，如果没有《左传》的记载便无从知晓。南宋胡安国曾这样评价三家的特点："其事莫备于《左氏》，例莫明于《公羊》，义莫精于《谷梁》。"[①]请看比较：

例一

《春秋·桓公二年》："二年春，王正月戊申，宋督弑其君与夷及其大夫孔父（孔父，孔子六世祖。本文注）。"

《公羊传·桓公二年》："'及'者何？累也。……督将弑殇公，孔父生而存，则殇公不可得而弑也，故于是先攻孔父之家。殇公知孔父死，己必死，趋而救之，皆死焉。"

《谷梁传·桓公二年》："孔父先死，其曰'及'何也？书尊及卑，《春秋》之义也。孔父之先死何也？督欲弑君而恐不立，于是乎先杀孔父，孔父闲也。……"

《左传·桓公二年》：（元年：宋华父督见孔父之妻于路，目逆而送之，曰："美而艳。"）"二年春，宋督攻孔氏，杀孔父而取其妻。公怒，督惧，遂弑殇公。"

"君子以督为有无君之心而后动于恶，故先书弑其君。……宋殇公立，十年十一战，民不堪命。孔父嘉为司马，督为大宰，故因民之不堪命，先宣言曰：'司马则然。'已杀孔父而弑殇公，召庄公（庄公即公子冯。本文注）于郑而立之，以亲郑。……"

此例如果仅仅根据《春秋》的记载，人们根本无从知道宋殇公和孔父嘉被弑的原因和经过，《公羊传》和《谷梁传》的解释旨在探讨《春秋》为何使用"及"的笔法，而未涉及动乱的具体内容，只有看了《左传》，人们才获得了对整个事件的全面认识。

例二

《春秋·宣公四年》："夏六月乙酉（乙酉为26日。本文注），

---

① 皮锡瑞：《经学通论》，中华书局，1954年，第60页。

郑公子归生弑其君夷。”

《左传·宣公四年》：楚人献鼋于郑灵公。公子宋与子家将见。子公之食指动，以示子家，曰：“他日我如此，必尝异味。”及入，宰夫将解鼋，相视而笑。公问之，子家以告，及食大夫鼋，召子公而弗与也。子公怒，染指于鼎，尝之而出。公怒，欲杀子公。子公与子家谋先。子家曰：“畜老，犹惮杀之，而况君乎？”反谮子家，子家惧而从之。夏，弑灵公。

书曰：“郑公子归生弑其君夷。”权不足也。君子曰：“仁而不武，无能达也。”凡弑君，称君，君无道也；称臣，臣之罪也。

此例如果仅仅根据《春秋》的记载，也根本无从知道郑灵公被弑的原因和经过，甚至会误以为子家就是弑君者。《公羊传》和《谷梁传》二传对此语则没有解释。只有看了《左传》，人们才知道原来灵公是由于无端捉弄羞辱臣下进而动了杀心而导致被弑，弑君的主犯是子公而不是子家。

二、《左传》的内容与价值

（一）《左传》的基本内容

《左传》，司马迁在《史记·十二诸侯年表序》中始称《左氏春秋》。全书共十八万余字，内容宏富，文辞典雅，记事详明，议论深刻，人物众多，体大思精，是我国现存最早的一部具有划时代意义的编年体历史巨著。作者旧说是春秋时期的鲁国史官左丘明，今人多否定了这种说法，认为成书于战国初期，可能非出自一人之手。西汉后期古文经学家认为它是为解释《春秋》而作，故班固在《汉书》中称作《春秋左氏传》，简称《左传》。

同《春秋》一样，《左传》亦以鲁国十二君主的世次及在位时间为纲记事，起自鲁隐公元年，终于鲁哀公二十七年（前722—前

468），详细记载了二百五十五年间列国在政治、军事、外交、文化等方面的重大活动，是研究春秋时期社会历史的重要文献。《左传》的记事时间具体如下：

隐公元年—十一年（前722—前712）

桓公元年—十八年（前711—前694）

庄公元年—三十二年（前693—前662）

闵公元年—二年（前661—前660）

僖公元年—三十三年（前659—前627）

文公元年—十八年（前626—前609）

宣公元年—十八年（前608—前591）

成公元年—十八年（前590—前573）

襄公元年—三十一年（前572—前542）

昭公元年—三十二年（前541—前510）

定公元年—十五年（前509—前495）

哀公元年—二十七年（前494—前468）

《左传》开启了《史记》《汉书》等史书的先河，真实记载了春秋时期列国在政治、军事、外交等方面的重要活动以及许多西周礼制和远古传说，代表了先秦史学的最高成就，是研究先秦史的主要文献，在中国古代史特别是先秦史的研究上占有不可替代的地位。

《左传》同时刻画出了许多栩栩如生的人物形象，在文学和语言方面取得了辉煌的成就，为历代学者所称道。作者善于化繁为简，用极简洁的语言记述纷繁复杂的战争和事件，又善于通过语言和行动塑造鲜明生动的人物形象，对外交辞令更是写得曲回有致，委婉动听，刚柔得宜。《左传》的语言代表着先秦书面语的典范，是汉语发展的里程碑，对后世书面语特别是文学语言的发展产生了深远的影响。我们现在使用的不少谚语、成语或名言都是出自《左传》，例如“多行不义必自毙”“其乐融融”“甚嚣尘上”“一鼓作气”“染指”“唇亡齿寒”“狼子野心”“高下在心”“上下其手”“城下之盟”“无过乱门”“不索何获”“唯食忘忧”“病入膏肓”“立德立功立言”“易子而食，析骸以爨”“数典忘祖”“庆父不死，鲁难未已”等等。

《左传》着力宣扬了儒家的伦理道德和正统观念，同时也表现出了许多进步的思想倾向和观念，如轻天命重人事的思想、民本思想、爱国思想、变革思想以及尚农、尚贤、诚信、勇武、立德、立功、立言的观念等。对一些著名政治家勇匡君过、勤政恤民、爱国的事迹进行了热情歌颂，对统治者自私残暴、荒淫无耻的行径进行了无情揭露，对人民饥寒交迫、道殣相望的苦难进行了如实反应，扬善抑恶，褒贬分明，忠于史实，其记事原则、记事方法及史学思想产生了深远的影响，为后代史学家树立了光辉的榜样。《左传》评《春秋》记事具有“微而显，志而晦，婉而成章，尽而不污，惩恶而劝善”（成公十四年）等优点，其实《左传》本身即具有这些优点。

（二）《左传》的研究概况

《左传》在战国时期即开始流传。据《汉书·儒林传》记载，西汉时期研究《左传》的学者先后有张苍、贾谊、张敞、刘公子、贯公、贯长卿、张禹、尹更始、尹咸、翟方进、胡常、贾护、陈钦、王莽及刘歆等。西汉末，由于刘歆的努力，《左传》被立于官学。

东汉时期，研究《左传》的学者尤多，据唐孔颖达的说法，先后有陈元、郑众、贾逵、马融、延笃、彭仲博、许惠卿、服虔、颍容等，为《左传》作注的学者主要有贾徽、贾逵、服虔、郑玄等人，其中以贾逵《春秋左氏解诂》与服虔《春秋左氏传解谊》影响最大。

西晋初年，征南大将军杜预撰《春秋左氏传集解》，将《左传》分年编附于《春秋》之后，用来解释《春秋》，同时加进自己的注解，这是流传至今最早通释《春秋左传》的注本。

东晋时期，杜预《集解》与服虔《解谊》同为官方所重，并立于官学。

南北朝时期，南宗杜氏，北宗服氏。至唐代初年，国子祭酒孔颖达奉太宗之诏撰《五经正义》，其中《春秋左传正义》采杜氏《春秋左氏传集解》作为正义的对象，从此杜氏《春秋左氏传集解》定于一尊，汉魏以来的其他注本先后湮没。

宋元明时期《春秋左传》的研究有所深化，其总体特点不是在注疏上下功夫，而是对《春秋》的书法提出了种种不同看法；在训诂方面往往借题发挥，托古喻今。代表人物主要有孙复、胡瑗、孙觉、刘敞、王安石、苏轼、胡安国、叶梦得、朱熹、吕祖谦、程公说、程端学、陆粲等人。

清代整理和研究《春秋左传》的学者众多，著述如林，著名的著作有马骕《左传事纬》、高士奇《左传记事本末》、顾栋高《春秋大事表》、俞樾《春秋左传评议》、刘逢禄《左氏春秋考证》、洪亮吉《春秋左传诂》、刘文淇等《春秋左氏传旧注疏证》、康有为《新学伪经考》等。

今人通释《春秋左传》影响较大的著作是杨伯峻《春秋左传注》，该书旁征博引，多所发明，务求探索本意，不主一家之言。另外吴静安《春秋左氏传旧注疏证续》是清人刘文淇祖孙三代《春秋左传旧注疏证》的续作，体例一依刘氏，弥补了《疏证》只有半部的缺憾，且使用新式标点，颇便阅读，李学勤先生在序中充分肯定了该书的贡献。今人的选注本主要有王伯祥《春秋左读本》、徐中舒《左传选》、朱东润《左传选》、胡安顺等《左传纪事精选》、胡安顺《春秋左传集解释要》等。翻译《左传》的著作主要有沈玉成《左传译文》与杨伯峻、徐提《白话左传》等。研究《春秋左传》史学价值的著作有童书业《春秋左传研究》。对《左传》进行校勘的著作有王叔岷《左传考校》等。研究《春秋左传》学史的著作有沈玉成、刘宁《春秋左传学史稿》、赵伯雄《春秋学史》等。研究《左传》语法的著作有何乐士《〈左传〉虚词研究》等。对《春秋左传》词语进行全面释义的著作有胡安顺等《十三经辞典·春秋左传卷》等。

（三）《左传》的史学价值

《左传》的史学价值体现在许多方面，包括春秋时期的政治、经济、军事、外交、农业、科技、文化、典制、名物、伦理、地理、礼俗和西周的社会状况以及远古传说等。前人对《左传》的史学价值评价很高，例如杜预认为“其文缓，其旨远，将令学者原始要终，寻其枝叶，究其所穷”（《春秋左氏传序》）。唐代史学家刘知几在《史通·申左》中认为《左传》较《公》《谷》之义有三长：一是所有笔削及发凡例皆得周典，传孔子教，故能成不刊之书，著将来之法；二是博涉各国典籍，记事广包他国，每事皆详；三是上询夫子，下访其徒，凡所采摭，实广闻见。下面简要谈谈八个方面的问题：

1.记载了发生在各国的重要事件

春秋时期，各国都发生了一些重要事件，这些事件被《左传》一一如实地记载下来。假如没有《左传》的记载，则春秋这段历史就可能变得模糊不清或存在很大空缺，而不会像现在这样清晰完整。这些事件如：周王室的王子克之乱、王子颓之乱、王子带之乱、王子朝之乱；鲁国的隐公之弑、庆父之难、仲遂杀适立庶、三桓弱公室；晋国的骊姬之乱、晋灵公之弑、赵氏之难、晋厉公之弑、三家分晋；齐国的齐襄公之弑、齐五公子争立、崔杼之乱、陈氏倾齐、齐简公之弑；宋国的宋殇公之弑、宋闵公之难、宋襄公图霸、宋昭公之弑、宋华向之乱；卫国的州吁之乱、卫孙宁废立、卫庄出父子争立；郑国的共叔段之乱、郑灵公之弑、郑僖公之弑；楚国的楚越椒之乱、楚灵王之乱、楚白公胜之乱；秦国的穆公霸西戎；吴国的季札让国；等等。

2.记载了各国间的会盟及聘问活动

会盟或聘问活动在春秋时期非常频繁，这从《左传·昭公三年》的记载可见一斑：“昔文、襄之霸也，其务不烦诸侯。令诸侯三岁而聘，五岁而朝，有事而会，不协而盟。君薨，大夫吊，卿共葬事。夫人，士吊，大夫送葬。”会盟聘问的内容包括朝拜周天子、因出兵或弭兵举行盟会、因修好举行盟会、因遇婚丧天灾等大事进行聘问、因外交斡旋进行聘问或例行聘问等等。从这些活动中可以看到当时的外交礼仪、外交辞令以及行人的风采、作风、思想等。著名的会盟和聘问有召陵之盟（僖四）、宁母之盟（僖七）、葵丘之盟（僖九）、鹿上之盟（僖二十一）、温之会（僖二十八）、卫宁武子聘鲁（文四）、郤克征会于齐（宣十七）、断道之会（宣十七）、晋楚宋之盟（成十二）、晋侯使吕相绝秦（成十三）、叔孙豹如晋（襄四）、范宣子聘鲁（襄八）、叔孙豹如晋（襄二十四）、诸侯弭兵之盟（襄二十七）、吴季札聘上国（襄二十九）、子产相郑伯如晋（襄三十一）、虢之盟（昭元）、韩宣子聘鲁（昭二）、游吉如晋送少姜之葬（昭三）、平丘之盟（昭十三）、夹谷之会（定十）、黄池之会（哀十三）等等。

3. 记载了发生在各国间及各国内的军事行动

根据《春秋》的记载，在春秋240多年间，各国的军事行动多达483次。《左传》所记载的大小军事行动更多，有人统计共有531次[①]或745次[②]。根据《左传》的记载，可以看出当时战争的起因、战争的规模、参战国家、参战人数、战略战术、行军路线、交战过程、军中礼仪、决定胜负的因素、将帅的思想以及胜败所产生的影响等等。《左传》叙述战争的能力高超，虽然所记战争达数百次之多，但每场战争的叙述手法各异，有条不紊，毫无雷同之处。清人冯李骅对《左传》作了这样的评价：“左氏极工于叙战，长短各极其妙，……篇篇换局，各各争新。”[③]根据我们的观察，在《左传》所记的军事行动中，最著

① 朱宝庆：《左氏兵法》，陕西人民出版社，1991年。

② 邓勇（邓曦泽）：《春秋左传战争考》，见《王霸：正义与秩序——从春秋战争到普遍正义》，武汉大学博士论文，2007年，附录1。

③ 冯李骅、陆浩辑《左绣·读左卮言》，清康熙五十九年（1720）刻本首卷，第13页。

名的战争有9次，即齐桓公伐楚（僖四）、泓之战（僖二十二）、城濮之战（僖二十八）、殽之战（僖三十三）、邲之战（宣十二）、鞌之战（成二）、鄢陵之战（成十六）、柏举之战（定四）和槜李之战（定十四）。其中齐桓公伐楚一战实际没有打起来，但齐桓公达到了出师的目的，《晋齐鞌之战》对战争的记事极具代表性。在这两场战争中，敌对双方的谈判辞令都很出色。

4. 记载了强国争霸的情况

春秋初期，周王室已沦为一个小国，天子地位名存实亡，完全丧失了对诸侯的控制力，代之而起的是强国称雄的时代，《左传》全面记载了强国争霸的情况。根据《左传》的记载，我们知道春秋时期最先称雄的是郑庄公，继而出现的争霸者依次是齐桓公、宋襄公、晋文公、秦穆公、楚庄王、晋景公、晋厉公、楚共王、晋悼公、楚灵王、吴王阖闾和越王勾践。其中齐桓公、晋文公、秦穆公、宋襄公、楚庄王最为有名，号称“春秋五霸”[①]。根据《左传》的记载，我们进而知道成为霸主的条件、霸主的权利、义务以及不同霸业的不同特点等情况。霸主即盟主，成为霸主的必要条件有两个，一个是国家要强大，另一个是要有仁德。霸主有权利向盟国征收贡赋，有权利要求诸侯出兵配合其军事行动，甚至有权利对有罪的诸侯进行抓捕审判，有义务召集诸侯朝拜周天子，有义务率领诸侯军勤王、征伐不庭、保护盟国、平息诸侯国内部的叛乱、处理诸侯间的纷争等。

春秋五霸的特点及历史作用是各不相同的，例如齐桓公霸业的主要特点就是尊王攘夷，保卫华夏文明，他率领盟国打败了狄人，迁邢封卫，遏止了楚国向北方的发展。由于齐桓公的霸业具有进步意义，

① 或指“齐桓公、晋文公、秦穆公、楚庄王、吴王阖闾”（《白虎通义·号》卷一），或指“齐桓公、宋襄公、晋文公、秦穆公、吴王夫差”（《汉书·诸侯王表》颜师古注）。

故得到了后人的充分肯定，孔子曾以这样的话赞扬了齐桓公霸业的历史功绩：“管仲相桓公，霸诸侯，一匡天下，民到于今受其赐。微管仲，吾其发左衽矣。”（《论语·宪问》）又如秦穆公霸业的主要特点是能够修明政治，招贤进能，先后引进百里奚、蹇叔、丕豹、公孙支等国外人才，并委以重任。在他们的帮助下，秦国迅速强大起来，统一了西戎二十多个国家，接着又先后帮助晋国流亡在外的两位公子回国夺取政权，其一就是后来成为霸主的晋文公。

5. 记载了西周春秋时期的社会制度及变革情况

根据童书业《春秋左传研究》一书的研究，《左传》中不少内容涉及西周和春秋时期的社会制度，包括宗法制、分封制、都邑制、奴隶制、世族制、爵位制、职官制、郡县制、赋税制、兵役制、刑法制、婚丧制、军事编制、教育制度、卜筮制度等等。《左传》同时记载了春秋时期各国典制的改革情况，例如庄公十六年晋“曲沃伯以一军为诸侯”，闵公元年“晋侯作二军”，僖公十五年晋“作州兵”，僖公二十七年晋“作三军”，僖公二十八年“晋侯作三行”，僖公三十一年晋“作五军”，宣公二年晋置公族余子公行，成公三年“晋作六军”，昭公元年晋魏舒毁车为行，宣公十五年鲁国颁布“初税亩”制度，成公元年鲁国制定“丘甲”制度，襄公十一年鲁三桓“作三军”“三分公室”，昭公五年鲁三桓舍中军“四分公室”，昭公四年郑子产“作丘赋”，昭公六年郑国“铸刑书”，等等。

6. 记载了春秋时期的地理情况

《左传》详细记载了春秋时期山川河流及都邑的名称、位置、沿革等情况，为后人研究这一时期的山川分布、行政区划、都邑位置以及地理沿革提供了方便。例如隐公元年：“制，岩邑也。虢叔死焉，佗邑唯命。请京，使居之。”僖公四年：“君处北海，寡人处南海，唯是风马牛不相及也。……君若以力，楚国方城以为城，汉水以为池。”

成公二年:“逐之,三周华不注。”哀公九年:“秋,吴城邗,沟通江淮。”

关于都邑名，包括道里街巷宫室名，《左传》所记之多之细小，在先秦典籍中是无与伦比的，且分别指明了其所属国，例如仅周王室的地名，《左传》共记载了100多个，具体如下：

隐公：成周、瓦屋、周、温、原、絺、樊（阳樊）、隰郕、攒茅、向、盟、州、陉、隤、怀；

桓公：洛邑、郏（王城）；

庄公：单、夷、圉门、蒍国、酒泉、樊；

僖公：伊川、召、甘、坎欿、原、毛、阳樊、隰城、盂、邗、毛、河阳、翟泉（狄泉）；

文公：郊垂；

宣公：雒、郏鄏（郏）、刘、宣榭；

成公：鄄、鄇田；襄公：溴梁、轘辕、襄宫、平畤；

昭公：雒汭、阎田、颍、郊、甘鹿、皇、北山、荣锜氏、要、饯、扬、领、圃车、前城、东圉、社、阴、侯氏、溪泉、解、任人、京楚、鄩、平阴、泽邑、訾、墙人、直人、尹、阪道、尹道、左巷、唐、西闱、蒯、邬、干祭、瑕、杏、东訾、巩、尸氏、施谷、渠、褚氏、萑谷、胥靡、滑、关塞、莒、圉泽、泽邑、庄宫、平宫、堤上、鄻；

定公：冯、负黍、狐人、阙外、姑莸、仪栗、穷谷、谷城、简城、伊阙。

清人高士奇、顾栋高、江永、沈淑等人先后对《左传》所记地理名做过整理或考证。

7. 记载了春秋时期的一些天象和自然灾害

《左传》一书记载了发生在春秋时期的许多天象和自然灾害，为后人研究当时的自然现象提供了重要依据。例如《春秋》一书所记日食共有36次，其中10次《左传》都有记载，分别在桓公十七年，庄公二十五年，僖公十五年，文公十五年，襄公二十七年，昭公七年、十七年、二十一年、二十四年、三十一年。又如《左传》还记载了岁星的运行情况，共6次，分别在襄公二十八年、三十年（2次），昭公八年、十年、十一年。此举一例：

二十八年春，无冰。梓慎曰："今兹宋、郑其饥乎？岁在星纪，而淫于玄枵，以有时菑，阴不堪阳。"（襄公二十八年）

关于自然灾害，《左传》记载较多的是水灾、旱灾和虫灾。其中大水共记有4次（《春秋》9次），分别在桓公元年，庄公十一年、二十五年，昭公十九年。旱灾（包括不雨、大雩[①]）共记有13次（《春秋》28次），分别在桓公五年，僖公三年、十九年、二十一年，宣公八年，襄公五年、八年、二十八年，昭公三年、六年、十六年、二十四年、二十五年。虫灾共记有6次（《春秋》14次），其中螽灾2次（《春秋》11次），分别在文公三年、哀公十二年；蜚灾2次（《春秋》1次），分别在隐公元年、庄公二十九年；蜮灾1次（《春秋》1次），在庄公十八年；蝝灾1次（《春秋》1次），在宣公十五年。另外，《春秋》还记载有螟灾3次（隐公五年、八年、庄公六年），而《左传》未记。值得注意的是，像地震这样的灾害《春秋》共记有5次（文公九年，襄公十六年，昭公十九年、二十三年，襄公三年），《左传》则只记了1次，在昭公二十三年。

8. 记载了许多古史传说

《左传》记载的古史传说包括"五帝事迹""鲧禹治水""禹征三苗""羿浞代夏""少康中兴""后稷兴周""大伯让国""周人克殷""周公摄政""周初封建""昭王南巡""穆王巡游""厉王戾虐""宣王中兴""幽王亡周"等等。其中有些和其他文献的记载相互印证，丰富了古史传说的内容。有些仅见于《左传》，弥足珍贵。

---

① 大雩：古代祈雨的祭名。既然祈雨，说明旱情严重。

例如关于羿浞代夏、少康中兴的故事，所记相当具体、详尽，对夏史的研究具有十分重要的意义：

> 昔有过浇，杀斟灌以伐斟鄩，灭夏后相。后缗方娠，逃出自窦，归于有仍，生少康焉，为仍牧正，惎浇能戒之。浇使椒求之，逃奔有虞，为之庖正，以除其害。虞思于是妻之以二姚，而邑诸纶，有田一成，有众一旅。能布其德而兆其谋，以收夏众，抚其官职。使女艾谍浇，使季杼诱豷，遂灭过、戈，复禹之绩。祀夏配天，不失旧物。（《左传·哀公元年》）

（四）《左传》的文学价值

《左传》虽然不是文学著作，但在文学方面取得了巨大成功。作者既长于叙述纷繁复杂的战争和事件，又善于不动声色地通过语言和行为表现人物形象，词简义富，落笔生辉，对外交辞令更是写得委婉动听，刚柔得宜，千古无敌。这些成就产生了巨大、深远的影响，后代文学创作中的叙事、情节构造、人物描写技巧以及辞令艺术等无不以《左传》为范式，从中汲取营养。唐代史学家刘知几认为《左传》“或腴辞润简牍，或美句入咏歌，跌宕而不群，纵横而自得。……工侔造化，思涉鬼神，著述罕闻，古今卓绝”[①]，堪称质论，非为过誉。

关于《左传》的文学成就前人论述颇多。例如钱锺书、沈玉成认为《左传》的记言实际上是根据人物性格身份的代言或拟言[②]；胡念贻根据晋楚三大战役的叙事指出，《左传》叙述大事的来龙去脉很广，不限于一年或一段文章之中，而是有多条线索[③]；白寿彝指出《左传》叙事于详明中有重点，于简略中有详明，记叙复杂事件善于综合不同

---

① 刘知几：《史通·杂说上第七》卷十六。

② 钱锺书：《管锥编》第一册，中华书局，1979年，第166页；沈玉成、刘宁：《春秋左传学史稿》，江苏古籍出版社，1992年，第400页。

③ 胡念贻：《论〈左传〉叙事的倾向》，载《江海学刊》1963年第2期。

材料[①]；郑君华认为《左传》对史实的记述具有事件完整、情节连贯、细节生动的特点，尤其在捕捉和刻画人物个性特征方面取得了重要的成就并提供了宝贵的经验[②]；何新文认为《左传》善于在历史人物的全部言行中选择最富于典型性的部分加以描绘，而不强调塑造典型[③]；郭预衡指出《左传》中的外交辞令可分为汪洋恣肆的长篇大论（如《吕相绝秦》）和委婉曲折的急就章（如《阴饴甥对秦伯》）两类[④]。笔者亦曾撰文认为《左传》辞令的特色主要包括“委婉含蓄，曲回有致；雍容典雅，辞简意深；刚柔相济，绵里藏针；雄辩阔论，词锋犀利；幽默机智，妙趣横生”五个方面[⑤]。下面，通过实例简要谈谈《左传》在叙事、人物刻画以及辞令方面的艺术价值。

1.《左传》的叙事艺术

《左传》叙事的方法和特点主要是语言简洁，用词传神，前后相承，因果相应，脉络明晰，富于变化，颇具故事性，无论是展示城濮之战、殽之战、鞌之战、邲之战、鄢陵之战这样的大型战争，还是叙述郑伯克段于鄢、骊姬之乱、重耳出亡、晋楚弭兵、乾溪之难这样的重要事件，莫不如此。例如上文所举宣公四年关于郑灵公被弑的记载，叙事脉络清晰，情节紧凑，用语简要而生动多趣，极富表现力。郑灵公当众羞辱朝臣、子公怒而染指的场面好像一幅层次分明的图画，读之如临其境。故事情节在不断深化：始则子公因指动应验得意而笑，继则因遭羞辱

① 白寿彝：《论〈左传〉三事》，见《白寿彝文集　历史教育·序跋·评论》，河南大学出版社，2008，第436—445页。

② 郑君华：《〈左传〉情节与人物描写的形象性特征》，载《学习与思考》1984年第3期。

③ 何新文：《〈左传〉的写人艺术》，载《华中师范学院学报》（人文社会科学版）1984年第6期。

④ 郭预衡：《〈左传〉的思想倾向和文学成就》，载《语言文学》1982年第3—4期。

⑤ 胡安顺：《〈左传〉辞令的语言特色》，载《文史知识》1997年第5期。

而染指，终则大动干戈。气氛在迅速变换：始则轻松得意，继则尴尬紧张，终则充满杀气。人物性格在这种叙述中得到了充分表现：一个是不计后果、恣意妄为、昏瞶愚顽的暴君，一个是不知隐忍、目无君上、负气用事的悍臣。再看《左传·庄公八年》关于齐襄公被弑的记载：

齐侯使连称、管至父戍葵丘。瓜时而往，曰："及瓜而代。"期戍，公问不至。请代，弗许。故谋作乱。僖公之母弟曰夷仲年，生公孙无知，有宠于僖公，衣服礼秩如适，襄公绌之。二人因之以作乱。连称有从妹在公宫，无宠，使间公，曰："捷，吾以女为夫人。"

冬十二月，齐侯游于姑棼，遂田于贝丘，见大豕，从者曰："公子彭生也。"公怒曰："彭生敢见！"射之，豕人立而啼。公惧，队于车，伤足丧屦。反，诛屦于徒人费。弗得，鞭之，见血。走出，遇贼于门，劫而束之。费曰："我奚御哉？"袒而示之背，信之。费请先入，伏公而出，斗，死于门中。石之纷如死于阶下。遂入，杀孟阳于床。曰："非君也，不类。"见公之足于户下，遂弑之，而立无知。

文章通过失信于大夫、射豕以及鞭打徒人费三事充分表现了齐襄公无信无义、色厉内荏、残暴无情的暴君形象，为其被弑埋下伏笔。对徒人费这个人物虽然着墨不多，但他的愚忠、机智和献身精神却给人留下了深刻的印象。整个事件的叙述共写了二百余字，层层推进，字字传神。其中动乱过程仅用了七十一字，然而生动有趣，一波三折，出人意料，颇似小说。

2.《左传》刻画人物的手法

《左传》表现人物基本上采用的是白描手法，虽然如此，其人物形象多数都非常鲜明，形神兼备，颇有立体感。例如在《齐襄公之弑》和《郑公子归生弑其君夷》两文中，作者虽没有刻意塑造齐襄公、徒人费、郑灵公和子公的形象，但齐襄公的霸道和残暴、徒人费的愚忠和智勇、郑灵公的恣肆和愚顽、子公的骄悍和叛逆形象均跃然纸上，栩栩如生。《左传》何以能取得如此成就，究其原因，主要有二：一是作者能够抓住极具代表性的典型行动和语言去勾画人物，故寥寥数笔，便能使人物形神兼备，熠熠生辉。二是作者在刻画人物时，往往不加点评，而是通过人物本身的行为和语言去说明问题，故增强了文章的含蓄性，容易收到言简意丰、回味无穷的效果。要做到后一点是不容易的，需要去除浅薄和轻浮，具备深厚的功力、博大的胸怀和高远的境界。再看下面《张骼辅跞致师》这个例子：

> 冬，楚子伐郑以救齐，门于东门，次于棘泽。诸侯还救郑。晋侯使张骼、辅跞致楚师，求御于郑。郑人卜宛射犬，吉。子太叔戒之曰："大国之人，不可与也。"对曰："无有众寡，其上一也。"太叔曰："不然，部娄无松柏。"二子在幄，坐射犬于外，既食而后食之。使御广车而行，己皆乘乘车。将及楚师，而后从之乘，皆踞转而鼓琴。近，不告而驰之。皆取胄于橐而胄，入垒，皆下，搏人以投，收禽挟囚。弗待而出。皆超乘，抽弓而射。既免，复踞转而鼓琴，曰："公孙！同乘，兄弟也，胡再不谋？"对曰："曩者志入而已，今则怯也。"皆笑曰："公孙之亟也！"（《左传·襄公二十四年》）

这段文字以郑大夫宛射犬为反衬，惟妙惟肖地展现了晋将张骼、辅跞的形象和胸怀。张骼、辅跞与郑大夫宛射犬同乘一辆兵车向楚军挑战，由于张、辅二人是大国的将军，看不起射犬并多次欺负他，导致射犬在挑战的关键时刻进行报复，欲置二人于死地。挑战结束后，张、辅二人不但没有惩罚射犬，反而以兄弟相称，一笑了之。文章始终通过行动和语言展示人物的性格，未对张、辅二人做任何评价，但二人在挑战前后的从容镇静、在挑战中的勇武敏捷以及战后原谅战友的宽阔胸怀得到了充分的表现。全篇布局精心设计，叙事井然有序，表意不露山水，用词生动传神，对话机智幽默，同时运用了反衬、夸张等手法，使人物性格摇曳多姿，活灵活现，情节发展出乎意料，妙趣横生，不禁令人哑然失笑。读者始以为文章的重点是在表现宛射犬，读完才发现宣扬的是张、辅二人。对于张、辅二人，读者始而恶其傲慢欺人，继而服其从容勇武，终而敬其胸怀宽阔。对于宛射犬则不同，始而敬其不畏强暴，继而恶其不识大局，终而可其机智有节。故事的结局和人物的性格变化都不是开始就可以预知的。

3.《左传》辞令的特色

辞令是《左传》一书的重要组成部分，内容包括使臣的外交辞令、臣下对国君的进谏以及其他一些应对或致辞等。使臣的外交辞令如屈完对管仲、烛之武退秦师、王孙满答楚子问鼎、宾媚人对晋师、知罃对楚王问、吕相绝秦、重耳对楚成王、楚囚钟仪对晋侯、周景王斥籍谈等。《左传》的辞令注重引经据典，风雅藻饰，居高守正，以理服人，主要特色是不卑不亢、绵里藏针、雍容典雅、含蓄有致和幽默机智。决定这些特色的根本原因是春秋时期仍然是一个崇尚礼义的社会，从天子到一般士大夫依然保持着西周尊礼爱国、尚德贵义、务求博雅的遗风，故而在讽谏、外交或一般交际场合都能表现出遵礼守正、从容自信、文雅谦谨的沉静之气和彬彬君子之风。

三、《左传》故事选

《左传》记载了许多精彩的故事，在很大程度上反映了春秋时期一些人的认识、思想、作风和精神，其中不少至今仍有很强的现实意义和教育意义。这里选列十篇供读者参考，题目为笔者所加。

1.寿子救急子

初，卫宣公烝于夷姜，生急子，属诸右公子。为之娶于齐，而美，公取之，生寿及朔，属寿于左公子。夷姜缢。宣姜与公子朔构急子。公使诸齐，使盗待诸莘，将杀之。寿子告之，使行。不可，曰："弃父之命，恶用子矣！有无父之国则可也。"及行，饮以酒，寿子载其旌以先，盗杀之。急子至，曰："我之求也。此何罪？请杀我乎！"又杀之。二公子故怨惠公（惠公即公子朔）。（桓公十六年）

2. 荀罃与贾人

荀罃（即知罃。鲁宣公十二年在晋楚邲之战中被楚军俘虏）之在楚也，郑贾人有将置诸褚中以出。既谋之，未行，而楚人归之。贾人如晋，荀罃善视之，如实出己，贾人曰："吾无其功，敢有其实乎？吾小人，不可以厚诬君子。"遂适齐。（成公三年）

3. 子罕辞玉

宋人或得玉，献诸子罕（子罕，宋国贤臣，任司城）。子罕弗受。献玉者曰："以示玉人，玉人以为宝也，故敢献之。"子罕曰："我以不贪为宝，尔以玉为宝，若以与我，皆丧宝也。不若人有其宝。"稽首而告曰："小人怀璧，不可以越乡。纳此以请死也。"子罕置诸其里，使玉人为之攻之，富而后使复其所。（襄公十五年）

4. 贾大夫娶妻而美

贾辛（晋国大夫）将适其县，见于魏子（魏献子，魏舒，绛子，时任晋执政）。魏子曰："辛来！昔叔向适郑，鬷蔑恶，欲观叔向，从使之收器者而往，立于堂下。一言而善。叔向将饮酒，闻之，曰：'必鬷明（即鬷蔑）也。'下，执其手以上，曰'昔贾大夫恶，娶妻而美，三年不言不笑，御以如皋，射雉，获之。其妻始笑而言。贾大夫曰："才之不可以已，我不能射，女遂不言不笑夫！”今子少不扬，子若无言，吾几失子矣。言不可以已也如是。’遂如故知。今女有力于王室，吾是以举女。行乎！敬之哉！毋堕乃力！”（昭公二十八年）

5. 季文子无私积

季文子（即季孙行父，鲁国执政）卒。大夫入敛，公在位。宰庀（准备，安排）家器为葬备，无衣帛之妾，无食粟之马，无藏金玉，无重器备。君子是以知季文子之忠于公室也。相三君矣，而无私积，可不谓忠乎？（襄公五年）

6. 祁奚救叔向

秋，栾盈（晋大夫，因范宣子追杀而出奔）出奔楚。宣子（即范宣子，晋执政，栾盈的外祖父）杀箕遗、黄渊、嘉父、司空靖、邴豫、董叔、邴师、申书、羊舌虎、叔熊。囚伯华、叔向、籍偃（均栾盈之党）。……乐王鲋见叔向曰：“吾为子请！”叔向弗应。出，不拜。其人皆咎叔向。叔向曰：“必祁大夫。”室老闻之，曰：“乐王鲋言于君，无不行，求赦吾子，吾子不许。祁大夫所不能也，而曰‘必由之’，何也？”叔向曰：“乐王鲋，从君者也，何能行？祁大夫外举不弃仇，内举不失亲，其独遗我乎？《诗》曰：‘有觉德行，四国顺之。’夫子，觉者也。”

晋侯问叔向之罪于乐王鲋，对曰：“不弃其亲，其有焉。”于是祁奚老矣，闻之，乘驲而见宣子，曰：“……夫谋而鲜过，惠训不倦者，叔向有焉，社稷之固也。犹将十世宥之，以劝能者。今壹不免其身，以弃社稷，不亦惑乎？鲧殛而禹兴。伊尹放大甲而相之，卒无怨色。管、蔡为戮，周公右王。若之何其以虎也弃社稷？子为善，谁敢不勉？多杀何为？”宣子说，与之乘，以言诸公而免之。不见叔向而归（杜预注：

“言为国，非私叔向也。”），叔向亦不告免焉而朝（杜预注：“不告谢之，明不为己。”）。（襄公二十一年）

7. 大上有立德

二十四年春，穆叔（鲁卿，即孙叔豹）如晋。范宣子逆之，问焉，曰：“古人有言曰，‘死而不朽’，何谓也？”穆叔未对。宣子曰：“昔匄之祖，自虞以上，为陶唐氏，在夏为御龙氏，在商为豕韦氏，在周为唐杜氏，晋主夏盟为范氏，其是之谓乎？”穆叔曰：“以豹所闻，此之谓世禄，非不朽也。鲁有先大夫曰臧文仲，既没，其言立。其是之谓乎！豹闻之：大上有立德，其次有立功，其次有立言。虽久不废，此之谓不朽。若夫保姓受氏，以守宗祊，世不绝祀，无国无之，禄之大者，不可谓不朽。”（襄公二十四年）

8. 晏婴论和与同

齐侯（齐景公）至自田，晏子侍于遄台，子犹（即梁丘据，景公宠臣）驰而造焉。公曰：“唯据与我和夫！”晏子对曰：“据亦同也，焉得为和？”公曰：“和与同异乎？”对曰：“异。和如羹焉，水火醯醢盐梅以烹鱼肉，燀之以薪。宰夫和之，齐之以味，济其不及，以泄其过。君子食之，以平其心。君臣亦然。君所谓可，而有否焉，臣献其否以成其可。君所谓否，而有可焉，臣献其可，以去其否。是以政平而不干，民无争心。故《诗》曰：‘亦有和羹，既戒既平。鬷嘏（同鬷假，义谓祭祀时精诚通于神，引申指祭祀）无言，时靡有争。’（《诗经·商颂·烈祖》）先王之济五味，和五声也，以平其心，成其政也。声亦如味，一气，二体，三类，四物，五声，六律，七音，八风，九歌，以相成也。清浊，小大，短长，疾徐，哀乐，刚柔，迟速，高下，出入，周疏，以相济也。君子听之，以平其心。心平，德和。故《诗》曰：‘德音不瑕。’（《诗经·豳风·狼跋》）今据不然。君所谓可，据亦曰可；君所谓否，据亦曰否。若以水济水，谁能食之？若琴瑟之专一，谁能听之？同之不可也如是。”（昭公二十年）

9. 秦穆公用人专一

殽之役（殽之役在鲁僖公三十三年，秦军战败，主帅孟明视被俘），晋人既归秦帅，秦大夫及左右皆言于秦伯（秦穆公）曰：“是败也，孟明之罪也，必杀之。”秦伯曰：“是孤之罪也。……是贪故也，孤之谓矣。孤实贪以祸夫子，夫子何罪？”复使为政。（文公元年）

二年（鲁庄公二年）春，秦孟明视帅师伐晋，以报殽之役。二月，晋侯（晋襄公）御之。……甲子，及秦师战于彭衙。秦师败绩。晋人谓秦“拜赐之师”。秦伯犹用孟明。孟明增修国政，重施于民。赵成子（赵衰）言于诸大夫曰：“秦师又至，将必辟之，惧而增德，不可当也。诗曰：‘毋念尔祖，聿修厥德。’（《诗经·大雅·文王》）孟明念之矣，念德不怠，其可敌乎？”（文公二年）

秦伯伐晋，济河焚舟，取王官，及郊。晋人不出，遂自茅津济，封殽尸而还。遂霸西戎，用孟明也。君子是以知秦穆公之为君也，举人之周也，与人之壹也；孟明之臣也，其不解也，能惧思也；子桑（即公孙枝，秦大夫，推荐孟明者）之忠也，其知人也，能举善也。《诗》曰：“于以采蘩，于沼于沚，于以用之？公侯之事”（《诗经·召南·采蘩》），秦穆有焉。“夙夜匪解，以事一人”（《诗经·大雅·烝民》），孟明有焉。“诒阙孙谋，以燕翼子”（《诗经·大雅·文王

有声》），子桑有焉。（文公三年）

10. 晋景公求医于秦

晋侯（晋景公）梦大厉，被发及地，搏膺而踊，曰：“杀余孙，不义。余得请于帝矣！”坏大门及寝门而入。公惧，入于室。又坏户。公觉，召桑田巫。巫言如梦。公曰：“何如？”曰：“不食新矣。”公疾病，求医于秦。秦伯（秦桓公）使医缓为之。未至，公梦疾为二竖子，曰：“彼，良医也。惧伤我，焉逃之？”其一曰：“居肓之上，膏之下，若我何？”医至，曰：“疾不可为也。在肓之上，膏之下，攻之不可，达之不及，药不至焉，不可为也。”公曰：“良医也。”厚为之礼而归之。六月丙午，晋侯欲麦，使甸人献麦，馈人为之。召桑田巫，示而杀之。将食，张（通“胀”），如厕，陷而卒。小臣有晨梦负公以登天，及日中，负晋侯出诸厕，遂以为殉。（杜预注：“《传》言巫以明术见杀，小臣以言梦自祸。”）（成公十年）

四、对发展陕西文化产业方面的思考

其一，东汉贾徽、贾逵、马融，西晋杜预都是陕西历史上的文化名人，是研究《春秋左传》的大家，建议为他们建立纪念馆、树立雕像，增强陕西历史文化的知名度和影响力，开发旅游文化产业。

其二，“四书五经”是中华传统文化的结晶所在，其中许多思想、精神和观念，在今天仍然具有重要的现实意义，如轻天命重人事的思想、民本思想、爱国思想、变革思想、奉献精神、献身精神，以及尊礼、重义、重农、尚贤、友爱、诚信、勇武、立德、立功、立言的观念，等等。事实上，“四书五经”的许多思想早已渗透在我们生活、学习中，例如“厚德载物”“天行健，君子以自强不息”“立德、立功、立言”“老吾老以及人之老，幼吾幼以及人之幼”等话已成了无数人的座右铭或行为指导。但是，多数人对“四书五经”的了解毕竟是有限的，例如《左传》中的“出门如宾，承事如祭”“见可而进，知难而退”这类话一般人就不一定知道，为了普及“四书五经”，提高国民的整体素质，建议在陕西率先将“四书五经”纳入中小学阶段的课程学习。

其三，强化陕西的文化特色。秦腔是大剧种，在西北具有巨大的影响力，目前处在存亡断续之秋，其他剧种也面临着同样的尴尬。国家迟早要采取有效措施解决戏剧的衰败问题，建议陕西先走一步，不仅加大对专业剧团的支持力度，鼓励电视台的播放和群众的演唱，同时让秦腔、眉户等戏剧进入小学的音乐课堂，从根本上解决传统文化的继承问题。